地主儿子的
抗争与拼博

蔡行来　著

加拿大国际出版社

Canada International Press

书名：地主儿子的抗争与拼博

作者：蔡行来

出版：加拿大国际出版社

www. intlpressca.com

Email: service@intlpressca.com

ISBN: 978-1-989763-74-2

电子书 ISBN: 978-1-989763-75-9

Name: The Struggle of the land owner's son

Written by: Cai, Hanglai

Published by: Canada International Press

ISBN: 978-1-989763-74-2

EBook ISBN: 978-1-989763-75-9

作者简介

　　蔡行来，浙江临海人，生于 1933 年。1950 年在临海回浦中学读书时参加军事干部学校。1955 年复员后回中学继续读书。1956 年考入南京大学地质系。1961 年毕业后在浙江大学地质系、化工系任教。1965 年调到浙江省地质矿产厅。先后翻译、撰写了多篇专业文章。1986 年退养后从事教学、石材等工作。1993 年退休后，编着出版有《石材大全》、《人造石和复合版》、《地主》、《成功的背后》、《土崩》、《中共的土改》等书。

内容提要

本书与《中共的土改》实际上是上下册，前者主要还原了真实的阶级敌人地主；后者主要叙述其"可教育"子女，如何应付对他的丑化、打压，秉承其父母的教导，生活俭朴，勤劳刻苦，开拓进取，追求公正，通过自身努力取得多项成功。但由于时代的局限，即使全力以赴，也有不少失败。不论成功与失败，其过程都曲折复杂，有的情节还扣人心弦。是一本多角度、多层次反映中共头号阶级敌人——地主自"戴帽"到"摘帽"近三十年专政期间及其前后中国社会情况和家庭教育、父母言行对子女成长有着重大关系的作品。

前 言

学者应克复先生在给笔者写的《中共的土改》一书序言中说道："什么叫出身好？什么叫出身不好？1949年以来，七十年了，一直是颠倒的。地主、富农、资本家的富有家庭出身的人，就是好出身，可却说出身不好。现在难道还不该拨乱反正？那种出身既无财产、又无文化的家庭才是出身不好呢！共产党专政硬是把社会精英打下去，以民粹分子取代之。这就是野蛮战胜文明。社会能不倒退吗？"这是笔者为证实他的论点而写此书的目的，以纠正建国以来相当长时期中对这一弱势群体的歧视、打击，还其公平，增进社会和谐。

笔者曾就读过的回浦中学校长邵全建老师，有次说他父亲退休后因几乎全在家休息，五年后就过世了。他父亲邵西镐先生也是回浦中学老师，任教导主任，1950年秋季学期，笔者在回浦中学读高中第一册时他任数学教师。因笔者在这学期末参加军事干部学校，离开了回浦中学，也离开了邵西镐先生。1955年夏笔者从军队复员再回到回浦中学念书，邵西镐先生退休了。只见他常躺在城关东大街 94 号（现门牌号有改动）家门口的藤椅上休息，或闭目养神或看看街上来往的行人。因他大儿子邵全声先生也是笔者在建成中学读书时的训导主任。对这三位专心致志执教的老师，笔者都很敬佩，还曾去过他家。邵西镐先生退休后过的这种生活和邵全建校长这一席话，长期来在笔者心中挥之不去。笔者现已近90岁，人家常问为什么身体还怎么健康、头脑还如此敏捷，笔者认为这是长期以来用脑子、动身体，善交往、有目标的结果，借此谈些体会，奉献给读者参考。

本书与《中共的土改》一书一样，也有着"揭开了中国近现代历史上被掩盖的事实"的作用。同时也再次证实：勤劳节俭、开拓进取是社会发展、家庭富足、个人成功的永恒主题。

本书引用了有关作者，包括发表的互联网上的文章，深表感谢！

《<现代汉语词典>勘误与商榷》一书作者、证实了《辞海》中的"四角号码索引"存在着2800多个错误和可商榷之处的杨新安老师对本书中的错别字作了较多改正，对全书也提了不少有益意见，也深表感谢！

"罗兰摄影馆"冯海青师傅对本书诸多附照作了修饰加工，台州学院"胖子文印"店小陈师傅对本书计算机操作常给予指导，也深表感谢！

书中提到某些有关人员，笔者本着实事求是、对事不对人的原则处理，请予谅解。

由于笔者水平有限，错误和缺点难免，切望读者多多指正。

笔者

2021年5月22日

目 录

第一章 我的地主家庭

引 言

中共要取得政权，推广其消灭私有制、消灭阶级的共产主义理论不一定都被国人接受，尤其知识分子抵触较大，因此走不流血的议会(民主)道路行不通，只有采取武装斗争的办法来夺取。武装斗争就要有军队。

要组织军队，必须解决兵源、给养问题，还要有士气。中共的兵源无非在广大农村，只有把农民动员起来才能解决。给养问题就是军人的吃、穿和装备。中共一没有外援(没有华侨等赞助)，二没有城市大资本家捐款，只有来自农村中的富人。"重赏之下必有勇夫"，农民在得到利益后会当勇夫，其理由对文化素质较低的农民也会接受，因此会参军，会打仗，会勇敢。对那些打土豪，分田地过程中打死人的农民，为怕被打死的亲属报复，更会与中共一条心，共生死，只有中共取胜才有他安乐日子，因此更会打仗，更会勇敢。这就是土改中必须用暴力的原因。

用什么办法能把富人的财产夺来？把某些地主处死？只有划分农村中的敌我阶级才能解决问题，富的是敌人，即地主、富农。穷的是朋友，即贫农、雇农。为了发动后者斗前者，使中共坐收"渔翁之利"，必要对这个斗争找出理由。这个"理由"便是阶级和阶级斗争理论，在这个理论指导下，对富人不遗余力地进行丑化，炮制假典型；对穷人进行歌颂，愈穷愈光荣。这个斗争的题目叫"土地革命（后称土地改革）"。中共通过"土地革命（土地改革）"终于实现了他的目的，夺得了中国大陆政权。地主被斗死，农民被饿死，这是20世纪中期中国历史的主旋律，我家被划为地主，是这个阶级斗争、这个主旋律的主角之一。为了真实地反映这个主角的面目和这个理论的实践，我写了《中共的土改》一书，于2021年由加拿大国际出版社出版。

在这场惨烈的土地革命（土地改革）中相当数量的中华民族儿女死于非命，仅1951-1952年大陆的土地改革中，按中共官方公布的资料有70多万人被杀，我生长的浙江省临海县，据政府的土改档案记载有1117个地主被杀（地主兼反革命分子等被杀的共有1793个）；据学者估计，1947-1952年大陆土改中有200万地主为此失去生命；又据2019年9月有我国多名学者参加的在纽约召开的就中共土改的国际研讨会上，认为1947-1952年大陆的土地改革有470万地主和乡绅被杀。自中共1927年掀起土地革命以来，据学者估算有8000多万中华民族儿女为此丧生，其中饿死的农民有近4000万。

为防后患，对地主家庭出身的子女，也不遗余力地进行丑化、歧视、打击。解放战争时期的土地改革，男斗地主，女斗地主婆，小孩斗地主小孩。建国后地主子女和其他敌对阶层子女受尽歧视，上学难，找工作难、入党入团难、参军难、找对象难，不使他们成为有文化、懂是非，有能力、能办事有较好生活的人，若稍有不规即狠狠打击。目的是防其翻案，为的是巩固已得政权，永坐江山。

中共在对他们进行打压的同时还冠以"可以教育好的子女"（简称"可教"子女）名称来丑化，使这种打击合法化，其理由是因他们打上父母剥削分子的阶级烙印，思想反动，贪图享受，生活腐化，好逸恶劳，以要进行教育为名，进行打击，致使他们成为异类、成为社会残渣、成为弱势群体。

这个群体至 1979 年，中共宣告"阶级"取消之前，已繁衍了几代人，如我 1959 年出生在农村，在农村长大的儿子，因我母亲(他的祖母)是地主，小学毕业就不准他升中学，因此他也是"可教子女"成员。这几代人在我国是一个庞大的族群，他们并没有组织上的联系，三十年来一直处于自我封闭，互相隔离状态。除了极少数较为开朗、豁达、热情投入社会、喜于交往外，大多数性格内向、孤独、自卑、小心、被动、寡言，悲观，不时受到不公正的对待，非但不利这些人的成长，还滋生了种种矛盾，是长期积累下来的社会问题。

为了标明其"可教身份"，在填制各种个人简历表格时，必有家庭出身这一项。在我前半生不知多少次填写过这种表格，但每填一次，我勤劳进取的母亲身影又浮现一次，逆反心里悠然而生。我在 1955 年回到中学读书时，班级点到名册上还列有各同学的家庭出身一栏，地主家庭出身的人就赫赫在目，就要接受非地主家庭出身的同学及学校的监督，他们也只能小心谨慎、提心吊胆地做人，但有的还是逃不了厄运，受到种种不公正的对待。是否他们都是先天不足、生而有罪呢？仅我知道的，就有大量事实证明不是这样。

回浦中学退休教师许从平在他写的《愚化》一书中，披露了他就因家庭地主成分，1961 年 4 月在回浦中学读高中毕业班再过三个月即要毕业时被下放（除名）回家。他是中国科学院首先提出反对反右派而划为极右分子、爱因斯坦文集译者许良英的侄子。许良英被处以回老家劳动改造，许从平也回家务农，两者在一起劳动之余还为国家尽职，许良英承接翻译爱因斯坦文集的任务，许从平刻苦自学，先后任职于小学、初中代课教师，因成绩优异，最后聘任为回浦中学高中毕业班英语教学。

临海最大地主董丕芬儿子，其父镇压时年仅三岁。后来寄养在黄岩亲戚家，董丕芬小学毕业后政府不让他升初中，他在家自学。长大后去新疆谋生，仍刻苦自学，以后在新疆一所中学教书。改革开放后调来浙江三门县中学任教，后来又调到台州椒江中学任教，成绩突出，著作甚多，被评为特级教师，还兼任浙江师范大学硕士生导师。

许云鹏出身地主，高中毕业后未被任何大学录取，在临海哲商小学任语文教师。由于他知识渊博，讲课透彻，方法得当，成绩突出，台州学院请他去该校中文系任教，后来升任为台州学院中文系系主任。

卢平治家庭成分是地主兼工商业，1956 年考入北京钢铁学院，1957年被划为右派分子，开除学籍，下放到北京郊区农场劳动改造。他不忍暴虐，擅自回家。为了生计，他回家后卖柴、用自行车载客搞运输、做泥工等体力工作，并刻苦自学建筑设计，学有成就，解决临海建筑施工中很多实际疑难问题，后来升任为临海市最大、实力最强的临海市第四建筑公司总工程师。

以上这些"黑二代"各地都有，但他们的成功除个人努力外，还要有机会的配合，而绝大部分的"黑二代"哪能有这么好的机遇，都被埋没了，有的还遭横祸。

我1955年军队复员后回到回浦中学高三（1）班读书，同班同学彭龙生送我一张有王良汉老师、彭龙生、张大美、余献坤，还有一位名叫徐昌友的同学的照片。照片是在东湖公园内拍的，拍得很好，湖光山色，穿着夏装，表情自然，精神矍烁。王良汉先生是我班物理老师又是教导主任，他书教得很好，我们都很尊敬他；彭龙生同学是班上年纪最轻、读书最好，文体兼备的学生，与我也很合得来；张大美是班长，活动能力很强；余献坤是地理老师余守清儿子，读书也很好。这几位都是我在高三（1）班同学，彼此都较接近。但这位名叫徐昌友的同学我不认识，我询问他们是谁？他们才告诉我这是徐昌友，是上学期末（1955年夏第四册）被学校除名的，临别时拍了这张照片，除名原因据说其家庭成分是地主。我想徐昌友在临别时能与王老师和几位班上优秀的同学拍照留念，不论徐昌友邀请他们拍，还是他们邀请徐昌友拍，从中也可看出徐昌友绝对不是低能低智力的学生，应该是有一定活动能力、有一定学习成绩的学生。但还是被学校除名了。

我在浙江省区域地质调查队工作时，1966 年春在野外普查矿床，同组的刘国兴说他老家江苏同一村庄的一个地主儿子，在 1958 年大跃进时对当时粗暴蛮干的行为有所议论，说他思想落后扯后腿，处以劳动教养。他在农场劳动积极，不时受到表扬。劳教三年后，释放他回家。但他不愿回家，说在农场劳动没人欺侮他，饭也能吃饱，如果回家要常受人欺负。因此他就这样刑满留场。可见他不是贪吃懒做的人，也略知地主子女在农村中生活的艰难。

《炎黄春秋》山东读者王锡忠读了该杂志 2009 年第二期刊登《"可以教育好的子女"的历史》（林贤治作）一文，对地主子女受歧视受虐待致其编辑部的信中说："我的侄子，安分守己，勤奋好学，自幼爱好画画，17 岁那年画了一张小猫捕蝴蝶，画完了用军棋的总司令印章盖到画上。因为她娘戴着地主帽子，去抄他家的人说，他画小猫是侮辱毛主席，他是国民党反共救国军的总司令。于是他们用水泥纸袋子糊成大褂，写上罪状穿在他身上，把他头发正中推成一溜沟，五花大绑后由民兵押着游街，晚上在 17 个生产队轮流批斗，历时 40 多天。"

原临海台州中学常务副校长陈文曾告诉我一件使我长期来耿耿于怀的事：

1957 年有一个初中毕业生陈蓉，报考台州中学高中部，考试成绩第一名，文体方面也好，本应录取，因其家庭成分为资本家，负责招生的副校长决定不予录取，他虽提了意见，但也不便大胆坚持，这个品学兼优的学生就这样淘汰了。陈文为此心里内疚至今，还在他写的回忆录中记载着这件事。

此类事在 20 世纪 50-70 年代是常见的（如我老家戴庄村戴西法，初中升高中考试成绩全区第一名，学校认为他家庭社会关系复杂不予录取，这还是双港区教育办公室主任陈国本主任对他说的），没必要为此大书特书。但陈蓉是临海解放前有名的私立恩泽医院负责人陈慎言医生女儿，其家族解放前在临海深孚众望，在抗日战争时该院为救治轰炸东京返回迫降三门湾的美军飞行员而蜚声中外，陈蓉之父陈慎言还是手术主刀，其家族中好多人我都认识，并有来往，她未被录取我也深为不平。

1942 年，美国总统罗斯福为了报复日本偷袭珍珠港，秘密组织轰炸东京。原定在"大黄蜂号"航母靠近距东京 400 海里时飞机起飞，因在 720 海里处发现"日东丸"号日本渔船，决定提前起飞。轰炸东京后原定在为此次行动修建的浙江衢州等机场降落，因提前起飞，机上油料耗尽，两架迫降在近县三门湾，4 名飞行员受伤。临海恩泽医院医生陈慎言把受伤飞行员劳逊截肢医好后，还护送其去广西桂林、昆明，后辗转到重庆回国。美国政府为答谢陈慎言，邀其去美国进修，并受到副总统杜鲁门的接见。

　　陈慎言回国后仍在恩泽医院从医。其弟陈慎泽和侄女陈保真均是我解放前初中同学，关系较为密切；其另一个兄弟陈慎楚爱人的弟弟是我好同学陈守安，陈守安曾带我去位于北固山风景如画的该院游玩，还与其任护士长的姐姐等相见。我与陈保真以后都升入振华高中，且坐前后桌，彼此来往较多。她高中毕业后考入上海俄语专科学校。俄专毕业后任苏联专家翻译，后在铁道部武汉第四设计院搞水电设计，我多次去武汉时也多次去她家。她妹妹陈保诚我也认识，原在临海城关医院工作，1958 年支持宁夏。

　　1948 年我手臂生疔，在该院住院开刀，认识了该院院长陈省几，他蓄有一脸白胡子，1949 年春他脑溢血去世前几天，我还看他腋下夹诊病皮包在该院前山坡岩塌上行走，至今难忘。正由于我同他们家族中有诸多关系，陈蓉的落榜更使我为她惋惜。

　　陈省几病故，陈慎言为该院负责人，解放后续任。1951 年 2 月其家族决定把该院财产捐献给人民政府。后来合并到省立台州医院，陈慎言任台州医院副院长到 1958 年。在他慷慨解囊为国家作贡献时，陈曾任临海县第二届人民代表大会代表，临海县第一届政协委员。文化大革命中陈慎言被斗，诬他为里通外国的特务。批斗后他擅自在家拒绝上班。1992 年美国纪念轰炸东京 50 周年时，邀请中国抢救美军飞行员有功人员参加，时年 80 岁的陈慎言又去美国，受到时任国防部长切尼的热情款待。

因恩泽医院为私人所办，因此称陈慎言为资本家，陈蓉为资本家女儿，剥夺她升学权利。陈蓉以后就没再升学，也没工作，随夫去洛阳做家庭主妇至今。

1951年我在中学读书响应国家号召参军，被录取在南京海军学校，同我一起录取的有台州中学的王洪漾和宁海中学的蒋遴绍。经过半年的预科政治学习，同学都交代了自己家庭情况和社会关系。预科学习结束即要转到本科技术学习时，王洪漾和蒋遴绍两同学被清洗回家。他们除了家庭都是地主成分外，王洪漾父亲、哥哥在土改中都被镇压，虽王洪漾工作积极，还弥补不了家庭的缺陷，要他离开。蒋遴绍平时不大讲话，开会也很少发言，较为内向，也不受欢迎。

他们离开学校时，校方不给他们办理任何离校手续。王洪漾回家路上经过杭州时，看到招收小学教师的布告，报名以后在杭州艮山门小学任教。他原是个新民主主义青年团员，离开海军学校时，校方不给他转移团员关系，以至在那边不能过团组织生活，给我们来信，托我们向校方反映。我们反映后，校方仍不理睬。蒋遴绍回原来的宁海中学读书，因他离开宁海中学参军时，办理了离校手续，台州地区招生办公室来接收，现他无证明又回校读书，校方疑为逃兵，不予接受。经蒋遴绍再三说明，提供了海军学校地址、联系方式，学校才以旁听生身份允许他听课，不承认他是正式学生。1953年毕业时，他没有文凭，只能以同等学历名义报考大学，并录取在北京化工学院。他们离开海军学校后我都同他们见了面。与王洪漾见面是在 1957 年夏我在南大读书去杭州实习时我找到他；与蒋遴绍见面有些意外，我在 1959 年 10 月从南京去北京中途在天津下车会见同学后再上车时，在车上碰到他，两人一直攀谈到北京。

在 1957 年反右派时，右派分子的划定与否，与人的家庭成分很有关。我高中同班同学的罗森强、章冬林，前者因家庭成分为地主，后者父亲为伪职死在牢狱中的反革命分子，都划为右派。罗森强为人老实，任班级生活委员，工作负责，因他写得一手好字，反右时在浙江医学院读书，大鸣大放时叫他抄黑板报，抄好后他依文意在空隙处配上一幅漫画，而划为右派。因他为人老实，1961 年毕业时即摘帽。但在文革中因有右派前科经常批斗他而自杀。章冬林当时任班级文娱委员，上午上课前早唱时她领唱，平时不多话，也是小心翼翼，力图忠诚的同学。她在山东师范大学读书时划上右派。以后在山东北镇中学任教。

我在南京大学读书时同系同级不同专业的朱健同学，是前浙江省都督朱瑞的孙子。因为高官厚禄，朱瑞在家乡海宁武源镇购置大量土地，即成为大地主。其儿子（即朱健父）过着父做官儿享福的生活，吃喝嫖赌一齐来。朱瑞早逝，财产落到朱健父后没几年即败了一大半。其妻（朱健母）眼看家产即将败光，抽走部份资产和自己的私房钱投资上海工商业。因妇女在旧社会权力有限，以年幼的朱健（主要三岁前后）名义入股。1955 年国家进行社会主义改造，朱健成了私方代表，拿定息，即成了资本家。1956年朱健考入南京大学地质系古生物专业，与我同级不同班，常在一起上大课，彼此认识起来。1958年国家号召向党交心，南大也掀起这一运动。朱健知道自己"生而有罪"，向学校交代了自己是资方代表的过程，并表示要与家庭划清界限。为了表示自己痛改的决心，把记有对社会对党对学校不满的日记和已领的资产定息交给系里，系中共总支书记戴恂说定息不能收，上级还没有这一政策；日记本连同其交心材料收下，放在档案中，并把朱健定为"中右"分子，也放入档案中。1961年他南大毕业，与我一起分配来浙江大学任教。

1963年因国家经济困难，实行"调整、巩固、充实、提高"政策，浙大地质系停办，1964年他调到浙江省地质局综合研究队工作。不久开展了农村"四清"运动，省级机关也开展"四清"，主要清思想清组织。因朱健是幼年资本家，与其他职工相比，他是够得上"五类分子"，成了清理的主要对象，遭到猛烈批判。不过该运动结束时，根据领导指示，批判从严，处理从宽，朱健逃过这一劫，没作任何处理，过关。

1965年综合研究队合并到位在建德梅城的区域地质调查大队，朱健也随队前往，不久我也调离浙大到该大队，与朱健又在一起工作。1966年文化大革命开始，厄运又轮到朱健头上。当时他所在的古生物组，在党小组长赵兴估以抓革命促生产名义，到康山煤矿进行"斗批改"，当时的斗争对象仍是"横扫一切牛鬼蛇神"，在这些解放后毕业的人中，又只有朱健才算得"牛鬼蛇神"。在党小组策划下，对朱健进行"横扫"，大字报猛轰，斗争会跟上。要他交代如果残酷剥削工人，如何对抗党的改造方针。朱健想这次很难过关，即使这次过了关，还有下一次后一次，悲观失望；又接上海家里来信，说在上海第一百货公司任会计的母亲批斗她时腿骨被打断，他在一再打击下，于批斗他的大会前一天跳煤矿井自杀。在他投井自杀后，他们来人向队上回报，本单位造反派还不放过朱健，当天晚上召开朱健死了后批斗朱健的大会。

在司法领域，更显得对地主子女的不公。

我童年朋友张增连，父亲被划为地主，土改时他才14岁，土改后积极要求上进，学习、工作都很优秀，几次申请加入青年团，因家成分地主，不同意。以后在工厂工作又第一批下放。回家后又常受歧视。经本村张小香介绍参加反共救国军。后来事发，张增连因其家成分地主判徒刑八年，而张小香因家成分中农，既是反共救国军成员，又发展多人，仅判徒刑五年。

我村蔡继来，是地主蔡桂明养子，1951年土改时年仅17岁，按规定不属地主成分，农会要他揭发继父罪行，揭发了可给他雇农成分。他认为继父没有什么错、没有什么罪，没有揭发。农会说他不听话，报复他，也把他当地主批斗、做义务工、管制劳动。经他申诉，二年后才解除。

我村地主儿子蔡行俊，家生活困难，因市场供应紧张，当时生活票证贩卖较普遍。1972 年他给贩卖票证的人提供票源，对方事发，牵连蔡行俊，法院判他徒刑 10 年，其重判与蔡行俊家的成分为地主不无关系。

1956 年受苏共 20 大影响，专制有所放松；国内欣起向科学进军，学校提倡因材施教，大学新生录取按成绩高低，安徽省无为县昆山乡地主家庭出身的黄立众在此背景下考取北京大学哲学系（我也于同年考取南京大学）。四年后的 1960 年，因为他如实反映农村和农民问题，批评大跃进之类的政策，北京大学开除了他的学籍，将他押上火车，遣返回乡。他回家务农后，耳闻目睹农村农民生活困难，当地农民也常向他反映地方干部横行霸道。但农民只能是敢怒不敢言，他感到自己受过高等教育的知识分子，有责任向上级政府反映群众生活的真实情况，于是调查民情，搜集农村粮食产量，人口死亡数字，口粮标准，干部作风，群众劳动情绪等材料，组织社员上访，向公社反映，要求政府解决困难。

由于社员胆小怕事，他自己又是出身地主成分家庭不宜上访而未果，看到许多农民被活活饿死，其他农民仍在饥饿死亡在线挣扎，黄立众决定自己组织"劳动党"，想通过暴动途径来改变现状。

黄立众通过亲戚朋友发展党员，并亲自撰写《致全国同胞书》、《关于人民群众就是力量的问题》,《党纲党章》、《惩治官僚主义临时条例》、《入党申请书》和《土地纲领》等一系列"劳动党"组织理论。在不到三个月里发展了 119 人，波及无为、枞阳、濉溪三个县、市，涵盖了各个阶层，甚至还有共产党员、共青团员参加。

案发后，黄立众等被抓。1970 年中共中央发出打击反革命破坏活动的指示，无为县公检法军事管制小组判黄立众死刑，立即执行；判处 10 来个人管制、有期徒刑、无期徒刑不等。

1982 年，安徽省高级人民法院以书面形式纠正了当年的判决，他们回复无为县人民法院写道："黄立众为首成立的组织是非法的，错误的"，但是，判处黄立众死刑，是量刑过重，属"冤杀"。至于响应黄立众号召的那群农民，该院宣告他们无罪，认为以反革命集团罪处刑是"不当的"，因为"被告黄立众为首的'中国劳动党'，主要是出于对当时农村受'左'倾政策的影响，是农民生活没有改善和对"五风}盛行不满，想要改变或改善这种情况，并非出于反革命目的"。（根据《二十一世纪》网络版刊载的署名谢贵平的文章——《北大学生黄立众与 1961 年中国劳动党事件》。来源 2012 年 2 月《经济观察报》，章敬平作）。

槍决黄立眾

黄立众受到的处分是否与其家庭出身地主有关？当时对大跃进造成的饥饿全国各地群众和有良心的中国人都怨心载道，北大其他学生我想也有此心情和反映，我也目睹农村饥饿的惨状曾写信给中央，还在日记中常记着这方面的事，我认为这是爱国爱人民的表现。学校当局也要吃饭，也生活在人民当中，不会为此作出较重处分。北京大学以此开除黄立众学籍，显然与黄立众家庭成分为地主有关（如上述我县的许从平、徐昌友），中共就是不愿意培养你们这些黑二代为接班人，借机处理而已。至于他成立"劳动党"判处死刑与我村地主儿子蔡行俊协助贩买生活票证判处 10 年徒刑，是否都与其家庭出身为地主有关？我想这是不容置疑的。

由于长期来中共主持的对地主子女的丑化、歧视政策，1966 年夏，文化大革命开始后不久，在《人民日报》社论"横扫一切牛鬼蛇神"的鼓动下，各地对地主及其子女率先进行打击。我被抄家便也是其中一例。以后不少地方还掀起群众性虐杀以地主为主的五类分子及其子女，仅湖南省永州市被杀和自杀的共 9323 人，其中地主其子女 4057 人。蓝山县清水大队"贫下中农最高人民法院"派了村子里一个"蠢子"（脑子不大灵活的人）去执刀。因杀人有"手续费"，就是给钱或给谷子，这个蠢子杀了 19 个人后，找到大队干部要分谷子。大队会计说："19 个难算，干脆再杀一个凑个整数。"于是这个蠢子又跑回去，找到本村一户地主家，把地主家的小孩子随便捉了一个杀掉，凑了 20 个整数。

其中被杀的地主子女还有个叫王百明，因为出身算反革命，在街头饭铺里，被他不认识的农民枪杀。行凶前，造反派只说了两句话，一句是"谁是王百明"，另一句是"打死你这个地主狗崽子"，就抬起枪口，对着王百明的头部扣了扳机。王百明享年22岁。王百明因家庭出身地主，曾三次高考落榜。他下乡后小心翼翼，积极表现，力图忠诚，却因家庭出身而被杀戮。(《炎黄春秋》2010年第2期，《<无声的群落>：最后的古代故事》 作者王克明)

1967年1月18日《中学文革报》第一期上刊登了一篇北京工人遇罗克写的《出身论》文章，开宗明义地说："家庭出身问题是长期以来严重的社会问题"。 他还说"在表现面前，所有的青年都是平等的"、"无论什么出身的青年，都应该享受平等的政治待遇。"但是，敢说的遇罗克遇上麻烦，1967年4月17日，当时的中央文革表态，《出身论》是反动的。1968年1月5日遇罗克为此被

遇羅克

捕，公安局对他进行了八十多次的预审，但没有找到"恶毒攻击"以及"组织反革命集团"的事实证据，最后以"思想反动透顶""反革命气焰十分嚣张"等虚无的罪名判处死刑。1970年3月5日，遇罗克在北京工人体育场公审后被枪决，年仅27岁。1979年11月21日，北京中级人民法院宣布遇罗克无罪。但人头落地，再也长不出来了！

人类在20世纪还野蛮到这种程度，要不要总结，要不要吸取教训？否则，如果以后社会一有风吹草动、形

势紧张，涉及执政党政权的巩固，首先对准的必是"那些具有反革命能力的人"。这种血醒的教训必会重演。

造成这种情况的近期原因是：由于按照经典的马克思主义消灭私有制为主的三面红旗的失败，全国饿死近四千万人后，民怨沸腾，中共政权危在旦夕。为了压制人民的不满，1962 年 9 月中共中央召开八届十中全会。会上毛泽东发出了千万不要忘记阶级斗争，阶级斗争要年年讲、月月讲、日日讲的号召。

1963 年之后，阶级斗争不断升温，阶级路线也向"唯成份论"演变。"黑五类"（地主分子、富农分子、反革命分子、坏分子、右派分子）子女，大学基本不收，重点高中也开始拒收。有的农村甚至连小学升初中也规定："出身占 60 分，表现占 20 分，学习成绩占 5 分，其他占 15 分"。

1964 年的高考，"黑五类"子女全军覆没。在高干子弟进入哈军工、清华等重点大学时，家庭出身"有问题"的学生却踏上"与工农群众相结合的道路。"据《无声的群落》一书记载，1964 年在奔赴大巴山垦荒的 2 万初、高中毕业生，绝大多数出身不好，其中不乏品学兼优的好学生，却被挡在大学甚至高中的门外。

1966 年 3 月 20 日，毛泽东在杭州会议上说："大、中、小学大部分都被小资产阶级、地主富农阶级出身的知识分子垄断了。""这是一场严重的阶级斗争""将来出修正主义的就是这一批人。""这批人实际上是国民党。"

阶级斗争不仅要年年讲，而且要代代传，于是，一副原最高检察院副检察长谭政文的儿子、北京工业大学学生谭力夫于 1966 年 7 月 29 日以"鬼见愁"署名写的血统论对联应运而生：老子革命儿好汉，老子反动儿混蛋。横批：基本如此

对联一经产生迅速风靡京城，传向全国。并先后得到中央文革小组及某些领导人的支持，横批也改为"绝对如此"。8 月 12 日谭力夫与他人合作又贴出大字报《从对联谈起》，要"提升为政策，上升到本本条条"。在此影响下"红五类"出身的红二代，先是在学校里打黑帮、打狗崽子，然后冲上社会打小流氓，打地、富、反、坏、右及其子女。一场血腥的红色恐怖就此拉开帷幕。也导致了上述已提到的 1967 年 7-9 月湖南永州市 4057 个黑五类子女被杀。遇罗克对此对联有不同看法而遭枪决。我仅是出身地主家庭，在此环境下也被抄家被批斗。

因此，这两代人是中共掀起土地革命的主要打击对象，其命运也是 20 世纪中国历史的缩影，《中共的土改》一书主要是讲述以我母亲为代表的第一代经历，本书是以笔者为主的第二代的经历。我国现行的宪法中还写着"在我国，剥削阶级作为阶级已经消灭，但是阶级斗争还将在一定范围内长期存在。中国人民对敌视和破坏我国社会主义制度的国内外的敌对势力和敌对分子，必须进行斗争。"当年的地主、富农、资本家等剥削分子绝大部都已作古。联系上述 1966 年 3 月 20 日毛泽东的论述，这里所指的阶级斗争、敌视社会主义制度的国内敌对势力和敌对分子，当然主要是黑五代繁衍下的黑后代。

为了社会和谐,应对这段历史加以回顾,进行探讨,以史为鉴,吸取教训,不再重演。以期能纠正中共对这两代人的歪曲,并补充、完善中国的近现代史。这是笔者写此书的目的。

第一节 我出生前的家庭

我出生在浙江省中东部地处丘陵地带的农村,其行政区划现称临海市白水洋镇双港办事处大园村,旧时称临海县双港区店前乡大园村,离临海县城约 60 华里,1958 年公路未通前交通不便,去县城靠步行。经济主要为农业,约占经济收入的 90%。本村东、西二三里外是设有集市的双港镇和店前街。构成一个较闭塞的自给自足经济体系。

建国前全村约 300 户,基本上都姓蔡,为临海县西乡较大的村庄,抗日战争时县政府曾搬迁来我村,建国后曾长期为区政府驻地。村中氏族房份兴旺,较早的称八柱(有八个兄弟),较晚的称四份(有四个兄弟),其下代为纪念他们,分别建有祠堂。村族集体经济较浓厚,不同房份都置设有祀田和山林及一些公共设施,如利用水力建造碾米用的水碓和磨粉用的水磨。村族事务由各房份头人(俗称头脑)集体商讨处理。村中有一所创办于 1929 年的完全小学,区政府驻在本村时还有一所初级中学,1937 年建了一坐天主教堂,一里外还有一座较大的佛寺叫净戒净。村民以信佛教居多,读书求学风气较盛，不少以此进入仕途。

我祖辈都从事农耕，祖父有兄弟五个，他亡故前有土地5亩左右，楼房三间半，平屋一间半。我父亲兄弟两人，祖父母亡故后留下的遗产与伯父对分，因此我父母早年有土地2亩多。这可从土改时登记入册的现保存在临海市档案馆中我伯父蔡桂清户的土地数来证明。他是单身人家，于1956年67岁时亡故，土改时成分划为小土地出租（实则他是老实巴交的纯农民，没有土地出租，也没从事其他职业，因我家成分地主，他家土地少，划不上地主，但又不给他农民成分，最后定为小土地出租），他从祖父遗产继承下来后土地从未买进也未卖出，土改时也未改进也未改出。土改档案上记着他有2.391亩，因此我家父母早年土地也仅2亩多。有楼房一间半，平房一间半。在祖父亡故前，我大姐已出世，家三人，按土改时我村人均土地为1.39亩，当时我家的家庭经

大園村（近處站著的是筆者本人），1958年攝

济相当于土改时的贫农。

父亲早年入赌，赌输了曾卖过房子，房契在双港赌场中写的，本村后宅蔡德金当夜经过我家门口告诉我母亲。这是家庭大事，母亲奔波于村上头人之间，终于以家有妻有女为由，由族长出面与买家交涉要回，这也符合现今的法律。因父亲不安心务农，家里生活较困难，我四个姐姐中第三个、第四个姐姐均因家穷，给附近东庄村和下洋庄村人家当童养媳，后来在夫家成婚，现都子女满堂。这是我村、近村人都知道的事，可见当时我家之困境。

我家楼房临街，一间为卧室，另外半间为同伯父共享的中堂间，后则有座平房。楼房与平房之间有一个院子，约 50 平方米，中间有一条石块路，一侧是茅厕和空地，另一侧是菜园，菜园边上还有棵大桑树。一间半平房中，半间是猪、牛舍，另一间是厨房。据母亲（王梅花）说，她就凭这些条件从事多种副业，如养母猪、做垂面、养蚕等。她还以自己擅长画花和做布鞋的手艺，给新娘做结婚时穿的花鞋，即使不是按件计酬，但人家也不要你白做，往往在婚后送来佳肴，母亲分餐吃，从而也节约开支和改善生活。她还说承租了不少"众光田"（氏族祀田），父亲不赌的时候也会在家种田，这种祀田照顾困难户，租金较便宜，母亲说有几年主要靠种这些祀田的收入维持家庭生活。后来又开了小店，她又省吃俭用，精打细算，家庭经济逐渐好起来。

第二节　我幼年时的家庭

我的幼年是在母亲从事多种副业和开小店中度过的。

一、　干副业

养母猪

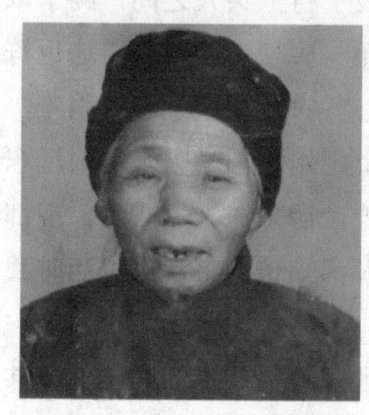

母親王梅花

我能回忆起来孩提时最早的一件事是，有一天，我从家里平屋，走向楼屋有10来米长的路上，被蹦蹦跳跳的小猪绊倒，哭了，母亲从楼屋内出来拉扶我。此时我1岁多。

养母猪（俗称养猪娘）是我知道的母亲最早从事的副业，延续时间较长，到1947年平房拆了建新房，新房建好后还在养。母亲外出时，我在家喂猪，并看管小猪。养母猪收益较丰，还可积肥。饲养流程如下。

配种　赶到养公猪家去配，父亲在世时由父亲去，父亲亡故后伯父也会代我们去。有时母亲自己去。我常跟着去。

分娩　母猪分娩大都顺利，但也有难产，也有产后被母猪压死。所以分娩时要守候其旁，采取相应措施。有盖衣服以御寒，也有求神拜佛保平安。

喂养　母猪平时吃得很差，多是洗碗水加些米糠粉，很稀薄，有时添一些芋秆渣、番薯梗。冬天烧热，一天三餐。由于吃得差，母猪很瘦，几乎是皮包骨的状态，怪可怜的。母亲说母猪不能吃太好，否则胖了小猪难产。在怀孕和哺乳期时则吃得较好，但也只加些麦麸之类，从来不给吃米、麦等食物，番薯、玉米等粗粮也很少给它吃。

小猪吃得较好，细米糠加麦麸、玉米粉，有时还加黄豆粉，烧起来很稠。

有小猪时烧猪食是很辛苦的，母亲早起先烧一大锅猪食，稍大后则不止烧一锅。三餐要喂养，她还有其他副业和事情，在家长大的两个姐姐早已出嫁，父亲过世后仅我和母亲两人。因此我也成了她的帮手，烧猪食、喂猪、洗碗、扫地，什么都干。

阉割睾丸　小雄猪生下一个多月后要发情，这时离上市出售还有一段时间，必须阉割掉睾丸，以让它快长和减少客户负担。这一活是母亲的拿手好戏，父亲倒不敢干，也干不来。阉割前备好一把锋利的剃头刀、一小碗菜油，均放在小凳上。她抓来一只小雄猪立即坐在一把稳固的矮竹椅上，两脚用力夹住倒挂的小雄猪胸腹，任凭它挣扎狂叫，左手捏紧睾丸外皮，使其外凸，右手用剃刀立即划开外皮，用力把睾丸捏出，再用左手拉出睾丸，右手再割断其筋带，迅速敷上菜油，即放开小猪，阉割告成，动作干脆利落。小雄猪的伤口要红肿，两三天后即可消退。割下来的睾丸放在碗里，漂洗后晚上烧稀饭时放灶火中烘烤，让我吃。

雌小猪输卵管阉割要开肚，较复杂，且发情期晚，有专人从事这一行业，上市出售后买户另请专人阉割，当然要费用，故雌小猪售价较雄小猪略便宜。

上市出售　小猪养2个多月后可上市出售，那时猪种小，出售的小猪重一般是15斤到20斤，20斤以上的小猪算大了。上市时父母用猪篓挑到双港集市的猪行中去卖，父亲在世时父挑，母亲也跟去，生意手还是母亲好，我有时也跟去。双港集市日是农历每旬三、六、九日，每次卖三四只，一般三四个市日即可卖完，最后自己留一只养肉猪。

养母猪也有亏空的，关键是饲养调配，不得病，小猪膘肥。猪价也有涨跌，不要一跌就不养，一涨就大养。我家还算顺利，稳定，赚钱。

养母猪很辛苦，各方面要配合好，我近邻中没有饲养母猪的，我村300来户人家也仅有两三家养母猪。也有亏空终止的，我四姐家父也养过，因亏空，没多久就不养了。

所附的仔猪吃奶的照片，是我2008年在绍兴公园内为歌颂改革开放展览会上从展出的图片中的拍摄，名为"丰年"。我附上这幅极普通的照片，目的是回忆我母亲养母猪的辛劳和我童年的生活。

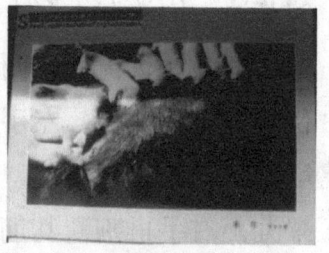

做垂面

"做垂面"是我们家乡话，也称挂面，即制作食用麦粉面条。但与普通面条又大不一样，粉中加食盐。制作时利用其加盐后的韧性，用面筷把粉条拉长后，再悬挂在空中凭其自身重力下垂，面条细到似松叶针状，干燥后收藏，故称垂面。此种面条产在我家临海西乡、北乡及其与天台县、仙居三县交接地区，特别是我们双港区和附近的大石区较多，吃起来柔软、味香。我可说跑遍全国的人，在外地从未吃过这种面条。据说现大石区垂面经包装远销上海等城市，但我还未在餐馆中吃过。做这种面条要有一定技术，工序繁多，要有相应的设备，且起早摸黑，很辛苦，现在从事这行当的人不多了。

做垂面首先要有气候条件，温度要低，须在晚秋至早春之间制作。加盐量根据气温变化而增减。天愈冷，少加盐其韧性即可拉出细条；温度高盐量加多，否则韧性差，易断（俗称流荡），且咸味太浓口感差。此外要当日做当日晒干当日收藏，故天气要晴朗；又因在露天晾晒，垂吊在3米多高的面架下，不能风吹，否则也易断，故风大也不能做。

那时没有天气预报，因此，母亲在要想做垂面这天，早上5点左右天还黑时即要起床看天气情况，看天空是否有星星及星星位置以定时间，还要看风力大小。她是从楼房靠近平屋的后门开出去看的，有时还会把我惊醒。如天气好，就准备拌粉揉粉。当时做垂面用手工，设备较多。计有面板，用来拌粉、揉粉、搓粉条等用；面盘，用来盘粉条，常用蒸馒头的蒸笼代替；面筷，约二市尺长的小金竹竿（两端粗细均匀），搓成的粉

条串在其上，挂放在面柜中伸展（俗称开面）、再插到面桁上晾晒；面架，呈工字形，工字头为一个约20公

分长10公分宽的小木块，其上有两个插面筷用的小孔，用一根比人稍低一些的木棒支撑，工字形面架底部固定在木盘或木条上；面柜，约有3-4米长，1米高的矩形大木箱，但无底无盖，上、中间有隔档，存放面筷上的粗面条，其上盖草席或湿布巾，以免面条中的水分蒸发；面桁，有4米高的木架，上有一根横梁，其

做垂面

上钻有可插面筷的小孔，出面时插面筷用，上下稍可移动，以调节高低，可拆卸，不用时拆了放家里。做垂面的工序如下：

揉粉　面粉加适量的食盐和水伴和捏揉，加盐量根据天气冷暖增减，冷天较少，否则拉不开；天暖多些，否则流荡，不成团。这是做垂面的难点。

搓面　从粉团上切下一条，搓成大拇指一样大小的面条，沿面板边顺其丢伸在面盘上，用手从内向外盘卷成圆形，为不影响搓面进度，最好由另一个人操作，我常干这个话。

上面 把两根面筷插到面架的两只孔中，提起盘在面盘中拇指大的面条，呈螺纹状交叉紧密地串挂在两根面筷上，再挂放在面柜中让其下垂拉长。

转面 所谓"转面"是从面柜上提出串挂在面筷上的面条，用一只面筷插在面架一个孔中，手提另一只面筷，边拉边转动身腰，使面条逐渐变细，这也有一定技术。此时面条仅毛线针这样粗。再放回面柜，又让其自垂。

在以上这几个工序之间，有一定时间间隙，母亲都安排得很紧凑。要么烧猪食、喂猪，要么去市集上进货，有经济收入的放在前，做饭洗衣等在后。

出面 此时已到午后，就把面柜中的面筷取出，拿到屋外站到高凳上，把一只面筷插进有3米多高的面桁孔中，另一只轻轻往下拉，使面条不断变细，这时我也会帮些忙。因"上面"时面条呈螺纹状相交，必须用比面筷稍长的竹针穿插其间把它分开，这叫"开面"。"开面"后还要轻轻往下拉，再利用其自重下垂，还会变细，最后会细到松叶针状，直到干燥为止。其间不免也有断了落下的，为了不浪费，在地上放上草席等回收。常有鸡来啄吃，我也担负驱赶任务。

落面 把晒干的面，自面桁上取下，放在面板上折断，整整齐齐地一绞一绞放在箩筐中待卖。至此，这天的垂面才做完成，那时天也黑了。还有粘在面筷上的面"疙瘩"，因形状像碗，俗称"面碗头"，是落不下来的，我们用手把它抠下，我也参与，这个碎粒没人买，晚上通常用它烧"面碗头"当夜饭。

母亲做的垂面，既细又匀，大都是村人来买，我没有见过她去市集上出售。每次约做 20 来斤粉。据母亲说做垂面可对半赚，即可赚回 20 斤粉的价钱，加工面粉后留下的麦麸(麦皮)可喂猪，利润更高，也是综合利用。

母亲做垂面延续的时间也较长，在我出世前早已开始，在父亲 1943 年过世前年年都要做。父亲过世后忙于生意有所减少，后来酿酒等生意愈来愈红火，做垂面更少了。

这一既要技术又很辛苦的行当，现在很少人做了。我老家附近几村，仅山下村有人在做，所附的照片是我特地去那里拍摄的。

养蚕

从我孩提时起，在 1943 年父亲去世前我家年年都养蚕。我家有两棵桑树，大的一棵长在家里菜园中；另一棵长在后门山旱地里，我常跟父亲到那边采桑叶来喂蚕。这两棵桑树不像现在种植的仅一人多高的成片桑林，而有近 10 米高，树枝散开一大片，人要爬到树上采叶子。家里的一棵，我还常爬上去玩，有时小鸟成群停在树上准备啄我家猪吃后余下的食物。这两棵桑树基本上足够我家的蚕吃，如蚕大了临近"上山"时不够吃，再到市场上买些。养蚕过程大致如下：

孵化　把一张张蚕纸放在温暖处，甚至被窝里。过几天如芝麻大小的幼子便会蠕动，以后逐渐长大，会爬行时候，开始吃桑叶。此时桑叶要选嫩的，并剪成细条，使其能接触到，以利其咀嚼。

分盘　蚕长大较快，为了能及时均匀地吃到桑叶，不断要分盘（竹制篾盘），蚕到中后期长得更快，吃得也多也凶，吃桑叶的沙沙声清晰可闻。为了保证桑叶充分供应，让它们吃饱，要不断分盘，扩大蚕与桑叶的接触面。

照光　蚕长大结茧前，要对着灯光看其肚子是否透明（亮），如果已透明，说明其丝已做成，即可"上山"吐丝结茧，否则还需喂养。照光时母亲拿起一条蚕对着油灯仔细看，拉拉长缩缩短，像玩把戏一样。我怕虫，蚕是大虫，更不敢触摸。

上山　已作丝的蚕，即肚子透明的蚕，放在小枝杈多的苋漆柴或麦秸秆上让其攀爬，它选好位置后便会在其上吐丝结茧。丝吐完茧结好后，自缚其中而"死"。有时夜里放上去，早上便可见到一颗颗雪白的蚕茧了，蚕自己缩变（"死"）在其中称为蛹。古人曰："春蚕到死丝方尽，蜡炬成灰泪始干。"多伟大！

拉丝　蚕茧取下后，即可拉丝。拉丝是把茧放在水中烧煮，先抽出丝头，几根合起来穿过木架支撑的金属小圆孔，再卷入纺车辊轴上，然后取下捆扎，便成丝。我家做出来的丝多数是出售，有时也留些自家做绸衣。

养蚕也有风险，主要是发病，个别也有病死的，坏死的蚕很难看，我至今还有印象。不过母亲养的蚕一般都很顺利，也有利润。

我 11 岁时父亲去世，没人采桑叶，蚕也不养了。

收水磨

我村有氏族经济时期建造的水碓、水磨。利用水力冲转木盘再带动两只石杵作上下跌落在石臼上，把稻谷碾成米，因碾米时两杵轮翻上下相对运动，故叫"水碓"。我村有两座"水碓"，一座是村族所有，一座是蔡修多个人所有。带动备有上下两个重迭石盘仅上盘旋转下盘不动，把谷物（主要为小麦、玉米）碾磨成粉的叫"水磨"。

这些是我们祖先的发明，也是我村祖宗为村民福利建造的村有集体经济。为其正常运转，由村民承包，缴纳一定承包金，承包户再向用户收一定费用，通常提取加工谷物的 1.5% 左右，要承包人自己去收取，称为"收水磨"。收取的磨钱除上交和维修外剩下归己，与当今的承包制类同，且多数是照顾困难户承包。如勤加管理，有一定收入（利润）。我家早期经济困难，承包过多年。

我家承包的水磨位于村边 2 华里远的大塘山麓。该山高约 50 米，山下有个约 500 平方米的大水塘。我们祖先引进附近溪水，利用落差在大塘入口处修建了水磨，这是族有的。该水磨造福全村村民，获益匪浅，日

今日的大塘   左上角为水磨房遗址

常人、畜吃的粉类粮食基本上都在这里加工。

　　收水磨主要由我父亲经营，除了收磨钱外，父亲还要检查水渠和蓄水池是否漏水，水闸活动是否正常，打粉用的绸布是否有破损等，每天总要去几次，有时还在那边等待守候，有些人未见我们来也会自觉留下磨钱（谷物）。磨钱都用粮食代替，故要备有小箩筐。父亲没空我就去代收，我六七岁时就会为家干些事，磨粉人也会给我。但也有个别磨了因我们不在而逃付的，特别是在夜间较多。父亲是睡在家平屋灶间，此房东边是空旷的田野，夜里人静时，2里外水磨打粉发出的箩筛声他会听到，即使已入睡后的半夜他也会起来去收磨钱。那边坟墓很多，各种鬼神传说不少，我就听人说女鬼半夜坐在坟上对着镜子梳头，听了就汗毛直立、浑身发抖，但我父亲不怕。

　　磨粉、打粉都在水磨的二楼，底下是水轮，水轮下就是滚滚冲下的水。当磨粉打粉时，水力冲向水轮，水轮快速旋转，通过一根大木轴带动二楼的水磨的上磨（石制）也跟着转动，下盘不动，两盘均刻有槽纹，凭石制上盘的重压、旋转、摩擦，被磨的谷物磨成粉，源源从下磨槽中涌出，落在地板上。

　　木制地板有空隙，在强烈震动下，有少量粉末漏到底下翻滚的水中，并迅速随水流流向大塘。大塘里野生鱼种类多，特别是长白鱼、黄鲨鱼，食性强，当水磨开动磨粉，急剧的水流冲向大塘时，它们逆水流冲到水磨下争抢觅食。当关闸水断停磨时，它们又迅速随水游回到大塘中。

父亲就利用这一特点,在流向大塘的水道上垒上石块,仅留一小缺口,既不影响流水,也不影响鱼类上冲觅食。在蓄水池的水即将用完,马上要关水闸停磨时,备好网兜在其边等候。当一关闸停磨,网兜即插向缺口,顺水而下的鱼也冲到网兜中,父亲速翻抛到岸上,再插回缺口,再把已捉的鱼翻抛到岸上。我兴高采烈地一一捡来,晚上叫母亲烧来吃。之后我自己也会干这行当,每次都抓到不少鱼。这是我童年中美好的回忆之一,可是好景不长,惜我父过世太早,水磨不收了,当然这样的捉鱼也停了!

纺棉纱

我们家乡几乎每家都在沙性地上种些棉花,织土布再成衣,或做棉絮被子,过着自给自足的生活。棉花与成衣之间,必然要纺纱。纺了纱后可织布,再成衣,一切都是手工操作。母亲是纺纱能手,纺出来的纱既均匀又紧实,除自家用外,多数给人家加工,收加工费。人家也喜欢找我母亲加工。

母亲是在竹、木做的手摇纺纱机上纺纱。该纺纱机与我在电影上看到的延安八路军大生产时或有关展览馆上看到的纺纱机类似,上部为两侧用竹片交叉成多角圆形,在一片竹片上打个洞放根手把,在圆形的竹架上用绳拉联,其上有一根紧绷的肠筋线。底座为木头架,竹盘中轴横穿在木架上,左侧底下安一根纺锭,纺前在锭上包一竹笋叶片,肠筋线与纺锭相交联,手摇纺车,带动纺锭高速转动，备好的棉花絮棒放在其上，棉线系在纺锭上，用手往外拉，即纺成线。纺拉出的线再反向转一下，便固定在锭上，再继续纺到锭饱满为止（桯形），取下线锭，因中间有外包竹笋叶的锭孔，故称线锭为"虚"。竹叶片的作用是易从纺锭上易取下"虚"，且棉线绕其上卷使"虚"保持锤形。取下一个"虚"后再纺。

线锭有一定数量后，再把棉线用木桙（俗称"岳"）卷成线条，织布匠再用米浆经线，晒干，再卷在织布机滚轴上便可织布。其间都有一套木制设备，这也是先人的发明创造。

纺棉纱的特点是随时可纺，随时可歇。有空就纺，有其他事即可离开，因此母亲一有空便纺，有事便离开，不影响其他事。纺绵纱可"见缝插针"地利用时间，特别对于她又开小店又从事多种副业的大忙人很合适。

父去世前，常见她纺棉纱，父过世后因生意忙，效益更好的副业还有，纺棉纱很少看到。土改后养母猪、做垂面等不干了，纺棉纱的旧业又操起来。合作化时期生产队不种棉花，此活也停下。改革开放后，土地又分到家，种什么由农民自己决定，又有人种棉花，托我母亲纺纱的也多起来，有时整天都在纺。

因纺纱时一手拉线，一手摇车，都很吃力，因此母亲常在旁边放一只待纳的鞋底，她为了调剂劳力，又不闲着，纺了一阵纱后，手累了，再纳（缝切）一回鞋底。因纳鞋底用手的部位与纺纱不同，用力不同，可调济劳力，原来纺纱累了的部位可歇一下，以发挥更大效益。邻居蔡素青等至今还在诵念我母亲这种节约劳力的好方法。

织麻线

暖天的蚊帐、有些人夏天的衣服都用麻布来做。麻布用麻线织成，那时麻线是用苎麻丝一根根地经手工粘搓捻接成线，不是纺成，再用木制织麻布机织成麻布。

母亲织的麻线既细又匀，连接处无疙瘩，自然流畅，除了织自家的麻线外，还给人家加工，收取加工费。

织麻线的工序是：地上割来的麻秆放水中泡涨，折断麻秆剥下麻皮，再用小麻刀片去外皮，片状麻肉晒干，分成麻丝，便可织麻线。织麻线时人坐在凳上，把麻丝放在大腿上，一根一根搓扭相结一起，放在专门用来放麻线的"空心篮"中，到一定数量时，有序地卷在棒上，抽去棒后成空心的圆球，便可交织麻布匠织麻布。

织麻线也是随时可干随时可歇的活，母亲一有空便可拿来织一下，因此常穿插在其他活之间。熟练了之后眼睛不看麻线凭手感也可干。因此，夏天晚上乘凉时，特别在有月光时，她常在露天下利用纳凉来织麻线，邻居对她的"巴结"（吴语，抓紧时间刻苦干活）赞叹不已。

我家有片苎麻地，约半亩，位于离家 2 里外的戴庄村边。苎麻为多年生作物，收割后根部留在土中，次年春再发芽成长，再收割。父亲在世时我常随他去松土、施肥或收割，也是我童年值得回忆的情景之一。父过世后伯父也代我们管理过。

1949年解放前，常看母亲在织麻线。现随着科技进步，蚊帐用尼龙等人造纤维取代，这一行当几乎消失。

二、开小店

我1933年出生后，父亲戒赌了，似有"浪子回头金不换"之势，专心耕作，积极协助母亲搞副业。如母亲做垂面，他先去磨好麦粉；母亲养母猪，他备饲料、配种、上市出售；母亲养蚕，他采桑叶；等等。确是"家和万事兴"。

在我出生前父母亲除务农和搞副业外，还利用天时、地利、人和开了一爿小店。

天时 在20世纪30年代我国社会相对安定，各方面也得到了一定的发展。农业方面，有些农产品，如大豆，直至80年代还是抗战前的1936年产量最高。工业方面，我国第一座现代化大铁桥——钱塘江大桥，在抗战前夕的1937年春建成。文化教育也得到一定发展，如脍炙人口的电影《马路天使》《十字街头》《桃李劫》等就拍摄在这一时代。我村的大园小学虽创办在1929年，但发展壮大、完备仍在30年代。民族工业也得到一定发展，工业品如肥皂、火柴、香烟等进入农村，农村商业也兴旺起来。抗战爆发后，军队、社会人员、物资流动量增大，也促进了商业发展。这是天时。

地利 我家位于村东边，临近大园小学，门前为本村最大的一条街，长约 700 米，宽约 10 米，因靠近小山湾，名叫山湾街；还有一条伸入村中部的路在我家门口与山湾街相交，因此我家便成了三岔路口。

1950 年前我家店面間 2007 年

我村东边 3 里远是较大的集市双港镇，村里人去双港多数是经我家门口，小学生上学放学多数也经我家门口，因此这是开店的好地方。在我家之前邻居蔡修树就开过，但因亏空没多久就关闭，我家租借他们的货柜接着开。土改后和改革开放后邻居也在附近开过小店，不过也未见赚多少钱，先后关闭。我父母则不同，后来买田、建房开支，开小店和酿酒是主要经济来源。这是地利

人和

父亲读过几年私塾（家馆），能写一手漂亮的毛笔字，性格温和敦厚，诚信待人，戒赌后家庭和睦。母亲虽是大字不识的小脚女人，但是一个善于开拓进取、精明能干、思维清晰、记忆力强、、反应敏捷、应酬自如、刻苦节俭、一心致富的人。这样两者一结合，干出了一番事业。这是人和。

　　小店卖的东西主要是副食品和日用品。副食品有糕点、糖果、红糖、白糖、桂园、荔枝、酒类、香烟等；日用品方面有学生文具（纸、笔、墨、簿）、煤油、肥皂、火柴、蚊香、蜡烛、电池等。进货管道一般都是附近集镇，主要是离家3里远的双港，其次为店前，也有到临海县城批发来的。去县城进货常与本村后宅另一小店店主蔡交修伯伯互相托带。营业额较大的是香烟和酒类。酒类有黄酒、白酒（烧酒），也卖过醋。早年都在酒坊批发来，因酿酒要资金、要设备、要技术，后来家里资金丰厚后才自酿。父亲在世时已开始少量自酿。

　　店内没有专人守店，谁有空谁卖。父亲在世时主要是母亲卖，她在家搞副业可兼顾到；其次是父亲，他农耕回家或进货回来就以他为主。我二姐1942年婚前在家时也参与售货；大姐在我4岁时出嫁，出嫁前必也参与过；我在六七岁时就会卖货，会简单地算账，10岁以后可充当"售货员"了，称秤、计算、收钱、记账都会，因此我从小就打下较好的心算基础。但我和二姐包装上远不如父母，卖糖类、桂园荔枝需要包装，父母包得有棱有角，我们则是一团扭。

　　为扩大经营，我村有几个赌博摊，父亲有时也拿些香烟糕点到那边设摊。他过去痴迷赌博，母亲都以"赌博人"称呼他，现在他"立地成佛"，身在赌场，"滴水不沾了"。我不到10岁，有时也去看看热闹，少时也与同龄人赌过，有时在赌摊上押个1角2角。但约在8岁那年，感到这不是我该干的事，那年春节戒掉，之后从不参赌，也与父亲一样"立地成佛"了。

抗战时物资紧缺，有时货源中断，如香烟进货难，我们买来烟丝或烟叶、烟纸自己来制作。制时用一木盒，其上有一小槽孔，孔中有一滚轴，烟丝放在烟纸上在盒面用小滚轴滚动，香烟即溜滚出槽外，再剪齐便成。如用烟叶制，先切成烟丝，喷些烧（白）酒再制。

我很小还未参加卖货时，约三四岁，要爬到货柜上掀开盛有糕点的玻璃瓶盖，偷糕点吃。因父母平时不给我吃，特别是母亲，严格禁止我吃零食，她说吃了浪费。但我嘴馋，很想吃，便偷，稍大后即不偷了。

除了开小商店外，父母还贩卖过大米。那是在抗日战争时，杭州与临海公路中断，北侧的天台县仍可通达，米价较贵。我们家乡与天台仅隔一座山，翻过安头岭便是天台。我们家乡也产稻谷，父母就抓住这一时机，收购本地稻谷，加工成大米，雇人挑到天台去卖，或天台人来收购，赚些差价。当时处于困难时期，国家提倡吃72米，意即100斤稻谷要加工出72斤大米。普通大米100斤稻谷大概只能加工出65斤，去的米皮较多。72米非但出米量多，且营养好，维生素丰富的米皮没去了，只不过口感差些而已。加工72米不放在水碓中加工，而是在特制的木磨上加工，木磨称为"砻磨"，原理相当于磨粉的水磨，不过水磨磨粉的磨盘是用石头制的，压力大。加工72米时稻谷放在木盘上，受压轻，用手通过木架推其旋转（相当于人工磨豆腐），72米便在上下木盘的间隙流出，实际上是仅去了

谷壳而已，因此 100 斤稻谷可加工出 72 斤大米。父母
贩卖 72 米时间不长。

　　本村开店因彼此都熟悉，赊账的很多，货物拿去后
不付现金，到年终结算付钱，因此要记账。父亲在世时
都是由他记，他一手工整、清秀的毛笔字让我很敬佩，
至今还有保存作纪念。"文革"时我单位红卫兵抄我
家，把它抄出展览示众，诬为"变天账"，幸好账都收
清，且父亲已于 1943 年亡故，才不了了之。

　　账本分两种，每天记的叫"流水"，即按日期顺延
记下去，从每月初一到三十日，从一月到十二月，本子
横长竖短呈矩形，封皮写上"流水"两字，记的格式
是：日期、某某人、去（买）、货物（如大刀牌香烟一
包）、计 X 角 X 分。年终到把各账户汇总，按账户住处
编排记述，这叫"总汇"，并在封面写上"总汇" 两

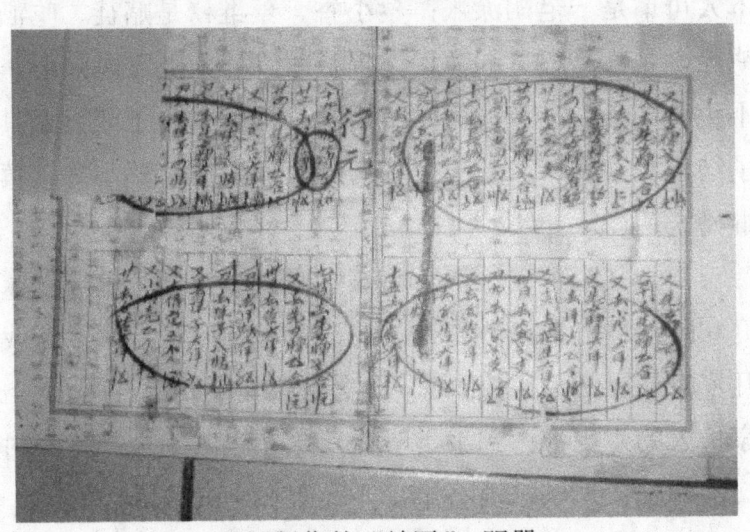

父親製作的"總匯" 賬單

字。总汇账本是方的，内分直格，上下两行。 每年十二月初就开始做"总汇"，按年夜收账的路线编排名单，把其全年赊去的日期、货名、数量、钱数从"流水"上一一提取列出，最后写上总数。流水上已提抄上去的账目用毛笔竹套的小圆口印上红圈盖上做记号，以示已做在"总汇"上， 以免重复或漏掉。

父亲在世时"总汇"都由他做，年夜收账也都由他去收，他带着账本，肩背着钱袋，手握打狗棒，沿着原来做"总汇"时设定的路线，挨家挨户去讨账。一般都如数付给，少数人有争执，但经回忆，也取得一致，也有个别付不出拖欠到次年的。那时物价涨幅不大，年夜付款后还有利润。欠账有几个大户，如乡长蔡行元，赌徒蔡小香（继寿）、蔡继榜等，数额较大，有时有争执。蔡行元都叫其乡队士(良满、远郎等人)来拿取，他本人可谓是一笔胡涂账；蔡小香、蔡继榜是赌徒、吃酒胡涂，且都是很近的邻居，提货时开心，要账时痛心，不免有口角。没有钱付时，用卖土地、卖房子或卖家具了结，我家就有一些土地、房屋、家具原是蔡小香、蔡继榜卖的。

由于父亲积极农耕，用心经商，母亲操劳副业，家庭和睦，精打细算，处处节约，家境逐渐好起来，在我几岁时就已是"小康人家"，吃饱穿暖没问题。两个在家长大的姐姐都读到小学毕业，这在当时绝大部分农村妇女为文盲来讲已很不错了；大姐在 1937 年出嫁，二姐在 1942 年出嫁，都有"七杠红"嫁妆，意即出嫁时有七杠大件漆红的家具抬到夫家。两个从小给人家当童养媳的姐姐也常往来，后来完婚时也给了嫁妆。

我至今还记得很清楚，在我还很小的时候，有一夏天午后在楼房后门口坐在条凳上休息纳凉时，母亲也在旁。父亲说：今后高中要给我读上。如今我是大学毕业，两个女儿也大学毕业；一个还是美国硕士毕业，现在美国工作；孙子也在浙江大学毕业，后去美国攻深造，在取得两个硕士学位后，现也在美国工作。如父母在天有灵，定会感到欣慰。

三、 母亲对我的严教严管

我现能记得起母亲管教我的最早一件事时是：有次在灶间烧晚饭，她在灶台上炒菜，我在灶口条凳上烧火，大概是某一事我不听她使唤，我又不认错，发生口角，她气得来打我。我站起来往凳后的柴堆上避，避不了，被她打了。我感到很委屈，放声大哭。父亲对我较溺爱，此时他即要田间劳动回来，我哭个不停，想哭到父亲回来，向他诉说，博得他同情、怜悯。此时我约3-4岁。

母亲经营养母猪、做垂面、养蚕、放棉纱、开小店、酿酒等副业，很忙碌，常要我协助。我在4-5岁时起，就会帮她干活，做些家务事，如不听她使唤，要淘气，要挨打；六七岁时已是她较熟练的助手了。

她养母猪，在产下的小猪稍大后要用粮食喂养，通常是大麦粥，有时还加黄豆粉，且较稠。而母猪吃得很差，通常是洗碗水加些米糠粉，有时加些麦麸，且很稀。母猪看小猪吃得这么好，要来和他们争食。当然小猪争不过母猪，为此把小猪从猪圈内放出来在外边吃，母猪在猪圈内吃。但母猪力气大，常从圈索缝中挤出抢吃小猪的食物。父母亲没时间守候阻止母猪抢食，这个任务便叫我完成。在喂猪时，我拿一根小棒，若母猪要挤出抢食，我就打。

母亲做垂面时，在粉团搓成粉条盘放在较低处盛器中时，要用手盘放，母亲要搓粉条，我就来盘放，这样会加快搓粉条速度。面条挂放在露天阳光下晒干时，断了丢下来的面条，鸡要来抢吃，我就担任驱赶鸡的任务。

我到六七岁时较复杂的家务事也会干，如小店中卖简单的货物，我可充任售货员；我家承包了二里外族有加工粉类的水磨，我会去收加工费（俗称磨钱，通常以加工的粮食代替）；母亲养蚕，我可爬上家菜园中一棵大桑树上采桑叶。

不过我也贪玩，家里无事时，我就跑到分别相隔3-5间房子的同龄邻居蔡显山、蔡继暖、王家治等家玩，他们性情温和，很讲得来，与他们一起"现"（引）蚂蚁（出洞），画图"造房子"，有时到溪坑中抓小鱼。父亲去田间干活，我也常跟他去田间，他劳动，我玩耍，抓蚱蜢，玩泥巴。如家有事要我协助，母亲就不让我去玩。

第三节　我童年时的家庭

一、我上小学读书

我童年主要在本村大园小学度过，该校是 1929 年本村乡绅蔡明河、蔡晓春创办，校址在新祠堂，为一座四合院二层楼房，正门前竖立两根大旗杆，大门由三扇大木门组成，两侧楼上楼下及正门楼上为教室或办公室，存放本族亡人牌位的大厅经竹帘隔开改为大会堂，其上贴着孙中山先生遗像，左侧写着总理遗嘱，右侧写着学生守则。整座房子雕梁画栋，气势雄伟。上世纪90年代拆除重建。前并入双港小学，现在是座空房子。

　　我家离学校仅几十米，在我六七岁那年就到学校读书了，但断断续续，时去时不去，家有事就不去，或迟去。有次上午9时许才到校，校长蔡文波先生在我走向教室的走廊上用手掌压在我头上并扭转我脑袋，批评我这么迟到校。

昔日經重建的大圍小學

虽此事已过80多年，我至今仍不忘。我8岁时才真正上学。我的天资还可，老师上课讲的我都能听懂，能懂就会认真，甚至聚精会神。老师提问也能回答，也有兴趣。现在我还记得很清楚，约在二年级时，我对数学课特别喜欢，巴不得早些上这门课，可能我那时常协助家里开的小店卖货，要收钱，必先要算账，打下了我快速心算的基础，以致数学课老师的提问我都能回答，甚至对答如流。因此，我自8岁入学后，都能主动到校，用不着父母催促。

　　我对其他功课也感兴趣。约在读第六册时来自本村的蔡继良先生教我常识课，他在课堂上讲：人体需要铁的养分。我想人体是由肉和骨头组成，怎么有铁的成分？我们吃的是米麦和蔬菜，怎么有铁吃下去呢？我问他，他对此作解释：这种铁成分是我们眼睛看不到的，像氧气和氮气等一样，它存在植物当中，我们的米饭、蔬菜中都有铁，烧饭用的铁锅、铁饭锹磨损后留下的铁末粉，也搓混在饭菜中，我们吃下去后，也会"参加"长肉。我才知我们天天在吃黑黑的铁。

高年级时有了地理课、历史课，我对这两门课津津有味，学起来很轻松，特别是洪宗清先生教的地理课。中国地理课文以教师带领学生旅游形式介绍各地风土人情，其中有一篇介绍杭州翁家山茶农情况，描写得亲切动人，时隔 20 多年后我在浙大任教时，离翁家山不远，为此去翁家山一游，找寻、体会当时读此文的感觉。我以后升大学时选择地质专业，与当年对地理课的兴趣有关，我的史地知识主要来自小学。

整个小学时期我基本上没在家做过作业，有作业在校就做好，也不多。父母只忙自己的事，从未督促我读书，但我成绩还较好。

学校重视道德教育，在进校三扇大门上，平常出入的中间一扇上方写着"礼仪廉耻"四个大字，旁侧两扇上分别写上"忠孝、仁爱、信义、和平"八个大字。校长、老师对这些德行在开会或上课时结合当时内容进行讲解，要求我们按此做人。高年级还有《公民》课，除了讲做人的道德操行外，还有公民的权利义务。语文课上常渗有德行教育内容，如《狼来了》、《乌龟和兔子赛跑》，等等，使我们从小就懂得做人要诚实、礼貌、荣辱、戒骄。1946年夏，我14岁时小学毕业。

二、父亲病逝

我童年最不幸的事——父亲于农历1943年5月因肠胃病，到12月亡故。

1943年5月，邻居继才大嫂送来一碗烧好的鱼给我们吃。这是我们较要好的邻里相互赠送的习惯，也是农村和谐的风俗。父亲也吃了，次日早他肚子痛，接着就开始拉肚子。肠胃不好拉肚子在当时我们农村是常见的疾病，在家卧床休息几天，吃些中草药或焦炭类食物（如骨灰、米饭锅巴炭）等，一般便会好。但他多日未见有好转，叫来中医诊治，效果也不佳。到6月份稍好一些，也仅勉强能起床，但田间农事、家里店务等都干不了，要由母亲来安排、操办。田间活雇工，店里母亲进货，我与母亲两人卖，账由我记。

后来父亲病又复发，仍卧床不起，又请中医。常请本村蔡继德中医师，他也是我的小学老师，家住不远的本村山坦附近，都是我去请。他来后先搭脉、看舌苔，再询问，后开方。母亲照例次次烧点心接待，大都有蛋有肉有黄花菜等较好的面点。药方开好后，继德先生吃点心，然后离开。我去附近集市双港或店前街药店抓药，药买来后母亲煎药。但经几个月治疗父亲病还未有好转。

　　肠胃不好主要是由消化不良引起，父亲久病胃口又差，在饮食上母亲特别加以细心照顾，吃的主要是较稠的稀饭（粥），吃的菜（和饭）大都是自家腌的咸菜和自家腌的咸精肉（蹄心肉）。母亲有一套腌咸菜、咸肉本领，香味可口。除了稠稀饭和精肉咸菜外，有时也吃些蒸蛋花等易消化食物。那时为了方便照顾，父亲从平屋灶间床铺移住到前面楼房底层，与我们同一室，因此与灶间有一定距离，母亲烧好后大都叫我送到前房给父亲吃，她再烧其他饭菜。

　　肠胃不好常拉肚子，粪便处理和清洗工作也很繁重，母亲除照顾父亲医病饮食外，还要安排农事、应付生意，我年纪又小，无力承担家里的卫生杂事。这年大姐前二年亡夫，家父（丈夫的父亲）还在，儿子仅2岁，离不开；二姐才结婚一年且刚分娩，也无法离家。母亲就把从小给下洋庄人家当童养媳带去的我三姐叫来家照顾。她那时15岁，从小就干活，能吃苦，不怕脏，倒便桶、洗便桶等事都由她干，有空余协助母烧饭，一直干到12月父亲亡故为止，连续半年多，这是她自1929年出生后至2013年亡故在我家待的最长的一段时间。

　　1992年，94岁的母亲在临海我家亡故前1个多月，也请三姐和同样从小给人当童养媳的四姐来陪伴和帮助，我家对她们给的少，她们对我们给的多，三姐于2013年亡故，时年85岁，我很痛心。多年来为她对我们的恩情，我常去下洋庄村看看她，年终给些钱，之后就没这个机会了。四姐也已亡故，她家我也是常去的，姐夫多年前也过世，子女儿孙都在外谋生，此路也断了，想起她俩有些伤心。

父亲从 1943 年 5 月发病，那时我在读小学三年级第六册，因小学就在我家旁仅几十米的距离，有事在家，稍空便上学，也参加了期终考试。暑假在家较为忙碌，母亲除照顾父亲、接待医师、煎药、做饭外，还去集市进货，在家卖货，母猪也还在养，我要做她助手。请医生、去药店买药都要我去，有时简单的进货，如去市集批发几条香烟等也叫我去，还协助卖货、记账，父亲有事我也力所能及地分担，至今还铭记着父亲常倚着我的肩膀去户外院里的粪缸中上厕所。因此，家里随时随刻少不了我，1943 年下半年小学第七册时因父亲患病我休学在家。

大姐在仅 3 里远的溪岸林村，因家境困难，只能经常来看看。由于她的处境，父亲对她也特别同情与关心，她家有几亩土地靠近我村，父亲常帮她管理，现在病了当然顾不上，更添加他们彼此的思念。二姐刚去夫家一年，育有一个仍在喂奶的儿子，离我家有 15 里，据算命先生测命，她在回门年（婚后的次年）不能带儿子去外婆外公家，因此她只有在双港集市日时，借去双港赶集的机会匆匆忙忙地来家看望一下父亲。她在一年多前出嫁即将上轿前的瞬间，身着红娘服、头脸上盖着红衫巾，在进轿前片刻流着泪要父来见面谢恩难分难舍的情景，我至今还历历在目。

　　向来关心疼爱我们的伯父，在父亲生病期间也无微不至地照料我们。他是诚实古朴的农民，头上还留着清朝的长辫。他早年与妻子离异，一个女儿给山上的石门村另一户人家当童养媳，家里仅他一人，自耕自收自己料理生活，对我们姐弟很关心，对我特别溺爱，常叫我吃饭，即使烧不好的饭菜我也很喜欢吃。父亲病时我家耕种的土地他来管理。我前后邻居中与我年龄相近的小孩，有个别常欺侮我，父在病重时向他嘱托，如我与别人吵架不管是非一定要把我拉回来，他以后也这样做了。在我父故世后，他常说，让自己先走多好！

　　我二姐的家爷（丈夫的父亲）也常来我家探望，大多在双港集市时经双港再来我家。他懂些中医知识，会提些治疗意见；他性情温和善良，很关心我家的事，我前妻是他介绍的他本村人，那时我11岁；我父亲过世后家里的多个长工也是他介绍的。

　　我们期望父亲病好转康复，母亲常对我说："你父亲身体好你万福。"我也盼有奇迹出现，但他的病每况愈下。父亲与母亲也心知肚明他在世时间不长，彼此即将生离死别痛哭之后，也相讨后事。父亲躺在床上，母亲坐在床边前的条凳上，父亲说给他葬在后门山脚靠路边的一小块自家土地上，母亲也认同，我在旁聆听流泪。父亲还嘱付了其他后事。不久父亲将伯父叫来，也交代他几件事，望他能关心我家，特别是关心我的成长，一再嘱咐：在和别人吵架时，不论有理无理，不论是谁输谁赢，都要把我拉回来。

我们害怕来到的日子就要来到，父亲的病日益严重，看来即将离开人世。我们家乡有个习俗，人在病危时要搬出房间移到堂前间。我家楼房与伯父共享的当中间是婚丧喜庆的堂前间，我们于农历 12 月 8 日把父亲从内间移到堂前间床铺上，由伯父挽扶，躺在刚铺的床上，继续治疗，其实也没什么药可治，父亲饮食困难，仅用其微弱的声音同我们作一些最后的交谈，实际是在等死而已，彼此都很悲伤。农历 12 月 9 日，已过了冬至，可说已进入新的一年，二姐带小孩从夫家界岭村来，见父亲这个样子，更加难过。

时间一刻一时一日慢慢地过去，我们有时一起、有时轮流守在父亲身旁，大家都束手无策，希望有奇迹出现，但都落空，终于在农历 12 月 12 日午夜后父亲不省人事，我们呼喊不语，呼吸停了，我们号啕大哭，呼天叫地。但不一会儿，父亲又苏醒过来，并说自己往阴间走，是祖父祖母不让他去，说家里儿子小叫他回来，他就回来，以后也不去了。我们听了他清楚的声音和讲述，以为真的起死回生，还同他讲了几句话，他也回答我们，一再表示不去了，我们以为奇迹果然出现。但不久他声音逐渐低弱，又说不出了，叫叫也无语了，呼吸也没有了，真的故世了！我们又号啕大哭。当时除四姐外，我们全家人都在场。父亲是年 49 岁。

之后我才知父亲再次苏醒过来是由于死亡前蛋白质凝固释放出能量所至，称"回光返照"。

母亲用热水给他擦了身体，盖好被服，她已准备好一串铜钱放他口中，以示在他去阴间路上给他当路费。按风俗我在伯父陪同下把盛上香灰土的冬天取暖用的火笼和一双破鞋送到门外近一里外的岔路口。那时是农历12月12日深夜2点，天空晴朗，冷月高照，寒气逼人，肃静无声。我们放下火笼与破鞋，伯父讲了几句祝福的话后返回。

次日母亲着手后事，设灵堂，拣日子，缝寿衣寿被，做棺木，买石板、砖块，设殡仪，通知亲友，我和伯父等协助。坟地选在父在世时定下的后门山南侧山脚路边一小块自家地上。

过了三天是出丧日子，远亲近邻都来吊唁，有乐队。用旧式殡仪给父拜祭。先家祭，后女婿祭，我是独生子，虚龄11岁，什么都不懂，又悲伤，更无所适从，一切听候旁人指点。当拜祭完毕，要从我父亲尸体下抽出一条白布系在我腰间以示吊孝时，本应一下子抽出，我年幼力小，抽了多下还没抽完，旁人就喊用力！快！我才加力抽出。

父亲的遗体抬到街上落棺，围观的叔伯亲戚邻居不少也落泪，都说我父是好人，我家常请帮忙的堂伯父桂生（明河）伯爷虽是村族头脑（族首）也眼泪汪汪。那时不能有哭声，我们也只好忍住。但到棺盖盖上，要钉棺材钉时，我们手牵着系在钉上的麻丝，在敲钉子时，我们才能放声大哭。

我们家人除母亲外穿白衣服送他至墓地，大姑的儿子朝宽、朝才表兄已在那边砌作坟墓，安葬后返回，在旁人为我撑着布伞下，我捧着放着牌位的桶盘回家，放在灵堂上，准备做"七"。做"七"是悼念忘灵之意，共分7个"七"，每逢7日拜祭一次，平时每日三餐送饭上香。头"七"和末"七"隆重，专门制作纸房，供品也多，从亡故后第七日起做，我们也按这一风俗，一切都由母亲操办。

时近农历年夜，各家都有事要办，大姐三姐家路不远，在父亲出殡后先回家，二姐来之不易，还留着。头"七"（竖"七"）时大姐三姐四姐都来，做完"七"后又回家，又仅二姐再留几天。但娘家也不是久留之地，过几天后她不得不回夫家，离开前在父亲的灵堂前痛哭一场，我们也跟着哭。

姐姐离开后，家里就母亲和我两人，每天三餐灵堂的饭由母亲做好都我送，真真已是母子相依为命之时，幸好伯父在旁，我们也热闹一些。

年关到，我们比别家事要多，首先小店要做账讨账，母亲打算将店继续开下去，要进货，对父亲生病及亡故期间曾帮助过我们的人要还礼……一般

二姐拜祭父母墓

家庭的年关事我们也要准备。

这些事情母亲也一一安排解决。做账请桂生（蔡明河）伯父指导协助我做。那时我已读完小学三年级，一般的字会认会写，因此在桂生伯父的指导下做（总汇）了。做好后我沿着原先设定好的路线讨账，欠账人一般都会给我。

店里进货母亲已进半年多，已熟悉，我有时分担。至今我还记得我去店前街胡方庆先生处进香烟时，他看到我头上戴的帽（帽碗）顶上别上白布（以示吊孝），知我父亲已去世，问了我一些情况，我含泪回答。他连连说我父亲是好人，诚实厚道，讲信用，很可惜！他是我父亲生意上的朋友，为人和善，是抗日战争早期即从临海城关搬到店前街做生意的，抗战胜利后又搬回临海。之后我在临海读书和母去临海进货常去他处，至今我还同他子女有来往。

本村中医师继德先生，多次给我父亲看病，母亲在年夜前家里杀猪后叫我送去十多斤猪肉给他，以示谢恩。

这年除夕，我第一次与母亲两人悲伤地度过。过了年后母亲还经常暗自哭泣，有次晚饭后我在前面楼房，母亲在平屋灶间还久未出来，久等之后我回灶间，看她伏在饭桌上哭泣，泪水直下。

三　母继父业　生财有方

父亲亡故时母亲45岁。家里小店已有一定规模，酿酒也已开始，生意均较好，有利润且稳定，其中也有母亲的策划与参与，但进货、账目与人际交往方面以父亲为主。家庭副业则以母亲为主。在利润上商业高于农业、副业，母亲是会动脑筋、想办法、有恒心、讲效益、一心想挣钱致富的人，因此即使父亲亡故后她很悲痛，但也面对现实，对父亲留下的生意不放弃，要继续经营下去。

作为一个目不识丁、小脚的农村妇女，要做生意谈何容易，困难可想而知。首先是没文化，不识字，记账算账困难；进货管道、质量识别、人际关系有限；提货运货要体力，小脚女人当然也有限；货物进出，货款给付，卖后收款不免有争执有纠纷；酿酒是有一定设备、一定技术、一定管理水平的制造业，也是一高税收行业，均要应付解决。但她都一一克服了，并取得了很好的效益。农业上必然要继续，既有可观利润又可积肥的养母猪，她也不放弃。她对上述自身的困难，有一套克服或降到最低限度的办法。

她不识字，但有极强的记忆力，有关生意上的事我想不起来或不知道，在家庭生活上几十年以前的事她都记得很清楚。如1990年我们谈起我在临海读书时有些事情时，她还记得1948年我在建成中学读初中时，在操场上打篮球丢了一条裤子；1949年秋在振华中学读高中时，请假回家未办理食堂停伙手续，以致膳食费照扣。这些事我早已忘了，她仍记忆犹新，此时她已92岁了。又如她有许多外甥、外甥女，也有许多外甥孙、外甥孙女，他们父母有的早已忘了自己子女的生日，一旦需要这个日子，他们就问我母亲，她会准确无误地告诉他们：你的这个孩子生于某月某日某时辰。

做生意必有经济上的进出，常有赊账，也有人常向我家借钱借粮的，时间长了，不免有所遗忘，也有故意赖账的，讨账时也有争执。我们邻居蔡继榜常向我们赊酒借钱，结账时常与我母争执，往往争得面红耳赤，有几次我很担心他们会争得打起来，但最终都凭我母亲的记忆力一笔一笔说服。她常说吵架首先要有理，有事实，抓住理，抓住事实才会赢。她常说自己在解放前到城关县衙门（法院）打过六场官司，场场都赢，没有理，没有事实不行，也说明没有记忆力是不行的。

虽然她不识字，但她对钱币的元、角、分都认得，对秤上斤、两也都会认得，且一目了然，心算也很好。家里零星赊账我在家时由我记在账本上，我去临海县城读书后，请叔伯或过路人记，可弥补她不识字的不足。

进货。父亲病前大都是父亲去进货，父病后母亲去进货，大都在近地二三里路的双港镇或店前街，利用父亲的老关系，逐渐熟悉起来。父亲有病她也去不了远路，算账母亲比父亲更灵，不会出差错，也不会被货主欺价，因此父亲生病的半年多时间里，她已熟悉当地的进货管道。双港镇十日三市，她都必去；店前街十日两市、她基本上都去。货买来后多数自己带回，有时拿不了或拿不动，也有托本村集市回来的人带，未见雇人挑回家。货物质量上母亲也很精明，且那时几乎没听到假货，就是香烟，名牌哈德门、大刀牌也未听到有假的。

父亲亡故后，生意反而扩大，仅双港店前进货不够，有时她也去临海城关进货。去县城要步行60里的小路，且翻过两座山岭，较低的叫小岭，较高的叫大岭，我去临海读书也要经过这两座山岭，对于我们十六七岁的少年来讲也够吃力的，何况对于小脚的她，难度可想而知。除走路外还要在望洋店村地方乘渡船过永安溪，江面宽约50米，永安溪靠近临海一侧很陡，上岸后要攀爬到岸上大路，且全是泥巴路，我们有时还匍匐爬上岸，当然她也要上岸，但不知她是如何上去的。

母亲不识字，到县城后，街道纵横，商店繁多，商品不一，人事不熟，又要住宿，确不是易事。幸好她说早先与别人打官司去过临海多次，也不是很生疏，都平安返回。因体力有限，货进来后一般都雇挑夫挑回家。挑夫是男人，走得快，但我母亲虽是小脚也能跟得上。

约在1947年我15岁时，那时我仍在家附近琳山学校读初二，有一次我陪她去临海县城进货。她一到临海后，先找到位在时称中正街（现称紫阳街）与西大街交叉口西侧第二间的胡方庆先生开的店。胡先生是抗战时迁居我家附近店前街开店，同我父亲是世交，也认识我们。我们到后他连忙去旁边饮食店买了两碗馄饨给我们吃。不知是那时手艺好还是肚饿，很好吃。吃罢，彼此谈了些进货的事情，我就随母亲去街上买货，我们提着货，夜晚住在时称刘璈街（现称府前街）的堂姊处。次日早离开，我挑着货与母亲一起回家。

　　店里的货物品种比父亲在时有增多，除桂圆、荔枝、白糖等南货外，柿饼、红枣等北货也有了；文具中铅笔、橡皮、钢笔、墨水、毛笔、墨、砚台、各种簿本（有方格、横格、直格、无格、描红等）、各种纸张（有书写的白纸和红、绿等手工纸，写契用的绵纸等）；日用品中有灯芯、煤油、火柴、蚊香等，香烟品种也增多，酒类都自制，且对外批发。

　　与父亲在时一样，赊账的很多。因我要上学，等放学回来，不免有忘了的，即使星期天或放假，也因我懒，没有及时记上，也有丢了的。我离家去县城读书，找人记账不便，更丢了不少，但凭母亲极强的记忆力可弥补。年关到做账收账基本上由我去操办。有一次我和母亲一起去20里外的枫树岗山村去收账，大概是有关放糯米银的账，此事我早已忘记，是母亲30多年后同我说的。

　　年关收账中也有纠纷。我记得最深的一次是收到乡长蔡子桂家，他说我账记错了，他没有这么多。因他家都是叫佣人或乡队士来买，他本人当然记不清。我回来同母亲说了此情况。母亲自己去找他，把账一笔一笔说给他听，何月何日何时，谁经手等都讲得清清楚楚，他听后服服帖帖，叫我把账本拿来付钱圈账，还夸奖我母亲能干。母亲说自己是单边人（亡夫），做些小生意，家又有长工，外人说我好挣实则难支。蔡子桂对着我母亲说：你一个单边人可抵10个长工！我当时也在场，那是在年三十深夜（除夕）的事。

效益更好，收入更丰的是酿酒。

酿酒在父亲健在时即已开始，但量小，每年仅二三缸，几百斤糯米。父亲亡故后的 1946-1948 年母亲曾酿过二十多缸酒，用去 6000 多斤糯米，一直酿到 1950年。酿的主要是黄酒，副产品有烧（白）酒。醋也酿过。

酿酒的师傅请我堂伯父蔡明河，另请堂伯父蔡良修当他助手，原科、设备当地解决。因此制作、管理上又不需花大钱，大大降低成本。家庭作坊（个体经济）就有这种优越性。

酒在民国政府时期也是高税收行业，我们为逃税，也东藏西藏，有的塞在柴堆中，有的放在稻草棚里，有的半夜我和母亲抬放到叔伯家。税务人员来收税时，狰狞虎眼，威胁利诱，翻柴、拆墙，还用一根铁棒乱戳，吓得我提心吊胆，但母亲应付自如。经多年这样暗藏搜查后，税务方面与我乡协商，采取包干制，本乡本村承包一定税款，然后各酿造户根据酿造量分担，缓解了收缴之间的矛盾。似乎与现行的税收差不多。

据母亲说酿酒利润较高，一般可对股赚，即 1000斤糯米投资，可获 1000 斤糯米的利润。

农业上母亲也继续并扩大经营。除父亲亡故时已有5 亩左右的土地外，父亲亡故后母亲陆续购买了不少。上文已提及，据土改档案我家有土地 22.484 亩。家无劳力当然要雇工。雇工有临时的散工和以年计的长工，即使田间的农活由雇工干，但农事都由母亲安排。母亲对农业也很熟悉，各个环节抓得紧。土改前她除了干些门前屋后的菜地活外，不下田干活，但常送点心饭去田头，晚饭后常与雇工商量农事，特别是与常请来我家帮工、与我父亲是世交的蔡良修伯父，他对农事很内行，我家土地他都熟悉，母亲与他商讨农事最多。

由于母亲对农事上的精心管理，土地愈来愈多，打出的粮食也愈来愈多。农忙时人工多，要准备饭菜、耕牛农具、打麦打谷（脱粒）、晒麦晒谷、进仓储藏、肥料种子等都是她一人操办，的确不容易，地主也不是好当的。

粮食当然吃不完。除吃外，我中学读书学费和伙食都可用粮食付，还有借贷和出售。出售粮食主要在春季粮价高时出售。

副业也还在干，母猪还在养（也为了积肥），养到1949年。垂面也在做（自家也要吃），但比父亲在世时少。蚕不养了，给人家加工棉纱等也没干了。

除开店、酿酒、农业、副业等收入外，借债、借粮的利息也有收入。

土改时，借地主的债免除归还，因此有些向我家借了债的人，包括在我家小店买去货物欠账的人，巴不得我家划为地主，可免除他的债务，因此积极活动，向土改工作队要求把我家划为地主，以使他可免债。不向地主还债也符合土改时政务院关于农村阶级划分的规定："地主的剥削方式，主要是以地租方式剥削农民，此外或兼放债……"既是剥削可不予归还。因此借债也是我家进入"地主"行列的原因之一。

土改后，向我家借去的钱粮都免还了，但极少数人也有偷偷自愿还给我母亲的。母亲说，"沛华二嫂土改前借去一斗小麦，土改后夜里送来还我。"沛华二嫂是我邻居。

自 1943 年底父亲去世到 1949 年 5 月临海解放时的 5 年多时间里，我家财富猛增，用现今语言，是地地道道的"暴发户"，邻居说我家养了"五通"（一种五更时能把别家财物通到我家的怪物），哪里知道我家的点滴财富都是母亲辛勤劳动的结果。

第四节　我少年时的家庭

一、在中学读书

1946 年夏，我 14 岁时小学毕业后，考入附近三里远的建成中学琳山分校。该校是一个综合性的学校，由家在旁的店前村生物学家朱洗创办，除建成分校外，还有琳山初级农业学校和琳山小学。学生主要来自附近农村。学校后侧有半爿山坡由学校师生种植水果和蔬菜，重视体力劳动，校训是"心手并劳"。抗日战争中一些知名学者如许天虹、毕修勺、陆蠡、朱光玉、徐宗亨等人来校任教，其中有些是留法的，思想比较活跃，师

琳山學校

生在教学之余，常探讨国家民族前途。无政府主义思潮较浓，对巴枯宁-克鲁泡特金、吴稚辉、陶行知等人较崇拜，认为中国未形成大的地主庄园，农村两极分化不显著，共产主义不适合中国国情。但对现实也很不满，认为政治腐败，人民生活困苦。一些宣扬共产党的书籍，如我曾看过的《抗日中的八路军》等类图书，图书馆也有收藏。有些教师在同学中散布对国民党的不满，除地理教师王克云先生借上地理课大讲国民党军队失利的战况外，金镇扬、朱汝桐等先生也常大贬当时的时政（后知他们三人都是中共地下党员）。我在此环境下也较关心国家大学，关心政治。

我在校为走读生，早上到校，中午在校搭伙，下午放学回家。因此那时对家里情况还比较了解。1947年底因内战经济萧条，生源减少，学校收入不敷支出，校方决定撤销琳山建成分校并入城关本部。师生感情深厚，在学期散学式上即要离别之际，吴用政先生在台上流泪向我们告别。

1948年春我去城关建成中学本部就读，建成中学本部建在城关城隍山一群寺庙改造而成的山坡上，面向市区，背靠城墙，旁有灵江，风景秀丽。校长陈启忠是国民党临海县书记长，兼任台州地区督导员、浙江省党部执行委员、中央立法委员等职，是个坚定的反共老手，常向我们训话批驳

作者初中毕业照

共产党的一些论点，反对阶级斗争，于 1951 年春土改时被枪决。

在第五册时，当时班上要出期墙报，我看了 1948 年夏我大姐从上海带来一本《鲁迅杰作选》，内有一篇驳斥对苏联歪曲宣传的文章——《我们不再受骗了》，觉得很好，想在墙报上刊出，请示班主任赵子林先生，他说可以。那时同班的浙江省政府教育厅厅长许绍棣的内侄吴仲兴同学同我很要好，有次在校小会议室闲谈时，动员我参加三青团的外围组织——青松学会，遭我拒绝。

1949 年 7 月毕业，我虚龄 17 岁。

那年夏，临海解放，随后中华人民共和国成立，正处在社会大变革时期，但农村中共的政权尚未建立，土匪横行，交通受阻，信息不灵，不知高中招生考试日期，不少知识青年参加驻在临海的解放军或去地方政府工作，

1949 年毕業於建成中學的同班同學，60 年後重遊母校留念
（後排左至右：金麗華、李用掌、尹統利、馮植江、作者，
前排左至右：羅淑貞、蔣連榮、趙吾球、王玉佩。2009 年攝）

母亲准备下半年把我完婚，为顾及她，我也不能贸然而行。但又不想在家待着，何去何从举棋不定。到九月底我去临海城内了解一下，不少初中同时毕业的同学已考入振华中学高中部，我向校方要求入学，即使开学近一个月，校方同意我就读，这样我就进了振华中学高中部读第一册。

在振华中学一个多月给我留下最深印象是，有次军政部门在一棵大樟树旁的校操场举行审判会，审判两个反革命分子，实则是把他们押到台上示众，宣布一下其罪状，领导讲些话，没有法律意义上的审判，约半个小时后，便解押到西门对面灵江岸边刑场枪决。我与多人尾随其后去刑场观看，看到在尸体上子弹从颈部穿出。两个刚才活生生站在审判台上的人，就这样死了。

母亲一再叮嘱要按时回家结婚，我请了假回家了。那时土匪猖獗，路上时有抢劫绑架，母亲不放心，专派呇口陶村表姐夫来校接我，并带来化装衣，但我早几个小时已离校，并安全到家，未接着。

原振華中學的大樟樹

振华中学以后搬迁到城西张家渡镇，改名为城西中学。原校址现是扩建了的台州医院院址，但这棵大樟树仍在，操场就位于樟树后面。

婚后我未如期返校，土匪横行，怕路上出事；也怕年纪轻轻早婚受人讥笑。我多在附近小学里看报,与曾是叔伯或同学的任教老师交谈或演奏乐器,我的二胡演技是那时学来的。1950年春我被聘请在校任教。

在学期中途,中共临海县委书记,台州地区副专员、前三五支队分队长邵明在双港小学向我们教师作形势报告。他身穿草黄色军服,中等偏瘦的个子,神采奕奕地向我们讲了中国革命的基本问题和目前军事、政治情况。语言精辟,内容丰富。给我留下"了不起"的印象。

学期即要结束,我想这样在家里待着信息较闭塞,要了解外边的大千世界,融入新社会,参于时代进步,最好还是读书。学期结束后没几天,我就去县城较知名,校风、品质都较好的回浦中学复习功课,参加其高中第一册班级的补习和活动,但我没有振华中学高中第一册的成绩单,只能按建成中学初中毕业证书报考,录取高中部,因此还是从第一册读起。

这一切当然要经济支持。那时家乡还未土改,一切依旧,家农事上的长工还在干活,小店还在开,酒也酿了几缸,供我读书没问题。

1950年秋我正式就读在回浦中学高中第一册,学习用心,社会活动积极参加,被选为校学生会生活委员,学期中途申请加入新民主主义青年团,并被批准。10月25日中国人民志愿军赴朝参

回浦中学文工团(中间穿黑衣服拉二胡的为作者)

战，接着掀起轰轰烈烈的抗美援朝保家卫国运动，为增强国防建设，中央军委、青年团中央、全国学联号召青年学生、青年工人参加军事干部学校，我毅然报名，在全校 360 多个学生报名中，录取了 7 个，我是其中之一，于 1951 年 1 月 4 日离校赴杭州集中再审，最后录取在南京海军联合学校。

二、买土地

母亲一心赚钱，一心省钱，但也从长计议，该花钱就得花，在花中讲节约、讲效益。

土地是生产数据，是活命的依托，是不动产，不会贬值，土匪不会抢去，火也不会烧掉，水也不会冲走，历来朝代更替、皇帝变换，老百姓的土地仍原封不动。因此，有钱买土地是当时社会最好的投资方式，非但我家如此想法，农村的其他人家也如此，穷人有朝一日致富，也会想买土地。买土地可以说是农村社会的习俗，是人心所向。家里土地的多少可反映出家庭的生活水平、社会地位、身价。反过来人们也会重视土地，利用土地，爱惜土地，保护土地，促使社会发展进步。

父亲戒赌后，安心务农，协助母亲搞副业、开小店，加上母亲的节俭，赚来的钱必有积累，有积累必想买土地。在父亲去世前已买了几亩；父亲去世后，母亲经营的商业又兴旺，收入丰厚，又大买土地，自父亲去世时的 5 亩左右猛增到土改前的 22 亩余，其中多数买卖情况我也知道。1946 年夏，我小学毕业，升入在离家仅 3 里的琳山学校建成中学分部读初中，至 1947 年底，其间都住宿在家，亲历了母亲买土地的过程。

买土地时母亲与卖方谈好价后，都是在晚上放我家写纸（契约）。母亲不识字，都叫我在场，一般书写人和中见人另请，写好后母亲叫我过目。因父亲过世，当时重男轻女，即使我那时仅 10 来岁，但契约的买方名字写我，所以土改档案上我家土地登记人是我的名字。而我村其他亡夫的地主则称蔡 X 氏，这也可说明我家的土地主要是我母亲在父亲去世后她勤劳所得买来的。

写契约时我母亲烧点心饭招待，大都是垂面，有肉有蛋有黄花菜有酒等，很丰盛。写好后我过目契子，有时也念给母亲听，吃过酒饭，母亲如数付（或补足）钱，买卖告成，他们回家，我们把契子放文书盒中。

因我家乡是丘陵区，土地不平整，一亩以上一丘的不多，因此即使她先后买了约 18 亩，但契约张数更多，在临近解放时，小文书盒放得满满的。

这类契约的文书格式我也见惯了，都差不多，其内容大致是：

卖契

立卖契 XXX（人），因缺用（或负债），将坐落在 XXXXXXXX 地方的水田（或地）X 亩 X 分，界址：东与 XXXXXXXXX 的土地（或其他地物）为界，南与 XXXXXXXXX 为界，西与 XXXXXXXXX 为界，北与 XXXXXXXXX 为界，卖给蔡行来，计法币 XXXX 元（或谷

XXXX 斤），卖款收讫，今后由蔡行来管业，决不争执，恐口无凭，特立此据。

　　计开

卖契人　XXX

中见人　XXX

代笔　　XXX

中华民国 X 年 X 月 X 日

　　这些契约是所有权的凭据，母亲当然是妥善保管，放在一黑色木制文具盒中，文具盒放在衣橱内。

　　当时还有卖活契的方式，规定过几年后卖方可赎回，因物价上涨，地价更涨，卖方续回时很便宜，活契在到期后大都赎回，也有再加钱而卖断的，故母亲经常要我找契子、看契子。为吸取这一教训，之后买活契基本消失了。

　　这些契约在土改时的交契大会上，我母亲与本村其他十多个地主一样把契约放在桶盘上，桶盘放在头顶，要面带笑容地走到台上，向台下分得土地的农民微笑，以示认罪，乐意交出，然后放在火中烧毁。

　　卖土地的人多数为赌徒，赌输了卖田卖地卖房子，也有贪吃懒做的浪荡子，天灾人祸导致卖土地卖房屋的我未见过，也未听过，即使有也是极个别的。我邻居蔡小香和蔡继榜都是前两者兼有之。蔡小香大名为蔡继寿，父亲曾开药店，为富有人家，从小读书多年，字理通达，人称他脚趾会写字。但他娇生惯养、好逸恶劳，每天沉醉在赌场中，终于到了卖土地、卖房屋的地步。我家不少土地从他家买来，甚至家具，至今我家的旧家具中仍有不少写着蔡小香名字；他的房屋卖给蔡继荣。他在解放前穷困潦倒，土地、房屋卖光，土改时他家划为贫农，我家则为地主。蔡小香是斗地主的积极分子，分得土地 7,561 亩和房屋三间。

也有在我家买去酒、烟等副食品而欠账或借去粮食或钱还不出，导致卖土地，往往是我们再给他多少钱来凑足该土地价格，把土地卖给我们。

我家除买耕种的土地外还买新房前一片蔡继榜的菜园地，作为我家的院子。该地连同我家隔壁的一间楼房在 1948 年以 60 担谷子卖给我家。买此房主要是为买其旁位于我家 1947 年建的房前的该块菜园地，以便作我家院子用。

我 16 岁离家前从未看到蔡小香、蔡继榜等去田间劳动过。这也印证了我国农村经济学家董时进给毛泽东劝阻土改信中的观点："乡下不怕出高利贷大宗借债的，多属一些染上嗜好的懒惰浪费的地主，他们有的是田地作抵押，也才有人肯放账。"

从 1943 年年底（阳历为 1944 年初）父亲过世到 1949 年 5 月 29 日临海解放的 5 年半期间，我母亲共买了约 18 亩土地，这在我人多地少的家乡，确是一个不少的数目。我村名单上有 11 户地主（实为 15 户），其拥有的土地量超过 20 亩的仅 4 家，其中 1 家是假地主（蔡钱氏），其土地数是把早分家的儿子土地算在一起

的；另一家的土地主要是祖传（蔡荷芳）；再一家是其
亡夫所挣（蔡谢氏）。真正勤劳、开拓致富的仅我母亲
一人，身为文盲、农村妇女的我母亲，有如此成就，全
乡或许全区、全县是第一人。

三、建房

我家的旧房子前已介绍，在楼房与平房间有一空
地。我家一间半楼房已很破旧，又是店间，我长大后要
结婚生子，因此，父母有钱便想建房。父亲在世时就有
此打算，因空地是与伯父共有，双方未取得共识而搁
下。父亲过世后，伯父同情我们，无偿地给我们建房，
母亲就准备资金，在1946年开始筹建。

建房是一综合工程。当时建砖木结构的房子已不错
了，根据地基，准备建四间楼房（与老房接界的一间较
狭，但较长），除资金外，首先要买木料、砖石及其辅
料，其次是请工匠。这些都要与外人打交道，作为亡夫
的农村妇女谈何容易，但都被她一一解决了。她自己到
山上去判（买）树，自己去窑炉定砖瓦，自己采购石
料，自己去联系工匠。这些都不免有货物质量要求、讨
价还价。她是外行，怎么做到不吃亏、公平合理，且各
种材料交货期要配合，工种工匠工期要衔接，确不易。

因部分旧房被拆，家里又要做生意、养母猪，工期
不能长。在竖房的前三个月，向各地买来的木料（包括
承瓦的椽料），陆续运到，且先后时间相差不远，都是
堆放在紧靠工地旁桂球伯母（蔡谢氏）家的土地上，堆

得像座小山。

　　石料和砖瓦也是建房主要材料。木料运来不久，石料也陆续运到。石料有多种，有乱石、条石、石板、偿齿（垫柱石）等。乱石，雇人到离家3里远的溪滩中选取，然后挑回，只付雇工费；或

母亲1947年建的房子（2012年摄）

去岩仓运来，付少量出仓费。乱石用来填地基和砌墙用，东灿楼板下（一层）的墙是用石块砌的，墙厚牢固，可防小偷，但成本高，至今已近70年仍无任何走样。用作地基的乱石，主要放在承重墙和柱博下面。条石，用在门口和沿阶。石板，用在隔开板壁与地面相接处，木板与地面（泥土）相接处要用竖立的石板隔开，以免木板与地面相接受潮霉烂。偿齿，是放在柱子下与房基基石之间、略大为柱的方形块石，做得方方正正，呈四方形（也有圆形，甚至雕花的），全屋的偿齿高度都要一致。

　　还有砌墙用的砂、石灰也应备好。砂可向溪滩淘沙人买或雇人淘，石灰要去15里外白水洋镇溪港边用贝壳烧制的石灰窑中买。这些都要落实，按时运到。

　　各种铁钉、竹竿(竖屋时做撑杆，打墙时做脚手

架)、麻绳(绑竹竿用)等辅料也要备足。

接着泥水匠来家,先拆平房,盘地基。

地基盘好后,木匠也进来,根据地基长宽定下木料尺寸。木料是在我家旁的新祠堂(小学)里加工,要选在小学放假时期,也须事先联系应允。

木匠加工时间最长,前后约有三个月,分两地,各约一个半月。前期(竖屋前)放祠堂小学内,主要是制作各种柱料、桁料,竖屋架用;后期主要内部结构,可放在已竖起来的新屋内加工。木工领头是桥头蔡村的权老师,他确有本领,我的房屋后侧地基是斜的,各间桁料长短不一,且桁、索穿孔的斜度也不一,孔的形状也不一,但他处理得毫无差错,也无一根木料报废。似乎有像巴黎埃菲尔铁塔的工程师埃菲尔一样准作。

竖屋这天是经算命先生择日过的喜庆日子,都要办酒席的,亲戚叔伯来送礼道贺,我们办了许多桌酒席。也需要帮工,乘此机会请客人帮忙。竖屋时要把各房博(排架)用穿孔的毛竹系上,再由十多个人把它竖起,木工爬上去再一一串上横索,一排排地竖,竖立起来后房架就搭起来了。最后剩下中堂这间房的一根栋梁,这根栋梁木料要直,两端粗细差不多。安放这根栋梁是要拣日子时辰的,期望吉利,栋梁上要贴上写有"泰山在此"等吉利、稳固几字的红纸,以祝好运。安放时木工要讲吉利话,我家要送红包,并撒大米、小麦、玉米、花生、黄豆五谷,以示日后风调雨顺、五谷丰登。安放这根栋梁时是建房的高潮,围观的人很多很多,我和母亲都在场，这也是我母亲一生事业的顶峰之一。不少村人背后都赞许我母亲的能干。

屋架竖好后部分木工马上在房顶上钉椽，泥水工就盖瓦，其余木工安装谷索（上可储放几千斤稻谷的桁条而名），以备在其上可踏（构建）楼板（隔层板）。几千根木椽钉好后，全部木工转入踏（钉）楼板，此时需大量铁钉，把木板钉在谷索上。泥工盖好瓦后，即转入打墙。墙未打到谷索（底层顶），部分楼板已钉在谷索上了，上下层就已分开。这是我亲眼所见，至今印象还很深。我看到不少人家的新房，外墙砌好后，因财力不足楼板多年未建，也有屋架聚好后多年未打外墙的。我家一气呵成，说明我家财力的雄厚，母亲备料的充足。

在建楼板的同时楼梯也做上，新楼房比老楼房高大。老楼房底层仅 3 米高（自地面至楼板），新房有 4 米高。因此楼梯也长也高。又因楼上要放大谷仓，谷子挑上挑下都要经过楼梯，楼梯较宽，两榜木料很粗，坡度较缓，远比老楼梯好走。楼梯安放在靠近老楼房的一间新房中。为来往方便，新楼房与老楼房楼上相通，但新楼层高老楼层 1 米，因此新楼房又另做了一条短扶梯通向老楼房。这些细节母亲都考虑得很周到。土改老楼房没收分给蔡修宽，曾有一段时间他家也从这楼梯上下。

自泥工、木工进家到房屋基本建好，约五个月，其间工匠有 40～50 人，这么多人吃饭确是大问题。母亲请来羊岙村舅母帮助，她在我家约半年；办酒席时请塘头村王岩表兄来做厨师。菜肴佐料大都是母亲自已采购，一天四餐，酒肉不断，开支当然不少，且小店生意同样做，母猪同样养，一般的农村妇女是难以胜任的。

墙砌好后还做了台门。台门位于朝南新房的廊沿东侧，即东边一间新屋的屋前，其上写有"紫气东来"四个大字，大门口便是大园小学和通向双港镇的道路。四间新房房前沿阶下仅滴水地是我家的，前面是蔡继榜的菜园地，后侧是第四房众光（族有）田，又无其他房屋，室内采光好，冬暖夏凉。家乡有句俗语："有吃无吃（无关），三间朝南屋（要紧）。"母亲一心希望我们以后生活好一些。

木工继续室内构建工作，各间的隔板（板壁）、门窗、我楼上的婚房，还有谷仓、猪舍等，又做了一个多月，才告完工。这样筹建一年，建造半年，母亲历尽心血的新房总算落成，且一气呵成，一应俱全。

新房建成后，工匠工资如数付给，不论是材料款还是工钱，都没拖欠，这在建房人家是少有的。

我们住进新房后，母亲继续养母猪、酿酒等事业。猪舍做在东侧一间楼下，与厕缸一起。小店仍在老楼房中，其优越位置是新房不能取代的。家里仍只有我和母亲两人，当然是相当宽敞。1949 年我在新房中结婚。

福兮祸所伏，也由于建了这四间新房，1948 年又买了一间楼房，更促使我家进入"地主"行列。在当时我村地主蔡继良，本人教书，土地只相当于全村人口所占土地的平均数，因其有七间好楼房而被划为地主。我家这么多房子更不在话下了，不管你这些房子是如何得来的。

四、完婚

我的婚事，母亲的确花了很大心血，婚事比较隆重。

我幼年丧父，是独生子，家境还算比较好，姐姐都出嫁了，加上家乡早婚的习俗，母亲早就把我订婚、结婚的事安排好了，以便早得贵子，成家立业，在那时完全是可理解的。

我的婚事是 1943 年我父亲病时，二姐的家父常来我家探望父亲，同我母亲谈成的。我只知他们在讲此事，从未插话，他们也从未征求我的意见，当然我也没见未婚妻一面，毕竟那时我只有11岁，父亲又病重，一切都顺母亲意，是典型的"父母之命，媒妁之言"的包办婚姻，心里并不乐意。我认为今后自己要干番事业，不想结婚太早，但见母亲向来的艰苦，特别在父亲过世后对我成家的期望，我不想给她带来打击，只好依顺她。

旧社会的婚事较认真、隆重，是否都属于封建礼教我看不一定，相应都有一定道理，毕竟家庭是社会的基础，和睦的家庭对社会的稳定至关重要。问题不在于旧社会结婚众多的礼仪，而是彼此缺乏了解，导致了一些问题的产生。但离婚率远比现今低。

我的婚姻经过，也是典型的旧社会礼教的演示。1943年父亲病时二姐家父来探望，母亲在锅灶边做饭，他站在我母亲对面的灶口边对我母亲说，给我提个亲事，就把此事说开了。我们烧饭的锅灶在通向墙壁的出烟口处筑有呈阶梯上的出烟孔，靠近墙壁处砌有似门状的凹槽，凹槽凹进去处张贴灶师爷佛像，过年过节也奉以供品和点燃香火，以求家庭丰衣足食、四季平安。后来我才知他在灶师爷前说话，是想图个吉利。

说成后在1944年订婚。我家送去定礼，有聘金，有给对方父母吃的"串杠红"，内放有七大盘菜肴，母亲托人在媒人的陪同下送去，这是小礼，俗称"定头"。

再过些时候，约1945年，因母亲从事多种副业，家里实在忙碌，想请对方提前来我家，通过媒人与对方父母商量。因对方也是大户人家，未能同意。1947年我家建了房子，母亲想在1947年我15岁时让我完婚。但经算命先生测算，我15岁结婚不利，母亲又只好罢休。16岁是双数，也不是结婚的好年头，最利的是1949年我17岁。母亲也只好等着。

婚前一年要送大礼，称为"拜肯"。要给钱和谷物为女方做嫁妆用，双方要经过媒人商讨同意，多出钱多嫁，少出钱少嫁，但也有不计较的，我未听见他们有争执，看来对方也算通情达理。此外还送些吃的礼物，以示感谢其父母养育之恩。"拜肯"时要先经算命先生择日，定下结婚日子，并写在红纸上，交媒人送上，我的婚期是农历1949年9月12日。

一个婚姻的完成，媒人来来回回不知跑了多少次，每次来时母亲都要烧点心饭给他们吃。在我这桩婚事之前，自我五六岁开始，因家境还好，又是独生子，上门说媒的人陆续不断，大都是因一些小事情而未成。我就知道近村有两个与我年纪相仿的女人，后来也都认识，都经媒人来我家说过亲。一个是因媒人来说亲后的次日，我母亲打破了一口碗而未成；另一个是说亲后母亲梦见讨饭人（乞丐）又未成。据母亲说，来家说亲的前后有二十多个，可见母亲在我婚事上所花的心血。

旧社会农村很少有自由恋爱，更无婚姻介绍所，婚姻是人类生存发展、社会事务的重要组成部分，要有人去办，这就是媒人。媒人一般年纪偏老，多为妇女，俗称媒婆，一般都是两人，有相当于法院取证一样，保证提供的情况属实，财物过手不致缺失，也让商讨过程中多一份主意，以促使其成功。她们既是热心人，又要有一定的口才，男女双方多数婚前没有接触，彼此不了解，这需媒人做些说服工作，因此在说媒过程中，常去双方家庭沟通，双方互相通过媒人了解其本人和家庭情况，媒人即使有添油加醋，但基本上是实事求是的，至少招摇撞骗的没有，因此也有它较稳定的一面。

媒人说媒不提介绍费，这与现在的婚姻介绍所大不相同。媒人的工作量远比现今介绍所大，如初次成功，还有送"定头"、"拜肯"、"完婚"等步骤，其间都涉及经济，多有讨价还价的，全靠媒人的嘴来摆平。媒人报酬很低，去说媒时吃碗"点心"（面条），完婚后男方送只猪腿作为谢媒等。对社会的贡献远比她们取得的报酬少，也有抱着做好事，即相当于现今的"为人民服务"而干这一事。但在一段时期中，由于反"封建"的需要，对她们赞扬的少，贬低的多，如所谓"父母之命，媒妁之言",似乎她们是封建社会的维护者,有失公允。

我们婚前不仅女方要做嫁妆、做新衣等准备,我们也有很多事。婚房中的床铺要男方做,且要上乘的。我们请木工做了雕花木床,漆成紫绛色。结婚是大喜日子,要提前一两个月通知亲友来吃喜酒。通知方式是发请帖,因我在校读书,母亲托人写好后请伯父送发。婚礼时日子(宴请)两天,要准备人往客来后的吃和住。菜肴购置是大事,除在附近市集上买外,较珍贵稀缺的食品,母亲专门去临海城关采购。另外在临近日子前要送给女方家多少斤肉、多少斤粮食,以便对方好办酒,这些也要母亲处理。毕竟对方把一个女儿养到成人离家成婚,论财产也是花了不少的,这种偿还也弥补不了他们所花的代价,只是象征性地意思一下而已。我们祖先所定下的这些礼仪是有道理的,因得人心而延续下来。

我结婚的日子也是凝聚母亲一生心血的日子,家境好起来,亲戚叔伯友人又较多;有我四个姐姐的家人、我父母辈的家人(姑姑家,舅舅家)、父亲生前友好、我同祖宗的叔伯、邻居等;我祖父有兄弟五个,有的又有多个子女,子女中又有多个子女,是小有名气的"五份人家";邻居中也有多个兄弟的;有的虽不是亲属但与我家很要好的,这些人都要请来吃婚酒;母亲是亡夫之妇,既要做生意,又要搞副业,要立住脚,要争取过好日子,不免与人打交道,要得人家关照、帮助,也乘此机会致谢,邀请他们来聚饮;我也有些好友、同学需邀请。这样一来客人就多了,约共30桌200多人,这些客人要在家吃喝两天，远道的还解决住宿，确不是易事。当然都要母亲一人操劳。

这么多客人来吃饭，必要相当招待服务人员，有厨师、烧火、宰杀、洗涤、端盆送菜等工作；还有负责借桌、凳、碗、筷等餐饮用品；还要人去市场采购蔬菜类副食，要杀猪、杀鸭、杀鱼等等。这些人事先要安排好，共约二十来个。因他们都是干活跑腿的，俗称"行堂"，婚礼宴席之前请他们先来家吃饭，称为"请行堂"，以便他们在客人来到之前"上班"。这些事也要母亲策划。

两天婚礼的安排是：第一天客人来到，先吃面食点心，上午下午来的都有，晚上正餐开始，有乐队伴奏（唢呐、锣、鼓、箫笛等）。客人餐毕离席后，要饭人（乞丐）也可入桌就坐吃喝，让其吃饱，仅是菜肴稍次而已，但也有鱼肉等荤品。

第二天为日子（结婚）日，早饭后在锣鼓、唢呐等的伴奏下，抬着新娘坐的大红轿，放着鞭炮，媒人引导，吹吹打打去新娘家抬嫁妆和接新娘。嫁妆上午就抬回，计有四扇门大橱、铜钱柜（既可当床铺睡觉又可放衣物、棉絮和金钱）、写字台、梳妆台、八仙桌，床前柜、两只开门箱、小柜、条凳、两把靠背板椅，两把正骨排凳、大小木盘木桶、尿桶等木器；另有被褥多条，苎麻口袋等；衣服及贵重物品等放在上锁的柜和箱中。几十人的队伍在鞭炮声中浩浩荡荡抬进我家，围观的村人赞叹不已，这样的规模是附近村人多年没有见到的。

下午 4 点多，红花轿抬着新娘，在铜锣和唢呐声的吹打、鞭炮声和媒人的陪伴下渐渐向我村我家走来，也给农村的田野增添了美景。这种景象我小时候看了很多，特别在秋冬之交时节，四人抬着大红花轿和穿着整齐的人群在乐声鞭炮声伴随中行进在乡间的道路上，喜气洋洋，但现今已经没有了。花轿将到家门口时，有几个壮汉在门外等待，即将进门时，迅速抓住轿杠，快速冲进屋内，安放在堂前间，俗称"鹊鹊轿"，有喜鹊降临之意。新娘下轿先去婚房小坐，"行堂"准备拜天地。在未拜天地前去婚房的路上，新娘脚上的新鞋不能落地，来回都要用草席铺就，由陪姑扶着新娘在席子上缓慢走到楼上婚房中，以示此时还不是我家人，因此双脚不能落地。新娘穿的红中绣黄花衣服，戴各种珠宝的花帽，着装美观，头上盖的红绸巾把脸也遮住，客人相争要见其一面也难。

拜天地时，新娘再由陪姑扶下楼到堂前间，陪姑是我大姐和我舅母家表姐。我穿的是"士林蓝"长衫，我由表姐夫用红绸布牵带到堂前。新娘新郎两人一起在司仪的口令指示下先向天行三鞠躬，再向地行三鞠躬，再向祖宗行三鞠躬，新娘新郎相互对拜。拜毕新娘揭开红头巾，陪姑再引其回房间，此时新娘已是我家人了，不需草席铺就，新娘脚上的鞋可着地走回婚房内。

拜天地就是对天对地表示敬意，感谢它们给我们赖以生存的阳光和土地，也向它们表示忠诚，向他们发誓，表示会珍惜它们赐给我们的恩惠，好好劳动，好好生活。向祖宗跪拜，表示对祖宗孝敬，感激祖辈养育之恩。最后夫妻对拜，表示今后夫妻要彼此尊重，彼此相爱，家庭和睦。旧礼教结婚中的拜天地项目，具有朴素的唯物主义精神，它告诉我们，幸福生活靠天靠地，不是靠鬼神和皇帝。同北京的天安门、地安门；临海的兴善门、崇和门一样，安定和谐，都是我们祖先留下的灿烂文化。封建社会也有不封建的领域。

我能最后用到这个中国几千年的习俗，乘上这个末班车，经历了这一难忘的时刻，也是我人生的财富。

在拜天地前，跟我家很要好的邻居蔡显森母亲提醒我：你母亲很辛苦，带你成长不容易，你今日要向母跪拜谢恩。我听了她的话，向母亲跪拜道谢。

随后"行堂"又把好桌凳，大家吃婚夜酒，新娘在陪姑的陪同下坐在堂前间左上第一桌第一位，未吃饮前我从灶间门缝上看其一眼。因化了妆，又戴着大大高高琳琅满目的装饰帽，看不出真面目，但这是我第一次见到她，也是封建旧礼教害人之处。随后婚宴吃饭。除拜天地时外，自新娘进门后乐队都在吹奏敲打，热闹非凡，特别在晚宴时唢呐吹奏的《喜洋洋》，动听悦耳。全屋沉醉在一片欢庆中，在通明的灯光下，有的猜拳喝酒，有的谈天说地，敬酒祝酒，笑语连连。客人除在宾席中各分了一双红鸡子（蛋）外，还不断向我（新郎）要，向我母亲（妈娘）要，也许我母亲会感觉到这是她一生中最开心荣耀、梦寐以求的时刻。

婚宴毕闹洞房。一些年轻的人设法挑逗新娘微笑，新娘偏偏要装着不笑，但有时也装不住，笑开了。也有些人出一些稀奇古怪的问题，要新娘回答，新娘回答不出要罚，罚红鸡子，罚糖果，罚与新郎亲嘴等无奇不有的东西，常常玩得哄堂大笑。

时到半夜送洞房。厨师送来洞房饭，有馒头、肉块等。房间里只留下新娘新郎和两位陪姑四人。陪姑请新娘新郎吃洞房饭。陪姑用筷夹起一块肉，先给新娘吃一口，再给新郎吃另一口；另一陪姑夹起馒头，新娘先吃一口，新郎再吃一口。这样两人同吃一块肉，同吃一个馒头，表示今后相亲相爱，一心一意，同心同德，同苦同乐。

次日早晨，新娘下楼先向我母亲作揖跪拜，以示孝敬；然后以她名义端桂圆茶敬请长辈亲戚，他们也给她"见面钱"。表示初次见面的礼物。

随后客人相继向我母亲告辞，母亲也回些小礼物，如肉、馒头、红鸡子等。

但礼仪并不是到此就结束。春节时我家先请至亲叔伯妇女来我家宴请，随后她们家逐一要设宴招待新娘，此时我妻和我母亲连续多天要去近亲属家吃饭，俗称"请新妇"，但我不能陪同，同桌的全都是女的，一连吃了七八天，甚至十多天的荤肴，表示亲属对新娘的尊敬，也借此认识熟识一下。

同样新郎也要去女方家拜见岳父母。先由新娘的兄弟来我家请我去岳父母家，进门时还放鞭炮，到家引我见岳父母，并跪拜。再引去其至亲叔伯家，拜见我妻的长辈。拜毕后回到岳父母家吃茶点。接着岳父母家宴请我，并请至亲叔伯作陪。随后至亲叔伯轮流宴请我，俗称"请新郎"，其作用与"请新妇"相似，借此彼此认识一下。我一连七八天，天天在吃"山珍海味"，肠胃负担太重，实在难以承受，拉肚了，但还要去赴宴，否则有失礼貌。

新娘结婚后次年要回自己老家过日子，俗称"回门年"，一般是农历二月二日动身，年底返回。那时是1950年，我妻在我村小学继续读书，未过完"回门年"。婚礼及后续的礼仪到此才告结束。

以上这些旧式礼仪我都亲历过，那时我十七八岁，至今仍记忆犹新。1950年冬，我县土地改革开始，反封建口号响彻云宵，这一切旧礼仪也随之消失。

1949年5月29日，临海县城解放，但乡下农村仍一切依旧。1951年春，我村进行土地改革，我结婚的新家具，除一把板椅和一把纳头（骨牌凳）外全部没收，分给贫雇农，时仅一年半。

家具多少也是划定地主的根据之一。我村地主蔡桂秋，论土地，其家人不及全村人均土地数，论房屋他家五人只两间旧楼房，也仅全村人均数。他是我的贴近邻居，父子俩长年参加农业劳动，因其儿子结婚时，儿媳也陪嫁了一套好家具，土改时有些人就盯着他家这套家具，加上他是地主恶霸蔡明河的兄弟，也把他划为地主，故他家土改时仅没收家具，未没收他家一寸土地和一寸房屋。我结婚时女方在众目睽睽下嫁来这么多新家具，当然是块"肥肉"，也促使我家进入地主行列。

在我虚龄19岁少年时期即将结束的1951年春，由于我家有这么多财产，我家土地改革时被划为地主，土地、房屋、家具遭没收，中共认为这是我母亲剥削所得，是罪人，并对其处以劳动改造加以惩罚，是共和国的头号阶级敌人，是"黑五类"之首。她的财富如何得来，是不是罪人，再看下列几节。

第五节　不同寻常的节约

母亲经营这么多副业，还开店、酿酒，后期父亲又过世，怎么应付得过来？现我邻居中 80 岁以上的老人还健在的蔡显仁夫妻、蔡继东夫妻、蔡显正夫妻、蔡小春夫妻、蔡周鉴夫妻，蔡周军等，都是见证人。母亲在晚年时常说自己一世干了三世活，一点不假。

一般我们说的"勤俭节约"，指的是辛苦干活、生活俭朴、省吃省用。她不仅辛苦干活，生活俭朴，省吃省用，还有一套科学的、高效的、深层次的、能持续的节约方法，非但在物质上节约，且充分利用时间，充分发挥物效，也是一种节约。即使富了还始终如一。

一、　充分利用时间

她每天都早起，常说"三早抵一工"。冬天如果做垂面，五时起床看天气、捏粉，然后烧猪食、烧饭，饭后喂猪，继续做垂面。若不做垂面，则烧猪食。早饭后，纺棉纱或上街进货。如农事上有雇工，早饭吃得比较好，要煮饭，烧菜，也要五时起床。农忙收割时更加忙碌，除料理雇工饭菜外，要晒粮食。天天干到天黑。她几次同我讲过，夏天中午是舍不得午睡的，若没有其他事，午后还有织麻线或做布鞋等常年都可做的活。傍晚最为忙碌，村人来店买煤油、买火柴、买糖、打老酒等陆续不断，是小店生意一天中最好的时刻，但同时要做晚饭，我要烧柴，灶间与店间有一定距离，她只得来回跑。

她为了节约迟迟不点灯，夏秋时蚊子又多，实难对付。如果是做垂面的日子，要到七时后烧晚饭。晚饭后她也不休息，冬天剥玉米或打酒；平时则纳鞋底、织帐线、补衣服等。十时左右小店盘点。她九十一岁跌倒骨折，还坐在床上纳鞋底做鞋，以给我们及子女或亲戚、叔伯、邻居穿。

二、省吃、省穿、省用，发挥物效。

吃　除家有雇工外，常年基本上都以稀为主。早上一般是吃昨晚剩下的冷粥。冬天粥较稠，经加热后吃起来很香，特别是用母亲加工的萝卜酱或霉豆腐等咸菜下粥，非常可口，我至今还很想念。夏天早上煮热粥。中午一般是以蔬菜为主的面条，有时放些咸肉片或骨头，吃起来也很香。晚上都是稀饭。过年过节吃得比较好，但不铺张。她常教导我们："少吃多滋味，多吃坏肚皮。"、"吃得八分饱，走路像跳蚤。"、" 吃得猛，像蚱蜢（很瘦的飞蝶）。"一颗米掉地上要捡来烧，一粒饭掉桌上要捡来吃。

2014年春节，我与在家长大的大儿子回家看望乡亲，

2014 年 5 月，我回家处理因村上规划要拆除我家老房的事。贴隔壁邻居芦秀英（土改后住入我家没收房的蔡雪花、王育兵的外甥孙媳），因她上下楼要走我家锅灶旁的那条公用楼梯，我家烧什么吃什么她一清二楚，这两次回去她都对我和在旁的邻居说：我母亲在做玉米粉糊吃时，放的玉米粉很少，做的玉米糊很稀，此时我儿参加生产队劳动，太稀吃后要饿肚子，要多加点玉米粉，两人常为加玉米粉多少争执。

我父亲在世时，去集市回来，常带些水果零食给我吃。但母亲自我幼小到 16 岁离家去县城读书，从未为我买过水果或零食，她认为是浪费，粥、饭吃饱便够了。她自己当然更舍不得买，平时也不讲什么营养不营养，但活到 94 岁。要不是 91 岁时跌倒骨折卧床三年，或许会活得更长。她的长寿很大程度上得益于她一生的劳动、素食和动脑筋。

穿　我们一家除两个姐姐出嫁时买过"洋"布外，穿的都是自家种的棉花、自家纺纱的土布。从头到脚，包括鞋袜都是"土"的，通常染成黑、蓝色。但会穿暖，破了母亲及时补上，还很清洁整齐。直到 1948 年我在县城读初中三年级要做黑色校服才买了哔叽布，做了一套"洋"布校服。

用　她设法挣钱，也挣了不少钱，但舍不得花，常说用钱心痛，故处处节约。我家晚上的灯早年是柏子油灯。油盛在木架上的小锅中，用席草的草芯（俗称灯芯）敷油伸展到锅边点燃照明，灯芯根数愈多愈明亮，一般是两根三根。她说仅一根就可，能看见东西就行。我们用两根，她要批评。之后用煤油灯，煤油装在铁皮盒中，在一根小管子内穿上棉线，一头浸泡在煤油里，另一头伸出管外，煤油沿煤线渗到线顶，点火即燃。伸出管外的长度愈长愈明亮，她舍不得花油，要把棉线剪到与灯管口相平，这样当然不明亮了，也仅是看到东西的轮廓而已。我们家还卖煤油呢！20 世纪 60 年代，我们村有了电灯，邻居家也装了电灯，她不装，说还是用煤油灯省。之后还是我给她装上的。

　　农村烧饭用柴，父亲在世时很少见他上山砍柴，除农作物秆梗外，主要靠去集市上买柴。父亲亡故后更是如此，家里还养猪，烧柴是一笔较大的开支，母亲在这方面很节约，且有其节约的窍门：柴不宜在灶中放太多，多了不易充分燃烧；柴火底下一定要掏空（以保证供氧充足），促使柴火完全燃烧；柴要放锅底偏内侧，不能放近灶口，火力是从内往外透的，这样锅中火力会均匀，被烧的食物不会有生熟之分，既省柴又可口。做饭时我常协助她烧火，有时没按她所嘱的烧，常受她批评。没烧好，锅中会看出，她也常亲自来灶下更正。

　　为了能充分发挥柴火的热量，达到省柴的目的，她很会利用锅灶中的余火。如早上加热昨天晚上的冷粥，需热两碗，她先热一碗后，灶中不再烧火，已热的一碗盛起来吃，再放下一碗冷的，待已热的一碗吃了后，灶中的余火也会将后放的一碗加热了，然后再吃。

　　20 世纪 80 年代我调到临海城关工作，她有时住在我处，给我们做饭。当时我们烧的是煤饼，当电饭煲的米饭已烧好，移去电饭煲放在距离有2米远的保温圉中时，此时红红的煤饼火透在空中，必利用不上而浪费，但也仅几秒钟，她很心痛，提着电饭煲快速跑向保温圉。放下后连忙拿来铁锅放在煤炉上，尽量减少煤火浪费。她那时已80多岁，因小脚平时走路身体就有些摇摆，我真担心她会跌倒，多次劝她慢些，但都不改。今日想起还有些心惊。

省柴与锅灶结构有关，铁锅离灶底太高，火焰的最高温点（氧化焰）够不到锅底，热量不能充分到达锅中而散失；太低则柴火不易烧透，因此高度要适中。锅灶壁要有一定坡度，太陡太斜都不好，适中的坡度能更好地反射汇聚热量。为了省柴，她自筑锅灶。1961年1月22日，我自南京大学放寒假回家，记下当天母亲筑灶的事。

"今天母亲自任泥水工，筑锅灶，其实前几天已筑了粗模，今天修饰抹灰。对于这一套，她也是拿手好戏，从女人的角度看，这不简单，前后邻居无不赞绝。有人开玩笑说，若她为男人，也读书，那可做皇帝了。这次筑灶，我只做偶然的助手。晚上工程结束，她兴致很好，一半也为了迷信，煮糯米饭、夹腊猪肉、豆腐等，现她刚下楼。"

从日记中也反映出由于她平时的节约、勤俭持家，困难时期也不很困难。

我毕竟在家时间不长，14岁上初中，16岁去县城读书，之后在家的时间更少，我回老家后邻居常同我说起母亲节约的故事。

邻居陈蕉芳说："她就是节省！节省！省得特别，什么事都要省。冬天早上洗脸的热水，如有两个人在家，先热一个人的水，再利用余火热另一个人的用水。"

邻居蔡素青说："她纺棉纱纺长久了，手要纺酸（累）。她拿起一只放在旁边待切（纳）的布鞋底来切。"因两者手势不一样，用力部位不一样，彼此可调节，放松肌肉减轻疲劳，又不停工，可充分发挥效能，充分利用时间。蔡素青是1958年从安头村嫁到我村，那时我母亲已60多岁，纺棉纱是她土改后仍操的旧业。

土改后住我家没收屋的蔡修宽的大女儿玲玲，她与我家门靠门，两家仅一板之隔，是西头最贴近的邻居，她对我说了很多我母亲节约的故事。

她说："有次你大姐来，说母亲过分节约，使她从小吃得很苦，身体搞坏了。干饭煮来给雇工吃，自己家用麦麸饼放在干饭锅上边烤来吃，吃不下，吃不饱，以致她常饿肚子。

"桂娥（我妻）烧面条，母亲出去有事，桂娥先盛了一碗留给她吃，自己再吃些稀些、面条少一些的。过些时候母亲回来，留给母亲吃的这碗面条，因面条吸水发涨，汤少了。母亲一看碗里尽是面条，批评桂娥浪费，桂娥感到很委屈。

"家里晚上用煤油灯照明，灯的上部有根灯管存放灯芯，灯芯是棉线做的损耗品，用得差不多了要更换，以免夜里中途没线沾不上油而断亮。桂娥看它差不多用完了，就换一根新的，取下约一指长的老棉线。母亲看它还可用一下，批评桂娥浪费。

"福妹（玲玲兄嫂）有人客，叫你母亲帮助做麦饼（这是她的拿手活），一做就十五只，母亲还拿来一块咸肉当佐料。发现福妹烧柴不对头，灶底没掏空，空气进不去，火力前后不均匀，这样非但费柴，且铁锅前后热度不均，麦饼做来生熟不一，不好吃，批评福妹烧柴不对。

"她一人生活，冬天早上要热冷粥。我家人多是煮热粥的。她为省柴，拿来一碗冷粥来同我们换热粥吃。她说我们中午反正要再热的，这样也不费柴。

"我们家人多，冬天早上要烧热水洗脸。她说自己一人烧热水，等锅灶烧热也要费好多柴，不划算，到我家打一点热水洗，还一些柴给我们或调工（帮她家做补衣服等精细活）。"

以上这些都是玲玲同我闲谈时讲的，我想完全是真的，根据我与她长期生活在一起的经历看来，我母亲确是这样的人。玲玲现回大园村住，出嫁有近50年，她仅土改后的 50 年代是我母亲的邻居，这些故事也只不过是她记得而已。论政治成分，她家是贫农，我家是地主，土改时把我家的财产分给她家，住在我家原先我母亲开店的老房，但相处还算融洽。她母亲家务事较生疏，复杂的活要我母亲指点、帮助。我母亲一人在家，也需人照料，远亲不如近邻，也需要搞好关系。我把他们也视为好邻居。她母亲对我也很亲热，她母亲后来因家里生活困难喝农药自杀，我很痛心。玲玲的丈夫蔡显春也是我村人，还是我邻居，仅小我四岁，我们从小就认识。玲玲对我母亲的回忆，她不会无中生有，也不会夸大，我更不会炒作。这是 2008 年 7 月我去双港镇经过她家门口，她叫我进她家坐坐，随便谈起的。

母亲的节约，我深有体会。从小我基本是吃粥长大的，不是家里没有粮食，而是她要精打细算、细水长流。我长大了后她仍如此，1958 年暑假，我回家，有天上午母亲去大姐家，中午时迟迟没回来，我把昨天晚上剩下的冷干饭热来吃了。她回来后显得不高兴，她说这冷干饭准备留到晚上泡来吃的。这件事我久久记在心里，她确是算了吃，不是吃了算。

20 世纪 80 年代，她有时来临海我家住。但她又舍不得丢了老家，有事她要回去。我家在双港区店前乡大园村，位于店前与双港之间的北侧，公路不经过我村，公交车先经过店前（琳山）站后再去双港。双港是终点站，我大姐又住双港附近，因此我给她买了去双港的车票，以便她可从容下车，又可使她去姐姐家休息一下，毕竟她已近九十高龄了。但车费要比买到店前下车贵五分，计九角五分。她见我给她买到双港，贵了五分，大发脾气，要我去退票再买到店前，否则不回去。我说退票费要两角（按票价的 20%收手续费），又经我爱人劝说，才作罢。

她在我临海家中住时，常为节约燃料、水、电与我妻和女儿争执。我妻和女儿也不是浪费之人，只因母亲省得特别才会有口角。烧煤饼一事上文已提及，用水也不贵的事，但母亲在洗衣、洗菜、洗碗等都不放很多，她说好好洗，同样可洗清爽，而且有时一水多用，如洗了衣服后洗抹布、拖地等。我妻看了后不习惯，常说："穷不会穷到水也用不起！"

还有一事我至今仍很内疚，她大便时用的手纸撕分得很细小，仅稍比银元大一点。我多次劝她纸不贵，用大一些，她老是不听。有次她坐在便桶上，撕得银元大的手纸已拿在手里，我上前一把夺了，随即拿了一张没撕的手纸塞在她手中，还大声说："用这个。"态度很粗暴，她也感到没趣，说了一句："不要这样嘛！"

20世纪80年代，我的工资不到100元，妻子工资更低，家里有几个小孩，又建了房，经济上较紧张，给她的钱也很少，她在家时每月仅给她10元。但在80年代末她年纪已90岁时，她告诉我："有400元积蓄存放在外甥少华处，准备亡故时开支。"她还说："前后邻居对她都很好，一人在家常靠他们关照，孩子们对她也都很亲热，送葬的人定会很多。她说男人送葬的每位发一包香烟，女人发一条毛巾，小孩发一包糖果……"我真不知她这400元是如何节约出来的，其中必有她给人家纺棉纱等副业所得。可惜她之后在我临海家亡故，遗体火化，骨灰暂存殡仪馆，未如她愿。

三、深入骨髓的节约

在今天我国耕地急剧减少之际，国人对此都相当担忧，可说近一个世纪来，我母亲都视土地如生命。1962年我在浙江大学任教时，第二个小孩出生。我叫她来杭州帮助料理家务，并带她去西湖玩了一下，欣赏欣赏西湖风景。到西湖后，她不是称赞西湖的美，而是为西湖这么多草坪没有种粮食感到可惜！我说，这是风景区，是给人看看的。她说好看不能当饭吃。这是在西湖平湖秋月景点旁边的一片草坪边说的。可见她一贯对土地利用的重视。

我家 1947 年建房时，托住在山上岩细坑村大姑儿朝宽表兄买木料，他顺便为母亲买了可锯棺板的杉木料，棺板又称"冷板"。这是家乡较富有人家的习俗，有的还制作棺材，并上了油漆，以备后用，俗称寿材。土改时这不吉利的棺材板未没收，也没人拿去，仍留在家里。

用母亲棺板做的衣橱

1984 年，我在临海城关建了房子，随后要买木料做些家具。母亲说："家里的杉木棺板做棺材可惜，浪费，你拿来做家具好了，人死了什么都不知道，用松木板做棺板也一样。"杉木板耐腐，易加工，轻巧，不蛀，是上乘木料，但价贵，大的、好的又不易买到。松木板易腐，笨重，易蛀，一般不能做家具，但价便宜，易买到。母亲这么一说我也拿棺木来做家具了。棺木板厚达 3 公分多，一片破解成三片，板大，两端又一样宽，又干燥，这样的板，现在本地难以买到，当时我们做了两只大橱。我单位鲍正启的父亲（中农）临亡故前，叮嘱他要用杉木做棺材，以免在阴间受冻；我现在的邻居占乌皮，其父（中农）病危时，也嘱咐他要用杉木做棺材。我真感到母亲平凡而伟大，真是个朴素的唯物主义者。

20 世纪 80 年代，母亲年纪已 80 多岁，常在乡下和城里两地居住。1989 年她回老家已有多月，我们不放心她一个人在乡下，我较忙，爱人去想把她接回我家。但她说再过些时候来，后知有两个原因：一是 1958 年大跃进时在我家拿去的木料、砖头等还没退赔，村干部说不久答复；二是村干部要换届改选，每个前去投票的选民可发 2 元钱，那时她的地主成分帽子已摘掉，可参加选举，也有 2 元钱可领。因此她暂不回来。但不久晒菜干时跌倒，股骨跌断卧床，时年 91 岁。她说自己年老了，反对医治，在我大姐家卧床近三年。1992 年春节后接来我临海家居住，到 9 月时胃口不好，身体不适，又反对我给她医治。她说老了没有用，吃多余了浪费。她知自己活不长，叫我去乡下把她自己早已缝制好的寿衣拿来。

我去拿时，也告诉了姐姐和亲戚叔伯有关母亲的病况，他们也来探望。我们家乡有"落叶归根"的风俗，人老了即将亡故前要搬回家终寿，但亡故后就不能进村，须停尸在外。当时已提倡火化，但只涉及国家工作人员和城关群众，如发现城内人有土葬，政府要干预处罚。

而农村仍可土葬,且母亲在父亲坟墓旁边早已建了生坟。人们习惯向往土葬的思想未改变,对火化的抵触情绪大,亲戚叔伯来我家,劝说我把母亲搬老家去,以免在城内亡故而火化。

　　我征求母亲意见。母亲说我们对她好,不愿回去。侄媳妇蔡素青问她:"家有生坟,在这里(尸骨)放哪里?"她说随便放哪里,火化后拿回去也可,反正人死了什么都不知道。"亲戚叔伯劝说她都没采纳。她于1992年10月16日夜10时15分逝世。那夜我还去临海市职工学校授课,我下课回来后,据当时陪伴她的三姐四姐讲:母亲口中喃喃诵个不休,大意是我为什么还不回来。我就挨近她床前,牵她的手,她就紧紧把我握住,久久不松,还含含糊糊地喊着我的名字。大概握了15分钟后,她才渐渐松开,也安静下来,我们以为她睡着了,上楼睡觉。没几分钟三姐四姐说母亲无知觉了,我又下楼,呼唤不语,推她身体也不动,故世了。她没有父亲去世时的"回光返照"阶段,我们也没有痛哭,毕竟她已94岁,且家庭、后代都还好,没有什么牵挂,当时我

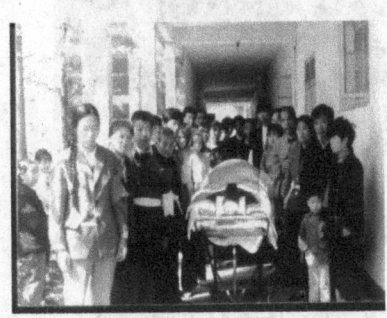

家人和亲戚与我母亲最后告别

母亲遗体运去火化

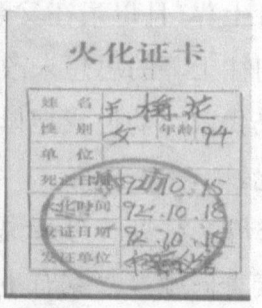

心里又想着，她确实是一位平凡而伟大的女姓。

祖父母、父母墓

当晚我们就按父亲去世时的习俗，给她用温水擦了身体，穿上她生前嘱付要给她穿上的寿衣，安放在与邻居争来的门板上。次日我们就通知殡仪馆来运去遗体，过了三天火化，在办手续时，我在登记表上填着：王梅花，女，94岁，临海市双港区店前乡大园村人。殡葬人员见后说，这么大的年纪火化还第一次碰到，你们真不简单。哪知这是我母亲自己的主意。当时除享有国家劳

母親遺體火化後送別者合影

傘下兩人為作者夫妻，前排右 1 為作者大姐，右 2 為兒媳，右 3 為四姐，四姐左後側為三姐，作者右下側為孫子，妻左側為小女兒，其他為親戚、友人。

保的人亡故后要火化，否则不能享受劳保待遇，其余人都不强制，但城关的人不能公开地进行土葬，有的只好半夜偷出去土葬，包括有些党政干部的父母，有的甚至用钱买通殡仪馆人员私下运出尸体进行土葬，我就知道这一事。我还参加多个亲友家人半夜偷出去土葬的葬礼和送行，其中有我爱人的外公、我同学高伯龙的母亲等，其余知道的也不少，回想母亲的无畏，真不简单。

因我忙于《石材大全》一书编写、出版，大都在外地，待1998年11月出版后，1999年冬至日，我才把母亲的骨灰和父亲及祖父母的遗骨移放在临海南郊茅山黄狗盘窝的公墓中，遵照母旨，一切从简。可慰的是：我站在城内1984年我家自建的房屋三楼可看到父母的坟墓。每当我遥看她的坟墓时，她"三早抵一工"、"少吃多滋味，多吃坏肚皮"、"吃不穷，穿不穷，不计不算一世穷"的声音似乎仍在我耳边回荡。

第六节　土改中我的母亲

1950年冬，政务院、新民主主义青年团中央、中华全国学生联合会联合发出在青年学生和青年工人中招收军事干部学校学生的号召，我报名参加，并去乡下告知母亲。因报名人数较多，录取名额有限，我也不抱太大的希望。12月30日，校方公布录取名单，我回浦中学360多人报名中批准了6个，我未被录取。1951年1月3日夜，台州地区有关单位领导在我校设宴招待全台州录取学生，宴毕后招生办人员找我谈话，通知我也被录取，明天（1月4日）要与其他录取生一起赴杭州，因此我离校前来不及通知家里。到杭州后，浙江省招生办要再进行体检、政审，可能有淘汰的，我也没及时给家里去信。1月10日《浙江日报》公布全省录取名单，我也在其中。随后通知我分配在南京海军学校，赴校前事情较多，当晚浙江省党政领导在杭州大会堂隆重举行欢送大会，也抽不出时间写家信，11日起程，12日到达南京，安顿下来后，才写信告诉家里。家里收到我信也需多日。因此，至少我离开临海半个多月后，母亲才知道我已参军。

我离开时家乡土改未开始，阶级成分未划分，我们也以为父亲早逝，母亲一向勤俭刻苦，不会被划为地主，这方面牵挂不多。

1955年夏，我从军队复员，回到回浦中学再读书，去附近老家迁来、我母亲来临海常住她家的堂姊处。她告诉我，我母亲在我去参军后不久来到临海城内找我，住在她家。说村里要把我家划为地主，不知怎么办好，想同我商量。我参军去了，母亲没找到我，她很失望，只好空手回家。据临海市档案馆数据，我乡土改在1951年3月3日开始，6月22日结束。在我刚去参军后的一月上旬，对我母亲来讲，是即将遭到灭顶之灾的《暴风骤雨》前夜，她一辈子艰辛积聚的财富就要化为乌有，与相处二十年、特别是父亲亡故后相依为命近十年的独生儿子出走，给她带来的打击不言而喻，这是她人生最困难的时期之一。

以后母亲和村人陆续告诉我土改时一些情况。

土改工作队进村后，访贫问苦，排队摸底，划分阶级，培养苦主，组织诉苦会、批斗会，家庭愈穷愈受关注，愈吃香。在我家做过长工，人懒家穷，因当过国民党兵，会几句南腔北调普通话的蔡继传，解放军和土改工作队都很看重他，当上土改"合法执行机构"的村农会会长。我母亲处事较精明，说话也有份量，蔡继传在我家做长工时，不免有得罪他，他当然要报复。

不久，我家储藏粮食和主要家具的房门被封，摆在眼前首要是粮食困难。人天天要吃，当时家里还有三人，还养了一只肉猪，一天的粮食消耗不少。没办法，被逼得只好"偷"。母亲在半夜时把封条用水弄湿，慢慢撕下，轻轻打开门，拿出粮食。这是她亲口同我讲的。除偷粮食外，还偷家用品，我们打"麦油脂皮"（春卷皮）用的铁熬盘，也是"偷"出来的。但不是启封条，而是用竹棒伸进地桁下空隙处，把它钩出来的。铁熬盘以后拿到临海我家里用，我问她这件东西土改时怎么留下，她告诉我是这样"留下"的。

母亲"偷"出来的
鐵熬盤

母亲认为自己苦挣来的家私，要没收想不通，很倔强。我听邻居蔡小理妻说：母亲在后墙弄水井提水，土改工作队一个女队员指责她不好好劳动，剥削过日子。我母亲不服，同那队员争辩了几句，可能那工作队员讲不过她，打了我母亲三耳光。

土改时工作队员、村干部、贫雇农、儿童团员可任意去地主家责问、训斥；路上碰到地主也可随便叫他停下责问、训斥，要你交代有什么"不规"、"违法"的事。我母亲就多次被叫到门口，站在门前街上接受他们责问、训斥。训斥完主训的人走了，没有叫被训的人回去，被训的就站在那边不能走。母亲多次在家烧饭时被叫出来训斥后没叫她回去，她回不了。她说，要么火熄了饭菜是生的，要么火过头饭菜焦了。

土改时常对地主开诉苦会、批斗会。我村有十多个地主，轮流诉轮流斗。我母亲是全村公认的地主中最死硬分子，几个村民都同我说过下列这样的内容：诉苦批斗的时候她站在大会堂（原天主堂）台上，工作队培养好的几个苦主（主要是欠我家账的赖账户），上台"揭发"我母亲做生意的剥削，放高利贷的剥削。母亲说；你不开店他不开店，你哪里去买东西？你这里借不到那里借不到，你饿死了还做什么人？你不买我店的东西我不强迫你买，你不借我的钱、谷，我不强迫你借，剥你什么削？为此，会场上响起一阵阵王梅花顽固不化，打倒地主王梅花的口号。儿童团抓她耳朵、头发，要她低头，不低头或低的角度不够便拳打脚踢。批斗后终于没有什么问题，也不了了之。实际上工作队也有应付了事的因素，按上级布置办事，且要向上级汇报，要填写诉苦、批斗了多少个地主，诉苦、批斗了多少次的报表，不得不斗一下。

村民们说我母亲这样"死硬态度"、"顽固不化"，我认为是真实的。约在1945-1946年时，我村蔡显英接任蔡荷芳当保长，也要派捐。那时我父亲过世已二三年，母亲继续开店、酿酒，已是较富人家。蔡显英叫我母亲去开会认捐，摊派到我家的捐较多。我母亲不服，据理力争，说欺侮我这寡妇，双方发生口角，我母亲打了蔡显英一耳光，事后还告诉其叔、族长、曾任大园小学校长的蔡文波（即我村1937年修族谱任总裁的蔡钟琪），要蔡显英检讨认错。我母亲有胆量告诉蔡文波必会讲出其道理。我此时已十三四岁，在家听她与别人讲此事时，至今不忘。她的强悍在于她有理，能讲得出其理，对伪保长能如此，当然也不怕"讲理"的贫雇农。

我妻子多次同我说，因母亲土改时很掘强，不服，农会曾准备上报要把她枪决。

对诉苦会、斗争会上苦主发言的内容，地主们已听惯了，由他们去胡编乱造不以为奇。最难受的是要陪斗的地主也站到斗争会结束。在主诉、主斗某一个地主时，其余地主站在台下面向主席台和毛主席像低头，一站就几个小时，不能动，等到大会结束后散会，人们回去了，大会主持人叫地主们也可回去。地主们转身准备回家，因站久了突然转身，年老的往往昏倒在地，昏倒最多的是当时年已69岁的蔡桂秋。我母亲也昏倒过。这是也接受批斗的蔡继来告诉我的。

　　有一次在小学里斗地主，我母亲和其他地主站着挨斗，叫地主低头。她没有低到一定角度，儿童团员拉她耳朵、头发，要她再往下低。母亲低不下，儿童团员从后侧用脚猛跌母亲脚弯处，母亲霎时倒地。这是当时仍在小学读书的蔡进军告诉我的。

　　地主在路上见到有人在前方走来，除了也是地主外，地主都要原地站在路边低头，待来人走过后方可再往前走。我在 1950 年上半年土改前曾在本村小学教过一学期书，与同在校的叶能厚老师较要好，那时我妻（占桂娥）也在校读书，补完高小课程，是叶能厚老师的学生。土改时一般人不能和地主讲话，更不能来地主家，有事也不能来往，有话也不能对说。恰逢当时附近的琳山农业学校招生，生源少，地主子弟也可去读。叶能厚消息灵通，专门来我家告诉我们已不可能，就利用他在路上碰到我母亲，我地主母亲在路边站着低头让叶能厚老师先走过去之机，他走近我母亲身边时，轻轻同我母亲讲："你叫桂娥去琳山农校报名读书。"母亲听了后告诉了桂娥。她之后就去报名就读，并升至高级农业专科学校毕业，也改变了她一生，经一番挫折后终于有了工作，有了退休待遇。叶能厚老师的话，是母亲告诉我的，也是地主"靠边站"的"功劳"，真是"因祸得福"。

　　叶能厚老师也是地主成分，我们感激他在我家危难时冒险关怀我们。之后我回家时常去看望他，但多年前他过世了。为此，我还在 2009 年去了他老家大石上湾村，想见见叶师母，但她也过世了。

　　在分家具时，村干部、工作队指使贫雇农把我家没收的家具抬到门前街上，我结婚时妻子的嫁妆几乎都没收了。因我家料不到会被划为地主，更料不到这是"不义"之财，再加上村长蔡继本的"劝说"，家又无劳力，一件也没转移，全村十多家地主没收的家具算我家最多、最新、最好、最全。没收那天抬出来堆满了我家门口的街道。在全部抬出来后，土改工作队员清点，叫名分到的抬回自己家中，此时工作队队员要我母装出微笑的样子，高高兴兴地让人家抬去。家具有大有小，有好有

土改時歸還給蔡繼榜的筆者房前空地
2012 年攝

差，正如白介夫在东北搞土改时日记记下的一样，我处贫雇农也私心重，都想要大的好的，分到小的、差的就嘀咕，当然好的首先是分给村干部，然后是积极分子

　　我家共有六间半楼房，旧楼房两间半，新楼房四间。旧楼房中一间半为祖遗继承，另一间为 1948 年向蔡继榜买的。蔡继榜虽平时游手好闲嗜赌贪酒，还当过保队副，土改时却很积极，但他主要土地、大部房屋未卖，不是贫农，是中农，不应分进。但他是土改积极分子，

其儿子刚参军，就以照顾军属名义，将卖给我家这间楼房的底层连同其旁的空地（即我家新房的院子）返还给蔡继榜。该房二楼仍属我家的没收房，因此旧楼房底楼为一间半，二楼为两间半。我家这六间半楼房分三份，我家留一份，其余两份没收。旧楼房二楼两间半、底楼一间半为一份，分给贫农蔡修宽。新楼房东侧两间为一份，分给贫农蔡雪花、王育兵夫妇。与旧房相连的新屋西侧两间为一份留还给我家。

后一份是我们建新房后的生活中心，楼下为锅灶间，吃饭、人客接待、晒阳纳凉等都在此房；楼上是我婚房，上下窗户明亮。分房时工作队告诉我母，三份中由我母先挑选一份。母亲想不再做生意，建新房太辛苦，心计太大，也想享受一下，就挑选了中间这一份的新房。分给蔡雪花王育兵的新房东侧两间，王育兵为后岭王村人，招女婿来到我村与蔡雪花结婚，家住在本村三角园平房中，我年少时还去那边多次，住我家

土改後發給筆者家的土地房產證

没收房后因早有认识，常夸我母亲能干，对我也很热情。新房东侧楼下两小间猪舍，分别由蔡修宽、王育兵用，厕坑我家用。

我家土改前有土地22.484亩余，全村人均1,39亩，土改时我们家三人，共分回3.99亩。这3.99亩土地共有13个地块，都是差的、小的，多数原来不是我家的。

地主的财富，辛勤劳动致富为主；次为祖遗继承，但也要自身健全安分守家，游手好闲贪吃懒做几乎没有，否则富不过三代，早晚会败光。这样没收，还要被批斗，当然不服。为了压制这种不服，政府即对地主进行专政。专政的方式和手段花样繁多，除镇压和判刑外，包括人身上、体力上、人格上、精神上、经济上无奇不有，凡是能想得出来的大都用上。有的人为取乐、泄私愤、讨好上级，愈左愈好。这些手段有义务劳动（做水利、村建公共设施、给干部家干活等）、送信、扫地、做军鞋、砍军柴、罚站、游街、戴高帽、低头、断绝亲友来往，还有发动儿童团打骂、定期向干部汇报，等等。这些我母大都经历过。如义务劳动，她做过水利，麦收后给农会长、原是我家长工蔡继传打麦（脱粒），他的麦当年还是地主种的。做鞋是我母亲能手，当然免不了做军鞋；扫街是常事。我家门前一条街指定我母亲扫。

地主要定期"学习"，改造思想，半个月一次。实则为变相的批斗会，把你压住。由农会会长兼治保主任蔡继传主持。他东拉西扯乱批一通，说什么剥削压迫。母亲常和他唱反调、顶撞，以示不服。据同在一起学习的陈蕉芳讲,别的地主都任蔡继传胡言乱讲,一句不说。唯我母常和他争辩,如说我母亲养母猪是剥削。我母亲说:你不养他不养,猪肉到哪里买?但最后吃亏还是我母亲,蔡继传说她不老实,不认错,要罚站。人家背后常劝我母亲不要讲,这里不是你讲话的地方。我母亲说这样胡说八道、瞎讲,听了就不舒服,不讲心里难过,罚站就罚站。母亲同我也这样讲过。他们说,全村十多个地主中我母亲是最硬的。

母亲还常同我说起,土改时邻居常背后议论,说她如此辛苦挣来的家私(财产)被这样没收是罪过的,她不会甘心的。

她的确不甘心,上文已提及,多次同我讲起,土改时她想自杀,把房子烧了,自己葬身火海。但想想还有子女,就缩了回来。一缩又活了40多年,晚年还是当时全村2000多人中最年长者,94岁寿终。期间,她还看到了土地回家的改革开放,"毕竟还要自己做来吃"的今天;看到了下代也勤奋节俭,过着不错的日子,最后平静地离世,想必在阴间也会感到满足。

第七节　不懈地追求公正

一

我小时多次听母亲说,她到衙门(法院)打过六场官司,场场都赢。这当然也是追求公平公正的举动。

二

土改时我家房屋被没收，分三股，东边和西边都住进翻身户，中间归还我家。东边为王育兵蔡雪花两夫妻，西边为蔡修宽家。

蔡修宽曾去上海做过大饼，见过世面，回来后定居本村后宅，妻子为湖州人。土改后住我西边被没收的老屋，成为新邻居。

老屋与新屋因原来都是我家所有，新屋的横梁穿在加固后的老屋柱子上，两屋连在一起。新屋的楼梯安装在与老屋接界处的新屋西侧，这样经过新楼梯也可进到老屋楼上。因两屋有一米高差，其间还有一米高的小楼梯把两屋楼上连接一起，因都是我家房屋，这样用起来很方便。

老屋也有楼梯，安装在房子北侧，但远没有新楼梯宽、明亮、转弯方便、去老屋楼上近路。新屋位于本村东边，有大门直接通向田野；老屋大门朝西，门前是山湾街，如果没有东侧新屋可利用，出门做工、收工必须经过山湾街，再转几个弯才能到田野。农村收割来的粮食、庄稼秸秆、部分农具、晒具都放在楼上，如蔡修宽仅从老屋大门进出，再从老屋走上老楼梯，费时费力。若经过新楼梯上楼，对他来讲省时省力。但土地房产证上写明：蔡修宽上下楼只能由老屋老楼梯上下。新屋楼梯为我家所有，但东侧的王育兵家可上下出入。没写明蔡修宽可出入。但蔡修宽住进来后，他是响当当的贫农，一进来就常经过我家新楼梯上楼，我母亲为了同他搞好关系，也让他经过新楼梯上下出入。因此，新房与旧房间仍如土改前一样留有一个通道，蔡修宽照样可出入。

我妻土改后在琳山农校读书，假期回来，她和我母亲均住楼上，她住内间母亲住外间。外间外侧就是楼梯，无房门。内外间之间有房门，但夏天天热夜里也有不关门的。有一个深夜蔡修宽轻步走向我母亲睡的外间。母亲发觉后知他不怀好意，即用脚重踢他两下。蔡修宽知被我母发觉，即返回，彼此都没言语。我母亲次日便告诫他，以后不能走我家楼梯。蔡修宽以为自己贫农成分，不理我母亲告诫，同样继续走。母亲无奈，只好向村调解委员反映。

调解委员蔡莲芳来实地观察，又看了土地证。对蔡修宽说："这楼梯明写着是王梅花的，没有写明你可以走，地主也有管理权，王梅花不给你走，你就不能走。"蔡修宽强辩也无用，蔡莲芳要蔡修宽以后不要再走。

我母亲有了调解委员蔡莲芳的表态，不理蔡修宽的反对，即把通向他楼上的通道用竹篱笆隔开。从此蔡修宽及其家人就不能再走。

母亲对蔡莲芳这句"地主也有管理权"的话深为感激，说他公正，多次同我提起此事。

三

母亲与东边的王育兵家也有麻烦事。

我母亲惯于精打细算，物尽其用，遇事能讲出理由，临急会应付自如。我家四间新房中西侧的楼梯间较窄，不足一间，完整的是三间，农村一般有中堂间，可供红白喜事用。因此建新房时把东侧第二间当中堂间，左右两间的门都向中堂间开，门闩在东西两间内侧，即在这两间的人随时可走向中堂间，可中堂间的人不能随时走进两侧房内。中堂间后壁有两扇单门通向墙外道路，以便进出方便。留给我家的房子除前段有门通向中堂外，在靠近后墙处还有一单门通向中堂间，以便随时可经中堂后门走到外边路上，比经过前段近了很多；如果此门关上（闩着），中堂间的人便不能随时进入我房内。这些房子都为我家时，这样的门路很实用的。现中堂间为王育兵家所有，这两扇通向中堂的门仅能起到隔板的作用，不再走人。做一扇门很贵，与构建同样大小的板壁相比，大概花钱是 5∶1。母亲建过房，这方面她懂。且因我家可随时开门走向原是中堂间现是王育兵的房子，万一他家有失窃，那很难讲清。因此她向王育兵提出：把门换下，用木板把它按原样补上，对他家毫无损害，也毫无影响。这样换下的门我母亲可用于别处，对我家有利。王育兵不同意，但他也讲不出理由。

母亲只好向生产大队领导反映此事。因这是多年使用下来，不是眼前要急办的事，且王育兵妹妹是乡干部，生产大队推着不受理。但我母亲也不罢休，反复要求，终于受理。干部们来家察看，母亲讲出其理由：

这两扇门是我家开向中堂间王育兵家，门的所有权是我家的。中堂间土改分给王育兵，我们是两家人，此门已不是通道，仅起隔板作用，做门贵，放这里是浪费，我把它换下，用新板按原样补上，其作用完全一样，对他没有妨碍，也无损失；门是我方开向中堂间，他们不能进入我家，我们可随时开，随时可进入他家，万一以后他家有失窃，那讲不清楚，甚至影响后代关系，把隐患留给下代，还是现在我们处理好，换下来我用木板补上，免得后代纠葛。

王育兵不同意，但又讲不出理由。

村干部问王育兵："门卸下换上板壁对你有没有损失，有没有妨碍？"王育兵说："没有。"村干部说："既然都没有，免得以后和下代纠纷，让她换上板壁吧。"王育兵无话可说。

过后，母亲就叫工匠来把门卸下，补上新木板。王育兵、蔡雪花看在眼里，气在心里。王育兵朝天大骂，说我母亲反攻倒算，想变天，骂得难以入耳。这是邻居沛华二嫂之后告诉我的。

母亲争回来的门板（左：门面；右：内面）

1984年我在临海城关建房。把这门板拿到临海备用。后未用上。我们家乡人亡故时有"放板头"的风俗，即要把遗体放在木板上。1992 年 10 月 16 日晚母亲去世时，我们就把她的遗体放在这木门板用上，让她安详地躺在这扇来之不易的木门板上走向天堂。

四

1958 年，举国上下的大跃进给我家也带来很大冲击。

我村是大村，有完全小学。学校也要跃进，要把近村小学合并到我村小学来，成为大小学，便于军事化管理。我家紧靠小学，要我家房子腾出给小学用，把我母亲安排到本村上角蔡显杨家那边去住。当时我在家，移去少量家具、炊具，留下的房屋隔间的木板壁被拆除当教室用，构建时又用了我家不少木料。

村里办的大食堂也需材料构建，也需材料制作炊具及桌子、板凳。我家成分是地主，建房剩下的木料要拿就拿，否则说你不支持，不支持就是搞破坏，地主搞破坏要被批斗。拿去的有木桁料几根，旧谷仓一只（盛稻谷用），谷箩一对，木椽数十根，大木板几片，砖头几百块，等等。小校并大校遭家长反对没有成功，我家房屋拆了隔板仍空着。之后大食堂解散，分成小食堂。小队的食堂办在我家，又拆了我家小锅灶，打成大锅灶（地灶），又用去我家不少砖头。

1962 年 1 月，中共中央七千人大会后，各方面都作了调整，小食堂解散。以后中央又颁布了农村工作 23 条，对群众在大跃进中大动大调所受损失进行退赔。我母亲也向村干部提出要求退赔。村干部说地主富农迟一步退赔。我母亲只好等待。过了1年把后，我母亲见其他不少人已退赔，其中也有地主富农的，她又找村干部，村干部再次说迟一步。过了些时候她又找村干部，书记蔡继斋推到大队长，大队长推到小队长，小队长又推回大队长，大队长又要她找调解干部，调解干部要她找治保干部，治保干部还是要她找党支部书记。书记又说研究研究。这样一转一搁又是一年。

母亲又多次去找书记，还未研究，也不知何时研究。母亲只好找公社(乡政府)领导，向他表明"这是土改后留还给我的，有的是土改后添办的，都是合法的，应当与其他人一样退赔。"这位负责我村的公社干部说："是要退赔的，地主富农也同样退赔，时间有先后，有轻重缓急，你再等一等。"我母亲只好回来。

我母亲等了多时后，没有答复，又去找多个村干部，先后找过的有书记蔡继斋、副书记蔡显恭(操实权，因其家成分为中农，不能当正书记)、蔡显岳(村长)、蔡继村(生产队长)、蔡继交(老年协会会长)、蔡继端(调解委员)等，有些我也记不起来了。但答复还是同先前一样，这个说找那个，那个说找另一个，要么再研究研究。东找西找，转眼间便到1966年文化大革命了。各级领导班子瘫痪，无人管此事。

1975年，我调来临海。因文革后各项工作渐趋正常。我母亲又重新反映。先找村干部，因村干部中不少换人，只好从头再说一遍。其最先答复是研究研究，之后答复是要找原经手人。找到原经手人，经手人说自己已无权，要经办干部来找他，他可证明。但干部们又不找他。这样我母亲又只好再找乡政府，乡政府也换人，又得从头讲起，其答复是同村干部一样，研究研究、商量商量。

又过了一阵，村干部也没研究好，乡领导也没商量好，我母亲又催。以后她带着叫人写的书面报告，严严正正地去一次交一张。她不识字，只好叫别人代笔。代笔最多的是蔡显华(解放前他曾当过一年副乡长，五类分子，常与我母一起开改造会，他母亲是我母亲堂姐，有远亲关系)，另叫邻居蔡继村也写过，我回家探望她时，也常叫我写。报告内容是：

店前公社领导：

　　1958 年大动大调时，扩建小学和办食堂，村干部在我家拿去木桁料 7 根、谷仓 1 只，谷箩 1 对，大木板 10 爿、板壁 3 张、砖头 270 块、木椽 32 根。请求按政策退赔。

大园村第四生产队　　王梅花

去一次交一张，其结果也都落空。

此后，她到区政府反映。区政府已从我村搬迁到白水洋镇，离我家有 15 里路程，比到店前村的公社(乡政府) 3 里路要大五倍，虽有公交车，但她舍不得花钱坐车，凭着自己的小脚，一步一步走，走累了在路边石块上坐坐。坐坐走走，走走坐坐，用了 2～3 个小时才到区政府。区政府接待她的是管信访的褚秘书。她又得从头讲起："1958 年大跃进并校、办食堂在我家拿去很多东西，1962 年 1963 年退赔时村干说地主富农迟一步赔，

1964年乡干部说地主富农同样退赔。又找村干部，推来推去仍没有赔。之后因文化大革命拖至今天还没有赔，这不是我的责任，这是土改后留给我的东西，有些是土改后我办的，是我合法所有。公社干部说地主富农同样赔偿，至今已十多年了，要赔给我。……"并随手交给他一张拿去的对象列表。褚秘书答复：了解后处理。

之后她继续去区政府、乡政府（公社）、村委（生产大队）三地走。又走了2～3年，仍没有处理。多人告诉我：她常坐在去白水洋镇(区政府)的路边。我知这是她这小脚女人走累了在路旁歇一下。可见她的决心。

1978年后我常接她来临海我家住。但她住几个月后就要回家去继续反映赔偿问题。仍无结果。后来她要我陪她一起到县政府反映。当时临海县县政府每月20号是县长接待日，我们在这一天去了县政府。按规定先进行登记。随后轮到我母亲申述。她说："我名字王梅花，成分地主，1958年大动大调时村里把我的东西拿去，至今没退赔，村里、乡里、区里干部都说地主富农一样赔，但至今还不赔给我，我为此事上访，要求赔偿……"并随手交给接待人一张清单。接待她的是位信访办公室的女同志。彼此交谈一下后，该女同志说把此事转交下面区里办理，叫我母亲下次直接找区里。

母亲以为这次去了县里，会有结果的。过些时候又回老家。路经白水洋镇时先到区里，褚秘书说此事已与公社里说过，叫我母亲找公社。母亲又找到公社，公社干部说已与村里说过，叫我母亲找村干部。母亲又找村书记，村书记叫我母亲找老年协会会长。老年协会会长说此事已很久，须了解了解等语。这样又拖了半年一年仍未解决。

母亲又来到临海，逢到每月阳历 20 号时又要我陪她到县政府向县长反映。接待的仍是这位女同志。填了表格交谈后仍叫我母亲先回去，她一定转告区里抓紧办。回来后我劝母亲：吃亏人长长在，人家比我们吃亏的更多，如讲几句话划上右派，开除回家，我们现在可以了，算了吧！但她心不甘，仍要去乡下催办。

但又未办成，又来我处，到 20 号时，又要我陪她去县政府。有次双港区信访办褚秘书也在县政府，县府那位接待的女同志、褚秘书、我母亲和我四人一起商定，回去由褚秘书落实。我们才回来。

母亲又回老家等待落实。最后答复是村里没有树，没有东西好赔。母亲说村里山林多得很，这是耍花样，是"鬼调"，只好又来到临海。她向来用农历计算日期，初一、十五两日还吃素食，不过问阳历。但那时每到阳历 19 号时，她就提醒我，明天要我陪她去县政府反映。我虽叫她不要去，但心里却同情、钦佩她的推算力、记忆力。她不识字不会看日历表，何况阳历与阴历大月小月天数不同，不知她是怎样推算的。也钦佩她的毅力、执着，我们住的地方离县政府有 5 里多路，还要翻一座小岭（名叫后岭），够劳累的，临海城内车辆多，小脚女人的她走路我不放心，还是陪她去了。

到了县政府接待办，那位中年女接待员对我母亲说：

"你又来了！"母亲说：："不给我办我只好来！"谈了一会儿后，那女接待员答应她再给我们催。这样来来回回，从 1978 年到县府反映起，一直反映到 1989 年，还是要回乡下由当地政府处理。她又为此事回家，稍后跌倒骨折卧床。她生于 1899 年，即从 80 岁往县府反映起，跑到 91 岁仍未解决。若从中央"七千人大会"后的 1962 年算起，为此事足有 27 年的要求。

1989 年最后一次去临海市（1985 年县改市）政府反映后，又回乡下等回复。那时她已 91 岁，一人在农村我们不放心。因我较忙，我爱人去老家想把她接回。我爱人去了后，她说村干部答复她：最近回话。还要迟些来。我爱人只好一人回来。

我爱人回来后不久，邻居来人告知我说，你母亲跌倒脚骨敲断。等我赶到时，邻居已把她送到双港镇卫生院医治。

大概是股骨已断，不能行走。她说年老了不让我们给她医治，医生也说效果不会太好，动手术人又痛苦，因此我们也顺其自然。我们工作较忙，她也喜欢农村，因此就住在邻村溪岸林村我大姐家。她那时已是本村最年长的人，每年重阳老人节村里也给她一份慰问品。当有村干部派人到溪岸林村送来慰问品时，她还托来人向村干部提出退赔问题。她住我姐家三年，至少又向村干部要求过三次。

1992 年 2 月，我们把她接来我城关家住，到 9 月时她吃不下饭，身体每况愈下，但头脑清楚，知自己在世日子不长，叫我去老家把她自己做好的寿衣拿来。我回去顺便也告诉堂侄儿侄媳等邻居。过些时候侄媳蔡素青等多人来看望她。当时她病已很重，但还托蔡素青代她向村干部、向老年协会再次提出退赔事。蔡素青答应一定转告到。

过几天蔡素青又来我家，商讨趁母亲现在还活着把她送回老家"寿终"事。那时她已近弥留之际，但听到素青的声音，问素青有关她退赔的事已向村干部讲过否？

母親在做鹹菜

素青也顺口安慰她，谎说已讲过，村干部答应赔。母亲又补了一句："你不要骗我！"我们都觉得自己心虚，因为我们骗了她。

母亲说我们待她好，不回老家"终寿"。随后过了几天便去世了。我们也不会为此事找村干部，长达 30 年的退赔抗争就这样不了了之。她这一世所追求的"公平""公正"也这样结束了。虽事隔几十年，我还常想起此事，也常为她不平。

第八节　母亲的多才多艺

母亲一生奔波，主要是为了经济。她有一套思路开阔、开拓进取、敢冒风险、扬长避短、脚踏实地、效益为先的办法，可称为农村的经济学家。虽然时代不同、环境不同，但精神尚在。我们现在弘扬民族文化，提倡孔子学说，也在于其精神。我给她的经济思路归纳一下，对后人或许有启发作用。

在我母亲看来，搞经济就是"多收入，少支出" 六个字。她一生就围绕这六个字转。我家财富的剧增离不开一个"苦"字，也离不开一个"省"字。她晚年常说自己"一世做了三世的活"。"吃不穷、穿不穷，不算不省一世穷"。 现要脱贫致富，也不外乎沿着我母所走的道路。重温一下我母亲一些做法，对人们、对社会、对国家大力开展的扶贫工程有所裨益，她的经济思路和才艺大致如下。

一. 发挥自身优势

1、发挥自己绘画、做布鞋的技能

母亲结婚后不久，父亲嗜赌不管家，家中经济当然不好。母亲虽不识字，但能绘画绣花，特别擅长画梅花；又善于针线活，她做的布鞋美观合脚。早先农村姑娘结婚要穿花鞋，她的手艺发挥了作用，给人家做花鞋。虽不收工钱，但做花鞋人家也不会亏待她。结婚时送来鱼肉、馒头等高档食物。母亲分餐吃，节约吃，往往一家送来的一碗佳肴可吃三五天，也节省开支，改善了生活。

约在 1985 年，地主摘帽后，因她画画有名，又会手工，村妇女主任李仙香动员她参加区里剪纸比赛。那时她已近 90 岁，还得了三等奖，奖来一条大毛巾。晚年她参加农业劳动之余，给家人、亲戚、叔伯做布鞋，甚至91岁骨折后还坐在床上做。她做的布鞋合脚、美观，也可证实她给人做花鞋确有其事。

2、利用自己人勤、手巧、心灵特点，从事加工棉纱和帐线，做垂面、养母猪等副业。

这些工作前文已述及，有一定技巧，不是一般农村妇女都可做的。我家附近几十户邻居没有一人从事这些工作，有的曾从事过，因效益不高坚持不下，有的想干而不敢干，有的就根本不会干，只好在家做饭、带孩子等家务。我家乡因土地少，妇女是不参加农业生产的，因此妇女有空没事就串门谈天。做垂面是在光天化日下，谁做谁不做，全村人都知道，我知全村三百多户人中只有"花台门"那边有两家；养母猪的人家小猪要上市出卖，谁养村人都知，全村也仅两三家。她是脑灵手勤的出众者。

二、利用客观环境

1. 租种宗族公有土地

土改前我村三百多户1100多人，几乎都姓蔡。各代祖宗都或多或少留下族有土地、山林及一些公用设施，其土地即土改中征收的"轮种祀田"，我们叫"众光田"。这些财产的收入供本氏族祭祖、济贫、奖学、修建公共设施（如造桥、铺路、修建祠堂、水利建设）等开支，有相当于土改后建立起来的"集体所有制经济"，但经营方式有所不同。这些土地承包给村民耕种，租金低于社会一般标准。早年我家经济困难，父母争取到不少这种土地耕种。据母亲说：有多年是主要靠这种土地的收益，省吃俭用以维持生活。这种"众光田"你如果不放弃，已经是你种的可以延续种下去，有的一直种到土改时，因此在土改时我家土地占有状况这一栏里，有租入土地1.00亩，便是这些土地。其中有一丘田还远在花园山脚，父亲去劳动时我多次跟他到那边玩。此外，我家还承包了宗族加工粉类的水磨坊。

2. 利用家庭位置优势开小店

我家位于本村东边山湾街，这条街是我村最大最长的街。又是三岔路口，是村人去双港集市赶集主要路径，旁侧还有小学，人流量大，母亲就充分利用这些有利条件开小店。我父亲读过多年私塾，也发挥了他有些文化的优势。

3. 利用家有桑树养蚕

我家有两棵大桑树，在家菜园地的一棵祖传的，在后门山的一棵我不知来历，但这些都是家原有的。母亲就利用这些桑树来养蚕。

三、以市场为导向

开小店、养母猪、做垂面等行业当然都要以市场为依托，但母亲更直接以市场行情来做生意。粮食是农村头号物资，是集市上交流的主要货物，其价格规律是：收割后新粮上市时粮价便宜，收割前粮价贵，特别是春天，所谓"青黄不接"时更贵。造成此情况的一个重要原因是，有些人家新粮收割后大吃大喝，所谓"硬来硬到底，麦来不吃米"这句民谚语，便是指有些人家麦收后天天吃高耗粮的麦制品（馒头、麦饼等高档食物），不考虑日后生活如何。母亲收割时用粮与先前一样，不浪吃，有积余，趁春天粮食贵时出售，可卖上好价钱。甚至新粮上市粮价下跌时买进粮食，春天粮荒时卖出，以此赚钱。抗战时利用粮价差异还贩卖过72米（即100斤谷可加工出72斤糙米，而一般米只能打出65斤）。

四、多种经营，互相利用

母亲经营多种副业，还开店、酿酒，其本身都是独立的经济实体，但母亲能充分互相利用，发挥效益。如做垂面需大量小麦粉，小麦磨粉后必留下麦麸（皮），是养母猪的高档饲料。养猪能积肥，也是养猪的目的之一，所以坚持到土改前。这也可说是我国珠江三角洲良性养植生态循环：养蚕—蚕蛹（鱼饵）—养鱼—塘泥（桑肥）的应用，最后才有丝绸产品。其实母亲根本不知什么叫生态循环，也不知有个珠江三角洲。母亲在我暑假时要我把与别人合养的耕牛牵来看养，目的也为了积肥。在她脑子里，肥料就是粮食。

开小店、酿酒也与做垂面、农业有关。垂面要卖出去，我们没有时间，也不需到市镇上卖，放在小店中卖即可了。我村较大的财主（地主），如蔡桂球妻（蔡谢氏）、蔡荷芳家都在酿酒，其主要目的是给家中雇工吃（一般晚上雇工都有酒喝），如果去商店买，那开支不少。我家有长工有短工，当然要用酒，自己酿造，既可外销（赚钱），也满足内需（省钱）。父亲和我都不会喝酒，这个"内需"便是给雇工吃的需。

五、善抓主次，效益第一

母亲作为农村妇女，她力所能及的是手工副业。但根据效益不断变换，从给人家做花鞋到养母猪，从给人家纺棉纱到开小店，从养蚕到酿酒，这些都根据效益而定。做花鞋和养蚕以后放弃了，虽棉纱还在纺，但也很少了，因效益不如养母猪、开店、酿酒。

六、开拓进取，敢冒风险

养母猪效益比织帐线好，开小店的效益比做垂面好，但也不是易事，养母猪亏空的也有，开小店亏空的也有，我的邻居就亏了。母亲为了取得更大利润，就要冒几分风险，如抗战时还做贩米生意。父亲亡故后，一般农村妇女能守住家就不错了，但她非但守住，且不断设法扩大经营，迎难而上。去山村放糯米银订购酿酒的糯米（期货）是有风险的，她不怕，不依约交付的就去追讨。从她身上早已知"风险与效益同存"、"胆大必须心细"的哲理。

七、善动脑筋，找出窍门

母亲非但是做花鞋、纺棉纱、织帐线、做垂面的高手，养母猪、开小店、酿酒的盈利者，且是腌咸菜、烹调的能手。她腌的咸菜（盐菜、萝卜酱、豆瓣酱、咸大蒜、葱薯……）、咸肉味香可口，我可说走遍中国、品尝过各种菜肴的人，近些年来正餐前放些咸菜先请客人品尝开胃，但远远没有母亲做的好吃。我至今还怀念这些咸菜，特别冬天早上下稀饭的萝卜酱、豆腐乳、咸肉炒盐菜，一直念念不忘。腌咸菜技术性很高，要动脑筋，盐太多有苦味，太少会长虫，难以掌握，有如做垂面一样加盐量要灵活适中。但农村家家靠咸菜过日子，即家家妇女要腌咸菜，不像做垂面那样可做可不做。因此母亲便成了她们请教的对象，名副其实地做了她们的师傅。做布鞋也是母亲的拿手活，也是动脑子的结果。那时农村人人都穿布鞋，母亲也成了她们的家庭老师。几个邻近的邻居，如显森母亲、周尹母亲为这些事常来我家讨教。

烹调方面母亲也是高手，家里有雇工有客人，烧一两桌菜没问题。

1954 年，我从部队探亲回家，海军舰上伙食很好，中、晚两餐天天有鱼鸭鸡肉，但吃腻了真不想吃。回家后母亲要杀只鸡给我吃，我说在部队吃鸡吃得太多，不要杀了。她坚持要杀，我也任她了。烧起来可真好吃。我看她除了鸡肉外，加了一块肥肉、黄花菜等，还放了一张瓦片，在泥罐中烧，真是芳香可口。

春节后家里客人很多，要做几盆菜，其中有一盆是"鸡子泡"，用带鱼块、鸡蛋、面粉调和，放在油中炸起来，母亲每年春节前都炸很多，客人来了拿一些便可很快地烧一盆。其他人家这种鸡子泡不多，即使有，烧时也泡不起来，很生硬，不好吃。而母亲的鸡子泡发得很大，很软口，加点葱花，真好吃。我大姐家的菜常是母亲做，她媳妇也常吃我母亲做的鸡子泡，在母亲亡故后，她多次说：没有学到我母亲这套手艺深感惋惜！

20 世纪 70 年代，我家自留地分在青阳山上，离家有 3 里远，我也跟她去过那边，要爬山岭。春天种洋芋（马铃薯），附近农民说我母亲种的洋芋最大，不少农民都向她取经请教。我问她：你怎么种的？她说："施肥要施在两株中间，不要施在株根上。"我听后觉得很有道理。我记得植物课曾讲到，吸收养分的根是毛根，毛根长在根系的顶端，因此不要施在根株上，要施在两株中间，即施在毛根上，使肥料能充分吸收。

这些都是她开动脑筋的结果。

八、不怕挫折，坚持到底

母亲一生遭受了很多挫折，婚后父亲入赌，赌到什么地方她追到什么地方，在她生小孩月子未满都追到 15 里外的上雪村，劝他不要赌。父亲赌输了还曾卖过房屋，她请族长调解，终于要回，这在当时重男轻女社会里不是易事。父亲入赌，家里当然常吵架。但她不灰心，继续劝说，后来父亲终于戒赌了，安心在家务农，协助母亲搞副业，发家致富。

养母猪也有不顺利的时候，母猪小猪有病，母猪难产，小猪有病死的，有产出时被母猪压死的，但她都不灰心。我大概只有四五岁时，有次母猪有病，父母提心吊胆，除给它吃热性药（如胡椒等）外，还烧香拜佛，从大橱里拿出件红棉衣服给母猪盖上，可能是保暖，她逐渐好起来，终于化险为夷。之后有了经验，愈养愈顺利。母猪养了几十年，非但赚了钱，也积了肥，粮食增产。

开店酿酒也有风险。因赊账多，成本回笼、资金周转有时也困难。赊账讨账不免有摩擦，甚至吵架、结怨。有的店家就因赊账资金难收而关门，我邻居蔡修树就是这样。还有货物积压，滞销变质，或物价上涨成本提高，影响销路，导致亏本也常见。母亲也必会碰到这些问题，她说解放前曾打过六场官司，说不定也有这方面的纷争引起。她都逐一克服解决了。总体上讲开店、酿酒都还顺利，且收益很可观，发了财。

父亲去世给她的打击很大，她非但顶住，还振作起来，开拓进取，生意越做越大，财富积累更多更快。

土改给她打击更大，几次想烧房自杀，想起自己还有子女，才缩回来。土改后埋头务农，重操力所能及的副业，生活又好起来，重新赢得人们尊敬。

这些都是她不怕挫折、坚持到底的结果。

九、搞好关系　做到双赢

母亲在自家消费开支上异常节约，但对外交往待人接物，处理互相关系上却很大度。我常看她接待亲友、来家做工的客工，饭菜相当丰盛，对邻里财物进出也很大方。因我少年离家，多数情况不很了解，最近我听到她处理的两件小事，足可见她的为人和本领。

前已提到，我村有两家小店，除我家外，后宅还有蔡修交家也开店，我们不是同行嫉妒，而且互相帮助。去县城进货彼此托带，店内缺货互相调剂，这些情况我也知道，我还常去他家拿取我家已卖完的货物，但生意外有些事我却不知晓。2018年9月我在台州医院碰到本村蔡统尚（入赘溪岸林村）夫妻，他说去看望住院的溪岸林村的林元舟。我大姐家在溪岸林村，我常去溪岸林村，认识溪岸林村很多人，包括林元舟，我就跟他们一起去看望林元舟。

我们进了他病房，他妻子也在，我们互相问候后，蔡统尚说元舟妻子也是大园村人。因我少年就离家，不认识她，问她那家人，她说与蔡继斋、蔡行山是兄弟。我早就认识他俩，知他们是与我父母一样开小店的蔡修交儿子。蔡统尚也把我向她作了介绍，我也作些补充，说少年时常去她家取货、送货。她说今年她75岁，比我小11岁，我又少年离开大园村，当然不认识我。但她对我母亲印象很深、很好，她说自己母亲蚊帐前襟破了，她母亲不舍得换新的，是我母亲拿去自家的帐布给她母亲换上，这事她至今印象还很深，还很感激，我当然不知此事。

她还告诉我其兄蔡行山住临海城隍山养老院。2018年10月2日我去该养老院看望蔡行山。他比我小5岁，从小因我们两家都开小店早就认识，谈得随便。他说自己家要用酒，他父亲叫他到我家买酒。我母亲给他带来的酒壶打满后，说："小弟，不要付钱，你拿回家去好了。"
行山就没付钱拿回家，还说她多次这样，至今也还记得
很清楚。

　　看来这两件事发生在我父亲过世后，母亲知自己亡
夫处世艰难，要做生意，要靠别人支持、帮助，首先自
己要付出，要搞好关系，帮人家等于帮自己，用我们当
地的话说，她知道"死活门"，用现在的语言，她会做
到"双赢"。

　　我在家长大的大儿子1976年招工来我单位，我吸取
1975年我单位招工时有两个地主孙子符合招工条件，村
干部就因他爷爷是地主，不同意放行而未成。那时蔡行
山哥哥蔡继斋是村党支部书记，村领导班子一把手，我
就儿子招工事先去蔡
继斋家同他打了招呼。

　　以后我单位人员去
办招工手续时，顺利地
办成。据说我儿子还是
全村第一个允许外单
位来招工户口迁出本
村的人。我儿离家，非
但改变了他的一生，也

2021年作者探望住院的蔡行山
（1月15日於臨海廣仁醫院）

改变了我一家，摆脱了地主家庭出身带来的歧视与欺侮。
我不知蔡继斋处理此事与我们父母过去的友好往来是否
有关。我想不一定完全没有关系，至少我母亲当时想不
到几十年后会发生这件事，但我们得益了她平时在与人

搞好关系时，首先要自己付出，其次要与人为善的处事风格。

　　这两件小事我很迟才听到，我不知道的此类事肯定还有，这也是我母亲的高明之处，也是她的本领。母亲在父亲过世后能发财，是多种因素综合结果。做资本家不容易，做地主也不容易，他们确是社会中、乡村中的精英。

第二章 离军再上学及成功

第一节 南京海军学校

1950 夏，朝鲜战争爆发，10 月中国人民志愿军出国援朝，随后为建设现代化的国防军，中央决定在青年学生青年工人中招收军事干部学校学生。我当时就读的回浦中学 300 多个学生报名中录取了 7 个，我是其中之一。1951 年 1 月 4 日离校去杭州，在杭再次政审和体检，我录取于南京海军学校，于 1 月 12 日到达南京。按阳历我已 19 虚岁，可说已进入青年了。同学大部来自各地学校的青年学生，学校有四个分校。我在第一分校，位在南京下关塞下，原是日军营房；第二分校在南京挹江门民国时期的海军部内，第三分校在安徽安庆，第四分校在南京浦口。我被编在第一分校第一大队第四中队第三分队第十一班。该中队学员主要来自浙江的学生，其中我们台州地区的有 20 来个，分别编在第十班和第十一班。来自我们回浦中学的有 6 个，其他的大都来自附近的中学，几乎都是高中生，也都是在校的积极分子或优秀者。

加入军队，就要过军事生活，早上 6 时起床，三分钟后集合点名，然后跑步操练，7 时早餐，稍后打扫卫生，8 时军训或学习或上课或听报告。晚上 9 时要集合点名，总结当日工作，表扬好人好事，布置今后任务。口号是团结、紧张、严肃、活泼。

原计划预科（政治思想）学习三个月，本科（海军业务）学习九个月。后因土地改革、镇压反革命运动，预科学习延长到六个月，政治学习与军事训练穿插进行。

预科学习大致分三个阶段。

第一阶段学习《中国革命基本问题》和《社会发展史》两本书。《中国革命基本问题》内容主要是讲述旧中国时压迫在中国人民头上的"三座大山"（帝国主义、封建主义、官僚资本主义）；中国共产党的革命策略、方法：三大法宝（党的建设、武装斗争、统一战线）和革命目标——三大主义（新民主主义，社会主义，共产主义）。

在杭回浦校友歡迎母校參幹同學留念
後排左 1 為作者 1951.1.6

着重中国共产党如何领导中国人民推翻这三座大山。

《社会发展史》内容，讲述按照马列主义学说社会发展的五阶段论：即原始共产主义社会，奴棣主义社会，封建主义社会，资本主义社会，共产主义社会。

资本主义由于社会化大生产与生产资料为资本家私人所有之间的矛盾无法克服，自由竞争的资本主义必然发展为垄断资本主义即帝国主义。帝国主义三大矛盾：

即帝国主义之间的矛盾；帝国主义宗主国与殖民地、半殖民地国家之间的矛盾；帝国主义国家内无产阶级与资产阶级之间的矛盾。这些矛盾无法克服。而共产主义消灭了生产资料私有制，消灭了剥削，消灭了压迫，实行计划经济，分配上从各尽所能按劳取酬的社会主义进而到各尽所能各取所需的共产主义社会，人人过着幸福美满的生活，因此，共产主义必然要战胜、取代资本主义。

我学了以后觉得耳目一新，大开眼界，共产主义确是好，必会实现，共产党真伟大！

第二阶段为个人检查，交代家庭、个人历史和社会关系，并写出书面材料。我家庭成分虽是地主，但成员单纯，社会关系也简单清楚，四个姐家都是贫农或中农，伯父是单身的老农民，顺利地过了这一关，况且全班12人中，有7个出身地主。有些同学这一关过得较难。

第三阶段为思想改造，检讨自己小资产阶级虚荣爱面子，患得患失，革命立场不坚定等错误思想，要用大公无私的工人阶级思想改造自己，要用无产阶级的立场、观点看社会问题，并写出学习心得。

这些学习相当于建国初期地方上普遍进行的"思想改造"运动。

在预科学习开始后不久，我接家中来信，说家被划为地主成分。我想根据预科学习的内容、报上宣传、书本上的描述及文艺作品中的塑造，地主是不劳而获、残酷剥削、阴险毒辣、穷凶极恶、青面獠牙的老爷，我11岁父亡，母亲一向勤劳节俭怎么是地主？写了一封信给设在戴庄村的我乡乡政府的乡长，要求复查。

为配合当时地方上进行土地改革、镇压反革命运动，又学习了《中华人民共和国土地改革法》和《中华人民共和国惩治反革命条例》，常有领导作辅导报告，特别总校孔繁彬政委作的报告最为生动，杀气腾腾；学校也时常有请地方上受害人来作亲历讲演。学了后也认为很有必要。当时有一同学外出回来曾说自己看到有几十个被枪决的反革命分子的尸体。

在预科学习后期，学习了胡乔木起草，刘少奇几次修改，再经毛泽东审定的《中国共产党三十年》一文，更感到中国共产党和毛主席的英明伟大！

在本书第一章第一节引言中提到与我同时招进海军

海军学校预科学习同班同学合影（后排右 1 王洪漾
右 3 作者 右 4 冯權 中排右 3 周子法 左 2 王明志
前排左 2 蒋遜绍 右 2 陈由齐 1951 摄于南京海校

学被清洗回家的同学王洪漾和蒋遴绍，学校如此不负责任的处理对我冲击很大，现再具体介绍一下：

当年8月预科学习结束后在即将转入本科学习时，我班王洪漾和蒋遴绍两同学被清洗回家，校方没有给他们开具任何离校的证明。王洪漾在我们临海台州中学高中二年级读书参加军干校,仙居县人,家庭是地主成分。他在海军学校学习努力、工作积极,我们早上起床号一响三分钟内就要集合点名,床上的被子床单每天轮流留一人整理,王洪漾整理得最好,我们班12人睡集体的通铺,他把12条被子的被角折得呈一直线,因此有内务比赛时都叫他出来担当。他在学习中交代了父亲和大哥在土改中均被枪决,显然这是他被清洗回家的原因。另一位蒋遴绍是宁海县人（现划归宁波市）,在宁海中学高二年级参加军干校,家庭成分也是地主。他平时开会不大发言,工作上也未见多大积极,生活上也有些与众不同,很讲卫生,他刷牙后常把牙刷往毛巾上拍,以除去其污垢。未听他其他有什么问题。

他们两人在被清洗后我都有幸见过面,并向我诉述过他们之后的处境。

王洪漾在被清洗后不久就给我们来信,说自己回家经过杭州时,看到一张招聘小学教师的布告,他即去报名,不久被录用在艮山门小学。若他回家后果不堪设想。因他是新民主主义青年团团员,离开海军学校时领导没有给他带走团组织关系,现在艮山门小学不能过团组织生活,要我们向领导反映一下,请给他开个团员组织关系转移的介绍信，并寄给他，以便他可在艮山门小学过团组织生活。我们向领导作了反映，领导不予置理。我们也给他回了信。1956年我考入南京大学后，在1957年夏去杭州西湖环山地质实习。我在杭写了信给他，约他见面。我们在7月21日晚上在他任教的小学门口碰面，并在其附近坐下攀谈。他说在艮山门小学除任课外，还兼工会主席。我想这个职位对他很合适，他既不是党员又不是团员，工作又积极，艮山门小学领导真能量体裁衣。自此次别后我们再无碰面。前几年我常去杭州，想与他再谋面，去信给他未回，托友人去艮山门小学了解，查无此人，至今仍有悬念。

与蒋遴绍的偶遇似有天意，真是千载难逢。1959年夏，我们地质系同级五个专业的全体同学和部分老师去安徽勤工俭学，为安徽省填制1:200000地质图，历时三个月。10月18日回校后补假两星期，我趁此去向往已久的北京旅游，补赏国庆十周年的余氛，看看十大建筑。10月20日离南京北上，乘火车经过天津时下来看望了老同学后，再上车去北京。（根据我日记记载）（22日）"上午7点44分开，上车后与旧友蒋遴绍在车上相会"，还是同一车厢，久别重逢，喜出望外。我们调整了座位，面对面坐着交谈，自天津站一直谈到北京站。

他说自离开南京海军学校后，想回海宁中学读书，但校方不予接收，因1951年参加军干校离校时台州地区招生办来校接收，办了离校手续，现在没有任何证明你正当离开军校，学校若接收下来是要负责任的（可能你是逃兵？）。蒋遴绍无奈之下把在校经过和学校地址等以文字形式告之宁海中学领导，请校领导去调查核实。但学校仍不予认可，最后双方商定，校方同意蒋遴绍在校听课，不承认是该校学生，班级点名册上没有他的名，待他有正式离开军校手续后，才可再办入学手续。但军校手续一直没办来，蒋遴绍旁听到1953年毕业，因不是正式学生，没有毕业证书，他以同等学历资格同年考入北京化工学院，1957年毕业。这次去北京是出差。他还说"若不是考进北京化工学院，一生就完了，既开除军籍，又开除学籍的人，哪个单位有胆用你？我又没隐瞒家地主成分，也无其他过错，来海军学校前，就读中学、台州地区、浙江省招生办对我都作了审查批准及各级党政领导设宴欢送，军方接收，结果扫地出门，无脸见人，共产党做事真恶毒"。

我们在北京站下车分别后，再无联系，更无见面，不知他近况如何。也常想念他。

我自到海军学校后，认为自己能参加国防建设，将来成为一个军事干部，心情舒畅，踌躇满志，学习努力，工作积极，开会时，敞开思想发言，有事抢着干，不时受到分队长、中队长的表扬。当年9月转入本科海军技术学习时，我被编入第十一中队三班任班长。我学的是兵器科，由起义或招募来的国民党海军军官任教，苏联专家指导。

1952年春，全国掀起三反运动（反贪污、反浪费、反官僚主义），接着在工商界又开展五反运动（除上三反外加上反偷税漏税、反偷工减料）。雷厉风行，运动开始不久，就枪决了原天津地委书记刘青山、专员张子善。时任南京市市长的柯庆施，在人民大会堂（伪国民大会堂）召开动员大会，我校也组织收听广播，当场逮捕四十多人。我们也停课学习、检查、交代。我中队炊事班有个炊事员，因老婆孩子来校探亲，私自拿了食堂包子回去给他们吃，怕交代后处罚，不交代又怕人检举，犹豫苦闷之下投入我营房门口的水井中自杀。

我们从学校来的同学，到军校后不久就发了军装，时值冬天，原有穿来的衣服就要换下，多数时放在一个不大的储藏室中，随着天气愈来愈热，储藏室存放的衣服更多，甚至地上乱丢，脚踏，几乎满地都是，有的还是较高档的毛衣、羊绒衫。此情况大家都知道。三反开始后个个要检查交代自己有什么贪污或多占或手脚不干净的事。我班周琴良与我同时来自回浦中学，他在班会上交代说自己在预科学习时看到储藏室的旧衣服地上乱丢，有些还好的，捡了几件洗清爽后寄给在上海复旦大学念书的哥哥。

我是班长，知道这种乱丢情况，认为这不是贪污偷窃，也可说废物利用，没有引起重视，也没有向上汇报。我班有两个陆军转过来的党员，领导找他们开座谈会，他把周琴良的交代向中队领导说了。中队领导说没有听到我汇报，我不汇报就是包庇。在当夜全队集合点名时，说我包庇周琴良，被撤销班长职务。

我做了五个多月的班长就这样撤了，我的精神负担

很重，不是有没有班长当的问题，我犯了包庇罪，怕像
王洪漾、蒋遴绍那样被清理回家，惶惶不可终日，实在
是冤枉，临毕业前我把此事经过和自己的认识写了一份
报告给中队领导，不承认包庇，亲自交给分队长转交。
在交给他时说了几句话后即泪水直下。结果，虚惊一场，
没作任何处理。1952 年 5 月海校毕业后顺利分配到上海
海军华东第五舰队。

第二节　海军华东舰队

　　我在离开南京后到上海华东海军司令部招待所住了
几天，第五舰队来人接收，我被分配到徂徕山舰，随后
即带到停泊在上海苏州河口白渡桥边、苏联领事馆旁、
公和祥码头的舰上，面对外滩的高楼大厦和其下拥挤的
车辆及黄浦江上穿梭的船只，深感热闹繁华。我们安顿
下来后，从国民党海军投诚过来的陈鹜笃舰长向我们介
绍了舰上部门设置、人员配备、武器布局等情况。我被
分配担任舰首 76 毫米主炮的
瞄准手。与本舰同类型的还有
均以"山"字型命名沂蒙山舰、
太行山舰、大别山舰等五艘，
排水量 3000 多吨，长 110 多
米，是第二次世界大战美国制
造，用于诺曼底登陆的登陆舰。
第五舰队另有"河"字型舰，

筆者（右）與艦上戰友

分别有沽河、黄河、淮河等五艘，排水量略小，是海上布置水雷的布雷舰。

20世纪50年代的上海外滩

训练千日，用于一时。我们训练有平日训练和出海训练，平日训练演习操炮。本炮编制有五人，炮长任指挥，传达上级口令，两个瞄准手（左右、上下，上下的一位兼射手），一个装弹手，一个送弹手。每日上午反复训练二小时，随后擦洗保养。下午政治或业务、舰务学习，或舰身保养，敲铁锈、刷油漆是常事。出海训练每年有几次，有编队航行，海上打靶，空中打靶。海上打靶是由一艘拖舰，拖移一定距离外的靶标；空中打靶由飞机拖着靶标。我们就对这些靶标进行射击，这两种演习我都参加过。据说不论是海上或空中，拖靶目标纲丝索价格很贵，且只能用一次。这些军事演习与现在相比，是较古旧的，但其当时的经济开支有似天文数字。

除了军训外，我们为其他事也常出海，如给舟山某岛送淡水，为嵊泗岛驻军送给养，1952年朝鲜志愿军返回浙江，我们曾把他们从上海吴淞口运到宁波，把驻浙江赴朝的军队从宁波运到上海（那时宁波没通火车）。华东海军在宁波穿山镇建军港，我们还在那边待过一段时期，给他们提供物资。为搞好军民关系，我们与穿山小学举行联欢晚会，我舰演出合唱节目时，我用手风琴伴奏。1953年解放一江山岛，我们在宁海象山海域待命。由于经常在海上生活，早上日出时的朝霞，暴风雨袭来前的暗天，航行时海鸥的追逐，风雨过后海面的平静，一望无际的天水相连，大型商船的出没，都给我留下深刻美好的印象，令人留恋。

我们在驻地上海公和祥码头时，要在甲板上值勤，每当夜晚降临，灯火辉煌的外滩给你带进如醉如痴的境界。有时我轮到子夜后值班，虽喧闹声已过，但灯光依旧，海关大楼的钟声更加响亮悦耳。星期天除值班外，可上街溜达或去公园小恬。军舰上伙食很好，有一段时期根据苏联专家建议采用西餐，除每日鱼肉不断的三餐外，每月还有牛奶饼干可领。餐饮费用相当于陆地上军人的3-4倍。就生活水平来讲，我也相当满足，但"凉亭虽好，不是久留之地"。

第三节　设法离开军队

忧心的事不断袭来。1953年有一批从青年学生参加军干校经海军学校培养毕业的舰上人员被迫复员回家，他们身体好，有文化有技术，只因家庭出身不好或社会关系复杂而复员，如航海班的一位舵手，信号班的一位信号员，他们的离队给我提供了信号，下次是否就轮到我？1954年高饶事件后，更强调阶级斗争，又有一批同样情况的人被复员，且数量更多。与我同样来自台州中学，在南京海军学校与我同班，毕业后分配在华南海军舰队，家庭成分是地主的陈由齐，就是那时被复员回家，后来考上厦门大学的。而陆军来的老兵，三番五次要求复员回家甚至怠工，上面却不准，我班一个苏北来的老兵就是这样，他1943年参军，天天闹复员，虽为班长，工作不干，部队但仍不让他复员。显然复员的人是上面认为政治上有问题，但只不过是其家庭出身或社会关系问题而已，不是本人有什么问题。

这样的事件又一次给我敲起警钟，我因家庭成分是地主，迟早是要离开军队，迟离开不如早离开，早离开还可上学读书。如果我能大学毕业，就能站住脚跟，若再过几年离开军队，很可能就是回老家。我怕回家受到专政，这种专政没大没小、没完没了，共产党办事的前提是他们考虑自身利益，只要他认为有必要，什么事都会干得出来，王洪漾和蒋遴绍的教训已明摆着，这也是我的生死选择。我越想越觉得情况严重，我一定要设法早日离开。

仅想想不会解决问题，但也不能等闲视之，我要主动争取，并立即行动，坚决果断。我自己业务、工作还好，并兼任了多门文化课教学，不想用怠工来解决。那我能用什么办法，既能达到离开，又不出问题的目的。我如果按真实的想法向领导提出复员，就会批评我革命意志不坚定；如果我说自己家成分不好迟早要复员，怕多年后复员失去再上学机会，领导就会说"重在表现"，要好好改造自己，读书不读书都是为人民服务，我也不好反驳。这些办法都不是上策。

1954 年 10 月 11 日夜,此事又涌上心头,左思右想,我家是地主,这个包袱我背了多年。共产党是靠斗地主起家才得天下,一提地主他们的神经就会绷紧,就会重视。土改后我家只有母亲一人,已近 60 岁,还有个单身的伯父已 60 多岁,按照常情是需要子女照顾生活的,土改后我家土地少,又无劳力,我又没有丰厚的经济收入来支持家里,在一般人眼中我家生活是困难的,以照顾母亲要求复员有一定理由。但如果在部队这样提出,会使领导说你立场问题或借口,或是仅听家里说说不以足信。因此,我必须请假回家,在家里突然写信向领导提出家里生活困难,要求复员的理由才会更充足,更符合实际。况且孝敬父母是人之常情,国民党时期独子也是免征兵的,我的理由会站得住脚。如果回队后再向领导反映,效果不如在家写信好,并推迟一二天回来,军队是强调纪律的,更会引起领导重视。这个办法应该有效,我越想越觉得可行,为此彻夜未眠。

其实,我也知道母亲生活不困难,她一向勤劳节约,不是吃了算而是算了吃;我也一样。我把每月 1 元多相当今日 100 多元的津贴费省下来,在 1952 年 5 月南京海军学校毕业时寄了 15 元给她。我到上海舰上后,津贴费略有增加,每隔几个月也寄些钱给她。中共要求我们与剥削家庭划清界限,我母亲一向勤俭,与她划清什么界限?我就不理这一套。

我定下这个方案后,即打报告给领导要求请假回家探亲。因我有近四年军龄，从未请假回家，又是和平年代，况且也有多个同事己陆续请假回家过，很可能会批下。在未正式批下来的一个早晨，我们在集体盥洗室等待洗脸时，副舰长对我说，准备批准。我感到领导对我的关心，但他怎么能知道我请假的目的和回去后的动作？我有点感到我的举动对不起领导，但我这样也是逼出来的，我这么勤劳的母亲当作阶级敌人打击，还对我们子女抓住不放，我觉得这样做扪心无愧。实则也是一种为今后的生存出于本能的挣扎而已。

请假正式批准，我获准在家假期十二天。我怀着上阵战斗的心情，按计划办。路经杭州时我看望了一位同村少年知心朋友蔡显敬；游览孤山时，请旁侧的摄影师拍了一张反映当时凶吉未卜心情沉重的照片，以纪念这次人生可能转折的旅途，可惜这张照片现找不到了，幸好回到临海后与老同学蔡显扬合拍了一张，也可作这次冒险旅程的留影。次日步行60里到家。因以前未想到回家探亲，是否获准也未定，只是在获准后给住在另村的大姐去信，告之我请假回家探亲讯息。他们刚昨日收到信，我今日到达，大家都喜出望外。

我虽知我家并不困难，但想不到的是我家当时又"富"了起来。刚我来时的前几天，为落实国务院"卖余粮"政策，我

1954年探亲回家时与友人
蔡顯扬在临海合影

家被抄了，抄去不少粮食，有稻谷、小麦、玉米、黄豆等，其数量旁人难以置信。这不是我母亲告诉我，更无为此来信，而是邻居告诉我，还以为我为此回家。土改后我母亲一心刻苦务农，有三个人口土地，一人吃饭，她用粮又精打细算，当然有余粮，只不过其数量旁人不大了解而已。当时国家粮食开始吃紧，动员农民卖余粮，但对一般农民那年还仅是口头动员，对地主则强制。

我回家后除与母亲谈论一些别后的事外，其次与邻居交谈，与土改时的农会主席、曾在我家做过长工、贪吃懒做、当时已住在族长蔡明河镇压后被没收房中的蔡继传从房中出来，我曾同他打了招呼。与邻居、原是富家子弟、以吃喝玩赌为业、土改前卖光房屋土地、土改中积极分子的蔡小香也碰了面，当时他住在乡长蔡子桂镇压后没收的房中，看到我后他把帽沿往下拉作视而不见，但我还是与他也打了招呼。再就是走亲访友，去舅母家、几个姐姐家，并在大姐家住了三天。一切都是探亲中的正常活动。

但我此次来家不是探亲为主，在家过了一星期后，按计划我着手给我单位领导写信，其内容大致是：因家母亲年老，还有更年老的单身伯父，生活无人照顾，我要求复员，近日在家忙于处理、安排他们的事，还须几天才能就绪，特再请假几天。在即要归队前3-4天寄出。

信寄出后我也按原来打算，没接到部队任何反馈，在家仅多住一天就离家回部队。不过我离开母亲时泪水汪汪，出了门还不断地流泪，直到大姐家，母亲也随之来到大姐家，三人都不断地流泪，但终有一别，我忍心地离家回队。

当时我爱人已从家乡的琳山初级农业学校升学到奉化溪口的宁波农业专科学校读书，我经过她处，并参观了蒋母墓、蒋介石丰镐房和蒋经国的洋楼及溪口附近名胜古迹，次日经宁波乘船到上海，迟到一日归队。

到队后，我就主动找领导汇报有关情况，心情也较沉重，领导首先批评我不按时归队，违反纪律，也谈及我家庭问题，生活要解决，立场要坚定。次日晚全舰例行点名会上，就是上述这位副舰长批评我探亲未按时归队，予以批评教育，可能仅迟到一天未作其他任何处分。

过了几天，我又找本舰政委谈，再次要求复员回家。政委说你老家村领导回信，说你家不困难，是你思想问题，你要安心部队工作，现在让你回去，作什么处理？待有机会再说，如正式复员，将来回地方作个工作不是更好吗？你还是安心下来好。但我还不放心，即使以后在地方上有个工作，地主出身的人也难安稳，我同学李木生参加政府工作、王献辰是小学教师都因家庭成分为地主被辞退（清洗）回家，唯有上大学才是出路。为做到万无一失，我还找舰队政委（军级干部）要求复员，到他家里同他亲自谈，他山东来的夫人及家中零乱的杂物给我留下深刻的印象。

参军时在杭與蔡顯敬合影
1951 年 1 月 6 日

　　过几天接大姐来信，说部队来信要我按时回队。又说部队也给村领导去信，村里回信要求部队把你退回来，蔡继传（农会主席）到处讲，你过几天就要回来，全村弄得沸沸扬扬，回来要吃苦，家里很忧愁，日夜提心吊胆，怕你回来。你现在上海已经很好，不要想东想西，害得家里不安。但我回信也不能同他们讲得很多，只是说我知道，你们不要挂心！

　　但仅仅闹复员还不能解决我想上大学的问题。在此同时我买来初中和高中有关课本自习。当时我已调到沽河舰从事测距工作，这是用仪器测量目标距离，提供数据给指挥员下命令参照，工作地点在最高层的指挥台旁。这里除了操演和出海时舰领导来此指挥外，平时没有人。我在星期天或休息时就来到指挥台自学。

　　1955 年在军队实行军衔制前又有一大批人员复员，在我再三要求下我的申请被应准了。

　　再经过曲折的努力，我终于考上大学，毕业后工作。而当时从回浦中学同时参加军干校的其他六个同学没有一个上大学的。另外三个也出身地主家庭的同学，王明志因其兄土改中被镇压，预科毕业不让他学本科，改为从事行政杂务工作；另两位周子法、周琴良分别在1957 年和 1958 年复员，

復員經杭州與蔡顯敬在西湖畔

更难以上大学。

还有两位家庭出身为城市贫民成分也来海校的章维志和邵全方，留在部队时间较长，且都当上军官。但章维志于 1960 年代在临海 360 军医院治肾病时去世，邵全方以后被提升为第五舰队黄河号舰长。在任舰长十多年后，领导告诉他，你有海外关系（其胞兄在香港），以后难以升迁，要么再当舰长，要么转业到地方工作，他选择了转业，转到浙江省农业机械厅他爱人周赛平单位工作。这是 2017 年我们在临海殡仪馆碰到他时他亲口同我说的。

周子法、邵全方两位是高中毕业后参加军干校的，大学梦即将来到时还是实现不了。回浦中学参加军干校还有个非地主出身分配到空军学校的林云青，他官运亨通，最后提升到林彪办公室主任，林彪倒台后，他被审查多年，后来转业到临海，我们常碰面，现在也是过着平民生活。

我大学毕业工作后，也同母亲讲了 1954 年探亲回家为什么给部队写那封信，她以后多次说那封信写得好，写得及时。

第四节　重返回浦中学

1955 年 5 月，我复员回临海，未回家看望母亲，立即找回浦中学邵全建校长，要求复学。因我参军离校时仅高中一年级，现年纪大了，经济也有限，要求下学期

插入三年级。邵校长要我提供部队证明我有高中二年级
的程度，再经过考试及格，才允许我插入三年级就读。
随后，我又去上海舰队打证明，直接找舰队政治处孙主
任，说明来意：因工作难找，还想读书……。他很爽快
应允我的要求，立即叫秘书给我写了具有高中二年级文
化程度的证明（我在南京海军学校读了一年半）。证明打
来后我回到招待所，随后一位干部来找我谈话，严厉训
斥我不与家庭划清界限，立场动摇，不安心革命队伍。
我也没向他说明真实原因，只承认自己有错。我离上海
后还写了一封信给他，再次向他表示错误，还说自己不
是为家庭闹复员，但又不好直说，借口我在海上晕船很
严重（真实情况），很痛苦，身体不适应而要求复员。可
见我当时为家庭出身地主背的心理包袱之重，为自己找出路所冒风险还惊动了全舰队。

我回到回浦中学后，先在高中一年级听了一个月多的课，放假后也没回家。暑假我在学校自学、补习，开学前与高中二年级的补考生一起考试，我考得很好（据教

王良漢先生允許作者編入高三级
給班主任許紹芬先生的便條

导主任王良汉先生后来说，数理化每门都在 95 以上），顺利编入高中三年级学习。

在校期间我学习努力，工作积极。记得 1956 年春毕业班时放春假三天，这三天我都在家做了几百个物理学习，期末模拟大学物理入学考试，我得了 96 分，扣去的 4 分也有些冤枉，答案应是 450 吨，我把"吨"的口旁写成 0，成了 4500 屯，作错误论。三角课的成绩不论平时测验、期中、期末考试都是满分，全班 54 名同学，毕业时我成绩居第五名，对于一个休学多年且跳了二级的人不是易事。班级行政上我担任学习委员，同学学习上存在问题，及时向班主任和任课老师反映。由于学习和工作都有显著成绩，1956 年五四青年节时评为优秀团员，也是我为今后的生活、前途挣扎的结果。

在我复员刚回到中学再读时，因没有回家，从小溺爱我、关怀我、年老贫困的伯父来学校看望我。后来母亲告诉我，他以为我有复员费，想给他几元钱。但我为能使自己维持到高中毕业，分文未给就打发他回去。他在离开我的这天早晨再次来找我，我正在食堂吃饭，

畢業於回浦中學的大女兒攜其子女自美國回來探親與作者攝於現今的回浦中學　2007 年

也未安排他吃，他只好离开，分别时他衰老寒酸的容颜我至今不忘。我这次没给他一分钱，悔恨至今。以后我每当想起此事，都不断流泪。从这些事情上也可看出我为离开地主家庭、为找生路的决心。

苍天不负有心人。如果我再迟一年或二年复员，之后开展了政治运动，如 1957 年反右派，1958 年大跃进，地主子弟就难以上学。我复员回校先插入二年级听课时的同学、1957 年高中毕业、家庭成分是地主的许人强，在被清华大学录取后因反右派运动被取消学籍就是证明。我有幸碰到 1956 年这个千载难逢的机遇，部分原因由于受苏共二十大赫鲁晓夫反斯大林个人迷信的影响，国内管控有所放松；部分原因也可说我有中共不忘地主的超前意识，把坏事变成了好事。其中关键的一环是我复员后复学能插入高中三年级就读，故珍惜这张教导主任王良汉先生准许我编入三年级给班主任许绍芬先生的条子。对于这段"成功与失败并存、胆大还必须心细"的日子我至今仍刻骨铭心。

第五节　考入南京大学

1956 年夏我高中毕业，参加全国统一高考。恰好那年国家提倡向科学进军、因材施教，大学招生只讲成绩，不讲家庭出身，我被录取于第一志愿学校、第一学科的南京大学地质系。9 月 1 日去校报到时在班级名册上我列在第一位，据说名单顺序按高考成绩高低编排。报到后我的 365 元复员费刚用完。

　　我到南大地质系报到后分配在地球化学专业，这是地学中的前沿学科，我们是首届，学生资质相对较高。对比其他同学我还有一定优势，成绩好又是复员军人，入学次日黑板上公布我任班主席。因我在军队 4 年多，按当时国务院和中央军委规定军龄有 3 年以上、复员后 2 年内考入大学的学生可享受调干生待遇。真可说事事顺利，一切好于预料。在专心致志学习专业知识的同时，也享受着丰富多彩的大学生活。我认为这些所得部分是我努力的结果，部分是时运，苍天有眼，毕竟我的母亲、我的家庭没有做什么坏事。

　　1957 年反右派时，我见证了这场运动。右派的许多论点我是赞同的，但不全赞同。如对家庭成分不好的人的歧视，新闻报导的片面封锁，文艺作品的公式化等提出异议，我是赞同的。但某些学生对住在校内（原何应钦公馆）的解放军首长进行围攻，对常务副校长孙叔平的谩骂等我是反感的。其次对反右派的方式也有意见，毕竟是中共号召人家鸣放的，应本着"言者无罪，闻者足戒"的态度对待，要说到做到，诚信待人。这些在我当时的日记中也有表述，我平时也是心直口快的人，说我是漏网右派不无道理。

　　我未戴上右派帽子，实属侥幸。原因多方面：在大鸣大放期间，因即要去杭州西湖实习，提前学期考试，在 5 月底 6 月初鸣放期间无心关注与投入政治运动；在军队中多年，平时接触的大都是正面教育，地方上的事知道很少；自己家庭成分是地主，在部队中已有教训，小心为好，没写一张大字报，因此并不瞩目。但我对反右派毕竟有较大的抵触，不免在言谈中有所表现。到反右后期，领导对我很注意，在多次班会上，班上党员、团支部书记、反右积极分子对我的发言都细心倾听、详细记录，且还有所追问。我知道他们在收集我的材料。那时我也收敛了，他们也没捞到什么，我总算过关。

在随后的大跃进时期，如要低年级学生编写高年级课程的教材，向党交心，双反运动中要通宵写几百张大字报，经常停课，常搞政治运动等，我的抵触情绪很大，认为有些瞎胡闹，消极应付，做了

在宁高中同學在南大合影
（後排中為作者）

运动的绊脚石。

我还记得很清楚，在向党交心时，我只交了部分的心。因当时号召做个又红又专的大学生，我对"红"的理解是"红没有一定标准，看需要，你的言行适应当时的需要便是红"。系团总支书记为我这句话找我谈，说我认识不对。

特别在反右后进行的反浪费反官僚主义的"双反"运动，我亦表面应付，消极对待。经过反右派，一般同学不敢写大字报，学校号召同学大胆写，再三说明"言者无罪"，有的同学也跟风通宵达旦、东抄西摘地写了几

百张；有的深夜在寝室走廊上大喊"英雄爬起来，狗熊躺着睡"以示其积极。我非但早早睡觉也不半夜爬起，大字报也仅写几张，如写食堂饭菜浪费等鸡毛蒜皮不着边际的事来应付。

由于我消极对待这些政治运动，虽身为班主席、班级行政上的负责人，还是复员军人，但也是党支部、团支部的眼中钉，常受批评，不像是典型团员、复员军人应走在运动前列，而是拖后腿。这些在之后文化大革命中被抄家后公布的我的日记中也有反映。

有次团支部会，我一边听支部书记（党员）讲话，一边剪指甲。他突然板着脸高声训斥我："蔡行来，停下！"弄得大家都莫名其妙、目瞪口呆。在座的十多人都吓了一跳。1962 年春（中央七千人大会后）落实政策，向在运动中不该受批的人认错。这位训斥我的团支部书记在团支部会上向我检讨，说自己不应如此粗暴对待我。他本来是厚道的人，毕业后我们关系还较亲密。我去昆明卖书看望过他。后来他迁居北京，我出差北京时，他还从通州来看望我。我想当时他身在其位，不得不这样来一下，否则他自己要挨批。

1956-1961 年我在南大五年期间，是我国政治、社会发生重大变化的五年，在我国历史、在中共党史、在人民生活上都是空前绝后的五年。1956 年是较为平静以提高人民生活水平的一年，1957 年的大鸣大放引起反右派疾风骤雨的一年，1958 年向共产主义过渡的大跃进一天等于 20 年的一年，1959 年的庐山会议导致反右倾，饥荒已较严重的一年，1960 年怨声载道，遍地饿殍，饿死最多的一年，1961 年饥饿继续，导致毛刘分裂的七千人大会前夕的一年。就在这三年大饥荒中，饿死了近四千万中华民族儿女，说其空前绝后并不过分。笔者目睹的饥饿惨状在《中共的土改》书中有详述，这也是我在南大期间留下印象最深刻而且长期挥之不去的阴影。

第三章　为不回农村挣扎及失败

第一节　地主下一代被清除

1961 年夏,我在南京大学毕业后分配来浙江大学工作。浙江是我家乡,工作单位又在天堂的杭州,更是在名校执教,与博学多才的教师为伍,和朝气逢勃的学生相伴,还有寒暑交替的假期调节生活,踌躇满志,前途无量,我一心要精通业务做好工作,毕生献给祖国的教育事业。

但意外的事又袭来。

我爱人詹桂娥(芽)于 1958 年宁波农业专科学校毕业后,学校当局接上级指示,地、富、反、坏、右五类分子家庭出身的学生不予分配工作,回家劳动。她一切希望都落空,用她的话说,回家等于落入火坑。她回家一个月后,白水洋小学缺少教师,请她去代课。她教了三年书后,1961 年 10 月初,新学年开学一个月后,学校贯彻阶级斗争路线,清理教师队伍,又因我们家成分是地主,就把她辞退回家,

作者前妻(前排左 1)在農場實習留念

作者前妻（前排左 2）宁波農校畢業照

校长也感无奈，说是上级教委决定的。她在给我来信告诉我此事时，我已来浙大任教一个来月，当时我们已有一个小孩，她还是吃商品粮的居民户口，我速回信给她，叫她户口粮食决不要迁到老家，人先速来杭州我处，否则孩子上不了学，全家完蛋。

她在 1951 年考入琳山初级农业学校时已 20 多岁，与 10 多岁的同学为伍已不容易，当时同她一起入学的同学近半数主要由于成绩跟不上而被淘汰离校，她能顺利毕业确是不易的事，备受同学称赞，而今空手回家，对她的打击可想而知。

1961 年春節合影 （ 後排右 2 為作者，左 1 為前妻，前排中為母親和她孫子，其餘　為大姐二姐家人）

此次在她即要离开白水洋小学时，学校领导也感惋惜，只好给她写了一张工作很优异的鉴定。我看了后，古人说"金无足赤，人无完人"，从给她的鉴定书上看，她确是现今的"完人"。

我在校住的是单身集体宿舍，在写信给妻子后，我即向系办公室、向总务处反映家属来探亲，要求安排房子。总务处在我们单身教师住的工字楼底层安排了一间给我们夫妻居住，期限是一个月。过了几天她来到我校，住进校方给我们安排的房子，过着俩口子生活，外表美满，内心难熬。

我叫她来的目的并不是探亲，而是为她、为我们家找出路。在住了半个多月后，我向系领导、向派出所、向校人事处，要求把她的户粮关系转到我校来。理由是我身体不好，在海军服役时因长期晕船呕吐引起胃病，饮食上需人照顾。但在那个大饥荒年代，精简下放搞得如火如荼时，虽当时她还是吃商品粮的居民户口，要想从农村迁到杭州，比登天还难，不可能。但对我们利害关系实在太大了。"明知山有虎，偏向虎山行"，我硬着头皮，撕破脸皮，还一次次向系里、向派出所、向校人事处要求解决我的困难，把她户口迁过来，但仍如所料，次次碰壁。

第二节　"逃亡"途中艰苦岁月

我首先向系里要求。我刚来校一个多月，工作还没有干，怎么就要领导解决我爱人来校问题？系领导也从未接触过，实在难以开口。但我想着以后家人一生、世代过着被专政的日子，勇气也来了。负责行政的系领导说：迁户口，找派出所，安排工作，找校人事处，一推了之。

我到我处辖区西溪派出所，提出因我身体不好要求把爱人户口从临海迁来学校照顾我生活。接待的民警说：现在正在压缩、下放时期，户口的迁移，只能从大城市往小城市迁，或城镇居民户口往农村迁，临海户口不能迁入杭州。如是安排工作、学生分配、单位招工、工作调动等情况可给予办理。我问，身体不好需家人照顾怎么办？他说，这些具体问题找单位解决，我们派出所无能为力。我只好垂头丧气回来。

我找校人事处。接待我的是分管教师工作的王良芬女士，我把自己身体不好需人照顾和派出所的答复先向她说明后，再提出安排我爱人工作要求。她说，当前单位精减下放，不可能安排你爱人工作，你有困难自己设法解决。我说，我本来只要求把爱人户口迁来即可，这已是自己解决的努力，我作为浙大的教师，要求把爱人户口迁来，要求不高，作为夫妻关系来讲也理所当然，如今没有户口，没有房住，没有粮食，没有副食品供应，生活难以维持，按我国习惯，妇随夫，我有理由把爱人户口迁来，只是派出所不允许。派出所接待人说，如你单位可给你爱人安排工作，才可迁入，所以我来找你。王良芬对我的理由没有反驳，只是说不可能。

过了几天我又找派出所，说单位不可能安排我爱人工作，但我身体不好饮食上需人照顾，没有户口，就没有房住，没有粮食供应，没有副食品可买，妇跟夫这是民族习俗，也是社会安定所必需，是政府正常的工作范围……。接待民警对我提出的理由没加反驳，只是说，国家有困难，上级有规定。

我有一位高中同学袁一芬，浙江医科大学毕业后分配在浙江大学医院工作，因我胃确实有病，在她处看过，这次在我要求下，她给我开了一张医疗证明：患者胃病较重，建议饮食上配合治疗。我拿着这份证明，又往校人事处、西溪派出所两地轮流奔走。

学校人事处王良芬已接待多次，回答都差不多，我找处长。我说，我不能强求你们给我爱人安排工作，但解决我们教师生活中遇到的问题，使其无后顾之忧，安心工作，全力工作，也是你们工作范围吧！他说，是。我出示袁一芬医师的证明，我遇到这一困难如何解决？他说，要安排你爱人工作有困难。我说困难处处有，时时有，有大有小，我先要求迁户口，在临海每月定量25斤，在杭州也是25斤，没给国家增加负担，住房问题，学校解决不了，我去租，这是大困难还是小困难？没有困难，没有矛盾，就没有生活，就不是社会。夫妻团聚这是古今中外天经地义的事，何况我有病需要照顾。如果你们安排工作解决不了，是否同派出所商量一下，通融解决。他说，研究研究。

我又去派出所。回答仍是老样子。我把医生证明给接待民警一看，并问他们户口迁移是否冻结？他们说没有冻结，按规定办。我说，规定中往往有"其他（类似、酌情、参照）一条，户口迁移中有没有这样机动的一条？

他说没有。我说照顾夫妻关系天经地义，同样是居民户口，又没增加社会负担，何况我有病需人照顾。民国时期法律规定百姓"迁徙自由"，共产党领导这点也做不到，不是共产党不如国民党？他说，国家有困难。我说国家有困难是谁造成？怎样造成？我要向所长反映。他说所长不在。也许是推托。牢骚由我发，但事情还是解决不了。我心中还想说，国家经济有困难，搞阶级斗争就没困难了，只不过不好说而已。

西溪派出所位于浙江教师进修学院旁，我在解放前在建成中学读书时，邵全声先生是我校训导主任，此时他已调到浙江教师进修学院任教。其夫人陆佳菊是回浦中学董事长辛亥志士陆翰文之女，也是我学长，我曾拜访过他们。在我频繁去西溪派出所时，有时也经过他家闲聊几句，也曾提起去派出所的事。那时我经济很困难，有次我提起爱人想找个保姆工作。陆佳菊说，保姆的饭是很难吃的。我就不再提起此事，她的话至今还深深印在我脑中。

我又去浙大人事处，再找王良芬，问她上次处长说研究研究，有研究过否？她说，有什么好研究的，不行就不行。当时处长不在，对她的话我大失所望，似乎有点摆架子不耐烦的味道，我就坐在她对面不走，约过了半个小时才离开。

我当时在文一街浙大分部工作，到老和山下的浙大本部有近十里路，虽有公交车到达，但要中途换乘，也为了省几个公交车费，都是经过田间小道步行至浙大。

离开浙大时要经过浙大求是新村教师宿舍旁，我在南京
大学同班要好同学戴延龄哥哥戴延年在浙大电机系任教，
戴延龄说他母亲在他哥哥处，并告诉我地址。我来浙大
后就去看望了她和戴延年及其爱人姜荷仙。以后多次去
浙大人事处时，返回时也有经过他们处，有次戴延龄母
亲送给我不少市上买来的地瓜，我那时粮食紧涨，也接
受下来了。此事我也还深深印在脑中。戴延龄母亲和哥
哥戴延年虽早已去世，姜荷仙还在，我前几年还去看望
过她，与戴延龄也还在通电话。

　　西溪派出所和浙大人事处前后各去了十多次，非但
毫无收获，且埋下我被清除浙大的祸根。也可见我当时
的处境和为摆脱家人被专政而挣扎的决心，往事真不堪
回首！

　　校方安排我家属探亲的房子，住一个月的期限已到，
我们作好了思想准备，只有赖着。总务处一位操绍兴口
音的人多次来催我们搬走。我们就不走，也发生过口角。
我们超期住了十来天后，有次双双外出，回来后开门一
看，家具、床铺等全不是我们的，我们的东西一件也不
见了。我们以为自己走错了门，退回走廊再看看门上写
的房号，是我们住的，奇怪！在迷惘一下后觉察到问题
出在总务处那位管房子的绍兴人身上。我去总务处问他，
我房间内东西哪里去了？他板着脸孔说：丢在旁边转弯
的暗室中！

　　我们去了暗室门口，门没有锁，开灯一看，我们全
部家当都杂乱丢在那边，一片狼藉，像是火灾中抢出来

临时堆栈的一样，我们感到无奈。事先已通知我们几次，我们也没有再向领导、向总务科要求的理由，只好自己整理一下住下来。这间暗室是我们住的"工"字楼转弯处，只有门没有窗，平时放杂物用，因无窗无光、空气不流通，从没安排住人。

我们在暗室住了多天后，认为这样长期住下去也不是办法，老家我们是不回去的，人家都说家乡好，叶落归根，我们家乡并不是不好，但无我们地主子女容身之地。我们要生存，总得设法应对。

我们旁边往二楼、三楼的楼梯下有个小房间，存放工具用，但没几件工具，有扇小门进出。我进去一看，顶板是楼梯转弯处的平台，其下人可以站立，进门处可放一张小桌；内有两扇小窗，白天不需开灯，通风也无问题；在上楼的坡道下，有约 1.5 米宽近 2 米多长，一端高一端低的长形地带，可铺张床。高的一端人可站立，低的一端躺着脚可伸直。我想住这里不会赶我的，我稍加打扫后，也不请示，就搬进去住，远比暗室要好。

住了几天，总务处那位绍兴人发觉后又要我们搬走，我们仍是赖着。过几天他又不时地来催我们走，我们仍不走，双方又多次发生口角。最后一次口角时，恰逢有位住二楼的教师经过，因我刚来校几个月，不大认识他，他倒知道我们为什么争吵。他也绷着脸孔义正词严地对着那位绍兴人说："你们也差不多了，应适可而止，他至少是浙大的教师，学校用房紧张我们也知道，他们夫妻住这五六平方的楼梯下对你们有什么影响？叫其他老师评评看，叫领导来看看，你再要赶他，叫校长来赶，我陪他同校长讲讲理！"自此后，那绍兴人未来赶过我们。

我很感激那位为我打抱不平的老师，后来多次与他打招呼、接触。才知他是煤炭教研组的老师，名黄樾，1960年合肥工业大学毕业分配来浙大。多次交谈后彼此也讲些心里话，逐渐密切。他说自己是右派分子。我也不在乎右派不右派，尊敬他的打抱不平、刚直不阿，不忘他在我困难时伸出同情的手，同样与他接近，以致人家说我界限不清，我也不在乎这些清不清。钟侠文教师还当面要我收敛与他的关系，我也不屑一顾。

他写得一手好字，太极拳打得也很漂亮，外表斯文，有学者风度。他说，从我对老婆如此忠诚可看出我是好人。说自己是右派分子，这个右派是捡来的，自己并没有右派言论，而是批判班内一个右派分子时，他认为批判内容不符合事实，有意歪曲诽谤，他站出来为那个右派说公平话。左派学生说他为右派鸣冤叫屈，也是右派，叫他与右派一起劳动改造，直到1960年毕业离校。他也自认自己是右派。

来浙大报到时，他主动向校方声明自己是右派分子，学校也按右派对待。大学毕业见习1年，按规定见习工资43元，给他发18元；不分配教学工作，干勤杂事情。由于他写得一手好字，叫他绘图，当个初中毕业就可干的绘图员。因是右派，找对象难，后来与附近一农村姑娘结婚。浙大地质系停办后，他调到浙江省水利科学研究院。2001年我与林家遂去拜访原浙大地质系李治孝主任时，李主任说右派分子纠正时，黄樾是假右派，档案中没有他右派数据，白白冤枉了 20 多年。我想也许与他爱打抱不平有关，也可说他是主持公道，为人驱恶，是堂堂正正的中华好男儿。

我们住在楼梯下的工具间，也觉满足，至少再没人来赶了。该房虽只有五六平方米，且随时有人在头顶上走过，但生活还能安排得过来。除安放最大的家当——1.2 米宽 1.96 米长的床铺外，还放了一张 0.50 米宽 1 米长的书桌、一把骨排凳。脸盆洗脸时放小凳上，洗后放床底下外角，一只盛衣服的箱子放床底下内角，两只热水瓶和一只提水桶放在小桌下，我们全部的家当就这样"各就各位"，基本满足了我们生活需要。

还有两个对我们非常有利的条件，一是盥洗室就在旁边，洗衣、取水都很方便；二是公共厕所也在附近，要方便的时候很方便。虽住楼梯下人们必有议论，也知

作者曾住过的扶梯间

低人一等，这些都无关大局，只要我爱人不回老家就是了。我们也作了长期打算，没想离开此避身之所的"宝地"。但过半年后，又是总务处那位操绍兴口音的人通知我们，叫我搬到本校东侧已关闭的校办工厂厂房中去住。我们就离开楼梯下

的这块"宝地"。

居住在楼梯下小室时有两件事至今不忘。

我那时工资43元，我爱人粮票冻结，我一人每月29斤米的定量两人吃，食堂稍好的菜要凭票，之后蔬菜也受限制，又没有做饭菜的地方，什么都两人分，什么都靠这43元工资，且家里还有老母亲和小孩，困难可想而知。

作者种过菜的菜地原址

作者与黄樾（左）在西湖孤山

我在杭州的同学也知我此困境，曾托他们给我妻找个临时工作。当时在杭州市郊三墩医院工作的我高中同学、同时招进南京海军学校的周子法和稍后招进南京炮兵学校的吴彩云夫妇，征求我们意见想给我爱人介绍到杭州市第二医院一个医师家做保姆。我对工种方面一般不计较，觉得一个人不在于工种好坏，有本领，能干好，什么工作都可。我妻身处此境，也说愿意去，我们就回复他们同意。在去的前晚她哭了一场。她在那边干了半个月，终因不适应这份工作而返回。

这个小室有电灯，我们粮食不够，常议价买些番薯等杂粮充饥,买了一只小电炉,放室内煮来吃。我们用的是公家电,当时集体宿舍内都是公家付电费,困难时期用电炉也较多,发现后要没收。有一傍晚我们正在用电炉,听门外有人轻轻在敲门,又没喊我们开门。我们以为是总务处那个操绍兴口音的人来抓我们偷电了,装没听到,不作声。静听一下后仍在轻轻地敲门,我们小心收拾炊具。收拾好后还在敲门。开门一看,是在附近浙江师范学院读书的本村堂兄蔡行照。

1958 年他在部队复员,家庭成分中农,考上该校,曾来过我这小室。他说听到里面有人讲话,有响动,怎么没人开门?多敲几下。他这多敲几下害得我们汗毛打战。

现我们所要搬住的厂房,由三四座平房组成,多数是车间,安排我住在一个前后长有 10 米、宽有 4 米东西向的大房间,看来原是工厂办公室。我们把它前后隔开,朝东一侧为卧室,西侧为杂具室。初到时我们东西不多,这个杂具室空空荡荡,后来却派上了大用场。

厂房旁边是一大空地,我住的门口就是约有一亩原来有人种过的荒地。工人下放回去后这块土地也闲置着,仅一个留守的工人种些蔬菜。我来自农村,从小就参加农业劳动,在这饥饿时期这块荒地正是可用武之地。我买来菜秧、种子,搞来农具、粪桶等,就大种起来。后半段空着的房子,便作为农用杂具室了。这里偏僻安静,平时几乎没人来此,"深山没老虎,猴子称大王",我就是这里的大王了。因为大学的老师不坐班,上了课后自由安排，我因家务缠身，学校也未重用，仅安排《地球化学》一门辅导课，工作不累，空余时间也较多。我就倾心在这自留地上。这里比楼梯下那个"宝地"更"宝地"了。

我们搬往那边住是 1962 年春夏，正是种植蔬菜瓜果的好时机，我种的作物有茄子、西红柿、丝瓜（天萝）、四季豆、长豇头、南瓜、冬瓜、大蒜、赤豆、番薯等；秋后种青菜、小白菜、花菜、萝卜。蔬菜吃不了，如南瓜、番薯等可代替粮食。大大缓解了我们经济上、粮食上的困境，也可说"自己动手，丰衣足食"。我也名副其实地成为"亦教亦农"的现代知识分子了。

"亦农"并不是易事，要体力、不怕脏，更不易的是还要面子。开荒种地要体力易理解，但其他配套的事可多了。种庄稼必要肥料，我们用的仅是人工肥，主要是自家人肥，不能一天的尿粪一天用完，要储藏。要储藏

回浦中學參加軍幹校在南京同學合影 前排右 1 為周子法，右 3 為吳彩雲，左 1 王明志；後排右 2 為作者，左 2 為邵全方

就要有盛器，施粪要工具，有工具平时就要存放。这样一来粪缸、粪桶、粪勺和锄头等农具，除粪缸外就存放在家房的后段，与卧室仅用一块布隔开的杂具室。粪桶即使每次用后洗清爽，仍会有臭味，开始很不习惯，但要活命没办法，时间长了也习以为常。

但意外的事来了。有一次我系分管行政、我曾向他反映过要求把爱人户口迁来的副系主任不知什么事来到我住的这片空厂房，看我住在这地方，互相打个招呼后，他站在我住的门口，一眼就看到我杂具间中的粪桶，没说二话，掩着鼻子转身就走了。

从旁冷落讥讽的也有，认为这穷家伙就低人一等，多数教职工是看不起我的，总务处有个中年女干部，与操绍兴口音常赶我走的那男人同一办公室，她开饭时协助食堂卖菜，常给我打少一些。我也知妻子境况如此，就是矮人一截，不同他们争个多少、高低。

我到校任课后一个月妻子即来校，家事重压，大学教师因不坐班，除开会外，很少与人接触交往，除右派分子黄樾外，没有知心人。但同情我的亦有，同教研组的张兆华、周素贤夫妇专来看望我们，他俩看我家的寒酸相，问长问短，看我床上被子单薄、说要送条被子给我，被我们谢绝。在教研组会上，我常坐在角落里很少发言，有时裤上还沾有种地的泥巴，有些教师知我困境，拐弯抹角地鼓励我。留苏的杨祖兴老师说，蔡行来常在专业杂志发表一些翻译文章，是好事。这是针对当时政治挂帅，拿稿费是名利思想而讲。张兆华老师说，蔡行来老师是有才能的人，应发挥更大作用。那时我还申请退出共青团，理由是我超龄了，实则对造成这样全国性的困难和家庭成分关系对我妻的穷追猛打不满。支部书记彭富贵在团支部会上挽留我，说我们大学教师队伍中团员基本上都超龄的，比你年长的团员还有，你还是留下吧。但我坚决要退，也照准了。当时我确确实实是个弱者。就是这位团支部书记、教研组副组长，1963 年夏通知我参加浙大教师去莫干山避暑疗养一个月。

第三节　最后还是落入火坑

不久，我妻在杭州市郊临平（余杭县府所在地）杭州耐火材料厂工作的兄弟，其任小学教师的妻子从临海调来临平，她五个小孩的户口也从临海迁来临平。他们借小孩多需人照顾为由，把我爱人户口落实在他们家，保留居民户口，每月可领 25 斤粮票，总算解决了我爱人户口这个大问题。其兄嫂是小学教师，小学教师中女的较多，常有因分娩等事请长假，必须要找代课教师。其间其弟嫂两次介绍我爱人去小学代课，时间均为一两个月。

在这期间我每隔两个星期要去临平办事，一般是星期日早上去，当天或次日早回来。为了早出发，晚上从食堂多买些饭，明早开水泡来吃。有一次晚上多买了一份饭，晚饭吃后，留下一半明早吃。过了个把钟点后又想吃，再吃了一口；再吃了一口后不久，觉得饭真香真好吃，还想吃，又吃一口；又吃一口后过些时候还想吃，再吃一口……到 10 点左右，把这留下准备明天吃的饭就这样一口一口吃完了。次日早只能饿着肚子去临平，可见当时粮食的困难和饥饿状况。我后来知道大饥荒时全国有 3000 多万人饿死，想必他们在死前经历了饥饿、煎熬、痛苦、挣扎、无奈、绝望的日子，这是活着的人难以体会到的。在 1962 年我日记中写着："谎言已破，是骗子，把中国人的生命当儿戏，犯了罪的"，是在那种情况下发出的愤怒感慨。

我们有时与兄弟家人一道也做些蔬菜生意。起早从临平农贸市场上买来蔬菜，如竹笋、包菜等，乘火车拿去上海卖，下午回，从中赚些差价，除路费外，还有些盈利。也贩卖过票证。这段人生经历是我一生最寒酸、最艰难的时期。身体也差，记得有一次在卖鱼桥澡堂洗澡，遇见本单位一熟人，入浴时，他惊奇地指着我说，你这么瘦！有一次我在厕所大便，便后立起时昏倒在厕坑上，冲水声才把我惊醒，知自己躺在便槽里，连忙挣扎爬起。

1959 年，我们已育有一小孩，但考虑到爱人无正式工作，无劳保，我也有"生儿防老"思想，她来后不久就怀孕了。这年秋天来到，产期也将临近，难事又横在面前。我又得到同学乡亲的帮助，还算顺利渡过这一难关。

也是在市郊三墩医院工作的周子法、吴彩云两夫妻的热情关怀，吴彩云主动请我妻到她工作的三墩医院下属良渚卫生院去分娩，住在她寝室。我们也不推辞。产前十来天我就送她去那边，产后十多天我把她接回自己侍候，又是一个男孩。当时副食品供应仍很紧张，她户口又不在，新生儿更落实不了户口，按定量凭票供应的食品、副食品一无所有。当时在浙江日报任编辑的高中同学张金鉴把自己订（牛）奶卡片送给我们，孩子有了牛奶吃，我们就宽心不少。这些都是我们及孩子终生不忘、感恩戴德的。

我在杭州有了第二个小孩后，一方面出于家务上的需要，另一方也想让长期生活在农村的母亲出来见见世面，在妻子产后个把月，我就叫母亲带我大孩子来杭州我处。她从未离家出远门，那时已64岁，不识字，不会讲普通话，又带一个仅3岁的小孩，那时电讯不发达，担心她路上安危，尽可交托详细些。还好，他们平安抵达，其顺利程度出于我所料。她由我外甥带着她离家，引她住在临海城关高伯寅同学家，次日他们送她上车来杭州。在汽车上又碰上我高中同学林理中，他是来杭州开会的，座位与我母亲同排，言谈中母亲告诉他来杭州我处，他就很细心地关照她俩。到杭州车站后我早已来接，当日就顺利到达。

母亲在杭州我处约2个月，除帮助我们料理家务外，有几件事给我留下了深刻印象。

她在老家是农业劳动能手，种菜种瓜更是内行，她对我门前种的蔬菜很称赞，并经常自己动手，且又不时指导我。

来杭州的人大都要去西湖看风景，对西湖美景都赞叹不已。我也带她去西湖欣赏美景，出于我所料，她没有讲多少赞美的话。在走到平湖秋月景点时，她看到附近大片草坪，叹息这么好的地不种粮食，种草多可惜！在参观灵隐、净寺大庙时感到它们高大雄伟，但没烧香拜佛。

因年关将至，她留恋老家，同样带我大小孩一同返回临海，高伯寅同学的父母来车站迎接，又宿他家。次日早正下大雪，我母亲执意回家、他们送她上车。之后母亲多次向我提起他们对她的厚待。

高伯寅是我高中同学，与我同时考进南京大学，他是气象学系，因入学不久患上肾脏结核，在校住院多月，他母亲曾去南京照料，我对他们也较关怀，为他做了不少事。他后来在家治疗、休息，康复后复学期限已过，去乡下三官堂小学任教，于 1966 年春在校中睡觉亡故，时年 27 岁，我痛失挚友，至今还深为怀念。

我们又有小孩后，我妻抚育，我亦教亦农，日子还勉强过下去，但好景不长。1963 年春，校办工厂厂房另有用途，叫我们搬到离校 2 里远的余杭塘上一民宅中去住，房子较破旧。我们搬那边后种地就不方便了。住了个把月后，妻兄弟工作的杭州耐火砖厂关闭，两夫妻调回原籍临海，户口也随之迁回临海。

他们回临海后落实户口时，发现我爱人及小孩户口有问题，不让随他家报入，否则他们也不能落实。他们急要我爱人回去处理。我爱人和小孩也只能回临海，这次我们再也无别的办法可想了，只好准备把户口迁回老家。

他们回去后兄嫂已在小学任课，刚好又有教师请长假，又叫我爱人去学校代课，但户口不得不迁回老家——大园村。

1963年即要放寒假时，我功课结束后即回临海，我爱人还在校，我曾去她代课的东鲁小学看望她，然后一起回家。离校时校方叫她明年再来校任教，但要村里写张介绍信。

1964年春节后即将开学时，她去农会主席兼治保主任蔡继传处开介绍信。蔡继传不给开，叫她在家安心从事农业劳动，从此她就不能出来工作，最后还是陷入火坑。我们这次的挣扎以失败告终。

第四节　奉调化工系曲折路

我自爱人回临海后，"光棍"一身轻，专心致志从事教学工作。因地质系停办，已招学生要授课到1965年全部毕业，教师要另行调动，心情不定。我担负的课程较多，准备站好最后一班岗，上课认真负责，不论是课堂讲课还是实验，我都认真准备，细心讲解。除上课外，整天要不在实验室要不在教研组办公室，或偶尔去图书馆。这些似乎很正常且是轻而易举的事，但在那时还是不易的，因系科停办，等待调动，人心不定，大部教师不来教研组办公室，实验室也多是有课时来一下。就是我偶然去的图书馆阅览室，一位女管理员对我说，我们的阅览室只有你还来。

我住在工字楼（南北两幢房屋，中间一幢呈垂直方向把这两幢房子联在一起，外形如工字而得名）南侧教师住的房中，工字楼北侧为我任课较多的 65 级同学寝室。晚上他们都在寝室中自修，我常在晚间去他们处去辅导或了解情况。外语是学生头痛的一门课程，四年级的专业俄语原是一位留苏的老师担任，学生反映他讲不好。因我那时常翻译一些专业文章在刊物上发表，平时学生也有疑难句子请教我，我的解答他们也较为满意，后来他们干脆要我给他们上专业俄语课。上了一段时间后效果还不错。学生遇到生活上或意外的事我也尽力帮助，如吴金水同学胃出血是我给他送到医院医治的。此事我早已忘记，是他毕业离校近 30 多年后的 1994 年 6 月 20 日给我的信中讲起此事。

这样一来师生关系更融洽，结合其他课程的授课，他们必然反映到系领导，领导对我也时有称赞，认为我有专业前途，曾动员我报考研究生。有一次在全系教师职工大会上，系主任李治孝检讨自己在我家属在校时没有把我住房安排好，当众向我道歉。这也许是我工作出色的侧面反映。我爱人早已回家，检讨也没实际意义，时过境迁，哪能关心我已成黄花的往事？只是表表态安慰安慰我而已。那年在全国停顿多年后的工资调整，按少数名额提升，我提了一级。

1964 年秋开学后，我带学生去绍兴漓渚铁矿实习，回来后不久，系人事干事通知我调到化工系硅酸盐教研组任课，即要办调离手续。我本是热爱高等教育工作，既教学又科研，喜欢闹中有静自我安排的大学生活，乐于同年轻的学生打交道，愿为国家培养人才尽力，因国家困难，系科停办，那只好离开，在新岗位上好好从头再干起。现能留校，调入颇有名气的浙江大学化工系，这是梦寐难求的喜讯，想着我将终身在大学里度过，永远与博学多才各有专长的教师为伍，与朝气蓬勃的学生相伴，兴奋不已。在下午3时人事干事告诉我后，我即奔向校外的田野里，穿梭在田埂中欣赏夕阳西下的秋景，喜悦之情难以言表，似乎大地也是我的。

　　次日，我在系办公室开来介绍信，去校人事处报到。经办人是王良芬。她就是我三年前向她要求把我爱人户口迁到浙大或安排工作的接待人，因这对我们是"生死攸关"的事，曾多次向她要求，她都说不可能办，后来还曾同她争辩过，对我留下了不好的印象。这次见我来，她先愣了一下，然后说你临时借用到化工系工作。我知她话里有疙瘩，纠正说系里通知我是调来的，如果临时借用，那关系就不必转，以免迁进迁出麻烦，影响也不好。但户粮关系、工资、生活票证仍在文一街分部，势必来回跑，也很麻烦。要求他们明确定下，到底调还是借。她说商量后答复。我妻子是由于家庭成分地主被辞退回家，这回又把我也扯进去了。

　　再过一日，系人事干事说已同校人事处王良芬商讨过，作调动处理，一切关系都转。看来王良芬给地质系人事干事电话中联系了解过我的工作、业务、表现等，还好，才这样改口。随后开了各种调动证件去校人事处报到。报到时王良芬说，先去化工系硅酸盐教研组工作，是否调动或留在化工系明年再定。我想昨日不是讲清了吗？调就转人事、户口、粮食关系，借就不转，怎么今天还要留个尾巴？我与王良芬没其他事情纠葛过，这明明是我为妻子户口、工作向她要求解决时，对我留下不好的印象所致。我调入长期留校的部门，接收单位和她必要看我的人事档案，地主家庭出身他们必会早知，调入的硅酸教研组看重的是我业务，他们中也有不少教师出身于地主家庭，不会在家庭成分中计较。但对我为妻子事留下印象不好的人事干部王良芬，却是另一回事，她有她的用人标准。

我去化工系硅酸盐教研组报到工作后，知他们是指定调我去。教研组主任楼宗汉先生说，要调你是他们教研组提出，确定前还看了我的档案，根本没有临时借用之说。我目前的工作是负责明年上学期 16 名阿尔巴尼亚留学生《晶体光学》这门课的教学工作。这学期是准备，具体工作是要编写该课程授课教材和制作模型。因这门课较抽象，难讲难懂，要用大量的模型来辅助。我负责编写上课教材，模型由我和先前曾担任此课的周志朝和也曾教过此课但从事化工专业教学的陈全庆老师三人承担。学期结束前这些工作都如期完成。

新学期开学后上课，16 个阿尔巴尼亚留学生由 16 个中国学生一对一并排坐着听课，以便可随时辅导。我们也全力以赴，总算按计划完成，经考试全部及格。

在开学初全校还举行了教具展览会，把各系各专业课程教师自己制作的教学用具、各种模型汇集一起展览。我们《晶体光学》课教学模型特别多，因光线通过各种不同晶体其衍射途径及产生的图像也不同，在晶体中的变化看不到也摸不着，必须用模型来说明，不同晶体的光学效应涂上不同标记和颜色，因此教学模具非但多，且五花八门、琳琅满目，要讲清楚也不容易。教研组指定我在展览会上讲解。

第一批参观的是校领导，我讲得一般。接着参观是本系学生，因有第一次讲解经验又是从事这门课教学的人，我讲得非常清楚、透彻，并结合日常生活，把复杂的科学原理用简单易懂的例子来说明，一手拿着模型一手指着具体部位，像表演魔术一样生动。听的人愈来愈多，以致后面的人看不大清楚，有的踮着脚伸着头，我就站在凳子上讲，观众听得聚精会神，津津乐道，讲完后爆发出一阵热烈经久的掌声。其中听众中不少是后学期即将学习此课的硅酸盐专业二年级学生，他们的班主任是本教研组的顾章玲老师，学生听后纷纷向她反映：说我讲得生动透彻，深入浅出，口齿清楚，动作自然。还问顾老师什么时候他们能听这位老师讲这门课，她说明年上半年你们开这门课。这是顾章玲老师告诉我的。学生巴不得早日能听我的课。我也巴不得早日再上这门课。

第五节　出身地主离开浙大

　　1965 年 9 月 1 日新学期开学后，安排我参加教研组主任楼宗汉先生的水泥科研。9 月 13 日，系人事干事找我谈话。说接到校人事处通知，调我到浙江省地矿厅，并说我在这一年中工作认真，称职，这里也需要，但那边更需要。我也不便多说。

　　我在未去校人事处办手续前到省地矿局人事处了解一下。经办人邓章荣说根据 1963 年省人事局联席会议，浙大地质系停办，除浙大留用教师外，其余分流到各有关单位，你自己能联系调其他单位，不来省地矿局也可。我回来后去了校人事处，把此情况告诉了王良芬，她说的口气迥然不同——地矿局需要不需要都得去。

　　我后来把此情况告知教研组主任楼宗汉先生，他说："校人事处、系里通知我们研究一下你去留问题，我们

1965 年作者在浙江大学

研究了。参加研究的有丁之上先生（党员老教授）、陈全庆先生（教研组副主任、党支部负责人）和我，我们的意见是趋向你留下，由陈全庆先生向系里汇报。"因此，根本不是省地矿局更需要我，也不是浙大硅酸盐专业教研组不需要我，而是浙大人事处不要我。

这点与系里给我的通知是有出入的。

我根据教研组长楼宗汉先生的话再找王良芬,我说,你们的话与实际不符,有耍弄我的手法。去年我从地质系调来化工系时,开始地质系人事干事通知我是调动,我凭系上介绍信来你处报到,你一看是我,改口说临时借用到化工系。因三年前为我爱人户口迁移和工作问题与你打过交道,给你留下不好印象。我觉得你的话有疙瘩,强调一下,地质系说调动,你说借用,到底调动还是借用?我当时就向你表明,如果借用就不办户口、粮食、人事关系转移,以免以后出去影响不好;如果是调动则转移。你说研究一下。次日地质系人事干事通知我已与人事处研究过,一切关系都转移,即按调动处理。随后我迁来户口、粮食关系,转来人事关系到化工系。这次你们借口地矿厅更需要,现我了解到不是这样,真正需要的是化工系硅酸盐教研组。你们这样出尔反尔办事对人不负责任,我要求留在化工系。

王良芬板着睑说不同意。她说,组织上决定就要执行。我向人事处长反映,也没作用。王良芬还威胁说不走作自动离职处理。有次在校行政大楼下的路上碰到人事处长,他狠狠地训我:蔡行来!你再不办理离校手续,我们就要把你除名。我这样挣扎了两个月,终于抗不过他们,又以失败告终,离开了我曾想献身于国家高教事业的浙大。

事后教研组主任楼宗汉先生得知我要走,他惊奇说了上述一番活,还说"想不到要你走。你在这里工作是

好的，业务是强的，从挑选你来到现在我都把你作长期
安排"。博学多才的张飞鹏教授也说他们平时说你业务是
强的。但为什么校人事处非要我离开不可？

　　我高中同学、浙江医科大学毕业后来浙江大学医院
工作的袁一芬同学同我说：她受在杭州第五中学教书的
徐玉芬委托，叫她询问一下浙大人事处，她在北京电力
研究中心工作、清华大学毕业的爱人冯涪生(他俩均是我
们高中同学)单位已发函要求调来浙大电机系工作的落
实情况。袁一芬问了这位校人事处管理教师的王良芬，
王良芬对她说："冯涪生家庭成分地主，学校不予接受，
'五类分子'出身的人学校只出不进。"

　　《炎黄春秋》2012年刊登孙言诚先生《血统论和大
兴"八三一"事件》一文中指出："1963年之后，阶级斗

浙江大学地质系教职工合影(中排左5为作者) 1963年

争不断升温，阶级路线也向'唯成分论'演变。黑五类子女，大学基本不收，重点高中也开始拒收。有的农村甚至连小学升初中也规定：'出身占60分，表现占20分，学习成绩占5分，其他占15分。'1964年的高考，'黑五类'子女全军覆没。"

这就是那时以"政治挂帅"口号下的现实。我想浙大也在共产党领导之下，他们也按中央文件精神办事。"五类分子"出身的学生不收，"五类分子"出身的教师学校能欢迎吗？袁一芬同学转述的："'五类分子'出身的学校只出不进"，看来是真的。

因此我离开浙大不是哪里需要不需要的问题，而是我家庭成分的问题，他们是借浙大地质系停办来处理我。不论是化工系硅酸盐教研组要我留下，现因我家成分地主与以"政治挂帅"用人标准不相符校人事处要我走；还是三年前因我家成分地主我妻被辞退回家，我多次向王良芬要求把妻户口迁来浙大而造成不好印象而调离浙大，其根源都是由于我家成分是地主造成，我认为这点可肯定的，不是我强辩、歪曲。否则我必会在浙大长期执教下去。

要我走时想起了我家的家庭成分，在用到我时就迁就一下。我在军队复员前，在兵舰上除本职工作外，还对新兵或陆军来的人作技术辅导，并兼任文化教员。与我同时从地方学校参加军干校来的同学在复员时就大骂："用到你时请你来，不要你时一脚踢开。"

随后我就作离开浙大的准备。先去地矿厅了解工作分配情况。地矿厅人事处邓章荣说去浙江省区域地质调查队(负责全省地质矿产调查的单位),地点在建德梅城。然后逐一向在杭的老同学、老同事告别。在向浙江省水利科学研究院朱善昌同乡同学告别时,他说你家庭成分地主,在这可调离可不调离情形下,当然要把你调出这培养接班人的异常重要岗位;在张金鉴处遇见他在金华地质队工作的连襟,他谈了一下地质队艰苦情况;后去三墩医院向周子法、吴彩云谢辞。又重玩了杭州各景点,还去文一街原地质系所在的浙大第一分部视别,那时全部学生都毕业离校,与我密切交往、受教时间最长、彼此情深的地勘六五级学生也都奔赴工作岗位,昔日无所不谈的右派教师黄樾、关心过我的李治孝系主任、张兆华、周素贤、彭富贵等老师,都相继离校。人去楼空,触景生情。不仅这些,更值得一别、常在思念的是工字楼梯下的小室和校办工厂旁边的菜地,仍如故。

浙江大学是历史悠久名扬海内外的高等学府,去年我看到一份资料,她现在的综合评分与清华、北大并驾齐驱,并各有千秋。我初中训导主任邵全声、高中校长邵全建两兄弟都毕业于浙大,1948 年夏我在琳山学校暑期补习班听学长陈希清介绍浙江大学学生会主席于子三遇害引起的杭州及周边城市的学潮,1951 年 1 月 4 日我录取军事干部学校来杭州集中就入住在当时位在青春路的老浙大校舍内,也是我人生第一次踏进高等学府。因此,浙大在我心中早已生根。

　　1954 年在西湖边老和山下的浙大新校舍落成后，1956 年在浙大学习的余献坤等老同学早已把新浙大校景的贺年书签寄给我，1957 年我在南京大学来杭州实习曾来过新浙大，如今作为一个农家子弟的我能在这古老、宏伟、名扬四海的大学里授课，确是千载难逢，前途似锦，真有心把学问做好，把学生教好，毕生献给国家教育事业。在朝气蓬勃年轻有为的学子中生活，在春秋寒暑交替的假期中度过，也是至高无上的享受。现即要离开，不是因工作需要离开，不是我没能力，而是歧视性

作者（前排右 1）在浙大任教時與在
杭高中同學合影（1961 年）

的离开，惆怅、失望、怨恨交织一起，心中煎熬。

　　这也不是我怕在地质队艰苦，我希望过不同工种、各种环境下生活的人，在得知地质系要停办，我们必将离开，即使有惋惜之感，但情绪毫无影响，并想在新岗位上再从头好好干起。现由于我母亲勤劳节俭成为地主遭到清除而离开，这种劲头没了，随波逐流得过且过。一个人没有得到起码的尊重，一颗忠诚的心得到相反的报应，反感可想而知，我认为这不是我的过失，是党和国家迫使我这样。离校前的多个黄昏我就在浙大六座教学大楼间的梧桐树下来回踱着，这样想着。久了拖着疲

乏的身躯沿体育场边的林荫大道返回U字型大楼宿舍。

离开的日子终于来临，我整理了行装，叫来一辆三轮车，装上铺盖，驶出校门离开学校，去武林门汽车站托运去建德梅城的行李。车驶至浙大对面浙大附中拐弯处，我转头向巍峨的浙大告别。再次进入崎岖坎坷的人生路，那时已是1965年11月的深秋了。

虽时隔已整整半个世纪，我至今还难忘那段时期辛酸苦辣、刻骨铭心的生活。向西溪派出所和浙大人事处乞求，屡屡被总务处驱赶，住楼梯下，种蔬菜，教学实验，野外实习，翻译投稿，在硅酸盐教研组编教材，与阿尔巴尼亚学生相处，教具展览会受到热烈称赞的讲解，与学生一起郊游时欢乐的时刻和离开浙大的无奈、惆怅、难分难舍的心情。这次被迫离开浙大，是我人生事业上、精神上受到最大的打击。是年33岁。

第四章　为洗刷罪名挣扎及成功

第一节　因出身被抄家遭批斗

我离开浙大调到浙江省区域地质调查队工作，从事本省地质矿产调查，队部设在建德县梅城镇（严州府所在地）。正常的年份，每年大概在野外工作八个月，夏天、冬天回家整理内业，春节前后放假两星期。我 11 月下旬到队，分配到四分队从事衢州矿产地质调查，其管辖的地区是开化县、常山县、衢州县、部分江山县、龙游县、淳安县。此时分队人员都出野外工作，我编在徐顺鑫任组长的矿床组，此时在开化县工作，我赶到开化县找到他们，工作一个来月后回队。1966 年上半年继续出野外工作。

大雪紛飛時在浙江開化縣山上測量地質剖面　左作者　中朱新民　右吴钧 1966 年 1 月

1966 年 3 月 20 日，毛泽东在杭州会议上说："大、中、小学大部分都被小资产阶级、地主富农阶级出身的知识分子垄断了"、"这是一场严重的阶级斗争"、"将来出修正主义的就是这一批人"、"这批人实际上是国民党"等等。

随后阶级斗争升温，1966 年 6 月文化大革命爆发。

接着人民日报社论《横扫一切牛鬼蛇神》发表。我出身地主家庭，也是"牛鬼蛇神"，抄了我家。抄我家的领头人是我们组长徐顺鑫，我们在一起工作时，他对我还较和气，一下子翻脸不认人，以后还当了造反派联总的头头，真是人心难测。

我被抄去的东西有：我在南大读书的三本日记本、解放前读初中的照片、父亲开小店时的账单。因当时学生帽徽上有国民党徽上的十二角星，诬我为反动军官；家里为节约纸张用父亲开店赊账的账单反面当信纸写的来信，污蔑说是变天账；至于日记本记了些与当时国家话语不一致的事及看法，诬为反动日记。把我抄去的东西举办了一个轰动本单位的展览会，贴了我不少大字报，使得我在文革期间惶惶不可终日、束手待擒。幸好我未参加任何（造反、保守）派别组织，逍遥过日，加上后期政策有变，才得以过关，这是由于出身成分问题对我又一次较大的打击。

1969 年清理阶级队伍，又轮到我们出身地主家庭的人。我们单位自文革开始就建了牛棚，由走资派、五类分子、有重大政治历史的审查对象、保守派头头、不满现实满腹牢骚（如张加兵说每天早上读毛主席语录是和尚念经有嘴无心）等人，集中起来学习文件、劳动改造、交代问题、批判斗争。关进牛棚的人行动不能自由，有人专门看管，等于设在单位的公安局看守所。这是我单位第一等级的清理对象。还有次一级单位（分队）清理批斗对象，每单位也都有几个，我属于次一级。要交代个人问题、家庭历史、社会关系、文革中的表现（我虽消遥派，但多次说老是开会、游行，浪费劳力之语而被批）。为了把我升到进牛棚的级别，审查我的本单位芦秀干和周彬两人去浙江大学、我老家、沈阳地矿局我同学戴延龄处调查。他们回来后，威胁我说："你问题严重，赶快坦白。"还说："看到你母亲带白袖套扫街，你不坦白也会如此下场"。我有无问题我自己一清二楚，知他们空手而归，是借机游山玩水，我也不屑一顾，无从坦白。

我的主要问题是《反动日记》，这是很难讲清的问题，我自小学起，就断断续续在写日记。后知我大学同学、在中科院工作的孙亦因文革中也被抄去日记，判刑五年。反动日记是当时对敌斗争的手段之一，从日记中挖出你的真实思想。我单位造反派也不放过，在我的日记中断章取义摘抄了许多所谓反动言论，用 15 张大字报予以公布。还有批判我时政观点的大字报。我成为全单位被大字报指责最多的人，远比贴牛棚中的牛大字报还多。我单位近 200 人中绝大部分是大学或专科毕业的文人，笔锋犀利，我的罪状主要是对反右派不满，次为攻击三面红旗，结论是漏网右派。

第二节　我也贴大字报来反击

我不屈服，也不示弱，进行反击。第一个动作是在 1967 年 3 月 5 日斯大林逝世 14 周年时，我把当时收集保存的 1953 年 3 月 5 日斯大林逝世时悼念他的画册照片及其他革命领袖照片，汇总一起在原展览我被抄物品的会议室前空地上展出。第二个动作是，此次造反派抄摘我日记以大字报形式公布，称为反动言论、漏划右派。我把没有抄去的日记本上的歌颂党、歌颂新社会的日记也摘抄了 15 张大字报进行公布。这两次举动都轰动了全单位。

我在寝室里抄日记大字报时，同一寝室的张永国叫我不要张贴，以免说我态度不好，会适得其反。我说，我现未进牛棚，有说话自由，你不犯我，我不犯你，将来进了牛棚以后就来不及了，我受屈不住，要顶一下。当时我另一出发点是迟早要进牛棚，这些日记内容他们是不知道的，公布后以便作定性定案时参考用，我也不是很坏的人。我贴出去后，全单位一片哗然，说好说坏都有，我也不以为然，一切作了进牛棚准备，没什么可怕的。

现在我还保留这次反击大字报的原稿，把其前言和前几篇抄录于下。

前言

最近造反派摘抄 1966 年文革刚开始时，抄去我在南京大学读书时的三本日记予以公布，说我在记反动日记，是漏网右派，对党和新中国刻骨仇恨。但还有一本 1952～1953 年的日记本没有抄去，现将该本日记某些内容抄摘如下，看看我对党对新中国是否刻骨仇恨，是不是在记反动日记(全文要看也可)。

(1952 年) 5 月 3 日于徂徕山舰

　　我想从今天开始，为了帮助我改造，把每天的感觉、回想及有意义的事记在这小本子上，这样我会有更大的收获。对不好的事亦应记上，以反省和改进，这本日记将是帮助我进步的武器。它能鼓励我热情工作，养成艰苦朴素的作风，树立永远为人民服务的思想。

5月7日星期三

　　自离开南京到海军司令部招待所已有三四天，吃过早饭后分配我到徂徕山舰。我万分高兴，从今天起我生活在海洋上，多么快乐，多么有意义啊！

　　来舰后老同志对我招待很周到，首长亦马上给我们介绍本舰情况。我亲眼看到舰上的设备使我感动，同志们的团结友爱亦使我感动。我下决心今后好好工作，争取立功。

　　另一方面，我思想上产生了享乐苗头。本舰目前停泊在上海外滩旁边公和祥码头，热闹繁华。上海是亚洲最大的都市，是帝国主义在中国的吸血管，市上花花绿绿，一片浓厚的资产阶级风气，可是我还没有接受三反的教训，喜欢到市上去玩玩，看看风光。在这点上我应好好批判，好好警惕，牢记离校时校长的特别指示——上海是不好之地，你们要防止资产阶级的腐蚀——我要用这句话来好好对照自己。

5月11日星期日

　　现各方面都有些了解，吃过早饭后发给我一支步枪。八点钟到街上去玩，街上人很多，其中有一些是南京首长指示中要警惕的分子，就是打扮得花花绿绿的小姐们。

5月12日

　　进本舰已三四天了，所受的教育很大。同志们对我的照顾我非常感激，我看他们忘我的工作，是我学习的榜样。我目前主要思想是怎样把自己的工作搞好，怎样提高业务水平，来配合同志们对我的要求。目前我所做的事，应如何帮助同志们文化学习，如何努力做好工作。现将本星期的工作计划草拟如下：

1、接近老同志，想方设法帮助他们学习文化。

2、加强组织性，外出请假。每逢星期二、四向团小组长汇报，及时反映情况。

3、在自己本职工作中刻苦耐劳，刻苦钻研。

5月13日

今天晚上，我得到许多宝贵的指示……

我在当时无法无天的日子里能不畏暴虐针锋相对，不知这勇气是哪里来的，或许是受母亲的影响，是母亲施给我的烙印。现在想起来还心有余悸。

在我大字报贴出后，红旗战斗队急不可待，次日食堂门口贴了一张《蔡行来要不要揪》的大字报，意思是如果要揪，马上就揪。全单位不论是大字报或私下议论，几乎都围绕着我，我想这回必定要进牛棚了。

这张大字报贴出后第三天，浙江省地质局原局长革委会三结合干部刘涛来单位视察，传达毛主席"团结起来，争取更大胜利"的最新指示。刘涛认真地看了贴我和我贴的大字报。他回去多日后还未揪我，一日一日过去还未揪我，最后就不了了之。当时我估计，牛棚是要进的，帽子不一定戴上。结果，虚惊一场，牛棚还进不去，若没碰到刘涛来视察的时运，我很可能（必）进牛棚了。这是我因出身不好，再一次受到打击。

　　但他们对我的所谓反动日记仍不放过。清理阶级队伍结束后，我没有定为"漏网右派"（中共不再划右派），也没有定为反对三面红旗的"右倾机会主义分子"（不够格），更不是现行反革命。这些东西是我个人私有对象，应予归还。1971年，我就向文革时的造反派、党员、后来为单位革委会政治处主任的余敬堂要求返还。余敬堂说我反攻倒算、不老实。我与他争辩起来。我说："我日记中只是说反右派过火，原来党中央号召言者无罪，闻者足戒，现要反他们，有些想不过来；困难时期我记了一些困难事实，没有捏造。现既不是阶级敌人，就应还我。"他说我坚持反动思想，不还。后来余敬堂车祸死亡，1972、1973……我继续反映，仍无果。

　　我在浙大被清除来到浙江省区域地质调查大队后，情绪低落，过了半年即文化大革命爆发，我又因家庭出身地主受到冲击，工作上抱着应付的态度，懒于动脑筋。记得1966年春在衢县洞口公社淡竹坞矿点检查评估时，须要挖一条宽1米的土槽，用来揭露矿体边界。挖槽需要力气，是工人干的事，有时专请当地农民，但我乐意干这一工作，挖得满头大汗。当时本单位吴献文副大队长来检查工作，他在晚上开会时说，蔡行来挖槽很卖力，但应在技术性工作上多发挥些作用，间接批评我消极怠工。

　　1970年夏秋，我队去仙居南部取河沟中的重砂样，并对沿途地质进行踏勘初查，一天要跑40-50里路是常事，两三天甚至一天要换个地方。我们组五人，自带行李，借住农民家，自己做饭，转移时找农夫挑运行李，我们当中专门有一人负责这些生活安排，买菜做饭。我在 1969 年清理阶级队伍时又受冲击，被批斗，这次出去工作分配我负责这些生活上的杂事，负责全组五人的吃住，不从事技术工作，其他几人根据地质图去溪河采重砂样，观察沿途地质情兄。

我乐意做这些杂事，早上吃过饭后，找一位农夫挑行李到某一指定地方。到达后找个农民家住下来，多数是二楼楼板经打扫后就打开行李，铺下被褥。然后向农民买蔬菜。仙居南部是丘陵他区，黄豆种的较多，豆腐便宜，常买豆腐做菜，米、咸肉、油多随行李自带，吃完后到附近集镇购买。下午 4 点左右做晚饭。晚饭后他们整理内业，我准备明天早餐，因明天早上要做较多的饭菜，除早餐外各人还带中饭，以备在野外吃。他们对我做的饭菜较满意，马武平同事常说这道烤得双面黄的豆腐很好吃。

早餐后，他们出去工作，若是不搬家的这一天，我在家无多大事情，常到溪边钓鱼以消磨时间。有一次下大雨涨大水，他们也未出去工作，也去钓鱼。那一次我钓了不少，有鲶鱼、黄鲨等，其乐无穷。

我是 1965 年深秋从浙江大学调到浙江省区域地质调查大队工作，不久就遇到文化大革命，由于家庭出身是地主，工作上一再受到打击，到 1975 年秋离开，这十年，我没有在业务上认真工作，更谈不上有钻研，那时我是 33-43 岁的青春年华，深为可惜，实也无奈！

第三节　离婚是不得已的挣扎

在这期间，曾共度艰难的我们夫妻，由于家庭出身不好，我妻专科学校毕业不分配工作，代了几年课后又解雇，再次找到工作后，村领导又不开介绍信。我妻不是走投无路，而是有路不给你走，这叫无产阶级专政。为逃避无产阶级专政，也顾及孩子出路，我们要进行反击，我们商量，要避开专政，不拆散这个家庭难以实现，我们总有权利离婚吧！政府这点自由总要给我们吧！我们于 1967 年离婚了，去办了离婚手续。我认为对我们地主后代这种专政理由欠缺，这也是我写《地主》及《中共的土改》一书的动机之一，也是写本书的动机之一。希望能把真相告诉世人，告诉后人！

2012 年 2 月，我为家乡朋友张增连等上世纪 60 年代初下放职工，享有困难补助事查阅临海市档案馆资料，发现档案中有一张我妻（詹桂芽）下放回家调查表。这是 1965 年临海县人民政府派人来我村调查回乡人员情况，为下放人员填写的表格。在这张登记表的生产大队（村）处理意见一栏中对她的意见这样写着：

"在家不安心，到处找门路，不愿参加劳动。"（见附表）

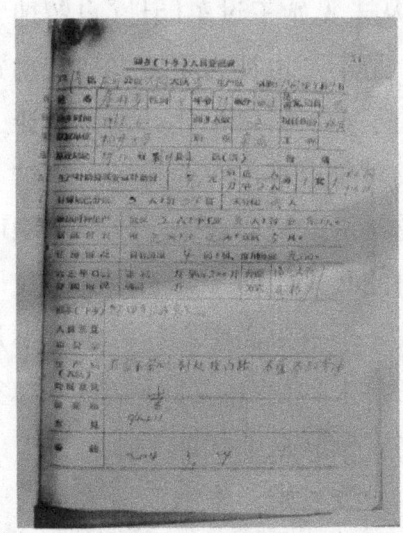

作者前妻回乡登记表

意见栏中这样写反映了当时我妻的表像，但没有反映其原因、实质，有些苛求。

1958 年，我妻在宁波农业专科毕业后，因家成分为地主，没分配工作回家，这本已是受歧视。回家后农村缺少小学教师，校方主动请她去小学任代课教师。她工作认真，师生反映好，有成绩，任了三年小学教师后，又因家地主成分被辞退（解雇）回家，这明摆着又是歧视。当时我已在浙江大学任教，来杭州，就照顾夫妻关系来讲这也是合情合理、名正言顺的事，未被学校接受。后来她户粮关系落在余杭县兄嫂家，再强制下放回家。再次找到工作后，又受村干部刁难，不开介绍信，她就不能赴任。这样一次次受歧视、一次次受打击。若为贫下中农，绝不会发生这种事。这是对她的专政，叫她怎么能安心在家？

我们家乡地少人多，靠精耕细作，妇女一般不参加田间劳动的（即不大参加生产队记工分的劳动），至多在门前户后菜园地（自留地）上干些农活，我妻对这种活还是会干的，生产队的活有时也参加的，不经常而已。

而农会会长蔡继传妻,我从未见她干过菜园地(自留地)上农活,何况田间劳动,是不是也视为不愿参加劳动?

农村地主富农出身的子女,国家不让升学,不让工作,不让参军,他们连找对象也难,有的找到对象结了婚的也因家庭成分是地主常遭欺凌而离婚。这种事例可说到处都有,如溪岸林村的我大姐两个儿子,就因我母亲(他们外婆)是地主,大儿子考上高中不让入学,小儿子初中也升不上。下洋庄村朱献亚(也是我同学),其父朱昌鉴是地主,朱献亚之妻已联系上代课工作,村干部不给开介绍信,去不成,导致离婚。朱献亚后来经人介绍,要与我村一姑娘结婚。在结婚日子时该姑娘请其近亲叔父、农会会长蔡继传女儿当陪姑,送她去朱献亚家。因朱献亚家是地主,遭到拒绝,为的是要与地主阶级划清界限。

我回家探亲,常听家人说我两个小孩常受人欺侮。这一切预示了我们子女今后在村上的日子也必是艰难的。

面对这种现实,这样下去我们及儿子只是死路一条。已有的办法也已用尽,我再也想不出挽救她的办法了。要获得新生,也为下代出路,从长计议,还是冒一下风险,闯一下再说,离婚吧!此时我妻也知无其他路可走,也有这个念头。这确实是没办法的办法,是天无绝人之路的路了。

我们就商量这条路怎么走,怎样把它走好。生离死别,谁能愿意?但坐着死不如站着死,站着死更不如闯(斗)一下再死,也是一种挣扎,一种反击。我们的离异，的确不同一般，没有吵架，也没有怨恨，彼此体谅，互相负责。现实社会不允许我们这样厮守下去，我们不怨天不怨地，怨自己生不逢时。

在当时来讲，我妻是弱者。她最大的顾虑是今后生活保障问题，我给她保证和承诺是：当时我工资 59 元，给她和两个儿子 25 元，家房由他们住。如果她不再嫁，我也不再婚。如再嫁孩子可带走，我还可负责孩子的生活费。非但对她作了如此承诺，我把此情况告知亲友，并征求朋友、同学的意见，包括周子法、吴彩云、张金鉴、朱善昌等同学好友的意见，还征询高中同学、时任杭州大学人事处长吴森林的意见。他们都说我现是进退两难，离婚是没有办法的办法，对妻子、对孩子负责，信守承诺，这样处理也可以，也只能这样。实际上也是我向他们作了信守承诺的表态，也是请他们谅解、监督。

朱善昌是我从小的同学、同乡，还有远亲关系，我结婚时也请他来吃喜酒，他也认识我妻和我家人。他说："你在解放初年提出离婚，人家会支持你；1958 年离婚，那时没有小孩，即使你还在南大读书，人家也不会谴责你；现有了两个小孩，你在大学教书，妻子在农村无工作，不论你怎么解释都认为你是喜新厌旧，道德质量有问题，你这个委屈一生一世都要承受，只好放肚子里。"我也知会出现这些情况，愈向人解释愈说不清，只好闷在心里。2013 年夏，常碰面的 60 年前初中同学蒋连荣，偶然谈起我婚姻，她说，我们都以为你第一任妻子是农村妇女……

妻子也征求了她兄弟等人的意见，他们也无异议。但我们对母亲和姐姐都瞒着，她们从家庭、从现状是反对我们离婚的，对邻居、村人等也瞒着，以便他们今后不受议论，少受歧视与讥讽，在家正常生活下去。

1967年7月，我从建德梅城我单位探亲来家，准备办理离婚手续。办前的晚上我们同宿其住在临海城关的兄弟家，仍同桌吃同床睡，晚饭后并携带着6岁的小儿子去附近巾山下玩了一会儿，这是我们作为家人最后一次外出。儿子当然想不到父母明天就要分手，几乎已近生离死别。我是软心肠的人，有家庭、有子女观念。而现实社会不得不使我们下狠心走向这一步。这段时期也是我人生最困难、最痛苦、最迷惘的时期之一。

次日，我们去临海法院找原先已约定好的双港区法庭一位法官办离婚手续，实际上是为她和子女今后生活要个有法律效力的调解书。因我们都有自愿离婚的约定，没有多大问讯。只是在家具上我妻提出：她家成分是富农，土改时是不没收财产的，她出嫁来的一套家具因我家成分地主，土改时没收了，要我赔偿。这点她以前从来未向我提出过，也许是她兄弟临时提醒她的，我也无思想准备。法官问我什么态度，我说由法官决定。法官对她说：这不可能，你的要求是反攻倒算。她也只好放弃。其实她也不是反攻倒算，只是心痛要我给些补偿而已。这位法官说话的分量听起来很重，其实也只是土改后的一般当政者口头语。看来法官对我的婚姻和善后的处理有所同情，没有应允她的要求。随后办理了离婚协议书，其编号是(67)双庭民事第 15 号，1967 年 7 月 27 日。

我们 19 年的夫妻，也没吵过一次架，在有了两个小孩，还有过共同艰苦一段日子后，终于分手了，感慨颇多，难以言表。离婚后詹桂芽回家仍继续她的农村生活，相处在村干部之下、邻居当中，抚养小孩，料理家务，有空参加田间劳动。我回单位工作。之后的路一半是靠自己努力，另一半则听天由命了。双方又进入荆棘丛生的崎岖小道，为生活、为来日挣扎。

离婚手续办后，我也准备按自己承诺和调解协议书办。也把此情况告知自己已与他们商讨过的同窗好友，包括周子法、吴彩云、张金鉴等。过了近半年张金鉴给我来信，说吴彩云想把詹桂芽介绍对象，联系不上我，叫他写信转告。对方是杭州三墩镇农村户口，家成分中农，婚后户口可迁入，与她家相处不远，无子女，家仅老母，为人诚实等。我回信张金鉴，此事由詹桂芽自己决定，并把她的通信地址告知张金鉴。同时我写信给詹桂芽，由她自己考虑，如不离家我信守承诺，保证她生活安定，并把张金鉴的信转给她。

随后他们自己进行联系。据说詹桂芽与兄弟商量，他们去杭州三墩镇看了对方人家，还算可以。1968 年春节后，詹桂芽在其妹夫协助下趁我母亲不在家时搬走日常用品，携带一个 9 岁一个 6 岁的两个小孩准备前往杭州。他们到了临海城关住宿在其兄弟家时，外出到街上买衣服，遇到当时在临海教书的我外甥，把我大儿子要回，他说外婆要心痛的。因此仅小儿子随她前往杭州三墩再成家。

　　我也于次年再婚。但领导也不放过我们这个地主后代。1969年春节刚过，我携新妻来单位打介绍信去当地政府办理登记手续，并向单位领导说明她父亲为历史反革命，1954年判刑10年，刑满留场。领导即召我爱人谈话，问她我家成分地主且已结过婚，知道不知道？我爱人说知道。登记后单位速派党员宋福泉去我爱人所在地了解其家情况，这是我岳母先告诉我的。宋福泉以后也对我说：你岳母家院子种了好多花。可见他们对我警惕之高，工作的细心，我也几乎成了被革命对象，只不过因我仅是出身于勤劳节约的地主家庭而已。

第四节　地主儿我不是"混蛋"

　　1963年为支持四川攀枝花钢铁基地的建设，浙江省332地质队调到四川工作。攀枝花钢铁基地建成后，1974年文化大革命也到后期，社会各方面逐渐趋向稳定。该队人员多数为浙江人，其次为江苏、上海人，要求调回浙江。应允后，浙江省地矿厅安排他们负责台州地区地质矿产工作，主要从事黄岩五部大型铅锌矿的地质勘探。此时台州地区专署设在我老家临海县，第一地质大队的队部就设在临海。我老家和新婚夫人父母也在临海，我就要求调到在老家临海的浙江省第一地质大队工作，因都属浙江省地矿局管辖，不久上面也应允了，于1975年秋来到临海报到。

我在区调地质大队时前几年，即使因文化大革命影响生产，但还常断断续续地去野外进行地质调查。1974年我改为从事岩石矿物鉴定工作，这是在室内利用偏光显微镜鉴定送检样品的矿物名称，再根据各种矿物含量多少和互相间关系(结构构造)来确定该样品是什么岩石，并写出鉴定报告，其复杂性远比医院的生物显微镜大，是地质部门比较尖端的工种，也是地质工作的眼睛，与医院的化验单一样，是医生诊病开方的依据。我在南京大学读书时，该课程学的课时较多，在浙大还曾执教过该课程，并写过该课程的讲义（教材），有一定的基础，在区调地质大队改行从事这项工作时，一上任基本上便会独立工作。

但现调来第一地质大队，还要我负责本大队主要工程的五部铅锌矿的岩矿鉴定，这个任务很重，我要把它做好。第一地质大队岩矿鉴定的队伍不强，水平不高，我又从事这一工作仅一年，且受工作地域限制接触到的岩石种类并不多，在区调大队遇到问题可与其他老同事商量，在第一地质大队就没有这一条件。要做好工作，必须先要武装自己，且不是理论上武装，而是实践上武装，我就回到区调地质大队查看原来他们鉴定过的浙江省所有岩石样品及鉴定报告，历时四天，从早到晚一直看个不停，有疑难、有问题请教他们。在这四天辛苦下，我基本上掌握了浙江省主要岩石种类的镜下特征。

回来后我工作更有信心，矿区送来的样品我出具鉴定结果，野外地质人员都较满意，因他们要根据鉴定结果填制地质图，填制出来的地质图合理不合理，可反映出鉴定结果准确不准确。

送来要鉴定的样品，毕竟是零散取的，虽有代表性，但有限，而岩石是连续的，野外地质人员根据我们的岩石定名要绘制地质图，有的可能我们定名不准确，有的由于取样不具代表性，也有的地质人员对岩石分类，各岩石定名标准，特别一些过渡种族界限不很清楚，造成鉴定结果利用上发生差错，填制出的地质图与实际有出入，这就要做统一和提高业务水平工作。我写了《岩石分类》，特别是火山岩的分类讲稿，去五部矿区向矿区地质人员说明我们鉴定的根据。所写的《岩石分类》稿发给地质人员，人手一册，做到统一认识，以充分利用鉴定成果，填制出尽可能符合实际的地质图，这一举措效果很好。

第一地质大队除了从事五部矿区外，还有其他矿区，他们亦要送样品，虽分别有其他同事鉴定，但他们过去对浙江岩石接触不多，有些较为生疏，一般有疑难的也常来同我相讨，我的解释他们也较满意。

在第一地质大队工作一年后，1976年9月9日下午台州地区专署通知我队全体人员去专署大礼堂听中央人民广播电台广播。下午四时正，广播了中央告全国人民书，毛泽东故世了。当时我印象很深，那天天气凉了，我还穿上灰色的中山装，听后散会时一般都不讲话，不表态，沉默地离开会场，我也感慨万端。再过二十多天，包括江青在内的四人帮被抓，全国人民惊喜若狂，我也欢欣鼓舞，一个时代结束了。接着平反冤假错案，右派纠正，地主摘帽，取消成分论。在这大气候下，我也心情舒畅，意气风发，想补上过去由于出身地主家庭一再受打击，导致绝大部分时间都精神萎靡，情绪低沉，工作消极带来的不足和遗憾。

来第一地质大队一年多后，由于我工作出色，队领导免去原来的岩矿鉴定组组长，提升我任组长。这样，我除了搞好自己担负的任务外，还要管好本组其他四人的工作。首先是鉴定质量，其次是鉴定成果与野外地质人员使用要有机结合。我在任组长前所担负矿区的鉴定质量无多大问题，野外地质人员已较满意。能达到这种效果，除了我镜下的功夫外，我还对某批样品，或某段矿区的样品鉴定后写出综合小结，使地质人员有个整体概念；我也常去野外与地质人员进行交流；这样，必能绘出更符合实际的地质图。

我任组长后把自己这些措施向全组推广，不久全组人员也掀起写小结、出野外之风。这在我区调地质大队是首创，之前是没有的，在我知道的其他地质队也是没有的，他们的工作便是在收到野外人员送来的样品后，磨制薄片，进行鉴定，写出鉴定报告交给野外队即可，很少进行综合总结，也很少去野外与地质人员探讨。由于我们认真鉴定，互相检查，及时写出综合小结，常去野外和地质技术人员沟通，深得好评。1977 年 9 月国家举办质量活动月时，我被评为质量先进个人；年终我大队举行先进评比，我们鉴定组评为先进班组，且以后多年如此。

作者從事岩石礦物鑒定工作

由于文化大革命中高校停止招生，对技术人员的补充断了档，各地技术性的单位纷纷举办业余大学，我单位也办了业余地质大学，学员从工人中选拔，教师由本单位的技术人员兼任，我也是其中之一的教师。据后来任我单位政治处主任的金仁镇说：十多个兼职教师中，学员反映我的课讲得最好，能把抽象的复杂的问题简化，深入浅出，容易领会。

但是，那时我还背着地主家庭出身，是"黑二代"，是"老子反动儿混蛋"，是"可以教育好的子女"。1966年夏文化大革命初被抄家抄去的东西还存在档案袋中不还给我。我平时就不相信什么红二代，什么"老子革命儿好汉"。此时也许我优异的工作表现、我的挣扎有了本钱，1978年我再次向领导要求返还，具体经办是当时政治处主任陈秀明。他又是我过去在浙江省地质调查大队的老同事。在他的重视下，加上当时已平反冤假错案等大环境，经单位领导研究同意后，他从省地矿局我的档案中取来还我。在交还我时，他要我"加强政治学习，不断改造自己"。我对被抄家的抗争才告落幕。

当时还给我的照片，我都把它烧了。未抄去的也全部烧了。父亲的账单和被抄的日记留下。从这一角度我得益于被抄家，值得庆幸。否则在当时形势下，很可能也都毁了。1956年至1961年是我国重大的历史转变时期，在我的日记中也反映了不少我国甚至全人类空前绝后、荒唐、疯狂、悲壮的事件，有一定史料价值，现还留下也是难得，在我写《中共的土改》一书时也有一些引用，也是我人生中坏事变好事之一，我早想把它整理成书，还曾动过笔，苦于没时间，只得停下。

在中共掀起的革命浪潮中，以拥有财富多少划分出不同的阶级进行斗争，到底是推动社会发展还是为一党私利使人们走入歧途？

我在部队复员再回到回浦中学插入高三年级读书时，点名册上标有同学的家庭出身，我才知班上各同学的家庭成分。三年级有两个班，我编入高三（1）班，我班毕业时成绩第一的彭龙生，家庭出身工商业，其父母经营机器碾米业务，也属资本家。成绩第二是胡佩康，其父是石鼓村的土地主，兼开酒坊。高三（2）班读书最好的是冯涪生，家庭出身也是地主，其父在民国时代曾在外谋生，冯涪生因生在四川涪陵而得名。我班唯一出身贫农家庭的王敬佳，读书成绩不好，在临毕业前我曾亲耳听他在课堂上说："只要高中能给我毕业，大学的椅子我是要去坐坐的。"当时我校比较严，他担心不会毕业，而在1954、1955年高考招生中，是否录取家庭成分关系很大，他这话是在这种情况下讲的。但在1956年录取新生唯一的标准是成绩，王敬佳同学虽然毕业了，因高考成绩差，大学未被录取，本班 54 个毕业生中仅 6 个未取，可见他成绩之差，他以后回农村任民办教师。而彭龙生、冯涪生被清华大学录取，胡佩康被南京大学录取。上世纪 80 年代，彭龙生清华研究生毕业后在山西理工大学任教，后评为正教授；胡佩康曾任江苏省广播电视台台长；冯涪生曾任北京（华北）电力研究所所长，都是国家的栋梁。如果不划分阶级成分，王敬佳同学不是贫农出身，他就没有这张政治护身符，也许他读书会更用功，成绩会更好，可能会考上大学。

　　1980 年，在南京召开全国火山岩会议，我带着论文《火山岩分类》，参加会议，并在会上宣读。1982 年浙江省地矿局在金华举办全省岩矿鉴定培训班，请区调地质大队包永年和我去讲课。1980 年起我根据五部铅锌矿床岩矿鉴定所获得到的数据，进行整理、归纳、总结，写成多篇文章，分别在《浙江地质科技》杂志上发表，一直延续到 1986 年。其间我还陆续翻译不少英、俄文地学论文在有关杂志上发表，也有

第一届全国火山岩会议南京大学校友留影
1980 年　后排左 1 为作者

接受省厅、本队的委托翻译供内部使用的文稿。在我调到宁波后的 1965 年，有一晚我在本组同事方斌泽家聊天，遇到本队另一部门的同事，他对我说："你真会写！"在我工作过的本省区调地质大队、第一地质大队、第五地质大队及水文地质大队约 3000 多职工，400 多名技术人员中，也许我写的、翻译的文章最多。

这些，只不过是我想补回在阶级斗争年代我失去的好时光，也可说为洗刷加在我头上的"黑二代"、"老子反动儿混蛋"、"可教育好的子女"的臭名而挣扎的结果。

第五章 花岗石厂

第一节　退养决定

1984 年浙江省地矿厅对省属某些地质队作了组织调整，第一地质大队地质技术人员调入驻在宁波的第五地质大队，负责宁波、台州两地区的地质矿产工作。驻在临海的第一地质大队改称为第六地质大队，从事矿山勘探的工程工作。我因此调到驻宁波的浙江省第五地质大队工作。因我家在临海，母亲、爱人、子女也都在临海，想调到临海地方上工作，我单位不同意。因此，我也跟随到宁波，爱人、小孩的户口也迁到宁波，但她们还在临海工作或读书，年迈的母亲也还在临海。

第一地质大队地质技术人员调入宁波后，台州地区地方上的地质工作难以照顾到，为解决这一困难，宁波第五地质大队在临海矿冶公司内设了一个地质工作组。那时为适应改革开放和宁波港发展的需要，我单位主要力量投入了地方基础工程建设，地质、矿山工作大大减少，岩矿鉴定的工作量显著降低，人员有余，我趁机为照顾我家庭困难要求回临海工作组工作，领导同意了。该工作组主要协助处理地方有关单位的地质问题，如那时乡镇企业中办的花岗石厂的资源问题，白水洋镇上庄村珍珠岩矿的地质问题等。连盘（乡）花岗石厂、管岙（乡）花岗石厂人员来向我们咨询的次数较多，我以后多年协助他们工作，就是在那时认识他们的。

1986年，由于国家向市场经济发展，地质部门投资减少，地质工作也相应收缩，鼓励各单位自找门路多挣收入，如职工工作难以安排，多余人员（当时称富余人员）的处理问题，地矿部下了文件。凡50岁以上的职工可申请退养回家，基本工资照发，工龄照算，但野外津贴、岗位补助、奖金发放、级别提升，仅部分人员的工资调整等都不能享受。即使在这样优惠条件下也很少有人申请退养，他们认为在单位即使没什么工作，或工作量不多，只要你人在单位，有关福利总少不了你，工资、级别提升也少不了你，地质队像个合唱队，唱响些唱轻些都可以，一般也看不出来，混混日子没问题，也可说这是吃大锅饭的弊端。因此，申请退养的人很少。

而我则不这样认为，混日子总不是味道，有基本工资照发，基本生活就可过下去，外快挣到的则挣，不挣也无关，我来宁波后家里具体问题不少，在驻临海工作组工作也不是长久之计，离开单位后也可能闯出来做一番事业。那时我已53岁，符合申请条件，我就申请退养回家。领导开始不同意，说我是技术人员，还是业务骨干，退养主要对像是工人、一般职工，要我留下。但文件上没有规定技术人员不能申请退养，在我一再坚持下，领导也同意了。那时我们第五地质大队与驻在宁波市郊慈城镇的浙江省水文地质工程地质合并，称为浙江省水文地质工程地质大队。

第二节　退而不养

我与母亲一样也是个闲不住的人。

我回临海后，首先与同学陈明欲任校长的临海市总工会办的职工学校联系，他请我任该校夜高中文科地理课老师。我在该校任课一两年后，临海城关镇教育办公室办的高中补习学校也请我去任地理课；接着大田镇严可松办的高考复习班，请我去任地理课；不久浙江台州商业学校请我任经济地理课；我同学陈满良办的金融学校也请我任经济地理课。其中临海总工会职工学校和临海城关教办高中补习学校的地理课一直教到 1996 年我离开临海到宁波家里继续编写《石材大全》为止，有 10 年之久。

台州地区科委情报所长陈展华组织了台州地区科技人员退休协会，要我负责工业分会工作，分会举办各种培训班，先后办过电机修理培训班，（编织羊毛杉的）横机培训班等。

当时临海已办了多所小型花岗石厂，属乡镇企业，加工建筑装饰用的花岗石板材。但能加工花岗石板的岩石有一定要求，不是任何石头都可加工，即使附近山很多，找个花岗石矿也不是易事。连盘花岗石厂、管岙花岗石厂当我在单位驻临海工作组时就来找过我。现听说我退养在家，找我来帮助找寻或评估花岗石矿的人更多，如小芝镇企业办公室，椒江建材厂黄道海经理等都来找我，帮助他们寻找可锯成板材的花岗石矿，我也都前往工作一段时期，然后写了矿区地质报告。临海县乡镇企业局陈希镯局长还要我整理、提供临海花岗石分布情况及石材矿数据。我也想为老家石材事业发挥我所长，为家乡工业建设作些贡献，都认真对待，积极工作。当时已调到浙江省地矿厅工作的前区调地质大队副大队长、我的老上级吴献文来台州地区及各县矿产资源办公室检查工作，说我的矿区地质工作报告写得最好。

第三节 花岗石厂

我退养在家后，来找我帮助最多的是连盘花岗石厂厂长徐吕春及该厂人员和管岙花岗石厂厂长陈德亮及该厂人员。

他们两个厂最初是联办的，因相距较远，以后分开办，但物资、信息还互相调剂分享。我也多次为他们找石材矿。连盘厂附近几座小山他们带我都去看过，都不能作花岗石板材矿开采。管岙厂附近山上有一个面积3-4平方公里的平台，当地叫兰田，平台上有几十个村庄，一个乡建制，土地较肥，主要种植茶叶、番薯等甘旱作物，地上不时露出黑色岩石露头，他们要我去评估是否可作花岗石板材矿开采。

我去看了后，这是玄武岩，属基性岩浆流溢地表所至，所以形成平台，如厚度大，柱状节理发育，且节理间距大，球状风化不明显，有一定储量，岩性稳定，1立方米以上块度荒料有达 50%，可作石材矿开采。如福建福鼎县的福鼎黑花岗石便是玄武岩。但兰田的玄武岩厚度不大，球状风化严重，柱状节理间距小，块度一般都仅几十立方厘米，微裂纹发育。他们把大块取来锯板，锯成毛板后有的即裂开，有的在磨平打光后裂开，即使光泽度较高，色泽纯黑，但大块板材难以取得，不能作石材矿开采，希望落空。但我给他们这一说明，他们中止了在兰田的开采工作，减少损失。他们只好到外地采购花岗石荒料来加工。即使我没有为他们找到石材矿，但这样来来回回，关系较为融洽，他们对我的诚意，认真工作颇有好感，似乎他们厂的命运也系在我身上了。

协助连盘花岗石厂采购机器设备的黄忠海中途携资离开，他是我高中未考取大学的同学，我也为他们感到遗憾。这样对这些农民兄弟有似雪上加霜，我应力尽所能给予帮助。连盘花岗石厂开工生产近半年后，四个销售人员一点产品也没有推销出去，资金周转困难，生产停顿，又来同我商量，要我帮助解决。我认为当前是销路第一，与他们相比，我外边的人事较熟，见识也较多，我就背着样品去各地为该厂找销路。

我在浙江省地矿局下属单位工作时，认识了在浙江省地矿局地质处工作的临海老乡杨文宗，接触多后，听他说其爱人也是临海人，在浙江建筑设计院工作，但我不认识她。我就去杭州找到住在地矿厅宿舍的杨文宗家，并与她爱人见了面，简略地讲了一些情况后，我就把随身带来的"孔雀绿"（产自临海车口村）等几种花岗石板样品给她看。刚好那时她正在设计金华一个建筑工程，她留下这块"孔雀绿"样品，说是否采用要与甲方商讨后才定下，再通知我。

不久，她来电说决定采用，我就带连盘花岗厂销售员前去订合同，用量200多平方，单价210元/平方，交易额4万多元。合同订后先付来一半的预付款，厂方即开工生产，并按时交货，对方也依合同结清账目，按时付款。第一炮打响，厂方信心大增，要我再为他厂出力。

临海第四建筑公司是临海城乡接合部的东湖村主办，凭着占地优势，工程多，力量强，我同学庐平治

作者與前連盤花崗石廠廠長徐呂春（右）合影2020年

在该公司任总工程师，我有时到他办公室坐坐，但不是请他拉花岗石生意，他原是右派分子，1957年在北京钢铁学院读书时说，颐和园的花盆中花的名称为什么只写俄文不写中文？上面说他破坏中苏关系而划他为右派。由于他有这一痛苦经历，不愿意参与经济事务，我也体谅他这一处境，不托他接业务，仅要他向我提供些工程信息，以便我可直接找该工程负责人。找得较多的是李宏治，其次为姚仁森，陈光荣等经理，并接来业务，李宏治较多，几乎四建公司所有的花岗石板材业务都是我

承接的。这些工程负责人我过去毫不认识，以后也就成了生意上的朋友了。

临海还有其他的建筑公司，如台州建筑安装公司，临海第一建筑公司也都是较大的公司，我都同他们有关领导或技术人员打过交道，常送样品到他们处，也有业务来往。有时看到某一较大的建筑工地，我也不知道哪个公司承建的，我拿着标本找他们工程负责人，如临海烟草公司大楼、临海中医院等，就以这种方式成交业务的。

1967-1968 年期间，临海本地建筑公司承建的工程，其花岗石业务基本上都是我承接。正由于我有这一优势，1989 年建造临海粮食大楼时，在我未接来该大楼花岗石业务时，佐溪花岗石厂厂长来到我家，说他想要这一业务，叫我让给他，可见当时临海在花岗石业务上，我的影响之大。

但临海毕竟是小城市，用量有限，我还要到外边跑。宁波、杭州、上海等不少建筑公司，我都有过接触。我凭着自己掌握的岩石、地质知识，向对方讲述该品种的性能、石材知识，对方大都很感兴趣。有次去上海大理石厂，厂长江尧璐接待，我把产品一一介绍，他还问了我一些问题，我的回答他非常满意，特留我吃中饭。

临海周边小城市我也不放过，如黄岩县第三建筑公司、仙居县建筑公司，我都前往争取业务。

我凭着自己的勤快，负责和了解的知识把他们的产品一一推销出去，1987-1989 年临海连盘花岗石厂几乎全部业务和管岙花岗石厂的大部分业务，都是我承接的。

我联系业务，承接业务，一般不用电话联系，因初次打交道，彼此不了解，故都是我上门交谈。那时还有公共电话本，我就按电话本上的地址去找，再问公交车路径，公交车到站后去该公司往往还有一定路程，我就步行，直至找到，够吃力的。如上海大理石厂，位于龙吴路 288 号，乘公交车到徐家汇天钥桥站，以后就靠步行了，当然累。上海大理石厂的产品其原材料都是外地供给的，我去那里的目的是争取与他建立协作关系，给他们提供某种产品或毛成品，做到双方有利。

这两年我为他们两厂的生存，确是埋头苦干殚精竭虑。

在我为他们打开销路时，也培养他们自身推销能力，如第一笔杨文宗爱人推荐的金华这笔业务，对方决定采用我送的"孔雀绿"样品后，我带连盘花岗石厂推销员陈田考去杨文宗家认识其爱人，打下以后他们自己接业务的基础，其他有业务关系的建筑公司，在交货、结账时他们花岗石厂人员也前来参与，逐渐认识建筑公司领导或项目负责人，1989 后年起连盘花岗石厂自己已可接业务，管岙厂也有销路管道，我逐渐退出。

当初我想为家乡的工业建设发挥余热，为这两个花岗石厂的生存东奔西跑，确是全心全意成果累累。同时也掌握了一些石材知识和了解了该行业有关情况，打下了我以后编写《石材大全》的基础，也可说："好心必有好报"。

第六章 编写《石材大全》及成功

　　本章有 100 多个页码，占全书的三分之一，说得较为细琐。正由于有这些细琐，才能使得该书取得异常成功，读者反映很好，我也被百度收入搜索名单中，一版再版。常有人对我说：像你这样写书、卖书、吃苦耐劳、走遍全国，全中国可能只有你一人。我把这些"细琐"写在书上的目的是从这些细琐的小事中看出我办事风格、敬业精神，取得成功的原因，也诠释了为什么说"可能是全中国只有你一人"的评论。但我还是黑二代的"可教"子女，不过"教"我的是我地主母亲。因此，也契合了本书的主题，证实了应克复先生的观点——富有家庭出身的人就是好出身。

第一节　编写起因

　　我退养后从事花岗石业务过程中，，总感到接触到的有关人员石材知识较贫乏。在我未退养前我单位情报处组织有关技术人员翻译了一本《国外石材资料汇编》，其中有几篇为我所译，情报处送了十多本给我作酬谢，该书都被上述有关人员要去，可见他们对石材知识的渴求。但我认为这本汇编不系统，不实用。

　　我在单位从事岩石矿物鉴定工作。岩石矿物种类繁多，为了地质人员能充分、恰当地利用我的鉴定成果，我常写些通俗小册子，如《岩石的分类和定名》、《岩石手标本的识别》等，人手一本，给他们具体处理时参考，效果不错。现我在石材界结识的新同事、新朋友，他们的石材知识都比较贫乏，都渴望提高，我为何不发挥自己所长写些资料给他们看看呢？当初就想，像在地质队时那样写十多页《石材知识》的打印稿给他们看看。

1990 年，友人李勤华说他的气象局同事杨齐聪编了农用历书（民间称《通书》），需人帮他推销，问我是否可承担一些？我说可以试试看，先拿来 500 本，不久就卖完了。我又陆续从李处拿来，根据临海农村各个集镇集市的日期，我逐一安排去卖。临海市东乡有东塍、大田，南乡有筱溪、尤溪，西乡有白水洋、双港、张家渡，北乡有河头、石鼓桥头等集市，城关也有农贸市场、小猪市场，还有近县的黄岩、仙居等城关农贸市场等我都去卖。下午常去这些集市的公车站向候车的农民兜售。趁他们在候车的空闲，我给他们讲讲阳历、农历的来历，清明为什么都在阳历 4 月 5 日或其前后，月亮为什么有圆缺，潮水的形成和时间推算，四季的变化，为什么会下雨、下雪等等。他们经我这么一说，会买一本。我也有委托商店代销。1991-1992 年每年春节前后两个月都推销了一万多本。

我想，我都可以为别人推销书籍，为什么我自己不写一本书来推销推销呢？石材是当时的新兴产业，我国发展也较晚，有关的书籍奇缺，资料也很少。我从事地质工作几十年，即要正式退休，身体还健朗，有余热可发挥，我想还是可以编写一本石材方面的书。这既是满足社会的需要，为国家做些事，也可以此来发挥我的"余热"，就这样，我开始干起来了。

第二节　寻求合作

我拟了石材书稿目录，寄往较熟悉的地质出版社。其回复是："内容很好，有理论有实际，又有独创性，欢迎在我社出版。"随后告知出版费用：20万字以下的2万元，不足20万字按20万算；每增加10万字再增8000元，不足10万字按10万字算。我拟写30-40万字，单出版费就得3万多元呢！除了资金外，还要有业务水平，我从事地质工作，侧重岩石矿物鉴定，对石材行业其他业务是外行，特别是加工工艺及机械设备均很陌生，即使在石材厂有所接触也仅是皮毛。征集数据和筹集资金必须要有威望和可信的单位发函，要有财务挂靠，因此必须寻求合作。

在人事合作上，我首先确定的合作伙伴是罗长芳。我原先不认识他，只是从《台州日报》上得知他是近县温岭人，在温岭、上海等地从事石材工作，有"石材大王"之称。在我为连盘花岗石厂推销产品时，承接了临海烟草专卖公司的一笔业务，需用黑色花岗石板材，还要负责安装。我冒昧去温岭县他的单位找他，恰好他那时在家。在接待我时，他说话很中肯，知识面广，因此产生了上述念头。他原是个石匠，从事的工作主要是手工加工石材制品，如石凉亭构件、各种毛面石材等，近年来主要在上海从事花岗石板材安装。他从事石材工作已有４０多年，承接并完成了上海一些较大的石材工程，经验丰富，结交石材界人士较广，据他说，国家石材协会会长宗本木专门来温岭看望过他，可见他蕴底之厚。

临海市烟草专卖公司的石材安装业务请罗长芳单位承担，他来临海指导，我们又多次见面交谈，我看中他作为我写石材书的伙伴。之后我又去上海征求他的意见，

作者与罗长芳（左）在上海

那时他在上海外滩承担建造上海解放纪念塔及外滩防洪堤任务。我到工地找到他，交谈之后，他表示支持、接受。

财务挂靠单位的寻找不顺利。我所在单位直属浙江省地质矿产厅，我是厅属科技干部，与厅中人员交往较多。省地矿厅资料处下属有个情报室，情报室负责人是吴明耀，具体经办人是孙荣水。在黄岩五部矿区会战时，吴明耀曾与我一起工作过，我就找他，想挂靠他处。经商谈，他同意了，以他情报室的名义发函收集资料、征订、广告。汇到他处的款项，他们收取５％的管理费。我发函后收到一些回信，也有汇来预订款。如四川成郡双流县四川省大理石厂、山东博兴华兴企业集团公司等。但不久吴明耀调走，情报室由资料处处长吴联星兼管。

吴明耀提出与我结清以往账目，之后的事由下任另行处理。那时该书定 30 元 / 本，他按 5 ％收取费用后全部领来归我，总共也仅几百元钱。这是 1994 年冬至 1995 年春的事。

资料处处长吴联星也曾与我一起在临海浙江省第一地质大队工作过，他当时担任大队政治处主任，1962 年毕业于浙江大学地质系勘探专业，说来我们还算是师生关系，但我没教过他的课。后来他调到浙江省地矿厅担任资料处处长。我与吴明耀结清账目后找吴联星谈，想继续挂靠，按原来的约定收取费用，书出版后在序言中写明浙江省地矿厅情报处承办，并聘请他为编委会委员。吴联星不同意，怕该书出版不了牵连到他们。他还说："你不自量力，你们能编写出《石材大全》吗？"我再三恳求，他仍不同意，他的话深深印在我脑海中，至今不忘。

想挂靠在浙江省地矿厅科技情报室失败之后，我得再想办法。改革开放后的 20 世纪 80 年代，浙江大学地质系又恢复，改名为地球科学系，简称地科系。有些老师是原来我在浙大的同事，想同他们商量，是否可与他们合作，挂靠浙大地科系的牌子，这样容易得到石材界和社会的认可。在寻求经济赞助、征订和去外单位收集数据也须介绍信，这些都需要公章。如有赞助、征订，需提供银行账号、开出收据等，因此财务上也要进行挂靠，要有一定的权威性。我认为浙大地科系较合适。现该系的茆德俊老师原是我 60 年代在浙大任教时的教研组组长，我找到他在省地矿厅宿舍的家里，同他商量。他向我提供了一些情况：浙大地科系研究生毕业的汪恒定，宁波人，现在宁波从事花岗石工作，曾担任过宁波花岗石厂厂长助理，提议我去找他，并告知了汪恒定的电话号码；系里黄智才老师办了个浙江大学大地科技开发公司，他可代我向黄智才联系有没有这一意向。

　　我回宁波后找到汪恒定，交谈后他表示愿意参与。过些时候茆德俊老师回话，说黄智才也表示参与。这样，人员班子比之前有扩大，经多次联系，为汲取挂靠浙江省地矿厅情报室仅口头讲定导致失败的教训，决定在浙大地科系开会签个书面协议。１９９６年６月，我们几人在浙大地科系第一次开会，汪恒定和我都从宁波赶赴杭州浙江大学。罗长芳说很忙，能来则来，来不了我们定下后他都认可，并请茆德俊老师参加。我们几人经商讨后，签了协议。协议全文如下。

《装饰石材实用大全》编、撰、审稿（发起）人协定

　　为本书顺利出版，充分发挥各人作用，特制定本协议，并共同遵守。

　　一、资料

　　1、除罗长芳工程师承担的《毛面石》一章外，其余几章初稿均已写成。

　　为此要求罗长芳在八月底完稿，不久前发出征集数据函件和听取有关专家意见后，要进行增删和文字修饰。除《安装》这一章由罗长芳负责补充外，其余章节均由蔡行来负责，必须抓紧，不得影响出版工期。

2、图件清绘、誊稿，分别送审、校对（3~4遍）、定稿签字均由蔡行来联系负责。

二、资金

1、开支：

（1）前期费用：自1992年至1996年5月，包括收集、购买资料及联系等差旅、印刷目录、函件、复印、电话、稿纸、誊抄、劳务（包括自1996年6月至该书出版）的开支，由于此阶段互相间即使有接触，也表示过经济上给予分担，但未明确关系，一切均由蔡行来支付。为告一段落，便于以后合作，此阶段费用折算为1.4万元。

（2）付浙大出版社1.4万元。

（3）印刷费（数目待定，分期支付，印数不少于5000册）根据合同支付。

（4）后期辅助开支：绘图、送审稿、审稿费、联系、资料完善、校对、誊抄、发行广告、有关函件等。

2、筹资（出资）起点数为12~14万元，分担如下：

1）蔡行来、黄智才6~8万（包括蔡行来已用去的前期费用1.4万元），由大地公司发函筹集的资金为蔡、黄共集，各分享一半。

2）罗长芳筹资3万元。

3）汪恒定出资3万元。

其间比例为60（蔡、黄）：20（罗）：20（汪）。如有集资数超过上述的，每超1万元，奖励500元（或以书抵）。蔡、黄超过8万元起奖。汪恒定的3万元8月底前汇至大地公司。

3　资金管理　所有集资或出资的资金一律汇（寄）至大地

科技开发公司，并开出收据，由大地公司负责管理，未经集体研究（包括电话咨询）同意，不得使用。

三、成果分享

1　以该书定价的 70% 按 30（蔡）：30（黄）：20（罗）：20（汪）之比例偿还集资款，如各人集资数有超出或不足则按实际偿还。

2　利润分成：余下的书放大地公司出售（该书暂定价为 60 元），售出收入除大地公司扣除 8% 的管理费外，其余按 40（蔡）：20（黄）：20（罗）：20（汪）之比例分成。为加快发行，早日回收资金，上述人员也可按分成比例提取部分书自行销售。

3　在大地公司未售完之前，抵作集资款的书不得放大地公司销售。

四、其他事项

1　浙大出版社合同、印刷单位合同由大地公司（黄智才）签订。为减少开支，便于校对和质量监督，在印刷厂价格不高于其他厂、质量不低于其他厂的前提下放在台州印刷厂印刷。为此书需要与外单位联系的，大地公司给予开介绍信，与外单位签订筹资等协议也由大地公司出面。

2　编辑过程中有关数据等得到多方面的支持帮助，出版后蔡行来无偿提取 50 本作为赠送用书。

3　此协议请苬德俊教授必要时进行协调和监督。

4　协议召集人和日常工作联系人为蔡行来，黄智才协助。

5　由于协议参加人员工作地点相距较远，其委托人可代为办理，并负相应责任。

6　协议一式五份，除有关的签字人蔡行来、黄智才、罗长芳、汪恒定各执一份外，另外一份交茆德俊教授。协议签字齐后生效。

协议人（签字）

罗长芳　　汪恒定　　黄智才　　蔡行来

1996 年 6 月（签字完毕为 1996 年 7 月）

协议签订后，我们即去浙江大学出版社。因我早已询问过，这次去主要是落实一下。出版社应副社长接待我们，与先前的表态大不相同，说出版社要收取 5 万元管理（书号）费，赠书 120 本，印刷费另算或由我们自行联系印刷，该书完全要靠我们自己发行。因价格缘故，我们没能谈拢。在我乘 16 路公交车离开浙大不久（车开到第三站黄龙洞附近时），这位副社长来电话给我，说管理费可降到 2.8 万元。我想，一下子变化这么大，降了一半，水分可不少，也没答应。不久，汪恒定依约将 5000 元启动费汇到大地科技开发公司。

1997 年 1 月底临近春节，我携带汪恒定的签字条去黄智才处领这 5000 元。

"智才：今蔡行来老师来你处，望想办法解决 5000 元（伍仟元整）人民币，因《石材大全》一书打字费用急需。

汪恒定 1997－1－28"

我前往杭州向黄智才提取。黄智才说现手头没有资金。我问汪恒定这 5000 元呢？他说已暂时用到别处了，并随手交给我几封我以他公司名义发的回信，如山东邹城大律石材厂、山东莱阳大理石机械厂等。我有意见，认为根据协议应专款专用。后来催了多次他仍没给，我还向汪恒定反映。后来黄智才把这 5000 元退回给汪恒定。黄智才对参加出书不感兴趣了，彼此也没来往，但关系还未解除，我仍继续收集资料，继续编写、补充、修改。

1997 年秋，初稿已出来，共有 13 章、10 个附件，200 多万字。但主要出版经费和出版社、印刷厂都还未落实，与浙江大学黄智才的关系也未了断，我还想争取黄智才参加。1997 年 10 月 15 日，我带上印好的书稿和汪恒定一起自宁波去杭州，并约同茆德俊教授参加，同黄智才再次商谈。我们在当时已搬至浙大附中附近的大地公司会面。经一个上午商谈后，黄智才表示愿意参加，即愿意出资。但他提出的出资数目和条件我未完全接受，待下午再议。

午饭后，茆老师上楼休息，汪恒定和我在楼下休息，黄智才有事出去了。我没休息好，回到办公室看看书稿，突然发现第三章（饰面石材物化性能测试及送样要求和有关说明）、第九章（饰面石材湿贴安装）、第十章（饰面石材干挂安装）、第十一章（毛面石材）这四章的书稿不见了，东找西找都未找着，问茆老师和汪恒定，他们也不知道。这四章上午大家都翻阅过的，怎么现在不见了？其内容也是该书的精华，在其他石材数据中没有较完整的系统的深层叙述。特别是第三章，这一章完全是我根据自己深厚的地质知识和物化基础及长期从事岩石矿物鉴定的经验写成，阐明石材性能与物化测试的关系和各种测试方法及彼此内在联系，是其他书籍和刊物中见不到的。第十一章是罗长芳根据其 40 多年的实际操作经验写成，都是石匠师傅的手工活，过去有口传但未形成文字，也是别处难找的。第九章、第十章的安装，特别是干挂安装在我国刚起步，因用传统的水泥浆湿贴安装，时间久了水泥浆外溢，外观很难看。为避免这一弊端，近年来采用钢架支撑，花岗石板打孔，用不锈钢干挂件挂固在钢架上，但技术复杂。我收集了许多的资料，汇整后交罗长芳修改补充而成，还介绍了他主持的上海几个有名的大型建筑石材干挂安装的操作和经验，是我国当时石材干挂的顶尖技术资料。

这几章资料丢失了，这个书就大显逊色。如有人抢先发表，我们就前功尽弃。这种事在科技界时有发生。我心急如焚，感到问题严重，但毫无线索。不过想到黄智才刚出去了，此事似有疑点，只好等他回来。我坐立不安，无奈之下，到附近浙大路曙光新村商贸区街上溜达，目的是解解闷，无意中在一家复印店内发现了该书丢失的几章稿件正在复印。当然是黄智才放的，但黄智才不在。我问复印店老板："这是谁放在你处复印的？"旁边一人说是黄智才叫他复印的。我很反感，叫他停下，拿回稿件与他一同返回大地公司。

在黄智才回来后，我向他发了脾气。我说："你要复印先征得我同意，现书未出版，你复印去如人家抢先发表，就坏事了。"他说自己公司承接了浙大大门的干挂安装，需要这些数据。他的说法有明显的漏洞，若他确实需要我书的干挂数据，先与我打一下招呼也来得及，更没必要复印第三章、第十一章。他无法说服我。我要他写个书面材料，保证在我书出版前，这几章内容不能抢先发表。他在茆德俊老师和汪恒定面前也感到羞愧，写了如下证明：

证明

由蔡行来先生主编的《装饰石材大全》一书第三章、第九章、第十章、第十一章，于1997年10月15日中午派赵良庆同志去复印。因该书尚未出版，怕造成出版前技术泄密（有关前述这四章内容），特出此证明。以后如发现经本人之手造成技术泄密（在书出版前），一切责任均由本人承担。原件及复印件已于当时交还蔡行来本人。

此据

黄智才
1997-10-15
浙江大学大地科技开发公司印

经这么一意外事情，加上上次黄智才挪用汪恒定已交的出书款，我对他缺乏信心。他原想参加的目的是对他日后助教升讲师职称有用，但又怕书出不成，投资落空，犹豫不决。经这么一来，也感到没趣，我也感到不宜与此人合作，最后大家不欢而散。我们白跑一趟，希望全部破灭。

与浙大黄智才合作失败后，我找到了浙江省石材工业协会秘书长孙其陆。之前因为收集资料我曾主动上门找过他多次，几次参加省石材工业协会年会也有所接触，他对我也有所赞扬。他说挂靠他处可以，但编著者的署名要写为：浙江省石材工业协会编，具体执笔人写在序言中，我没接受，此事未谈成。

之后，我回宁波本单位——浙江省水文地质工程地质大队，想找财务处处长薛禹群商量，是否可挂靠队上。她与我同住一幢房。有一晚上找她交谈，她说挂靠财务不行，单位每年财务进出有几亿，叫我找单位工会，工会也有银行账号。我想以一个地质队工会的名义出一本《石材大全》不合适，未去找。

我女儿宁波大学毕业后在宁波市科学技术协会工作，我问她是否可代我联系一下挂靠他们单位。经她与单位科学技术咨询服务中心主任陈君联系，说可以。随后我去该单位与陈君签了协议。他们作为《石材大全》出版的承办单位，我以《石材大全》编委会名义盖上他们单位公章发函征集数据、征订，利用他们银行账号收取款项，他们后来还专门给我书的经济往来开一个银行户头，为我配备了财务人员，这是我书能顺利出版的关键之一。这时已是 1997 年冬了。挂靠单位落实在宁波市科技协会后，我就放开手脚做后续工作。1997 年冬，我与吉林科技出版社签订了出版合同；1998 年春，与杭州三墩浙江省地质测绘印刷厂签订了印刷装订合同，书稿也基本定稿，该书的出版只是资金和时间问题。这些工作的完成也大大推动了资金的解决，合作者、赞助者感到投资已有把握，许诺会兑现。

不久吉林科技出版社寄来了准许出版批文。我也利用这一形势，再把新目录印成小册子，附上出版批文和印刷厂合同，与征订函一起，发往全国有关单位征订，并免费刊出其单位名录，书款按宁波市科学技术咨询服务中心账号汇寄。前后发了几次函件，最后一次为"请核对已收集的名录电话号码及征订"函，应订的不少。先后印刷了 2 万个落款为本书编委会的信封，全部用完。因我没时间写信封，常请人代写，都给些报酬，较大一笔是朱辉，我给了她 500 元，当然只是表表心意而已。每次发信大都有 3000～4000 封，绑在自行车上多次去邮局投寄，为减少邮资作印刷品处理。但信封须开口交邮局检查后才可封口。几千个信封用手工封口确实费时，幸好常得到来邮局办事的好心人帮助封口。

我与宁波科协咨询服务中心的合作较为顺利，一直延续到 2010 年还有经济来往。他们地点也在宁波市区，交通方便，来回花费时间少，银行也在附近，效率高，几十万元资金通过他们进出，随到随取，从未发生过争执。当然，此事得益于现在美国的女儿牵线和宁波市科学技术咨询服务中心陈君主任及张洪洪、楼积云、陈毓华等同志的合作。我有时也认为这种结果是母亲在天有灵，好人必有好报。

该书初版 220 多万字，16 开，1500 多页，5 斤重；修订再版有 250 多万字，大 16 开，1500 多页（其中 128克纸的彩页有 160 页），7 斤重。这两本书的扉页上均写着：承办单位宁波市科学技术咨询服务中心。他们也感到自豪。除给他们每人都有赠书外，当上级领导来检查工作时，他们也出示该书，作为其工作成果之一。特别是再版书，陈毓华等领导在称赞之余，某某领导来检查工作或开会，也常来电叫我送书赠送。一送再送，送了不少。

罗长芳、汪恒定两位同行，到该书出版前都仍配合。因他们本身业务忙，我也不苛求他们。出版后我也给他们远大于协议所约定的回报，做到了皆大欢喜。

第三节　收集资料

工具书的实用价值，关键在于数据的广度、深度和新度，因此收集数据是重中之重。《石材大全》一书的资料是当今石材界所需的，到哪里收集，这是摆在眼前的问题。首先必须通晓一般石材业务，了解行情，找出重点，掌握已有数据，在原有基础上提高，然后拟出编写提纲。我仅在石材乡镇企业断断续续地协助过办工厂，似蜻蜓点水、雾里看花，见过基本的、简单的生产线及其简单操作，推销过一些石材产品而已，虽然懂些地质、岩石知识，但石材业中不是重要部分，与编写工具书的要求可以说相差十万八千里。因此，我必须先学习，掌握业务，才可下笔。于是我采取了下列一些措施：

1、订阅《石材》杂志，购买石材资料、书籍。

国家石材工业协会等单位出版的《石材》杂志，是全国唯一的权威性的石材杂志，介绍了石材科技、行情等内容，我都长期订阅。有些石材产业较发达的省份，也自己出版石材杂志,如浙江省石材工业协会出版有《浙江石材》，山东省、福建省、广东省、四川省等石材大省也有此类刊物，我也去购买。石材杂志社等出售或介绍的其他石材数据、相关书籍，我都设法买来。我在《中国建材报》和《建材》杂志等有关书刊中摘取有关石材数据，也去图书数据部门和有关单位收集。给我留下深刻印象的是，在本系统浙江省地矿厅图书数据室收集数据时，原来与我同在省第一地质大队工作的资料处处长吴联星要我付１０元资料费。这也是我收集资料过程中唯一一次遇到要付费的情况。

2、参加各种有关石材会议。

石材会议是石材界顶尖人物聚集的地方，参加这些会议可了解当前石材产业的动态，可得到各种资料，可熟悉有关人员，并与其联系。大约从 1996 年开始，我就多次参加浙江省石材工业会议，与浙江省石材工业协会领导建立了良好的关系。每次开会我也带去一些征集数据等的信函，在会上散发。浙江省石协秘书长孙其陆常在会上赞扬我，有次他在大会上说，老蔡退休后拿 500 多元退休金，还孜孜不倦地写《石材大全》，要大家积极支持提供数据。孙其陆是我之前从未谋过面的人，我要写书主动上门去找他，自我介绍，寻求支持，能得到这样的效果已很不错了。1997 年 4 月，我参加了在福建泉州召开的全国石材工业会议，会上认识了中国石材工业协会和其所办石材杂志社领导人，并保持了良好的关系和工作联系。如石材杂志社社长兼总编辑李运璧对我出书多次来信，提了很多宝贵意见。

3、去石材产地和主管石材机构实地考察和收集资料。1997年下半年，《石材大全》初稿写成，我到著名的石材产地深入石材矿山、石材加工厂、石材机械厂和石材主管机构实地了解，并收集资料，会见已有联系但未曾谋面的石材专家。我到过的地方有江苏宜兴张渚大理石矿，与宜兴大理石总厂总工程师吴道夫会面；南京花岗石有限公司，与总经理丁立会面；山东济南华山"济南青"花岗石矿山；山东博兴华兴石材机械集团，与厂长刘忠泉会面；山东莱州港华石材有限公司，与董事长曲华民会面；山东莱州西由镇莱州山发石材机械有限公司，与厂长刘书熬等人会面；青岛平度甲林石材工艺公司，与石材机械总工程师姜华九会面；与山东荣成石材集团总公司总经理王瑞奎会面；与青岛大理石厂厂长会面；与北京国家建材局内中国石材工业协会及石材杂志社领导毛云章和李运璧等会面。路线是杭州—宜兴—南京—济南—天津—北京—沈阳—大连—烟台—荣成—莱州—青岛—平度—博兴—杭州—宁波。

除上述提到的石材厂矿外，还参观一些石材市场。历时两个多月。另外，本想拜见并争取邀请全面管理国家石材行业的石材协会副会长兼秘书长张文波，将他聘为顾问，他说没空，未（拒）见。以后听说他同别人讲，写此书的单位和个人很多，太烂了，万一出版不了或质量不高，影响不好，还是不参与好。

4、上门或发函石材专家征集数据。

经上门或发函给我提供较重要数据的学者、专家、管理机构的负责人主要有：浙江大学教授茆德俊，武汉工业大学教授汪承林，福建省建材总公司秘书长叶立鑫，广东省石材协会秘书长古国兴，广东省建材地质总队高级工程师林警伦，广西壮族自治区石材协会秘书长潘积健，四川省石材协会秘书长李定宏，安徽省石材协会秘书长任乃军，云南省建材行管办主任王嘉杰，山东省石材协会秘书长周克继，浙江省石材协会孙其陆、肖象青，以及秘书长姚志权，浙江省地矿厅情报室工程师孙荣水，江苏省地矿厅副厅长明晓寰，江苏省建材局处长吕心忍，山西省地矿厅总工程师张铁成，北京石材公司主任宋希义，新疆石材协会秘书长田文国，青海省建材局处长徐金娣，中科院贵阳地化所研究员李惠文、田元江、池家祥、裘愉卓，四川雅安科委方士溯高级工程师，江西上饶石材协会主任刘宗泉，广东东莞环球石材集团郭侃良先生，广东东莞东成石材有限公司喻红安小姐，浙江省建材地质勘察总队马有福、邓越征高级工程师，浙江省工程勘察院高级工程师方斌泽、王志超，浙江临海市第四建筑公司卢平治工程师，浙江台州矿产管理局工程师梁军等。内蒙古自治区、湖南省石材协会也提供了数据。

5、利用分散在全国的同学、学生、友人收集资料。

我在浙大任教的学生、武汉中国地质大学讯息学院池顺都教授，河南信阳市中国建筑材料工业地质勘查中心河南总队总工程师岳可松，江西地质３３２队总工程师吴金水，南京江苏地质调查队高级工程师马云海等；高中同学有彭龙生、余献坤、李时敏、张雨卿、冯涪生、程明兴、金刚、邵明治、张金钟、高伯龙、李凝芳、杨德祥、胡佩康；大学同学有马谦、翁金桃、刘洛图、张惠堂、戴延龄、曹钦臣、朱凝莹、吴遇安、左国朝、孙庆和；友人、老乡有李雅君、蔡周利等，在洛阳工作的初中老师陈松林先生也给我寄来资料。

在发函给我在浙大任教的学生、河南信阳市中国建筑材料工业地质勘查中心河南总队总工程师岳可松时，该单位是从事石材矿寻找、评估、勘探单位，我把已收集的河南省石材矿资料寄给他参考，请他修改、补充。他回信竟说我们掌握的资料也没有你多。

为收集资料，除亲自去索取外，先后发出的函件不下十种，现列一份征求石材矿资料的函件刊出于下：

征集资料函

＿＿＿＿＿＿省县（市）矿管处（建设局、乡镇企业局）：

为有利开发贵县（市）石材资源和充实本《大全》数据，敬请填写你处已开采或已做地质工作的石材矿山有关资料。并请寄回：浙江省宁波市宝善路206号《装饰石材实用大全》编辑部蔡行来收。邮编：315010，电话：0574－7118576 谢谢合作！

石材品种	产地	主要特点	岩石名称	联系人	联系方式

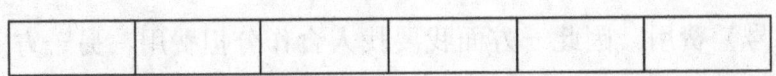

我知自己石材知识浅薄，想尽办法收集、消化、吸收，边学边干，如我母亲为了发家致富，想尽办法多种经营，养母猪、做垂面、开小店、酿酒，都是边学边干。虽然我和她所处的时代和所从事的工种不同，但开拓进取、精益求精的精神是一致的。以上事情当然需要经济开支，那时我退休工资５００多元，要负担家庭生活，小的孩子还在读书，也无别的经济来源，仅靠合作者汪恒定当时已支持的５０００元当然远远不够，因此经费相当困窘，能节约的尽量节约。出差吃的是几元钱的快餐；住的大都是２０～３０元的小旅馆，多次住地下室，乘坐的交通工具选价格最低的，在市区从未坐过的士。

第四节 具体编写

我从 1990 年开始酝酿思考该书，稍后动笔，1998 年 9 月进厂印刷前还在修改。其间分两个阶段，1991 年至 1996 年 9 月在临海家中编写，1996 年 10 月至 1998 年 8 月移至宁波家中编写。

1990 年最初想写石材书时，我只是想写本小册子发给石材界人士参考，毕竟我干过石材，深感这"农民行业"从业人员石材知识的贫乏。我没写过书，也想尝试一下写一本。把目录寄给北京地质出版社，其回信说内容很好，欢迎在该社出版，并告知要相当多的出版（书号）费用。因此一方面我要找人合作分担费用，另一方面按已拟的目录着手编写。因当时计算机未普及，我也不会运用，一切都用手写，其艰苦程度可想而知。

自 1986 年内退回临海后，我在社会上干些工作，一方面可通过参与社会活动，融入社会，充实生活；另一方面可增加经济收入，改善生活。有在市总工会职工学校、城关高中补习学校、台州商业学校、高中考大学的高复班等学校任课，也参与举办各种学习班，有时还从事经营活动，还曾与人办过针织厂。虽早期曾协助花岗石厂工作过，那时已基本中止，但他们还不时来找我，因此相当忙碌。编写石材书稿只能抽空进行，时断时续，但也是分秒必争。如 1995 年春夏我患肝炎住院 75 天中，我在床上仍坚持书写。1996 年夏秋，民主促进会临海市委几个人邀我参创办职业学校，我积极投入，办成后他们为争经济利益，串通民进临海市委与中共临海统战部党派科联合以种种卑劣手段把我排挤出来，败得相当惨烈。在压抑下之中为雪耻，1996 年 10 月我去宁波家中集中精力埋头编写，以成果来显示我的能力，也实现了我想干在干的事，一定要把它干好的愿望。

去宁波家里编写，临海的社会兼职当然一概辞掉，本已紧张的经济更显窘迫。写书的有关开支也逐渐增大，风险也陡升，对在临海的家人也不能予以照顾，这些都是原来没曾想到的。但我仍尽力排除社会事务的干扰，集中精力聚精会神、甚至废寝忘食地写，或干些与此有关的事，每天工作时间基本上都在 12 个小时以上。常是

作者在宁波家中编写初版
《石材大全》

写到深夜 12 点，早上 6 时起床后又接着写。连上厕所也舍不得多花时间，有几次在写字间跑向盥洗间途中，因跑得太快脚趾碰到门角上鲜血直流，疼痛不已。肝炎病康复后虽没复发，但不时有牙病，"牙痛不是病，痛时真要命"，也舍不得花时间去医院医治，直至该书出版后才拔、镶、补了五颗牙齿。

早晨睡醒的瞬间，确是精力最充沛思维最活跃时刻，我几乎每天在这个时刻想到昨天所写的不足或有新的补充。但早上起床后先要干的是个人清洁卫生方面的事，完成了这些事后，要修改补充的内容也许有的忘了，为此我常常起床后即写几个要补充的标志性文字以备忘。编写科技书不是写小说，凭个人想象，可以高于生活，任意发挥，它要数据详实、论述有据、数字可靠，对收集的资料还要核实、校对，我也不是都懂，边写边学，边探讨边请教。除此之外，还要筹集出版资金，故常要出差，必然侵占编写时间。为此我常在火车上校核、修改稿子或看数据，对这样的编写形式我已习以为常。

石材干挂安装是石材安装的新方法、新技术，罗长芳是这方面的专家，但他没时间编写，我只好根据收集的资料起草初稿，然后去上海与他一起探讨，修改补充。《石材矿山开采》这章也是由我写出初稿，请专门从事矿山工作的浙江省建材局高级工程师姚志权补充修改，再请在泉州石材会议上认识的宜兴大理石矿总工程师吴道夫审查。《石材加工机械》这章是去各石材机械厂收集资料的过程中与设计者交流，在机械说明书中都有写明该机械使用时的操作步骤及故障排除等事项，能在书上介绍他厂产品，他们都很乐意同我谈，我先后到过山东莱州山发机械厂、博兴华兴机械厂、福建南安机械厂、贵阳航天机械厂等与有关技术人员交流，以保证内容的质量。技术性较强的几章基本上都经历这一过程。

《毛面石材》这一章是罗长芳提出增设，未见有任何资料可收集，都由罗长芳编写。因他工作确实很忙，久久交不出初稿，我除了电话催促外，还去上海或他老家温岭催促。有次我去他家，原本电话联系接待，我去后他临时有急事外出，我也没时间久等，请他女儿转告。他女儿说："我爸只初中毕业，不会写书，工作又忙，身体也不好（高血压），你不要再找他写了。"但罗长芳本人并不推辞，确实是工作太忙，直到 1997 年春才拿来30000 多字的初稿，字迹潦草得很多字我都辨认不出来，誊抄后又去询问。他说这稿件是他花 3 个深夜一气呵成的，也没时间修改，是草稿的草稿，故很潦草。我真佩服他，就是到深夜 2 点睡觉，每晚能写出 10000 多字即使字迹潦草也很不简单，况且他都凭自己的经验而作，可见他业务的熟练和精湛。

20 世纪 90 年代中期，石材业进入着色（染色）、保鲜、清洗、养护领域，我书也应有这方面内容，增加了

《着色》、《养护》两章。我在这方面更是外行，所收集的资料总应尽量消化，但这方面的师傅很难找，因此我常为此事愁眉苦脸、绞尽脑汁。有一次在参加浙江省石材工业协会会议时，我在名单上看到浙江大学化学系张秉坚教授的名字，听说他是从事石材着色的，后又看到他在杂志上发表的有关文章，我就主动上门向他请教。我先以读者身份从他的文章开始，随后针对收集的其他文章中不清楚、不理解的地方，逐一请教他。因为我也在浙大教过书，他对我很热情。大学教书不是坐班制，平时来学校不多，大都在家。他是前浙江省委书记铁瑛的女婿，住在位于宝椒山朝西湖一侧山麓、杭州饭店旁侧的北山路省委领导人的别墅群中。我先电话联系去他家向他请教问题。到了大门口后，还要经门卫再打电话联系，再由张秉坚自己来门口迎接，才能进入。这里依山傍水，风景如画，绿树成荫，鸟语花香。铁瑛在解放战争时是一军级干部，河北人，曾在《浙江日报》上撰文介绍自己过去的战斗历程，现能住在湖光山色的雅地，也算是革命成功了。为了答谢张秉坚教授的悉心教导，我在书首编委会成员名单中，聘请他为顾问。

一本书要取得较好的社会效益，首先要解决读者想要解决的问题，满足读者所需要的东西。如果做到了，人家乐意买，你能卖出去，便是成功。我在石材厂工作过，与石材商、建筑施工单位也有较多接触，了解他们所需。科技部分能解决生产中的问题，但石材行业中不少人员还是在流通领域，也应满足他们的需要；就是生产厂家（包括石材、机械、辅料生产厂家），他们也要销路，也应满足他们的需要。因此，我书中编有分量不少的商贸部分。想在书末列上我国和国外开采公司名称及电话号码；全国和国外各地主要石材厂家及电话号码；我国和外国石材机械厂家及电话号码；我国各地石材加工辅料厂家及电话号码；我国各地石材管理、科研、测试、地质、信息、服务机构名称及电话号码和国家石材规范等。这些信息是当今信息时代各行各业都需要的。

但权威人士另有看法，我聘请石材杂志社社长兼主编李运璧为我书顾问，我征求他的意见，他表示反对。他说好好一本石材科技的书，附上众多的名录、电话号码会降低该书的"身价"。但我不以为然，未接受他的意见。随后我投入收集、编写这方面的资料。在之后的销售过程中，不少客户也是冲着这方面的需要而来，

我书最大的特色是附有我国2500多个、外国200多个石材矿及其品种资料，其中列出其产地、地质特性、测试数据（包括放射性）、该石材质量、块度、开采情况、开发厂家及联系电话、电子邮箱等数据。国内的与其他名录一样均按邮政编码顺序编排，与石材企业名录相对应，查找方便；外国的品种按各大洲顺序排列，均很实用。共有16开200来页，约30万字。其中600多个（特别是列入国家编号的）石材品种还附上其彩照。这是我国其他石材书籍和数据没有的。我收集、整理这些资料确实花了很多精力，不要说中国客户，外国石材界大都也为了解这些数据因此购买我书，特别是日本、韩国等

客商以了解这些石材性能，选择开发或购买该品种时作参考，也是我书获得成功主要原因之一。

事实证明，不论书中附的石材矿山、加工企业，还是有关机械、辅料生产厂家名录和石材品种资料，都是很实用的，我的思路是对的。我满足了他们的需要，必然拓宽我书的销路。

在我书要进厂付印前，我告知李运璧拟印５０００本。他坚定地劝诫我，绝不能印这么多，据他们的经验印２０００本即够了。我也未接受他的意见，仍印刷５０００本，定价３８０元／本。在出版后２年左右即销了仅剩几百本。当然除了书的实用价值外，与我多渠道的销售方法也有关。２０００年春起，我就一边销售一边着手收集资料，准备再出版修订版。而李运璧的石材杂志社稍后也编写了一本名为《石材开发与应用》的书，印了３０００本，多年后我去他处，还是满满地堆了一大间房子。我书之所以如此畅销，是因为我编写尽可能做到：一是资料可靠，二是实用，三是全面。

一、数据可靠

在编写过程中，我可以说是一丝不苟。如发现参考资料中有问题，即去信向作者核实、请教。如汪承林教授编了一本《石材工程》，我引用该书资料，发现有问题，特去信询问。他回信说：

蔡老师：您好！来信收悉，并万分敬佩你的敬业精神，相信你一定能成功。来信中提到两个数据，我们核对后您提的都对，你可以按你的意见处理。……祝好！

敬叩

汪承林

１９９７年３月１８日

　　中国石材工业协会主办的《石材》杂志，是我国石材行业的权威刊物，我引用较多，发现了一些错误和问题，去信给总编辑李运璧，他也给我回信：

　　蔡工：您好！

　　来信收阅，谢谢你提出许多意见。我也知道，所编数据错误不少。但我也是很忙，的确没有精力去校阅，只好依靠其他同志。但许多不熟悉专业和行业情况，所以错误很多，有的也曾修改过，付印后又有许多错误，望使用时查实校正。如觉得可疑，最好不引用为好。关于罗杆式砂锯你指的两点错误查阅后更正如下：

　　3.7.3 条……平度误差，不大于 1/1000。3.74 条……平行度误差，不大于 1.5/1000。即 3 3.7.4 条将"平度"错写成"平行度"。望改正。

　　此致敬礼

李运璧 8 月 6 日

二、实用

1. 基础理论部分应有一些，懂得原理才能掌握内容。如矿物、岩石的基本知识，这是解释、掌握大理石、花岗石一系列性质的基础。如大理石为什么硬度低、易风化，因此其加工、维护与花岗石不同。红色花岗石价格昂贵，为什么会是红的？各种岩石基本特征及肉眼识别等。这些也是人们想了解的基本常识。

2. ·石材物化性能测试是比较复杂的。我在这一章深入浅出地写了测试原理及各种测试的内在联系，测试数据应用和送样要求。这都是实际工作中需要知道的。

3.·其余各章主要都是操作工艺，开头部分简要介绍其原理，着重质量控制和故障排除。

4.·本书初版列有１０个附件，其内容占了该书的一半。这些附件都很实用，大都按邮政编码编排，查找方便。如附件一的《我国２３２３个石材品种及产地》，按我国邮政编码排列，其产地（邮政编码）、商品名称、岩石名称、矿床简况、物化性能、开发单位都一一列表出示。初稿曾寄往所在省份石材管理部门修改补充，数据详实。又如附件三：《我国2783个石材企业名录》。这些名录排列，从北京到西藏，其间按所属的省（市、自治区）、企业名称、具体地址、主要产品、电话号码、传真、邮政编码排列。如山东莱州柞村镇孔家村（邮编361400）产有芝麻白(中国白麻)，其开采加工企业为港华石材公司。你查到邮编361400处，即可找到港华石材公司的地址、法人、电话号码、传真号码。有的还附上了电子信箱。你要买此石材，就可去电联系，非常方便。书首彩页中还登有该石材彩照。

三、全面

可以说石材行业上所涉及的问题都有叙述。该书出版后我寄了2本给从事石材教学、写书的武汉工业大学汪承林教授，他来信说：

"邮来的《大全》目录看后深感你工作不易，实是大全。辛苦了，该《大全》确有实用价值，真是一本非常好的工具书。"

作者與臨海電視臺記者談《石材大全》
編寫經過

即使他有几分礼貌性夸张用语，但不少读者均有类似看法。我这种刻苦、认真的态度与母亲的言传身教分不开。

第五节　意外冲击

一、《中国石材购销指南》即将出版

正当我紧张地投入编写时，《石材》杂志1994年Ｎo4、Ｎo5两期均刊登了一篇通讯，文称：

为中国石材工业腾飞架设"金桥"——《中国石材购销指南》即将出版

为适应社会主义市场经济和石材工业腾飞之需要，为石材的供与需、产与销之间架设"桥梁"，中国石材工业协会、四川省石材行业协会、四川科学技术出版社和成都孤光商社商定，联合编辑出版《中国石材购销指南》一书。《中国石材购销指南》的编着工作约请了各省石材工业协会和石材界各方面的知名人士与专家参加，数据详实、准确、系统、全面，具有很好的实用性、知识性、科学性和相当的权威性，是我国石材行业一部难得的较全面的工具书。《中国石材购销指南》内容十分丰富，书中将系统介绍石材工程基础、矿山开发、板材加工、人造石材、装

饰安装和国际贸易等方面知识，以及国内外石材工业与市场介绍，并刊有数千家石材矿山、加工、机具生产与贸易、科研、设计、装饰装修等企事业单位名录与介绍。还附有大量精美的图片、相关标准等丰富的数据。该书不仅是石材生产、机具制造、装饰装修、供销贸易等单位很有价值的工具书，也是石材科研、设计、教学、地质、建筑施工等工作者很好的工具书。《中国石材购销指南》一书已报经国家新闻出版部门批准和公开发行，目前正在抓紧精心编辑，预计年底出版发行，欢迎尚未办理有关入集等手续的企事业单位，积极报名"入集"，踊跃"征订"，多做"广告"，并提供有关资料以利企业在国内外展示实力和扩大知名度。

《中国石材购销指南》编辑委员会设在四川省石材行业协会，四川省石材行业协会联络人×××，地址……，邮编……，电话……。如单位有关入集、征订、广告和资料具体事宜，请从速与《中国石材购销指南》编委会的编务、印务单位成都孤光商社联系，联络人：×××，地址……，邮编……，电话……，电挂……，传真……，开户银行：……，账号……。本书定价128元／册，非入选企业欲购本书请按每册147元汇寄（加15%邮资）。

　　我看到这篇通讯后，知《中国石材购销指南》与我正在编写的《石材大全》内容基本相同，他们的实力当然比我强，因此我的风险也增大，我犹豫要不要写下去。如果中断编写，前期的精力、费用都化为泡影；如果继续写必然要投入更多，营销有威胁，风险更大。我去杭州收集数据和处理相关事情时，在浙江大学老同事卢永顺老师处闲谈，他说要抢在该书之前出版。我说这根本不可能，数据不够充实，资金有困难，只有内容上更加实用更加吸引人，增加该书中不足的部分；虽技术、资料、权威性、人际关系上他们占优势，但内容实用上、广度上、发行方式上我想定会比他们高一筹，风险不会太大，还应继续写，不应匆忙出版。卢永顺同意我的看法，认为还是要写下去。

因《中国石材购销指南》年底便可出书，我书明年也可能出不了，我可将其买来作为参考书也很有必要。因此我立即给成都分管该书营销的孤光商社寄了147元预订款。稍后电话询问，说订书款已收到。但到次年夏还未寄书来。之后催了多次仍不见书。在我书1997年即将定稿前夕，我又向四川石材工业协会催寄1994年预订的《中国石材购销指南》一书，想做些参考，未答复。前已多次去电去信也无音讯，且年复一年又一年，看来无望，但不知何故？

后来从石材杂志社社长兼总编辑李运璧和武汉工业大学《石材工程》主编汪承林教授给我的来信中得到证实，该书已"流产"。李运璧来信全文如下：

汪工并蔡行来工程师：

您好，5月5日来函收阅。你们撰写的《装饰石材实用大全》经多年努力，已快出版。这是很辛苦的一件事，特向你们表示敬意。关于我当顾问一事，只感无功受誉，由你考虑好了。

关于刊登广告一事。费用方面我们可以照顾，但必须看到书才可注销。这是本社的原则性规定。过去曾有过失误，如四川（石材行业协会）编的《商贸大全（中国石材购销指南）》，本刊刊登过两次消息，但至今杳无音讯，读者纷纷来信询问，本社无法答复。因此本社制定了一条原则：见书才注销，即使给钱也是如此，请你们原谅。希望尽快出书，我见样书后，马上刊出你们的征订广告。此致

敬礼

李运璧

1997 年 5 月 7 日

汪承林教授来信全文如下：

蔡老师：

您好！来信收悉，并万分敬佩您的敬业精神，相信您一定能成功。来信中提到的两个数据我们核对后，您提的都对，您可按您的意见处理。关于您出版的书，我将在各个场所介绍，并请他们和您联系。现办成一件事确实很难。四川省石材协会在１９９３年开始组稿编印的一本《中国石材大全》，前不久给我来信说：还没有印出，要和印刷厂打官司。所以请你有耐心，坚持为中国石材工业发展作贡献。

敬叩

祝好

汪承林

１９９７年３月１８日

《中国石材购销指南》因故出版不了，预订款已用了，无钱退还。李运璧说作为中国石材工业协会领导之一、广告又是刊在他办的《石材》杂志上，不时有人打电话来问此事，他却无法回答，造成很大被动，后来碰

面对我也赞叹不已。可见出一本书确实不易。据说,该书通过征订和广告等管道筹集有 10 多万元资金。除日常开支外,还召开过两次编委会会议。有一次在上海召开,浙江省石材协会秘书长孙其陆告诉我,他也参加。这些头头们当然要讲些排场,仅会务费又花了几万元,所剩无几,印刷费用发生问题,引起纠纷,彼此不欢而散,无力退还订书款,我的 147 元也泡汤,影响极坏。

而我们也有个编委会,没开一次全会,除在浙江大学几个执笔人有过半天碰头分工(后来又散伙重组)外,基本上都是我单线联系。1998 年 5 月,中国石材工业协会在福建泉州召开的全国石材会议上,我就听到安徽等省代表任乃军在议论:如果有人向上级反映或向法院告状,这订书款不得不退。国家石材协会领导在我面前曾说,开编前他们曾忠告四川省石材行业协会秘书长,编本大型工具书是不容易的,要他们三思而行。而那位秘书长听不进去,以为四川是石材大省,各方面工作要走在前面。结果书出不成,预订款退不出,招致全国石材界上下的谴责、声讨,该秘书长也身败名裂,辞去职务。

由于《中国石材购销指南》出不成、预订款又不退,大大影响了我书的征订。该书是 1994 年发函征订和招揽广告,许诺读者 1994 年年底出书。到 1996 年仍不见书,读者不免有些失望,各种怀疑猜测接踵而至。我书从 1996 年开始较大范围征订,我又没有权威的头衔,收到我征订函后人家第一反应便是是真是假、书能印出来否?有的来电询问究竟,我除了说是真的外,别无充足理由说服对方。因此我书征订大受影响，对广告的招揽影响更大。但事物也有两面性，当我书出版后，渴望有此书的人，踊跃购买，大大增加了我的销路。

在多次参加全国石材展销会卖书时，四川省石材行业协会副秘书长、该书编委、四川雅安科委高级工程师方士溯同志常来我摊位上闲谈，几次都说我的书是成功的。我认为这不是他的恭维话，是与他参与编写《中国石材购销指南》的流产有关。《装饰石材实用大全》的成功与《中国石材购销指南》的流产，有着复杂深层的原因。为什么基本上由我一人编写和运作的书，与有国家行政资源和集体力量背景的他书，有如此截然不同的结果？这涉及到人员素质、互相关系的处理，以及个人与集体、私有与公有等深层次上的问题，也是体制问题。我还认为我母亲艰苦节约、开拓进取、不怕挫折、坚持到底的精神对我的影响，也是此书取得成功的重要原因之一。

除四川省石材行业协会组织编写的《中国石材购销指南》流产外，还有几家也中途流产。我书出版后，国家石材杂志社社长兼主编李运璧来信告诉我，中国建材规划院五年前就同他们一起编写类似我书的石材书籍，只完成了半成，听说我也正写此书而停下。中国非金属矿设计院杨杰告诉我，他们也想写这本书，且动手写了一半，因各人都是在职人员，工作忙，坚持不下去，流产了。后来，我又收到内蒙古自治区建材局李自强来信，说也准备写本石材的书，未成，并把一份他写的安装数据寄给我用。他是建材学院毕业，完全可能有这一念头，但谈何容易！四川都江堰天马石材厂厂长桑立军在我书出版后来信，要给我销书。他说自己也想写一本石材的书，终因难度太大放弃了，并把已写的第一章《漫说石材》寄给我。他原在山东省莱州人民政府任过秘书，莱州是有名的"中国白麻"石材基地，他对石材有较多接触，有这一意向也完全可能。

二　患肝炎

　　１９９５年春，早上常很早醒来，天未亮又不好外出办事，我就抓紧写我的石材书稿。多次这样，白天又工作、外出，当然劳累。去外地办事为抓紧时间和节约费用，大都在路边摊上吃饭，当然也不卫生。有次去黄岩发现小便呈黄色，只认为是劳累或喝水不够所致，回临海家里也没休息，次日就去宁波与我合作写书的汪恒定商讨出书事情。到宁波后发现小便愈来愈黄，人也有些累。去医院检查了一下肝功能，黄疸指数 20 以上（正常 7），谷丙转氨酶也 100 多（正常 40），医生确诊我患有黄疸肝炎，要住院治疗。

　　我宁波虽有家，但仅大女儿在，且她要上班，也无其他亲戚，妻子、小女儿和儿媳都在临海，因此决定回临海治疗。我回临海后即去临海市第一医院复查，复查结果与宁波医院诊断一致，医生要我住院治疗。临海当时是台州地区专署所在地，规模最大、设备最好、专家最多的是台州医院，但制度较严，离我家也较远；而临海市第一医院即使是次一级，但离我家较近，管理也较宽松，进出较自由。我就住进了临海第一医院。

我住院后最怕的是耽误《石材大全》的书写，又无人可替代。我自我感觉身体状况不是很差，入院时就带了有关资料和稿纸，在住院后没几天就动笔写起来。住院的日子久了，同室病友也熟悉起来，他们劝我好好休息，集中精力治病。病友夏信标说："你命要紧还是书重要？"至今碰面还说起此事。我当然认为是命要紧，但书也重要，适当写几行，不至劳累，调剂一下，也并非不可。我出院后至今已２０多年未复发过，说明当时治疗较彻底较巩固的，证明我的看法是对的。

医治肝炎没有特效药，主要是综合治疗，休息好是重要一环。在医院的夜晚难以休息好，住院五六天后晚上我即回家睡，只要同护士打个招呼即可。到后来干脆在早上医生查房时去，挂针后就回家。在家除休息外，我还可写些书。当时还有读高中三年级的小女孩，晚上要回来吃晚饭，我要烧给她吃，因她母亲不常来家。如果住台州医院治疗，这些都做不到，我也认为自己选择住临海市医院治疗是对的。

住院费用是个棘手的事，我单位在宁波，我在临海住院，费用自己先垫付，再凭发票到宁波单位报销。当时几万元的费用不是小事，我身上无钱，亲戚中也有困难，不交钱就要停药。主治医生曹健说："你这样年纪的知识分子，身边几万元钱应是没问题的。"我听后感慨万千。我绞尽脑汁，想尽办法解决这一问题。终于想到我同学张允信的三弟张三杰是临海市二轻局下属线厂的厂长，请他给我调剂一下，抱病跑了几次，终于借来2万元，以解燃眉之急。

出院后休息了几个月，这是我人生中难得安闲的日子。早上起得较晚，出外稍加活动，买些小菜，回来稍休息后就写一些。午后睡醒再写一些。晚上不动笔，不看书，整晚半躺在床上看电视。常看的是浙江台，几乎看到结束，听了稍显凄凉、伤感、深沉的终了曲后，睡意也来了，随即躺下去睡觉。这首曲名我不知道，之后在别处也听过这支曲，有思乡安眠情感和功能，每听到它我就想起这段养病的困难日子。

第六节　最终出版

一、筹集出版资金与组织编辑委员会

出版资金是当今个人出书的一大问题，且我是退休人员，没有单位或工作职务可利用，也毫无行政资源可方便，资金全部要自筹。包括付出版社的管理费（书号费）、外出收集数据（或参加会议等）差旅费、征集资料函件印刷及邮寄费、电话费、排版费、绘图费、印刷装订费等。由于有合伙人中途退出、变换，资金困难，出版时间一再推迟。最早我拟写二三十万字，定价30元，出版费用也仅两三万元，就这两三万元我也难以支付。之后在浙大第一次开编委时有所增加，当时估计出版费用12万元，虽已商定由四人分担，并争取一些预订款，

实在不够，再临时变通。但有的参与者，担心书出不了，造成亏损，不想再干。

这样，资金已成大问题。先期都由我先付，１０多万元的出版费我更难以承担。由于资金不到位，出版时间一拖再拖。我为筹集、落实资金，常出差在外，四处奔波；也多次发函预订，效果不理想。但也有好处，我趁此间隙再收集资料，补充内容，使该书内容更加丰富。最早拟写一本通俗小册子，后增加至２００多万字，定价也由３０元逐步增至３００多元，当然要有相应的有价值的内容与其匹配。挂靠单位也多变，最后挂靠在宁波市科学技术咨询服务中心，关系处理较好，收到了一定的预订款，赞助款也陆续汇来。临近出版时约有２２０多万字，相应各项出版费用也增加，共要２０多万元。我们不是国家组织编写的书籍，没有国家出版补贴。如文化大革命前中共上海市委宣传部每年拨款２００万资助政治书籍的出版，我们当然享受不到这一待遇。

当今自费出书的不少，但也要个人财力做支撑。我的同事、同学也有自费出版书籍的，如浙江大学化工系硅酸盐教研组周志朝，花了１万多元出版了一本《硅酸盐制品矿相分析》（２０多万字）；南京大学地质系矿床教研组富士谷，他出版了一本《黄金》（小册子）花了７５００元。这些都是科技书籍。还有一些友人也是如此，有的写文艺作品，有的写回忆录，花上一两万元出本书，送人或留作纪念。因此，现在自己花钱出书，不是拿稿费，这点我早有思想准备，只不过没料到金额这么高。

我最早接到地质出版社要我三万多元出版费时，我深知个人无能为力。之后与浙江大学出版社联系，他们也要较大数目的出版费。我说这么多费用个人难以承受，怎么解决？我们不是为名气，而是想为国家做些事，这样不是花钱买劳累以致倾家荡产吗？

他们说可寻求赞助，书中可以写上赞助者的姓名、单位，也给我指出一条路来。与浙大黄智才合作失败后，虽汪恒定、罗长芳没有声明退出，但由于挂靠单位没落实，经济来往没银行账户，加上书稿未出来，他们也持观望态度，经济支持处于休眠状态，我的压力很大。如果书稿写不出，当然出版不了；即使书稿能写出，出版经费未解决也出版不了。风险最大的是我，非但前期工作都是我干，书稿９８％左右是我写、或我收集处理，所花的费用当然也由我负担，如果前功尽弃，所花的钱也无法收回，还要退回预订费，后果损失太大，太危险。所以此事只能成功不许失败。

因此，在加速完成书稿（包括编写、绘制图件、打字排版、复印、校对等）外，我还要大力筹集出版资金。完成２００多万字的科技书稿的工作量可想而知，自开始收集资料、编写该书时起，用在筹集资金上所花的时间不少于完成书稿的时间。可见我那几年的忙碌和艰辛。

资金的筹集管道大致有：

1. 招揽广告

1998 年，亚洲运动会在曼谷召开。运动会开支 16 亿泰铢，广告赞助等有 20 多亿泰铢，加上几亿门票，共有 32 亿泰铢收入，盈余 16 亿。有一位浙江湖州来的青年女作家，写了一本《戴笠传》，也刊登广告。现今的报纸，特别是小报，售价低，广告多。电视、广播更是如此。我 1991 年为人家销售的书，也有些广告。我突然想到，何不采用这些手段筹集出版资金？但要人家出资赞助，在书上刊登广告，虽是一种相互有利彼此双赢的模式，但人家会不会赞助你，会不会在你书上做广告，那就要由很多因素决定，首先对你要有信任度，要有知名度，你的书要有较好评价，要有一定发行量等。这样必要求该书有较高质量与实用价值，这对于"初出茅庐"的我是有难度的。其次对方也要有此要求或喜好，还有其经济实力。此外还看我的公关水平，即说服对方的能力。

我采取的办法是：面上扫描，一个不放，近地重点，逐一落实。

面上扫描：邮寄散发征订和招揽广告函，使人家知道有这一讯息。重点是石材加工设备厂商，因为他们要推销产品，愿意做广告；其次为石材制品厂或石材矿山。此类函件先后发过 4～5 次，每次都有几千封。除预订外，仅几家表示有做广告的意向。

一个不放：根据回函或来电，逐一回复或去电。当时有意向做广告的有山东莱阳大理石机械厂、山东博兴华兴集团（石材机械厂）、福建泉州伟达计量仪器厂、浙江临海杜桥常至石材机械厂、浙江仙居机械二厂、浙江衢州矿山机械厂、贵州黎阳民用机械厂等。1997 年 11

月，我去山东收集资料时还去了莱阳大理石机械厂和博兴华兴集团，但因我信任度和知名度不够，最后均没有成功，仅表示书出来后多买几本（本书再版时莱阳大理石械厂做了广告）。贵州黎阳民用机械厂和衢州矿山机械厂，有多次电话函件来往也未有最后结果。远处的只有福建泉州伟达计量仪器厂（测量石材板光泽度仪）做了一页广告，约定收取6000元，出书前先付4000元，出书后再付2000元，赠书10本。但出书后寄去10本书，所欠的2000元也没汇来。我去泉州多次，向他厂索要也无果。

近地重点：临海及周边也有石材及相关企业，我都一一发函，基本上一一登门征询，如临海小芝镇和杜桥镇有多家小型石材机械厂家，我都一一上门，最后仅杜桥常至机械厂一家做了广告。黄岩、温岭也有石材企业，温岭泽国有一家较大的石材加工辅料企业，均未谈成。仙居县下阁机械厂（生产刨石机）接到我函后主动来电联系，终于做了一版面广告。我在临海电话号码本上看到临海富豪奇石厂在黄页上做广告，我也上门联系，该厂做了一页广告。

逐一落实：罗长芳在上海联系了四家，金博石材上海有限公司、上海太阳岛石材有限公司、上海鑫弘石材装饰有限公司和福建南安溪东板材厂上海办事处。前三家公司老板原是罗长芳的徒弟，后一家是罗长芳的合作伙伴，罗给他推销了不少产品。但这几家仅是罗长芳联系有意向在我书上做广告的承诺，具体操作和收取费用要我自己去经办。逐一落实：有了意向后，必须亲自上门谈页面位置、文字说明、收取费用、交书交款日期、签订合同。几乎没有一次去后便成功的。有的老板外出，有的讨价还价，有的广告资料没准备好，有的签了协议不依约……遇到问题我都必须亲自一一解决、一一落实。因此自联系成功做广告到费用收取，要多次来回奔走。从签协议、提取照片、广告稿子，到成书、出版、赠书、收钱，有的去了 10 多次。如临海杜桥常至机械厂就去了14 次，仙居下阁机械二厂虽较顺利也去了五六次。

罗长芳联系的上海几家也不是一两次可办成，如金博石材总经理袁国良、太阳岛石业公司总经理袁国富工作都相当忙碌，上海城市大，公交车中转多，我何时到达也不一定，我去上海往往不是仅为他们做广告事，还有其他事，经常是从宁波出发，先经杭州办事，后到上海，或者去其他地方经过上海，因此不便预约，只好去碰运气。经常是我去后他们都外出有事，我只好久等或空手返回。

书出版后去收款（或余款），也要去多次。袁国良很爽快，也有实力，早已结清；袁国富至今尚欠 5000 元，去他处的次数更多了，也不下 10 次，最后未收来，只好不了了之。不过他能资助我，也应感谢。

2. 征订

这在前几节已提到。发函至石材及相关企业，附上印好书目（后期还附上出版社审批件和合同），征求预订，并许诺在书上免费做上该单位一条名录。该方式至少发过 5 次函。其中有挂靠浙江省地矿厅情报室一次，与浙江大学大地科技公司合作一次，后落实挂靠宁波市科技咨询服务中心定下来时一次，在省新闻出版局批准、提供书号后，附上这些数据又发函一次。最后一次是在即将进厂付印前，根据已订的或未订但在《石材大全》中有名录收集的单位，为校对其电话号码再发函征订一次。因此，至少有 5 次，每次都有几千封信，且都有一些预订的，特别在以后几次。预订费约有 3 万元。

3. 编委会委员赞助

我们的编委会大致由下列三部分人组成，其中有部分是出资赞助的。(1) 在石材教学、科研上有一定成就的学者（教授、专家）或国家石材行业领导人，我常向他们征求意见，参考其著作或研究成果，多数担任顾问；(2) 各石材大省石材协会领导，主要是提供资料，提供意见，审查修改有关书稿，主要是担任委员；(3) 在石材行业中有一定成就的企业家，有提供数据或分担一定工作的，经济上有一定赞助，也聘为委员。编委会名单由我一手拟定，我为主任，罗长芳为副主任。包括我、罗长芳和汪恒定在内有 24 位委员，6 位顾问。

我们没有开过一次编委会会议，都是由我单线联系，以节约经费和时间。在书末附上各编委的单位名称及职务。本书扉页上写着：装饰石材（技术・商贸）实用大全，蔡行来 罗长芳编，汪恒定主审 姚志权副主审。这样写的目的是给发起人之一并有资助的汪恒定一个显耀的位置。浙江省建材局非矿处处长兼石材协会副秘书长姚志权认真审查部分书稿，因此扉叶上也给了他适当的位置。封面和套封用楷体写着：《装饰石材（技术·商贸）实用大全》蔡行来 罗长芳编，吉林科学技术出版社。该书封底左上角写有：责任编辑：赵玉秋 林仙根（据我同学、原副总编林仙根来信：社长兼总编辑赵玉秋要求把他的名字也写上，其实他没有校阅过。我遵嘱这样写）。封面设计：王飞云（我单位绘图员，业余负责我书图件清绘，收费上优惠，也给她一定位置。其实封面是我自己设计）。

通过这些努力，我们筹集有 18 万多元资金。其中罗长芳约有 8 万元，汪恒定 2.5 万元，我约有 8 万元，除前期费用外，在与吉林科学技术出版社签订合同后，至印刷装订成书，约用去 23 万多元，尚有 5 万元缺口。这些缺口资金，在与印刷厂签订合同时写明：三分之一的印刷装订费待书出厂后一年内付清。1998 年 11 月出厂后，赶赴广州参加石材交易会，一次卖了 2 万多元，还有不少批发的，营销不错，我们提前付清。

经济上使用和书籍处理都由我决定。书的定价和广告价格由我处理。不论从早先的浙江大学出版社到最后的吉林科学技术出版社，他们都说，自销书价格由作者自定，也可说遵循市场经济原则。1995 年时，拟写 20 多万字，最初定价为 30 元，随着出版资金筹集的困难、合伙人的退出和挂靠单位无着落，拟定的出版时间一再推迟，资料收集也愈来愈多，定价也一再提高，先后经历过 60 元、120 元、180 元、240 元、320 元、360 元、370

元。在与吉林科学技术出版社签订合同时定价 360 元，故在出版批准书和印刷委托书上定价仍写 360 元。后觉得有升高的空间，改为 370 元，打电话给审校的林仙根，定价想改为 370 元。他说"可以，由你定。"在印刷前觉得 7 是单数，买多本或批发结账也不便，还是 8 字顺口和便于计算，就擅自改为 380 元，这就是出版后的定价。

对于以前已预订有低于此价的，一律不补。一再提价的另一个原因是写书太辛苦，风险太大了，我没有资本承受这个风险，所以尽量高一些。推销时必有讨价还价的，有讨价总要降低一些。380 元也不贵，想买而又嫌贵的石材商或一般从业人员便宜处理也可。广告的收费虽有价目表，但也结合位置、对方实力等情况灵活酌情处理。经济开支力求有效、节约。特别是我个人出差费用上非常节俭，住低档旅馆（常是 20～40 元的单间）、乘廉价车（宁波到杭州 13 元、到上海 27 元的慢车）、吃几元钱的快餐，在出差过程中，除非万不得已不乘的士，在城市中办事，除乘公交车外，就是步行。有时从公车站到办事点有几里远，如上海大理石厂位于吴龙路 288 号，我乘公交车到徐家汇天钥桥路下车再步行几里至该厂。罗长芳在上海常变换工作地点，甚至住址也常迁移，忽而浦西忽而浦东，我都一一乘公交车后下车步行寻找。

本书的排版、图件绘制都在我单位完成，价格便宜，随时可检查；印刷是在地质系统印刷厂，也不会多收费。在订印刷合同时就讲明写明纸张由我自己购买，这样可节约一万多元。对于经济赞助者，我也抱着"双赢"原则处理。刊登广告的，按该书定价100%返还书本，该书定价380元，有5000元赞助的，即返还13本；没刊登广告的，按该书定价50%返还，即赞助5000元的，返还25本。实际上返还的书本都比当时约定的多。对提供资料、提出意见，聘为顾问、委员的赠送2～4本。

对早已合作的罗长芳、汪恒定，根据他们需要提取本数，任其拿。因他们自己手头上都有工作，有丰厚的经济收入，不会去卖书，也很难胜任这一工作，主要是赠送。书出版后我先托运了15箱（150本）给罗长芳，托运了5箱（50本）给汪恒定。并告诉他们：如需要随时来电再运。以后我在上海销售的书，多次托运存放在罗长芳、董友法的装饰公司，无所谓我的他的，随便拿。他们主要用在承接业务上，在与有关单位招揽生意时，首先送上这本书。有该书副主编、该单位总工程师罗长芳这块牌子，并不是挂名而是登门洽谈业务并亲自督阵施工，增加了他们的筹码。第一版印了5000册，约有1000册返还赞助者或赠送，销售的约4000册，都由我操办。

罗长芳对该书成功出版感到很满意。我去上海或经过他处，他多次向我提起上海石材界对此书反映很好，说我做了一件大事，不简单。汪恒定也不时称赞我的毅力。我们的合作终有成果。因此，参与此书工作的都比较满意，至今都与他们保持良好的关系。每年除夕，我照常都给罗长芳、曲华民、董友法、汪恒定等致电问候，确确实实地已做到多赢。

二、出版社、印刷厂

（一）出版社

我自从决意写一本石材书后，先后联系过多个出版社，主要在收取出版费多少上进行选择，当然选愈少愈好，其次考虑对口、知名度、方便等；有的讨价还价，有的出尔反尔，致使更换了不少。先后经这么多个出版社又多次来往接触，使我对当今出版界有一定了解，在受到挫折中，深知金钱与诚信相比，前者作用更大。先后打过交道的出版社有：

1. 地质出版社

前面已提及，这是 1992 年至 1993 年的事。在回函中除称赞我书目、欢迎我在该社出版外，关键的问题是：30 多万字，要出版费 3 万多。虽我没进一步联系，但也提醒我必须要筹集资金，寻求合作伙伴。

2. 浙江大学出版社

地质出版社的要价我难以承受，我想找个小的、地方上的出版社，价格可能会低些。我在浙江大学工作过，知道浙江大学有个出版社，去浙大也方便，1994 年我找上他们。交谈后确实比北京中央级的地质出版社低，要价在 1.6 万元左右，字数没限制。但 1.6 万元对我也是困难的，我不敢讨价还价，更不敢与他们签协议，只说日后再谈。之后又去了多次，降到 1.4 万元，还谈了付款期次、印刷方式等。为筹集出版资金，寻找合作伙伴，浙江大学出版社还打来一张证明，内容如下。

经国家教委及浙江省新闻出版局批准，由浙江省地矿厅蔡行来主编的《装饰石材实用大全》已列入我社 1995 年出版计划。

浙江大学出版社

（章）经办人洪保平（签字）

1995 年 8 月 31 日

此时还挂靠在浙江省地矿厅资料情报室，此证明用来发函时作附件用。不久，由于情报室主任吴明耀调走，资料处处长吴联星拒绝我继续挂靠。后来与浙江大学地科系大地科技公司合作时仍与浙江大学出版社挂钩，并去他处再次商谈。一位姓应的副社长把出版费提高到 5 万多，我没接受。在乘公交车返回仅过了两站，行驶到黄龙洞附近时，这位应副社长来电说降到 2.8 万元。我想原来讲定 1.4 万元，一下变到 5 万多元，现仅隔 10 来分钟又变到 2.8 万，我对他们的诚信度有所怀疑，觉得有点像小贩摆地摊，天天换地方，价格随便说，说不定以后又会生变。因此到附近的杭州大学出版社去联系。

3. 杭州大学出版社

杭州大学出版社出版费要价 2.2 万元，虽比浙大低一些，但知名度不如浙大，我也与杭大无缘，仅仅想出一本书而已，我想争取到与浙大早先谈成的 1.4 万元。我是与杭州大学出版社的张文浩先生联系的，曾向他提出这个数字，他未接受。我高中同学吴森林任杭大人事处处长，我向吴森林提过此事，他也说认识张文浩，但我也没托他做张文浩工作，降低价格。我同张文浩也提起吴森林，他也认识。之后张文浩给我来信，信封上写着：临海市三府基 68-1 号石材编写组蔡行来收——杭州大学出版社。信中说看在吴森林的面上，不给我吃亏，再难降价，我也不强求，以后就没来往。

4. 浙江人民出版社

浙江大学出版社、杭州大学出版社联系无果后，我去位于杭州体育场路武林广场旁的浙江人民出版社联系。一位女副社长接待了我，从她递给我的名片看，知她是省人民代表，是走在时代前列的人。我说："怎么现在在出版社出书不是付稿费给作者，而是作者花钱付给出版社。我想写本书，地质出版社说内容很好，但要 3 万多元出版费，我拿不出。之后与浙江大学出版社、杭州大学出版社联系亦要 2 万多元，看来出书真难，不知你社如何？"她说："我社收费与他们相比要多一些，但按规定他们是不能出版你《石材大全》的书，不对口。我们是省社，比国家（中央）级稍便宜些，浙大、杭大出版社还比我们便宜。出版社也要维持正常运转，也要讲经济效益，也有风险，书卖不出去是常事，即使卖出去钱也不一定能收到。因此，对于一般非出版社联系组织编写或国家下达的出版任务，我们都要收管理费。管理费收多少，不同书种不同出版社有些差别，浙江几家出版社差得不多。外省可能便宜些，特别是边远省份，经济条件差的地方更便宜。"

我说："你们说收管理费，书稿我们自己负责（文责自负），印刷装订费我们自负，你们还管理什么？这样收费不是卖书号吗？"她说："卖书号的说法不好听，且是禁止的，非法的。每个编辑都掌握有一定量的书号，出版社也掌握一定量书号，我们是靠这些书号工作（过日子），实质上也可以说是卖书号，不过叫收管理费文明一些，各出版社都如此。"她是实话实说，我没必要和她争论，就告辞。不过她说边远省份可能便宜些，对我倒是一大启发。随后我去信给内蒙古、宁夏、黑龙江一些边远出版社联系。

5.内蒙古人民出版社

过些时候接到内蒙古出版社刘杰编辑来函，全文如下。

蔡行来先生：

您好！您编写的《装饰石材实用大全》这本书稿的出版一事，由远方出版社张涛同志委托给了我。我是内蒙古人民出版社文艺编辑室刘杰。我读了您写给张涛的信和书稿的内容介绍，觉得这本书确实很不错，很想出版此书。只是需要说明的是，自1996年我社制定出新规定，书稿的管理费由书稿的字数所限定。30万字以下的书稿管理费定为10000.00元，30万字以上要加价。规定无论作者对书稿自审自校与否，都要通过我社的三审过程，一审3.3元、二审1.2元、三审1.5元。从书稿目录页码估算，《饰》稿大约有980千字。三审用去5880.00元，为社要创利8000.00元。共计费用13880.00元。所以管理费需14000.00元。如果您觉得管理费太高，请与张涛同志再商讨，他可出版否？决定在此印书，其他还有办外印手续费200.00元（区新闻出版局收），样书押金2000.00元（样书到后退回）。

此致

刘杰

1997 年 12 月 26 日

因我 12 月下旬经南京大学同学、江苏地震研究所谢瑞征介绍，离家去北京地震出版社洽谈签订出版合同，1998 年 1 月才收到此信。因与地震出版社签了合同，我对内蒙古出版社刘杰编辑来信未回复。后来地震出版社中途变卦，我才给刘杰去信，刘杰也认真给我回信，信较长，摘抄如下。

蔡行来先生：

您好！3 月 11 日收到您的来信很高兴。在此答复您信中所提有关出版图书方面我们这里的一些情况。一、如果您所要出版的这本书，有 210 万字，管理费就要加大，约收 2 万元。二、在我方出版的图书，均可在外地印刷。办理外印须交 200.00 元（二百）办理费。此费交付我区新闻出版局。三、书内可登广告。可以自行发行。四、我接到您的来信后，虽然出这本书不太有把握（因稿件不在，出书人没有进行正规委托），但已在二季度申报选题中把《饰》书报上了。选题被研究批准后即可发稿。发稿顺序为：1　制作封面。（如果你们已经制作了，必须寄来封面样。）2　进行初审、复审、终审工作。3　交付管理费，得到书号。您决定要在我社出版此书，那么选题被批准后，即可邮款来。需寄款项：20000 元（管理费）＋200 元（外印费）＋5000 元（样书押金费）＝25200 元。我社账号为：（略）4　样书押金：出书后我社需要样书 120 本。5　自费书本价格，一般是尊重出书人意见的。因此寄书稿时，您把估计价格写来最好。顺便给您寄去一份合同书样，此合同编辑与乙方代表（出书人）商量好后，全由编辑填写即可。一切手续完毕后，给您寄去一切发票和一份合同。以上答复了您在信中所提。您的书是不是一个书号上、下本？或丛书？或16开一本？以上所说条件，您觉得可以，请来信或来电话告知，您若决定在我社出书，即可先把稿件和封面样子寄来。

电话：- （宅）-（办）

刘杰

1998 年 3 月 11 日

收到此信后，我发现与其他出版社相比，价格稍低，但低得也不是很多，毕竟距呼和浩特路太远，处理有关事宜总不大方便，接信后我还有些犹豫。加上书稿还须加工，没有及时回复。就还在犹豫中，我有一天早上醒来，突然想起 1950 年在回浦中学读高中时的同班同学牟玉青，她北师大毕业后分配到吉林延边出版社工作，后来调到长春吉林文艺出版社，也是边远省份，何不写信去和她商量商量？我去信后没几天，其夫林仙根来电，说也是我老同学（年级比我高，在校时不认识）。他自我介绍说，原是吉林科学技术出版社副总编辑，现退休在家，欢迎我书放他社出版。在交谈中得知，其费用与内蒙古人民出版社差不多，手续更简便，他说社内有机动书号，不需申报待批，只寄来稿件即可；又是对口出版社，且有老同学关系增加了几分信任感，何况是我主动找他们想想办法，在条件差不多又有了办法时，也不好推辞，就这样我选择了吉林科学技术出版社。

但我对内蒙古人民出版社刘杰编辑两次诚恳、认真、亲切的来信，很感内疚。他（她）回信认真，字体工整，一字一格，200元的钱写成"200.00元（二百）"；两封信中对我的称呼从头至尾都用"您"字，可见他（她）对客户的尊重、礼貌与亲切。他（她）对每一事每一问题都讲得很诚恳、实在、明确、周到。经过这几个来回，因我出于市场经济的利益驱使，没选择他们，总觉得似乎欠他（她）什么的。

在与吉林科学技术出版社签了合同、付款后，我才去了一信给他（她）说："此次没在你社出版，我以后还想写本书，优先同你联系出版事宜。"但这话不是逢场作戏临时安慰，而确有此想法。我所指的"以后还想写本书"就是《地主》一书。这本书我几十年前就想写，觉得难度很大未能动笔。1992年，母亲去世后就她的平凡琐事了几个月，并没有成书的准备。又因已开始编写《石材大全》而搁下。现《石材大全》编写、出版、发行已结束，我继续写母亲记事，并争取成书。虽事隔近20年，现我还不忘这件事，不忘刘杰编辑，《地主》完稿后我首先与刘编辑联系出版事宜，诚信为人，讲话算数。如不能在该社出版，只要《地主》成书，我定会寄本给他（她），以抹去我心中的内疚、还他（她）尽职尽责的人情账。我的《地主》一书未在他社出版，纯属偶然原因，出版后想寄本给他（她），去过信而未回复，愿望也未实现，还是遗憾终身。

6. 地震出版社

1997年秋，我去外地进一步收集《石材大全》资料，路过南京，顺便拜访在南京中山门外卫岗江苏省地震研究所工作的大学同学谢瑞征，交谈中说到我写了一本书出版难的事。谢说，他单位有位女同志张晓波调到北京地震出版社工作，愿为我联系一下。过些时候谢瑞征告知我已联系过，对方欢迎我去洽谈出版事宜。我于12月下旬到了该社找到张晓波，她很热情地接待了我，还请我到饭店吃饭。经商谈，她草拟了出版合同：印数5000册，要我向出版社（先说按定价50%，后说按成本价）认购4950册，我在先期向乙方预付贰万伍仟元购书款，开印之前再付壹万元，我保证在书出版后贰个月内与出版社结清。

我不接受按定价50%认购（要70多万元），也不认可按成本价多少认购，因成本价很难估算，易引起争执。她说，这是合同上表面写写，应付应付，避免有卖书号之嫌，实际可不这样。我仍坚持不接受，最后把这"成本价"三字涂了，并写了补充协议。双方在出版合同和补充协议上签字。由张晓波写的补充协议全文如下。

出版《装饰石材实用大全》一书补充协议

甲方：蔡行来

乙方：张晓波

双方对出版该书经协商达成具体落实方案如下：

1. 乙方收甲方管理费贰万伍仟元（含出版社管理费、编校费及税金），交稿时甲方付乙方壹万元，余款待书出版后两个月结清。

2. 在乙方开具开印单之前甲方需交周转金三万元，以保证图书顺利出版，书出版后与甲方结清。

3. 乙方同意由甲方联系印刷厂。

4. 该书再版由甲、乙双方决定，甲方决定再版时，每再版一次甲方向乙方交付贰万元再版费用。

5. 印刷合同由甲方以出版社名义签订，乙方向印刷厂开具开印单时需注明甲方已有三万元印刷费汇入乙方，书出版后在两个月之内结清。

1997 年 12 月 29 日

乙方：张晓波（签字）　　　　　　甲方：蔡行来（签字）

过了个把月，张晓波来电催我寄书稿。我说还须加工一下。她说最近有空，明年较忙，现在不交稿出书时间可能会拖后。我稿件寄去后准备按补充协议规定汇寄一万元，她回电说领导要求二万五千元一次性汇去。我认为依据补充协议，"交稿时先付壹万元，余款书出版后两个月结清。"现我只能汇寄壹万元。她说："上次签协议时领导不在，章也没有盖。"我说："你是'授权代表'，签了字就代表出版社，代表领导，我们应该按协议办。另外，补充协议（2）中写着'乙方开具开印单之前甲方需交周转金三万元'，在（5）中写着'印刷合同由甲方以出版社名义签订，乙方向印刷厂开具开印单时需注明甲方已有三万元印刷费汇入乙方'。我询问了印刷厂，请他们与地震出版社结算可以否？印刷厂方说：'你签合同，要你支付，我们不会向他们要。你汇给出版社，出版社不一定汇给我们。我只能同你打交道，付钱给我。'因此协议中这一点也有问题，难以执行。"

我坚持不汇二万五千元，只能汇一万。最终双方未能达成共识，我的一万元也没汇寄。就这样该出版合同未能执行，在地震出版社出版之事也不了了之。

之后我要张晓波退回书稿，她要我汇寄已委托专家审稿的审稿费一万元。我认为这是谎话，几个石材专家我都认识，都有来往，他们还不知有此事，我没汇寄一万元。寄去的书稿是复印件，我还有书稿在，不退回也没关系。

与地震出版社又以失败告终后，我给内蒙古人民出版社刘杰写了上文提到的覆信。

7. 吉林科学技术出版社.

上文已提及，在 1998 年 3 月中旬收到内蒙古出版社刘杰回信，正在犹豫时，突然想起老同学牟玉青。在给她去信后不久，其夫林仙根即打来电话，欢迎我在他吉林科学技术出版社出版。通过电话和信件，我们达成共识：出版社收管理费 20000 元，审校费 3000 元（由林仙根审校），赠样书 30 本，可以由我委托其他印刷厂印刷，再版时不收取管理费，仅赠书 10 本等。出版社寄来按照前述内容写的出版合同，我在 1998 年 4 月 23 日签字认可寄回。他们于 5 月 25 日寄给我一份社长赵玉秋签字盖章后的合同。主要内容如下。

1　印数 5000 册。

2　甲方（蔡行来）向乙方（吉林科学技术出版社）赠送精装本 30 册，以后每重印一次赠送样书 1 0 册。

3　甲方包销 2000 册，优惠 50%（五折）。甲方向乙方预付包销书款贰万元。

这贰万元实质是收取的管理费，为避有卖书号之嫌，以此形式来掩盖搪塞。因林仙根两夫妻是我的高中同学，对如此措辞我也迁就认可。但我事前表明必须要有一个真实的补充协议，于是我在 1998 年 6 月 17 日起草了这个补充协议，由对方签字盖章，他们仅补充一条（第 4 条），表示认可，寄回 1 份给我。全文如下。

出版《装饰石材实用大全》补充协议

甲方：蔡行来

乙方：吉林科学技术出版社

双方对出版该书订补充协议如下：

（1）甲方一次性付给乙方出版费贰万元，乙方收到款项和书样后，及时开出付印单等手续。

（2）此书出版后归甲方所有，由甲方发行，不涉及与乙方的经济问题。如乙方代为发行另签协议。

（3）该书若再版，除按合同规定向乙方赠书外，乙方不再收取其他费用。

（4）（出版社补充）甲方需乙方审校及校对等，由甲方另付费用。

甲方：蔡行来（起草签字）

乙方：吉林科学技术出版社（章）

（社长）赵玉秋 1998 年 6 月 17 日

在 4 月 23 日我签了协议后，即寄去书稿和汇去 20000 元出版费，稍晚又寄去审校费 3000 元。据林仙根来信说：因工作量大，曾组织多人审校，但发现各人改动不一，还是由他一人审核，主要在格式和字样上改动较多，费了他不少心血。但他在信末附言中说："本书实际责任编辑是我，赵玉秋是我社现任社长、总编辑，他有这个兴趣要署名，就署在前面吧。此举也许会提高本书的知名度？？？"我就按林仙根所说，在封底左上角写上责任编辑：赵玉秋、林仙根。我想在出版界可能赵玉秋有知名度，在石材界、建筑界有多少人知道赵玉秋？林仙根在这句话后面打上三个问号不是无的放矢。其实际情况可能是此书数据丰富，工作量大，按林仙根来信说是一本巨作，印量又如此多，也是吉林科学技术出版社的成绩，也可能赵玉秋想沾一下光。

不久经吉林省新闻出版局批准，办来了出版许可证、国际标准书号、条形码和印制委托书。又经浙江省新闻出版局批准，委托杭州市三墩镇浙江省测绘印刷厂印刷。

（二）印刷厂

1996年10月前，我在临海家中写此书时，多次同离我家仅隔约1里路的台州印刷厂联系印刷。该厂因台州专署设在临海，是台州最大的印刷厂，专署搬到椒江后属临海市管理。我去过多次后，与该厂业务接待人员熟悉起来，参观了车间，看了样书，交谈过价格，准备在该厂印刷。我搬到宁波写书时，还曾来过该厂，把在宁波了解的印刷厂情况与他们作些对比。我的选厂原则是：在保证质量的前提下，尽可能选价格便宜的，允许印刷纸张自己购买（可便宜不少），来去方便等。

1996年10月，在与浙江大学出版社、杭州大学出版社联系时也走访了几家印刷厂，但未认真深入了解、洽谈。1967年，我在杭州省地矿厅与一些老同事谈起印书事情，得知浙江省地矿厅下属有两所印刷厂，其中一所是附近的三墩地质测绘印刷厂。该单位是省地质测绘大队所属，也是我之前工作的地质队兄弟单位，那边还有一些老同事。20年前我离婚后由前妻带养的小儿子也住在那里，他成家后我们常有来往，他结婚建房我都有资助，房子宽敞，可住那边亲自去印刷厂监督检查。因此，我去该厂了解了一下。

去了三墩地质测绘印刷厂，参观了车间，同杨厂长略谈后，达成几点共识：我可到他厂印刷，纸张可由我自己购买，由我与他签订合同，印刷费用由我直接付给，不由出版社周转，可分期付款，留一部分费用在该书出厂后半年内付清，质量有保障，价格尽量优惠。这样我已心中有数。

与吉林科学技术出版社商定我书在该出版社出版，允许我另行联系印刷单位，但要经该出版社认可，钱由我付，发票抬头开具给出版社，表明是出版社委托，以保证印刷质量。这里就有了矛盾，我付了钱而没有发票，出版社没付钱而有发票，违反财务规定。但测绘印刷厂坚持要由我本人付钱，不能由出版社转交，以免不能兑现。我认为各有其理，幸好我们虽是几人合伙出书，但一切对外事务均由我决定。他们都很信任我，知我会精打细算，力求节约，书能出来就行，不需发票核账报销（其他开支我都有开来发票或收条），到时与合伙人说明一下便可。因此我也答应下来，与测绘印刷厂签订了相应的合同，并注明开给出版社的发票要经我同意。应我要求，地质测绘印刷厂向吉林科学技术出版社写了说明，全文如下。

> 由蔡行来编写的、吉林科学技术出版社出版的《装饰石材（技术·商贸）实用大全》一书，经蔡行来与我厂商定，交由我厂印刷。印刷合同由蔡行来出面与我厂签订，印刷费用由蔡行来负责向我厂支付，发票可经蔡行来同意，开具给吉林科学技术出版社。特此说明。
>
> 致吉林科学技术出版社
>
> 浙江省地质测绘印刷厂（章）
>
> 1998 年 3 月 31 日

此事这样处理，看来只几句话，实际上是我去印刷厂跑了多次，也多次与吉林科学技术出版社林仙根沟通的结果。但林仙根在 1998 年 7 月 26 日稿件审校完毕寄回时给我来信说："印刷厂发票不必开给我们。"就在这封信上，林仙根还说，社长兼总编辑赵玉秋要在我书责任编辑栏上署上他的名。看来主要是彼此信任度的问题，我已取得他们的信任。

在与测绘印刷厂签订印刷合同后，1998 年 4 月我去选购纸张，据说纸张出厂后有半年的阴干期，印刷起来损耗会减少，质量会提高，因此必须抓紧购买。我在临海时已与纸张公司有多次接触，对行情有所了解。此次又在杭州跑了几家，最后选定武林门的新华纸张公司。测绘印刷厂知我要用现金支付这 10 多万元纸张费时，他们说用该厂名义购买，我的现金交给测绘印刷厂，由厂里支票支付，这样可省出不少税金，利益对分。我也照办，分来4000多元。不久即运来两大卡车60克书写纸，存放在测绘印刷厂仓库里。16页彩照的128克进口铜版纸和156克套封铜版纸由测绘印刷厂为我代买。

纸张方面，我自己购买约节省了13000元。在审核稿样未寄回前这段空当日子我也没闲着，附上批准书发函征订、补充修订书稿内容。7月份审核稿样寄回后，忙于修改。林仙根在信中说："这大部头的书经我们审稿后，你还要做大量的后续工作：（1）要坐下来逐页逐页翻过去，见到有铅笔划过、有问号的地方进行检查处理；其他凡经过修改的地方要检查一下，是否改错了……（4）……这一切你还要付出很多的劳动，建议你找一两个适合的帮手，否则你可能吃不消。不仅要熟悉这本书稿，还要熟悉编辑加工行当业务。你先找找看，能就地解决最好，如有困难，我们还可商量。"

我到哪里去找这样的人？一切只有自己干，遵嘱，日以继夜加班加点，花了个把月改好后还送去排版修改。因我书是我单位设在宁波市郊慈城的制图院承办排版，乘车到那边要2小时。我早出晚归，在那边亲自过问修改，随问随答，又历时半个月，也没再找林仙根商量。时值盛夏，烈日炎炎，辛劳程度可想而知。

定稿后，我于2月12日去杭州进厂印刷。除了改稿外，我还有其他事。在进厂之前，有些赞助者或刊登广告的单位还有观望态度，没把钱汇来或仅汇来部分，要发函去催。为此，我以测绘印刷厂的名义起草了一份（催款）证明，全文如下。

证明

　　蔡行来、罗长芳编的《装饰石材实用大全》一书，经吉林省新闻出版局批准，由吉林科学技术出版社出版，又经浙江省新闻出版局同意，委托我厂印刷，一切手续办理完毕，不久即可开印。特此证明。

浙江省地质测绘印刷厂（章）

1998 年 7 月 11 日

　　仅发函不一定能解决问题，有的还要电话催，这些都需时日。进厂印刷后，我也住到三墩镇我儿子家去。他家与印刷厂相距约 700 米，我也每天到厂"上班"，去各有关车间巡视，历时近两个月，从中也学得不少印刷知识。11 月初印刷完毕，送到杭州南浦与测绘印刷厂挂钩的装订厂装订，两地相距较远，我也常随印刷厂的车去装订厂巡视，也从中学到不少装订知识，一页一页的印刷纸，通过折迭、穿线、压实、糊装变成一本本书。不久我这厚厚的、精美的书出来了，这是我多年辛劳的结晶，我内心的欣喜难以言表。

第一版《石材大全》

　　装书纸箱要另外制作，书进装订厂后不久就通过该厂老板去预制。我根据该书每本厚6公分，重5斤，设计了每箱装10本的纸箱，共500只，花去1万多元。书装订好后纸箱也运到了。

我获悉1998年11月26日将在广州举行石材展销会，届时国内外石材厂商云集，是展示该书和卖书的好机会，也为使预订者放心，我设法要去赴会。因装订厂业务较忙，为此我要求装订厂在11月中旬前装订出500本，以便及时运往广州，其余可延至春节后交货。结果我如愿以偿，于11月21日从杭州东站托运了100箱（500本）去广州。

在装订厂还有件事至今不忘。厂老板（村长）带我们参观各车间、房室，指着一大堆厚厚的《法律汇编》一书对我们说："这些书装订好后他们不来拿，打电话去催，他们说不要了，你们要，随便拿。"我也顺手拿来一本。此书约２００万字，稍比我书薄些。我想，我的书绝不会这样处理。

1999年3月中旬，我同印刷厂厂长来到装订厂结账提货，其余4500本（实有4580本）全部运回存放到杭州三墩我儿子家。足足装满了一间半房子。面对这么多书要一本一本地销出去，我不是望而生畏，而是踌躇满志。这些书在以后要销到全国各地，大部分是经火车托运，没有便捷的交通也是不行的，存放在三墩就创造了这个条件；与厂方的合作也还顺利；同时也借此机会弥补、改善、加深我与从小离开的儿子及其家人的感情和关系。事后证明我选择杭州三墩测绘印刷厂印刷是正确的。

　　至此历时五年同七个出版社和多个印刷厂打过交道的该书出版印刷装订工作，才宣告完成。这与我挂靠宁波市科学技术咨询服务中心一样，出版社和印刷厂的选择也是我书取得成功的关键之一，是我几经挫折仍坚持不懈、开拓进取的结果，也是不断挣扎拼搏的结果。我常想，也许母亲在天有灵，使我屡屡绝路逢生。我向来孝敬母亲，但不仅是出于报答她养育之恩，解放前敬佩她在父亲早逝后的艰苦、开拓、节俭、致富；土改后敬佩她在受到打击后仍不畏强权挺立在世。虽吃了些"眼前亏"，但保全了人格，坚持了真理，最后还是被村人传诵、尊敬。

　　在那以阶级斗争为纲的日子里，我没有同她划清界限。尽量节约寄钱改善她生活，使她精神上也得到安慰。她常说没有我早已没有她的人在，在弥留之际仍说我们待她好，不回家"落叶归根"。在1992年10月16日夜即将谢世前我在夜学教课，她还坚持到我回来，喃喃含糊之语向我道别时，握着我的手后才渐渐平静离去，把我们母子相依为命的情感带入阴间。我今日办事有如此结果，想必托福于她的保佑，托福于她的在天有灵。常言道："善有善报"、"百善孝为先。"在此我希望人人都孝敬父母，给人间带来温暖，给自己带来好运。

第七节　社会评价

《装饰石材实用大全》出版后，首次与读者见面的是在 1998 年 11 月 26 日广州国际石材交易会上。我早两天到达，首先找到参加此会的北京中国石材工业协会人员，包括石材杂志社社长兼总编辑李运璧，他们都住在事先安排好的流花宾馆，我给他们每人赠送 2 本，作为他们对我书出版的支持。李运璧等看到这既厚又美观的书后有些惊愕，觉得突然，称赞几句后我就告辞。在开会第一天上午，他们把书带来放在柜台上。可能他们不需要 2 本，带回京又觉笨重，有的顾客要向他们买，他们也卖了。李运璧连忙找到我卖书的摊位，又赞扬我的书好，要我再给他几本代卖，我又给了几本。这样反复来我处拿书多次，最后我以 250 元／本向他们结算，每本他们赚 130 元。会议临结束的 11 月 29 日那天，他说要批发 250 本。我以 6 折价（228 元／本）结算。也在这次展览会临结束收摊时刻，一位广州市石材商在店内看到别人买来的我书，来到展销会找我，费了很大工夫找到我后买回一本。

苏州国家非金属矿研究设计院是我国石材工业研究设计的最高机关，我在参加石材展销会时，先后有多位未谋面的专家来向我道贺，说这是我国当今石材方面最权威的书，他们想写也写不出来，我这本书是对国家的一大贡献。我国最大的石材进口商——深圳康利石材公司杭州分公司副总经理侯波哈对我说,他们深圳的老总、总工们对的这本书评价很高。

我还收到一些来电来函称赞我书,现把有关函件选摘如下。

山东青岛华磊石材公司总工程师姜华九是多本石材书籍的编著者,也常在《石材》杂志上撰文,毕业于南京大学地质系,比我晚一届,是我国知名的石材专家。他在得到我书后寄来题词:

内容丰富,知识渊博;印刷精美,突出实用。

四川成都都江堰天马石材厂桑立军厂长,原是石材基地山东莱州市人民政府公务员,下海从事石材业务,看到我书后来函献联祝贺:

编排见匠心,石材世界好文章;

内容包万象,百科全书好榜样。

北京国家石材杂志社总编辑李运璧来信如下:

蔡工:您好,广州见面又多时了,最近忙吧!最近我一直在忙《石材应用、开发和投资指南》一书的编辑,现将提纲寄给你一份,我希望邀请你作为编委,提出宝贵意见。本书除介绍优质品种外,一般品种就作表格式介绍。你写的书出来后,为这部分提供了不少方便,表格式介绍可以参考您书中的列表选择要点和主要品种。对《石材应用、开发和投资指南》一书有什么教诲,请多多赐教。你编成的《装饰石材实用大全》一书,实在不简单,这方面我有体会。五年前,建材规划设计院的几个同志约我出版《石材实用手册》一书,因都是在职干部,进度很慢,只完成了半成品。后来听说你要出类似的书，我们就放弃了。所以我祝贺你的成功和敬佩你的毅力。元旦将至，祝1999年一切顺利。

再见，代向汪工问好。

李运璧

１９９８年１２月２９日

中国石材工业协会副会长兼秘书长张文波多次对我说：世界石材最发达的意大利也没有《石材大全》这样一本对石材事业各方面都作系统介绍、论述的书。你确实对国家作了贡献。

浙江省石材协会会长陈汉新，多次说该书出在我们浙江，是浙江（石材界）的荣耀。显然他指的主要是四川省石材协会大力宣扬要出版该书而流产，订书款也退不出招致被责骂的事，其次北京有几家想出该书也出不来，而你不声不响就出来了，且还受到好评，了不得不得。有次他请我到饭店吃饭，席中有人来电，他回答：我在招待《石材大全》主编，没空。我听后，觉得没有必要把我抬得这么高。

我在外卖书的10多年中，会见了不少同学、朋友，对我书的出版都大加称赞，其中南大同学承娟英反复说："你没有白活！"，我对此称赞留下的印象最深。

我不喜欢张扬，也不善于张扬。书出版后，小部分运回宁波，有时经火车站托运外销，需我单位和宁波市新闻出版局证明同意。我拿书去单位打证明，我单位领导说："（本单位）×××写了一本小说出版，在《宁波日报》上做了长篇报导，你更可同《宁波日报》联系联系，报导报导。"我没接受。

我书是我 1991 年开始写，1998 年年底出版，2004 年修订再版，这部巨著基本上是我一人承担编写、发行工作，且收到的社会评价较高，经济效益与社会效益均较好，故常有人对我说："你与中央电视台《夕阳红》节目反映反映，作些介绍。"我也未采纳，我想把自己的时间用到更需要的地方。2008 年，我受邀去北京参加全国石材专业教材编写会会议，大概是国家石材协会领导的介绍（推荐），《中华建筑报》记者上门采访了我，我也不好推辞。作者为该报记者蔡金平。文头还刊登我的照片。下面摘引该报 2008 年 4 月 29 日，以主标题为"诚信为人，勤劳做事"，副标题为"蔡行来与他的《石材大全》"长文的前言、正文小标题和文后的《采访手记》在此刊出。

前言

蔡行来，浙江临海人，1961 年南京大学地质系毕业，浙江大学任教数年，浙江省地矿厅就职二十余载，1968 年开始从事石材相关工作。1998 年编辑出版了石材业综合性工具书《装饰石材实用大全》，2004 年再版，更名为《石材大全》。

业内评论：

《石材大全》是一部内容丰富、资料新颖、图文并茂、突出实用、体系完整、知识性强、充分反映石材科技最新成就和目前商贸活动的多功能、多层次的大型工具书。

正文：

帮忙帮进石材业。

蔡行来老先生今年76岁，他编写的《石材大全》可算是业内第一本系统的总结性巨作，说起当年进入石材业，却是帮忙帮进来的，那是1986年的事了。当时，有两家要做石材的企业找到他，希望帮着他们找矿。于是他从指导采矿开始，逐渐到说明采办设备、指导板材加工，老先生热心的义务帮忙算是将石材加工厂建起来了。……

从20万字到200万字

等到蔡老整理出小册子的大纲一看，蛮有条理嘛。于是想到，自己读了一辈子书，教了不少年书，并且帮人卖了不少书，都是人家写的，为什么不能自己搞一本呢？他把提纲整理后发给中国地质出版社，对方回复说：提纲很好，有理论有实际，同意出版，但要付些出版费。于是蔡老的编书工程算是开头了。……

卖书比写书更难。

书是出来了，卖书又成了一个问题。蔡老说："卖书，是经济效益和社会效益的体现，书放在家里，到不了业内人的手里，当初写书的初衷还是达不到，也对不起赞助人。"……

采访手记：

采访蔡老是他来京参加全国石材专业教材编写会之时，采访完已是晚上十点多，耽误了老人与多年未见面同学的约会，相当抱歉。在问到人生最重要的质量是什么时，蔡老答曰：诚信、勤劳。对人生最有帮助的是诚信。不轻易许诺，承诺就要做到，这个人才可以长久打交道，才能对人对己有利。本着这样的信念，老人在临近退休之时踏进石材业，以诚信待人待己、辛勤务实，撰写了《石材大全》这样的鸿篇巨著，总结了那一阶段中国石材业的发展状况，在中国石材产业发展史上留下了浓墨重彩的一笔。

此外，上海的《东方石材时讯》、广东云浮的《石都商报》、福建泉州水头的《石材世界》也对我的事迹作了报导，大都是取自石材展览会上和我的谈话。其中上海的《东方石材时讯》文章较长，１６开本有２页。

第八节　发行销售

书印出来不算是成功，能销出去才是成功。做到写书时的初衷：普及、提高石材知识，这是社会效益；经济能收回投资（资金和劳力），且应有所赢利，这是经济效益。我书能得以出版，经济上主要靠人家支持，对我的支持就是对我的信任，他们在我书上做广告，介绍产品，或挂名，也是投资，只有书卖出去，才能有所回报，偿还人情账，这三方面集中到一点，就是要把书卖出去才能达到目的。在书出来后存放在房间中挤得满满当当的时，我不是望而生畏而是踌躇满志，且必须踌躇满志，更艰难的战斗才开始。我在卖书上所花的精力、所遇到的困难，远大于写书。

要销出去，除了书的质量，并能解决读者问题外，还有价格、供货方式等问题。针对这些问题，我绞尽脑汁，身体力行。我部分是沿用 1990～1991 年卖《通书》的办法，根据现状也有较多的创新。

一、通过媒体做广告销售

通过媒体介绍、广告管道销售，最早是在《新华书目报》第 500 期中的"科技新书目"栏，刊有《装饰石材实用大全》简介和购买方法、地址、电话，我付费 1000元。中国石材工业协会的《石材》杂志是我国石材界的权威杂志，早已联系好给我书做广告，社长却来信说，因书没出来不给做。我书出来后，他们先批发 250 本，当然他们要销掉，他们自己在上面做了广告，我就不好意思再在《石材》杂志上做广告了。250 本销完后他们还再向我批发，我也插不进广告。不过我书再版后，多次要求下，在《石材》杂志上做了一页广告，付费 6000元。北京《建筑装饰石材》、广东云浮《石都商报》、厦门《国际石材商情》、福建水头《闽南建材》《中国石材城信息》等报刊我都做了广告，不过大都没付现金，而是送几本书抵款。我购有某些省份的建材杂志，我书出版后，经联系赠书一本，给我登一条售书广告，计有《山西建材》《辽宁建材》等。

再版书中开始在互联网上做广告。首先是北京国家建材工业规划研究院办的"中国石材之窗网站（WWW.CHINASTONE.CN）"。该网站先在我再版书上做了半页的黑白广告，我再版《石材大全》在其网站上做了广告，负责人是李正荣，我们是在卖书中彼此认识，关系较好。在他的网站上刊登我书全部目录，付了 3000元钱。后来他要求给我代销，生意他揽去，以 300 元 /本向我结算。继之上海世界石材网（WWW.WORLD

STONE.COM）我也做了广告，也刊出全部目录，我与该网站负责人甘锋也是在卖书中认识的，关系也较好，仅送他几本书。后来他也要求为我代销。较晚的是杭州中国石材网（WWW.STONESM.COM），也介绍刊登了我书目录，我也仅送他几本书。以后又转为要代我卖书，我也把书送去。他们卖完后网站已没有我书，但宁波一家厂商要向他们买，收了他们的书款，只好叫我把书送到该商户手中。后两家在其网站刊出的我书目录，都是从中国石材之窗中下载移植的，我也没花大成本。之后好多网站都转载我再版的《石材大全》有15个页码的目录，也未同我打招呼，我也未送书。可能是他们为表现自己网站数据丰富，点击人多，扩大知名度，因这类书在我国我这本最权威，从已有的网站移植一下也方便。

　　通过广告来卖书，基本操作步骤是：读者看到广告后，一般都先来电话联系，待我答复有书供应后，读者从广告中刊登的银行账户汇来购书款，并在我手机上发来告知地址的短信。我到银行再查核一下，知其书款汇来，便按其地址寄书。我一年绝大部分时间在外销书，常收到买书来电，我身边基本上都有书，可以随时寄出。

　　由于常到邮局寄书（包括预订的），几个邮局的办事员我都熟悉了。如杭州三墩邮政所、宁波南站邮政所、临海赤城路（还有中山路、台州府路）邮政所，这些办事员都知我为书而来。我在北京销书或有事，都住在北京（火车）站右侧弄堂到底的国印招待所，也有书长期存放在那边，其间也常有人来电买书，我都到车站广场左侧过马路的邮政所寄，也熟悉他们。因我从１９９８年１２月寄书起，寄到２０１２年７月１９日，有两本寄到杭州新时代石材市场５排５１１号摊位董步勇读者，其间间隔１４年，老的退休新的接班，认识了他们两代人。现在还有几十本，即使书旧了，但断断续续地还有人买，还得寄。有时我还怀念远方熟悉的邮所办事员。

通过广告购买一般都按照定价（初版３８０元／本，再版５２０元／本），但少数也有要求降价的。绝大多数客户都先汇钱来，我即寄书。

也有少数人说先汇钱后寄书不放心，怕钱汇出后书不寄来，因而也有先寄书后收钱的，我认为买书人都讲信用，不会为了钱而骗本书。其中多数人也寄来，但确有很少数人书收到后就不寄钱来。一般邮购是按定价再加１５％邮费，我的书定价较高，且是我自己去邮寄，这１５％免了，即邮费由我自己来负担，还白跑腿，也是一种优惠。对于书邮寄去后不汇钱的客户，我还倒贴邮资。这种情况曾发生过几起，我至今记得很清楚的有：

内蒙古包头市昆前区前进道１０号欧诺亚陶瓷公司的席宝利（电话０４７２—６９７６４５４）。２００６年，他要我先寄书后汇款，否则不放心，还要求我降价，并保证书收到后即刻汇钱来。我同意先寄书后汇款，还同意他提出的降价。但书寄出并收到后，他未汇来书款，我再陆续打了几十次电话，再次降价，他仍未汇来。至今已有１０多年了仍不汇钱来。

　　四川自贡汇东新区密封件厂底楼花岗石公司邓吉。来电说买书，但先汇款不放心，要我先寄书，保证书收到后一定汇款。因此我先寄书，在２００１年１１月２０在江西景德镇火车站邮局寄出的，邮资１１元，邮号９５０。但他长期未汇款到我处，去电去信多次，他口头答应，至今20年了仍未汇来。

　　广西南宁邕宁县那马镇龙泰通建材公司。该公司经理来信说，他有许多子公司散布全国各地，如该书确实有用，要买１０多本，请先寄来一本看看。我寄了一本，并在附信上说明：用不着请寄回。但长期书款或书都未寄来，我去南宁卖书时曾去过该公司，看到书还放在办公室桌上，但经理去南宁有事，没碰上。之后去电去信都不理。

　　我书开头第三页（扉页后一页）上部为名品彩照，中下部为编写人照片和简介。底下上行为：编委会（编辑部）地址（我宁波家址）、电话（我家电话、手机、传真）、邮编。下行为：承办单位（宁波市科学技术咨询服务中心）地址、电话、传真、邮编。这些也起了广告作用，以促进我书销售。来信、来电向我买书的除国内各省、直辖市、自治区外，还有外国读者，美国、德国、法国、埃及、荷兰等国都有，因此我得往国外寄，不久前一本是荷兰人买，是福建人来电，汇来书款，并告知地址，可能是福建籍的华裔。

二、发函推销

　　我书在出版前和刚出版时发了几批次的征订或销书函，附上该书目录、编写、出版进度，应订的单位可以在该书附件中相应的栏目免费刊登一条名录。名录中写上单位地址、名称、主要产品、法人（联系人）、电话、传真、电子信箱等内容。每次发函都有３０００～４０００封，印制的２万只中号信封都用完了。这样还有些效果，每次应订的都有一些，特别在吉林省新闻出版局出版批下达后，我还在征订函中附有批文复印件，应订的较多，解决了我部分出版资金。这也可说事先做了发行工作，当然我有把握该书定会出版，否则非但我要负责任，函件上盖章的挂靠单位也要负责任，我必须做到万无一失。后来不论是浙江大学地科系大地开发公司发的征订函、浙江省地矿厅情报处发的征订函，还是最后由宁波市科学技术咨询服务中心发的征订函，即使前两者不多，但都一一兑现，都寄了书，且以后定价增加的部分书款免收，即早先定价 60 元/本，以后增至 380/本，我收了他 60 元，同样寄一本，皆大欢喜。出版后发的购书函，除附上目录外，还附上该书照片，担心该书是骗人的或出不来的人不再有此顾虑。

作者 1998 年参加廣州石材展銷會留影

　　后来我书在网上、书

店、展销会上均有卖，这一发函推销方式就停下了。发函的函件和３２开３０多页该书目录，多次放宁波月湖小印刷厂印刷，该厂最早设在宁波工程学院附近，后来搬到开封塔旁边，最后在庄桥建了厂房，搬到庄桥，这三处我都去印刷过，常来回跑。因庄桥路太远，接业务、交货都不便，后来该厂又在宁波解放南路开封塔附近设了办事处，我可到该办事处送样稿、提货，与老板李璧君打交道多年，也熟悉起来。她也常给我方便、优惠。即使是函件、目录，内容有限，但有几千件也有不少分量，为省钱，我大都带着手推车，乘公交车运回，两端路程用手推车拉。有次我雇了一辆三轮车，叫我小女婿帮忙上下车，并一道运回，到家后他说太辛苦了，叫我不要干。我说这次是小事，更辛苦的还多着。

　　信封、信纸是在临海林桥印刷厂印的，印了两次，分批带去宁波。信封上印的落款单位是《石材大全》编辑部，地址是宁波市我家，电话也是我家的。初版时信封印了两万只，再版时仅印一万只。以上这一切都由我运作，具体也由我经办，真够忙碌的。

三、石材展销会上推销

　　改革开放后，为建立、扩大产销关系，促进产品流通，在各大城市均建有展销（览）馆，举行各种展销会。石材产品展销会在全国各大城市和大的石材基地都有，近十多年来每年都在举行，是厂家、商家、客户聚集之地，也是卖书的好机会。1998 年 11 月我书刚刚出版后，即托运到广州，赶赴参加当年 11 月 26 日至 29 日的在流花路广交会老会场举行石材展销会。会上对我书反映良好，卖了 2 万多元，可以说是一炮打响。以后凡有石材（部分建材）展销会，届时我大都前往参加。常去的有上海、北京、广州、厦门、福建南安水头、山东莱州、杭州等地的石材展销会；此外还参加过南京、青岛、大连、济南、郑州、广东云浮、河北平山等地的石材展销会。最后一次是 2010 年参加福建南安水头的石材展销会。2012 年 4 月 25 日，我还到上海观看了石材展销会，但未带书卖，因只剩几十本，在家完全可以卖掉，这次主要是去会见老领导、老同行、老朋友、老读者，其次是收账。

自 1999 年起，前后历时 13 年，我在石展会上卖书不下 40 次，都取得了较好的效益。这些成绩的取得，不但是因我付出了辛勤的劳动，而且还要有很多条件的配合，特别是同行的关怀、帮助。我是小本经营，没有公司依托，想要赚钱必须要节约，为解决这些问题，我绞尽脑汁，忙得不可开交，那些惊心动魄的博弈场面，现仍刻骨铭心。

1. 找个摊位

展销会上产品限放在自己摊位上，走廊、通道等空地是不能堆放的，更不能在这些地方设摊买卖。租一个摊位少则近万元，多则几万元，我当然无力承担。除 2004 年 9 月在山东莱州举行的石材展销会，因我书再版刚出厂，为造声势，以半付现金半给书的方式租了一个价廉的摊位，其余都靠同行照顾，放在人家租的摊位上卖，既感到自己的寒酸狼狈，又体会到人间温暖。

1998 年 11 月赴广州参加石材展销会前，因我是第一次要在石材展销会卖书，也是第一次去广州，也有许多未知因素，想必会遇到不少困难，为减少困难，我去浙江省石材工业协会了解我省有哪些公司参加，以便可到那边"借光"，寻求帮助。省石协肖副会长告诉我萧山金刚石磨具厂（厂长莫水庆）和瑞安石材机械厂（厂长李洁）参加。我与他们从未谋面，也没时间在去之前登门拜访，只好到广州后再找他们了。11 月 24 日，我在杭州坐上从宁波去广州的火车。因为我是第一次去广州，心里总是不踏实，想着住宿、交通、治安、语言等一连串问题如何解决。我买的是硬座票，在江山站上了一个年轻人坐在我对面。我们攀谈起来后，知道他已多次去广州，便问了他一些问题。这位小伙子就很爽气又关怀地告诉我到广州后的注意事项：（1）在火车站旁不可打店内的公共电话。如果你打了一次，不论时间长短，店主要收你 10 元、20 元；（2）人家把一大迭包在透明塑料袋中的钱丢在路上，你不要捡。若有人捡来说同你对分，你也不要理，否则他们把你骗到无人处分钱时，会把你身上的钱都搜光；（3）当心你的包包。……幸亏有这位小伙子提醒，除后来在广州汽车站上厕所时因厕内积水，我笨重的提包放门外，我的提包被偷走（不过提包中没贵重物品），还算未出大事，没有被骗的。

次日下午 3 时车到广州。当日终于找到住在流花宾馆的李洁和莫水庆。交谈后他们也愿尽力帮助，并带我去广交会他们所在的摊位。开幕后我就在他们摊位上卖书，因他们仅有两张小桌，我另租小桌一张200元，小凳一把80元，用4天。之后在其他展览会上卖书也大都自己另租桌凳，租金不一，但都较贵。

在之后的历次展销会中，凡李洁、莫水庆参加的，我大都在他们摊位上卖。他们有时来到展销会报到后，没见到我，会互相发问：怎么老蔡还没到？不久我就找上他们。有时我在开会前一天混进会场先浏览一下，物色可放卖的摊位，见到有他们厂名的位置，我就放心了，否则我要另找别处。

一般来讲，2001年前后，广州、上海两地石材展销会他们大都参加。2002年后广州停办。2005年前，上海在虹桥娄山关路展销时他们也常来。2005年后改在浦东龙阳路展览馆展销后，他们很少来了，我得另想办法。

我在他们摊位卖书时，结识了不少读者和石材界人士，他们常来我摊位攀谈，其中不少也是参加展销会的。他们对我都有好感，人熟悉了就好办事，当李洁他们不来参展或在其他较远的、他们不去的城市举办石材展销会时，我就放在其他熟悉我的同行摊位上卖。这些摊位计有山东五莲寒武石材公司（经理刘喜满）、南京鼎立石材公司（总经理丁立）、北京中国石材之窗网站（负责人李正荣）、上海世界石材网站（负责人甘锋）、浙江温岭力宝石材化工公司（总经理林建伟）、苏州非金属矿研究院（负责人张小梅）、济南恒运达石材机械公司等。对于他们对我的照顾,我只能送本书致谢,这当然微不足道,在此我再次向他们表示谢意,特别是莫水庆和李洁厂长,他们是我在展销会上卖书的奠基人。这些人事关系也是我的个人财富,希望人们重视、积累、培植、珍惜这个财富。

2. 弄张布展入场券

展销会入场证有两种,一是参展证,另一是参观证。两种颜色明显不同,使用时间也有差别。参展证在开幕前一两天便可根据付款凭据到会务组报到领取,一个摊位可给 4 ~ 6 张。领来后挂在身上,凭此证可在开展前一两天运展品入内去布展,开展时可提前半小时入场。参观证在开幕后观众入场参观用,只能开展时间到后才能进场。我当然需要参展证,在开展前提前进场,寻找可卖书的摊位。然后才可把书先运进去放在该摊位内,以便开展后可卖。但我付不起参展费,当然不是参展单位,无凭据可领取参展证,也就没有参展证。

在莫水庆、李洁参展时,我可向他们要一张,他们不来时,我得设法找别人要到一张,这是能入场卖书的首要条件,也是我到展销会后要解决的第一件大事。我的解决办法还是利用同行中的熟人。在第一次参加广州展销会时,就认识了不少这些熟人,更多的是他们认识我。我年纪较大,秃顶,也易识别。中国有尊敬老人的传统,在展销会进出场路上常有我不认识的人向我打招呼。熟人多也是一种资源,我就利用这一资源,在展销会开幕前一两天到,到展销会门口等,总会碰到一些参展的熟人，请他们帮忙，他们总会给我解决。较多的是福建世联石材图书公司的林涧坪，山东五莲寒武石材公司的刘喜满、小丁，北京石材杂志社韩爱丰等同行。

有一次在上海龙阳路展销时，第二天要开幕，我下午3时许才从宁波赶到，拖着放书的小车到展馆门口，没参展证进不去，稍等了一会儿就见北京石材杂志社的韩爱丰工程师来到了门口，我就向她要了一张参展证，顺利进入。福建世联石材图书公司经理林涧坪是向我批发《石材大全》时认识的，他为我销了不少书，有着良好的关系。他们几乎参加全国每一个石材展销会，销售多种石材书籍，有多个工作人员，并有自己的摊位。我来到展馆门口进不去时，打个电话给他，他自己或叫公司人员会把参展证送到门口给我。因他也卖书，我不能放他摊位卖，就拉书进去找我可以卖书的摊位。

3. 把书运到展摊上

初版名为《装饰石材实用大全》的书有5斤重，再版改名《石材大全》的书有7斤重。前者每箱10本，后者每箱8本，连纸箱前者有52斤多，后者有58斤多。我又没有汽车，要把这些笨重的书从杭州或宁波或临海运到各地展销会的摊位上，绝非易事。第一次去广州参加石材展销会的书，是1998年11月21日至22日杭州南浦装订厂的车直接运到杭州火车东站托运。装车时有厂里工友协助，到东站后我一人下货（叫红帽子搬运工要费用），再托运过磅，填表付费，贴卷标，做标记等，忙了大半天。再乘多路公交车回到三墩住宿时天已黑了，没有一定体力是不行的。11 月 23 日在杭州乘火车到广州，24 日下午到达广州下车后即去行李提取房询问有无到货。再找李洁、莫水庆，经商谈同意我放他摊位卖书后，我就设法把 50 箱书和 2 箱宣传资料从火车站运到广交会展览会会场。次日我又找李洁落实安放地点，因初次认识，我没向他们要电话号，只好去他们住的宾馆找，没找到，再到会场找，会场找不到再到宾馆，又没找到。虽路程仅一两里，穿过几个街区而已，就这样来回找，来回奔走，足足走了两三个小时，筋疲力尽，仍未找到，搬运只得推后。那夜累得躺在床上动弹不得。

后来就在宾馆等待，等到他们后，商定 10 箱（100 本）放在展位，40 箱只好放在靠近墙壁的空道上（违反规定）。我请了为展会服务的搬运工去火车站分次提取。5 2 箱又只能一次提取，展会搬运工的电瓶车要多次搬运，我又要跟车，留下的没人看管，还好没有丢失。运到展览馆安放好后，才松了一口气。刚松气，场馆保安来催促要把安放在靠墙壁的 40 箱书搬走，我只能说："好！好！"一直"好"（应付）了四天还没搬，实在是没地方放。展会结束时云浮市廖志金拿去 20 箱，北京《石材》社拿去 15 箱代销，其余几箱姜大新林涧评拿去代销，全部处理完毕。

我在李洁摊位卖书，观众拥挤，感兴趣的人很多，买的也不少，但看书的人远比买书的更多，一人管理不过来，李洁他们又忙自己的业务，我请在广州有色金属研究所退休的高中同学程明兴来帮助。开会最后一天观众较少，管理较松弛，我在别处又设了一摊，程明兴在原摊位卖，一直帮我卖到 11 月 29 日展会结束。

当晚我买了 12 月 2 日回宁波的 312 次火车票，虽有钱了还是买的硬座票。11 月 30 日，参拜了小学时崇敬的黄花岗 72 烈士墓，乘公交车游览了市区，晚上与在穗的南海石油地质勘探公司的大学同学见面，他们宴请我吃饭。12 月 2 日上午在邮政储蓄所取了款，下午 3 时乘上返甬的火车。

之后在参加其他石材展销会卖书时，虽携带的书没有像这次参加广州交易会上这么多，石展会所处城市、规模大小有所不同，一般是 3～5 箱，但也是很辛苦很劳累，遇到很多问题。这些携带的书要运进展馆摊位上一般过程是：书从杭州或宁波火车站或临海汽车站托运到举办展销会的城市，住下旅馆，从火车站提出放到旅馆中。初次参加该展会或初次住该旅馆的，先空手找到展会所在地，了解乘公交车路径，到展会后尽量搞到一张参展证，以便可进去落实摊位。暂时搞不到也无妨，开幕当天早晨再用备带的小推车提一箱书，乘公交车到会场附近下车。上公交车时因一手要拿手推车，身上又背着挂包，因此须一手提 50 多斤重的书箱快步登车，容不得半点犹豫与拖拉。

如遇到公交车拥挤，上车的人多，手提的时间更长更吃力，也得坚持。上车后没空座位时，也可坐在书箱上休息。如要转车，再来一次（或多次）同样的上车下车，才到目的地。到目的地后再用备带的小推车把书推到展览馆门口。如已拿到参展证，可推书车进去找放卖摊位；还没有拿到参展证的，则在门口等待熟人来带入。我先后参加40多次石材展销会卖书，没有一次进不去布展，也没有一次找不到放卖摊位，这都是靠同仁帮助和我个人的努力。像我退休后为卖书这样的挣扎拼博，我想不多的。

作者與林澗坪（左）在石展會上

布展时第一箱进去后，开展时第一天早上再拿来一箱。当天卖完后，第二天第三天还可运来。没发生过供不应求，也没发生过供远大于求为运回发愁，大都是供求基本平衡，略有剩余。

下面谈一下我去过三次以上卖书的几个石展会，我如何把书弄进会场的。

(1)上海

上海几乎每年都有石展会，有北京展览公司来办的，也有上海当地展览公司办的。2004年前多在娄山关路国际展览馆，地处虹桥附近。参加此石展时我多数住在上海新客站附近的小旅馆，按上述方式经多次公交车转车才能到展馆。上海漕宝路展览馆，也举办过石展，我也去卖书。有一次还结识了南京一信息广告公司的项建军，他要代销我书，还请我参加南京建材展销会。2004 年后，上海石展会多数在浦东龙阳路国际展览馆举行。该馆较大，附近有 2 号地铁与市区相通，参展参观人数也较多。我有较多的书放在浦东荷泽路合作者罗长芳、董友法的装饰公司，在龙阳路览会上卖的书大都到那边提取。一般是展会前一天从宁波或杭州出发，带上大半箱书到上海，也有从其他地方赶来上海，当天下午赶到展会，设法搞到参展证，进去找到放卖摊位后，速返回陆家嘴换乘公交车去荷泽路旁的林坤旅馆住下，房价单人间 80 元，双人间每位 40 元，在上海已是很便宜的了。

晚饭后去罗长芳、董友法处联系明早取一箱书，并相聚交谈一回。次日早我提取一箱，装上随身带的小推车，乘公交车（多半是从大陆镇到人民广场的车）到陆家嘴转车，赶到展览馆时途中需花 2.5～3 个小时。下午 5 时展会闭馆，晚上仍回林坤旅馆，次日早再去公司拿书到龙阳路展览馆。有次在陆家嘴转车时，一手提小推车，一手提着 50 多斤重的书箱上车，旁边一青年想帮忙一下，我说：“你帮不了的，我习惯了，还是自己拿好，谢谢！”

(2) 北京

去北京卖书，除初到北京一两次外，大都住火车北京站右侧弄堂的国印（国营印刷厂）招待所，离火车站行李房近。书经铁路运到后我去取来，多箱时叫三轮车运到招待所，两箱时我用手拉车自己伴着拖回（因小车承受力有限，只好一箱箱运）。先运一箱至近百米，视线能见到处放下，以免丢失；再运第二箱至更远处，这一方法是从我母亲收割粮食或运送肥料时学来的。北京展览馆在市区东北角的展览路，较远，但交通比较方便。北京站左侧（起点站）乘24（A）路公交车到和平里（终点站），再乘（起点站）18路到展览馆站下，便可到展览馆。我仍沿用老办法，开展前一天用手推车运一箱，在熟人处要来参展证，入内找放卖摊位，也都会找到的。到后来只要到展览馆，可说"朋友遍天下"，方便轻松地进馆卖书。闭会时还有人请我吃便饭，如天津的石公民。当然我们也是有来有往。

展会上卖剩下的书到石材市场去卖，或存放在国印招待所下次再来卖。2000～2008年，我每年都去北京几次，在卖书期间除2006年大学同学会我在卖书后去住宾馆外，大都住国印招待所。房价便宜，两人间每位早先28元，其中1元为公安局收的治安费；后来治安费取消，降为２７元；其次是交通方便；住久了与所内工作人员也熟悉。

（3）厦门

福建是我国石材最发达的省份，厦门是我国石材出口量最大的城市，每年春天都要在厦门举办石材展销会，会

作者（右）在石展會上賣書

址在靠近可遥望金门岛的厦门展览馆，我曾多次在该馆

石展时卖书。展览馆靠近海边，这一带是滨海长廊风景区，无小旅馆，我在厦门除两次住松柏汽车站旁旅馆外，其余都住火车站附近旅馆，房价多数每天 30 元。虽住火车站旁，但书不是由火车托运，而是从临海出发，乘汽车来厦门，要么从汽车上带来，要么在福建世联图书公司向我批发书时，多运几箱给他们。他们必参加展览会，老板林涧坪有车，请他把我带到会场，这是最方便的了。如果我从临海乘汽车带来，临海没有发往厦门的汽车，往往是拦乘仙居到广州经厦门的车，在路旁下车后把书运到旅馆。

火车站旁有公交车直通展览馆边的公交站，还算方便。不过火车站旁的公交站开往展览馆的车不是起点站，而是从鼓浪屿对岸的滨海大道开出的公交车，到我处（火车站）的公交站时常没空座位，又有很长的路，我常把书箱当凳子，坐到终点站，也不很吃力。

厦门展览馆和公交站都靠海边，后者更近。展会期间，每天散会或闭会后我总会到海边花岗石铺就的长堤上溜达，倚栏遥望金门岛和大海。此处也有个体户架设收费的望远镜，一元一望。听说天气晴朗的中午前后能看到金门岛上的台军哨兵、青

作者在展览館旁可遥望金門的海堤上

天白日旗和"三民主义统一中国"的标语。我也消费过这一元钱，但仅看到房子。我多次在海堤上欣赏这有政治背景的风光，常触景生情，想起我几个堂兄，他们都在抗战时参军，后随国民党败退到台湾。因他们都有中学学历，家中有一定财产，土改时家产没收，有的父亲枪决，常以台湾家属和地主身份被批斗、管制几十年。

有一年还有几个人在卖光盘，我以为是黄色片，未买。之后知是走私大王赖昌星经营招待权贵名噪一时的红楼录像，以后我参加展会重游此地时，想买，已无踪影了。

(4) 福建南安水头

南安水头是个小镇，南安及周边的晋江、惠安、安溪、同安等县市都盛产石材，水头地处福厦公路旁侧，与泉州仅几十公里，离厦门一两个小时车程。水头镇早就有个规模较大的"闽南第一建材市场"，以经营石材为主，是全国性的石材综合市场，非但厦门，不少上海、北京较大工程及商家也来此采购，特别是进口板材。水头石材展销会就是以此为依托办起来的。我第一次参加该石材展销会约在 2003 年，场址还在市场内一角落里。随后他们花钜资在市场旁建造了展销大厦，每年 11 月 9 日至 11 日例行举办一次石展，国内外顾客云集，盛况空前。

我去水头参加石展的书运进会场与厦门石展相似：由自己从临海托运到泉州，领出后再运至水头镇，住进旅馆，在开会前一天搞到一张参展证，运进一箱放在倚卖摊位，次日开会再带一箱。我常住在汽车站旁小旅馆，附近有手拦招呼即停的公交车，10分钟左右即到石材市场和展会旁，远较其他城市参展方便。另一途径是福建林涧坪向我批发书时，多托运几箱叫他给我带进会场。

　　第一次从临海托运去水头石展卖的书，在泉州中转时遇到很大麻烦，弄得我筋疲力尽，狼狈不堪。水头本是小镇，仅石材业发达，临海托运站在水头没有下货点，遍布全国的华宇物流中心临海站也没有在水头设点，而临海托运到水头附近的泉州市下货的倒有许多个托运站，我就在临海我家附近、老板朱汝娃也认识的兴发托运站托运到泉州。一般是货到后电话告知领取。因我本人即去自提，仅询问提取地点，经办人也仅告知我在"泉州大桥头"领取。我以为大桥头范围已很具体，没进一步了解电话号码和门牌号，他们也没告诉我。过几天我去泉州，找大桥头。一问，泉州有多座大桥，我就找到桥头有托运站的大桥。逐个托运站挨个问，这边桥头问了后又到另一桥头问，都说没有我的货。我离开临海时货早已运出，不会没有到。我查看了提货单，又没有提货的具体地址和电话，也没有临海兴发托运站电话。时近中午，精疲力竭，我仍未找到货物。唯一的办法只有打电话向临海站问，我就凭记忆瞎打，竟然打通了，得知提取站的电话号码。

　　我再按此电话寻找，对方仍说是在大桥头。我又找，还是未找到，又打电话，对方又告知我如何走，哪里转弯、哪里下。我又费力费神找了个把小时才找到，是在大桥将近靠岸一端桥下的旱地上构建的临时"房"。大概这里一般涨不到水，利用桥面做房顶，一间间构筑起来，有的做仓库，有的办作坊，也有的住人。大都出于（房）租金低廉（或没租金）来此，也可谓"生命虽可贵，金钱价更高"。而我们习惯上讲桥头指已离桥而紧挨桥的岸上（建筑物），此处不应称"桥头"，而是应称"桥下"或"桥头下"。害得我如此奔走，原来是理解不同。

我为推销我的书如此费力，也是一种挣扎，一种拼博。。

该托运站前是一大片杂草地，很开阔，可能大水会淹到，没种庄稼。有条简易汽车路在门口经过，未见行人也无商店，有汽车来提货倒很方便，但上坡到岸上有一大段路程。我认了货，问他："我这三箱书怎么可运到旅馆？"他说："你只能到街上叫车。"我说："到岸上叫车是吗？"他说："是的。"随后，我上岸又花了一阵子叫来一辆机动三轮车把书运回旅馆。第二次从临海兴发托运站托运到泉州去水头石展会上卖的书，我到泉州后不费吹灰之力，仍到该"大桥头"（大桥下）轻松地取回。

(5) 山东莱州

莱州市郊产芝麻点白花岗石，又称"中国白麻"，浅白色素净，为中上乘产品。山上岩石露出的范围广大，山体裸露，易于开展，交通方便，附近有石材厂2000多家，产品远销国内外，是莱州市一大经济支柱。山东省早年是我国石材产量第一大省，近年仅位于福建之后，为迎头赶上，莱州市斥钜资（据说有 5000 万元）在市郊石材产地的柞村旁，莱烟（台）、莱青（岛）公路边建了展览大厦，其旁还建有高档附房，为陈列展示各种石材制品和外地驻莱石材办事处住地。

在我书未出版前的 1997 年，我为收集资料到过莱州，向一些大公司散发征集数据函，会见了之后再版时合作的港华石材公司总经理曲华民。可能他觉得我这人诚实、肯干，离开时把我送到他公司对面的公路旁直至上车。随后他寄来资料和照片，并汇钱预订。编辑时我把他的产品照片选登在第一页编辑部简介上头，并注明港华公司出品，非常醒目。为此他对我很感激，以为我给他做广告，又汇来 2000 元钱。但这不是广告，没注明其公司的地址、电话、联系人，我不能收他钱，寄了 6 本书回赠。

当然，此事增加了我们彼此的信任度，从此我们往来更密切了。在我书初版后为卖书和再版收集资料，我又多次去莱州，去他公司。再版时他给了我很大方便，提供了很多数据，是我书再版的主要合作者之一。莱州石材展馆在 2004 年春夏落成后，于 2004 年 9 月 9 日首次开馆，在新馆举办石材展销会。我为再版的《石材大全》造势，预订摊位，也制作了广告。因此这次石材展销会我必须按时赶到。但再版的《石材大全》的印刷装订仍在紧张进行，厂方任务重，也采取初版模式先突击装订了一批发往莱州，包括赠送曲华民的书在内，9 月 3 日一起托运到莱州，由曲华民经理取来，我要卖的书也暂放他公司里。

9 月 6 日，我从宁波出发乘慢车到上海，车费 27 元；再乘晚上 7：20 分开的 2954 次到烟台的慢车，车费 72 元；7 日下午 3 时在潍坊站下火车，再乘去莱州的汽车，车费 35 元，当晚 6 时左右到莱州。这一路线我跑了很多次，非常熟悉，甚至有几位火车列车员也认得我。这趟慢车坐的大部分都是"穷人"，尤以农民为多，车票易买到，即使有卧铺，我买的仍是坐票。在车上常与农民车友攀谈到深夜，他们知我退休后又写书卖书，又有退休费，说我钱已用不完为啥到外边辛苦？我也说不清。谈着谈着，疲倦了打一下瞌睡或放几张报纸在走道上睡一回，在即将到济南前天就亮了。用点早餐后，白天在胶济在线看风景，两旁一望无际的大棚蔬菜地，使我想起冬天吃的山东大白菜。

潍坊下车后改乘去莱州的中巴汽车，街上或市郊设摊卖风筝的比比皆是，我领略到了名闻天下的潍坊风筝节。车在胶东平原上行驶，公路宽阔笔直，与浙江多山之地迥然不同。山东大汉豪爽豁达、浙江人多谋善虑是否与地形有关？途经昌邑、平度等地，一片片的玉米、番薯地，回忆起大饥荒时期也有它们的功劳，粮站常以这些粗品粮搭配卖给我们。

临近莱州时，遍地是我们常吃的已近成熟的苹果，这时即要到临近渤海湾的莱州了。傍晚，我住进常住的车站旁的电力招待所。次日，我乘到夏邱的公交车去石展会办理报到手续，后去港华石材公司见曲华民经理。他派车送书到石展会会场布展，唯有这一次我有自己的参展证。书到后直接运进我摊位，也是石展上卖书的唯一一次放在自己的摊位上。

2004 年后，每年 9 月 9 日至 11 日莱州照例举行石展会，我也去卖过几次。书都是先托运到莱州，请曲华民帮忙领出放在他公司里。我再次要放在人家摊位上卖书，因此，待搞到参展证可自由进入布展后，再去曲华民处请他派车把书运来。展会最后一天管理较松，也有早撤摊位的，哪里有空，只要位置好，我就放哪里卖，似乎有"打游击"的样子，在其他展会上也是如此。展会结束后，多余的书曲华民派车给我运回，且几乎他都来。就把要卖的书运进展销会来讲，莱州石展会最方便、最顺利。我参加的每次展会或去莱州办其他事期间，曲华民偕同公司有关人员，都在饭店宴请我一次，对我的尊重胜过亲朋好友。

(6) 杭州

杭州石材展销会常在和平展览馆举行。我书放在三墩我儿子处，从三墩乘 404 公交车可直达，付 2 元车费。这 2 元车费与去其他石材展销会运书所花的费用相比微不足道，但我似乎不习惯。在杭州持有浙江老年证（70 岁以上）的人，400 号以下公交车都免费乘坐，且都是老线路，我基本上都坐这些车，不付费。400 号以上要付费，这些都是新开的线路，我在杭州的同学、朋友、有关单位很少在那边，因此很少（基本上不）坐 404 路公交车。现要付 2 元车资也不习惯了。我还提放着 50 多斤的书箱，要经过 10 多个站才能到和平展览馆，这 2 元钱太便宜了，我还嫌不习惯，真是"人心不足"。

去杭州石展会上卖书，都是开幕这天去，不需提前一天到会场。因参展的人我熟悉的太多了，只要我在大门口一等，甚至下公交车后经和平广场时就有熟人给我带进会场，我随身手推车上的一箱书也跟着进入。比起在其他石展会上卖书，这是最省钱、最省力、最省时的。进去后摊位找寻也方便，熟人多多。不过生意没其他地方好，其主要原因是杭州地方不大，辐射区不广，周边来杭参加石展的不多；再者杭州石材厂商有我书的已不少，故卖得不多。

我在石材展销会上卖书 13 年，常想起儿时听到的一句话：在家靠父母，出门靠朋友。在我晚年的时候，更体会到这句话的重要、亲切。在石展会上除了卖书外，也是结识石材界同行、友人的好机会。其中有四川雅安科委高级工程师、四川石协副秘书长方士溯，南京鼎立石材公司丁立，河北唐山冶金锯片厂高占祥，宜兴大理石厂总工吴道夫，苏州非金属矿研究设计院高工张伟、王小梅，五莲石材总经理、硕士刘喜满，北京石材杂志社韩爱丰、谭金华及几位编辑，中国石材工业协会秘书长张文波及其办公室的林工、侯工，北京信息广告中心孙有华，北京伟业达展览公司罗克中，北京中国石材之窗网站李正荣，上海世界石材网站甘锋，福建世联图书公司林涧坪等几百上千个石业前辈、知友、同行。同他们一起交谈也是我生活的享受，使我终身难忘。

国家石协秘书长张文波几乎在每次石展会上碰到我时，他第一句话总是："你又来啦！"然后说："这也是乐趣，也是事业。"这些友人有些多年不见了，也许以后见不到了，他们对我都有帮助，我常想念他们。

四、经销、代销

我委托或主动与我联系经销、代销我书的据记载有123家。这些经销、代销户大致分为下列几个部门：

（一）石材行业管理部门代销、经销

1. 国家《石材》杂志社

这是经销量最多、结算最顺利、付款最及时的单位。第一次批发250本，定价380元，以6折结算，每本228元。书到首付100本，其余也年内付清。之后又增批80本。再版又有批发。账、款也都结清。

2. 国家建材局非矿处

该处处长杨杰，是《中国石材》一书主编，我书未出版前曾与他通过信。出版后批发30本代销。我去京时多次去他家，他都热情接待我，账目也结清了。

3. 中国石材装饰委员会

该会副秘书长姜大新。在我书未出版前的 1995 年，他说在地质出版社看到我书提纲，说要与我合作出书，主动来信来电，并曾来过我宁波家，因他仅利用其副秘书长职务掌握一些石材企业名录，没有在业务上、资金上有什么优势，虽然我也想找个合作伙伴，但对他不抱希望，谢绝。1998 年第一次在广州石展会上，他说要为我代销。他拿去 21 本，至今一本都未付款，我还去过他在北京通州区的家催付，仍无果。听说他在另外人家处也批来书代销，款也未付。我还庆幸没有与他合作出版。

4. 中国地区发展委员会（又称伟业达展览公司）

总经理高峰。他们除了从事举办石材展览会外，还编书，先后出版了多种石材图谱。因他们要卖书，也向我批发《石材大全》，前后有 200 多本，我也在他们处拿来《石材图谱》代销，常互相结账，因他公司销书的人多次更换，先后有罗克中、陈锋等人，最后未全部结清。他们与中国石材工业协会及石材杂志社同位于三里河建设部、原建材局大院内，我凡到北京，基本上都去他们处，无事也相聚一下，关系都比较融洽。

5. 浙江省石材工业协会

前期 30 本以 5 折结清，后又拿了 20 本，剩下几本未卖，由他们自行处理。

6. 安徽省石材工业协会

该会秘书长任乃军代销了 10 本，我去合肥结账时，他已退休。他也是南京大学地质系毕业，比我晚三届。

7. 浙江石材市场经理部

我曾放了 5 本代销，该经理洪成设说书没有卖，不知哪里去了。终以分文未收了结。

8. 嵊州市石材工业协会

在石材展览会上该协会负责人（嵊州石材公司经理）杨军说可给我代销，我送去 3 本。之后去过他处结算，人未在，因不多也算了。

9. 福建省石材工业协会

代销 20 本，负责人叶立鑫及时向我结清。他原在苏州国家非金属矿设计研究所工作，办事认真、负责，我起草的《福建石材品种介绍》寄给他修改，他作了详细的改正、补充。

10. 湖北省石材工业协会（负责人周豫鄂）

我去武汉她处联系，欢迎代销，放了 20 本。之后又多次去她处，说人家拿去几本，先拿去看看，因此未给钱。之后又去过几次，仍是如此说。终是分文未得。

11. 湖南省非金属矿公司、湖南省石材协会

他们是两块牌子一套人马，负责人李宪，我有 11 本放他处代销。后去了几次，要么没有销，要么人不在。最后一次去找他，同办公室人说他"下海"经商了，也是"颗粒未收"。

12. 广东省石材工业协会

会长古国兴，我有 30 本放他处代销。2000 年前后我常去广州，结算了几次，还剩下 6 本未算。因广州 2002 年后不举行石展会，即使之后多次去云浮，广州住宿费用贵，又花时间，只是经过广州当天转车而已，不会为

这6本书又花钱又费时。此事不了了之。

13. 广东云浮技术监督局廖志金

他负责石材生产技术监督，与石材界接触广泛。在我书出版前，经江苏兴化一磨具厂推销员推荐，说他很有能力，之后我主动与他联系上。在1998年11月参加广交会时，他拿去200本代销，账目基本结清，留下几本送给他自行处理。我去云浮多次，他曾多次为我去饭店设宴，也有宴请人家时叫我作陪同。我最后去云浮同他相见是2008年4月，至今已有10多年，因无事未联系，常想念他。

14. 广西石材工业协会

秘书长潘积健，与其他省石材工业协会一样，我是从中国石材协会某次开会名单上获知的。我书出版前与他早有联系，我把收集到的广西石材品种资料寄给他请他补充修改，他也给我回了信。我书1998年11月出版后托运了20箱请他代销。约在2000年我去南宁销书时到他处结账，他单位人说他在家，并告知了住址，我就去他家。他说自己患有癌症在家休息，看来体态还好。他知我"无事不登三宝殿"，是来要书钱的，主动向我结算。说有一本别人拿去还未给钱，我说那等他把钱拿来了再算。他说会拿来的，考虑到我来去不便，就一起结了。这与湖北省石材协会周豫鄂大不相同。因书款结清，之后我虽多次去南宁，没去他处。至今已20个年头，不知他身体如何。

15. 四川省石材行业协会

由于他们发起主编的《中国石材购销指南》夭折，订书款又未退还，影响不好，秘书长改换李定宏。四川是石材大省，经联系我托运了6箱（60本）代销。我虽去成都销书多次，但未去四川石协李定宏处结过账，都是在北京开石展会时，李定宏把书款带来给我，有两次，给多给少由他说，总数在5000～6000元之间。之后北京石展改为两年一次。李定宏也很少来，书款也没给了。过了几年，去电询问，说李定宏退休了，我的书款也只好算了。

16. 四川雅安石材行业协会

负责人是雅安科委方士溯。他是四川省石材行业协会副秘书长，曾参加《中国石材购销指南》编辑。该书中途夭折未能出版，更感到我书出版之不易，多次在石展会上说我的成功。在石展会上认识后，我曾托运了42本请他代销。后来很想去雅安一次，一方面结账，也想看看川西风光，但都未能成行，可说是我终身憾事。42本书的账目后来都结清。方士溯在我书再版时提供了不少数据，聘他为编委会委员。他为人诚实厚道，我常想念他。

17. 云南建材行管办

负责人是王嘉杰。他常在《石材》杂志上发表文章，学术修养好。我书出版前，寄去收集到的云南省石材品种资料请他修改补充，他如同福建的叶立鑫一样，认真地为我修改、补充，使我书资料更详实，我聘他们为编委会委员。我书出版后托运了50本请他们代销。1991年去昆明结账时只剩 5 本未销，其余都结清。

18. 新疆自治区石材协会

秘书长田文国，在 1998 年福建泉州国家石材会上认识。我也曾寄去收集到的新疆石材品种资料请他修改补充，我书出版后寄了 14 本请他代销。1991 年我去乌鲁木齐卖书时，曾到他单位，但他已出差。书款曾结算过一次，当时尚欠 4 本，之后也不了了之。

19. 内蒙古建材局

我多次与内蒙古自治区石材协会联系，但都未联系上。后来发函至内蒙古建材局，李自强给我回了信，说自己原是内蒙古建材局干部，现"下海"从事石材工作，他是建材学院毕业，也想写一本石材方面的书，没写成，并寄来一份石材安装数据供我参考。我把它作为附件用在《干挂安装》这一章里，略作修改后，以"粘贴干挂施工规程"标题刊出，亦注明李自强供稿"。我书出版后，初版和再版都有托他代销。我也去了内蒙古卖书，也几次去呼和浩特，最后一次是 2006 年。李自强都热情来看望，并带我去他家。账目也已结清。

20. 贵州省建材局

1998 年 3 月，在泉州召开全国石材编号命名会议时，认识了贵州省建材局朱喜贵。我书出版后托运了 1 箱（10本）请他代销。书寄出后曾联系过，后来联系不上，杳无音讯。

21. 山东石材工业协会

山东是我国石材大省，我书出版前，曾去济南山东省石材协会收集资料，我整理出的山东石材品种曾寄给协会秘书长周克继修改补充，他也给我作了认真的修改，彼此来往较密切。书出版后请他们代销，且常去济南。2008 年 9 月结账后尚有 16 本留在那里，因之后没再去济南，也只好不了了之。

22. 温州石材工业协会

位于温州黎明路 1 弄 7 号，有 6 本放该协会代卖。后去过一次，未卖，也未取回，我未再去。温州石材市场上我卖了不少，以为协会也有销路，但无果。

23. 上海市石材流通协会

该会于 2002 年成立，远在我初版《装饰石材实用大全》出版之后，秘书长为范林根（博士），在我再版时他们有数据提供。再版《石材大全》有 60 本在该处代销。我常去上海，但仅去了设在浦东浦电路的该协会一次。全部销完，账结清，书款从银行汇来。

（二）书店代销、经销

1. 上海科技图书总公司

该总公司位于福州路 66 号，原是我国具有悠久出版历史的商务印书馆旧址，也是我国最大的科技图书商店。1999 年《装饰石材实用大全》出版后我即去该店业务科联系，同意放 10 本（1 箱）试销，书送去后订了代销协议，按 6 折提款。过了不久，来电又要货。我又送书，收书人是在底层后门昭通路弄堂的值班人员（先后有顾国昌、高建中、周荣路等），由他们开收据，一般不久便会汇款来。过些时候又来电要我送书。如托运到上海要他们提取，没直接收据，怕丢失；也麻烦他们，我也只得送去。一般由火车托运到上海，提取来放旅馆后，再一箱箱分开处理；也有从宁波或杭州乘火车随身带一箱来上海，再乘公交车到福州路河南路站下，再用随身带的手推车推到上海科技图书总店昭通路后门，再从后门拖入到值班室验收开条，验收后照例到五楼业务科同他们打个招呼。对于我这个70多岁的老人来讲，提着一箱50多斤的书转来转去、上上下下也够吃力的，但我都挺过来了。

该店为我的初版《石材大全》销了100多本，是我放在书店中代销最多的一家。有次在石展会上一读者兴致冲冲地同我说："我在上海福州路科技总书店买到你的书，店员说这是最后一本。"最后一次（送）寄书是我在浙江临海，要我急送5本（后知是日本人要买）。我不会为这5本书专程从临海乘汽车去上海，就从邮政寄去，但迟迟未汇款来。之后我又打了多次电话，也去了多次催款。他们说出纳设在四川中路×××号×××大厦，我也去催过，均未汇来，不知是否是手续上的问题，我想该店是不会赖账的。后来该店关门，我的5本书款也泡汤。现在我更体会到过去坚持自己送书上门、并开来收据是对的。上海科技图书总店是我国最大的科技书店，基本上我个人编写、筹资、运作出版的大型工具书能在这里出售，且较畅销，实为不易，我曾拍了一张我书放在该店书架上待卖的照片，以资纪念。

我书 2004 年再版后，又去联系代销。该店业务员说现上级有文件指示，个人出书不能代销，我没再送去，否则必会销一些。有时我在想，该店关门是否与这些条条框框的规定有关？

2. 上海建筑书店

该店位于四平路 930 号，经理李海平，前后送三次共 26 本在该店代销。前两次各 10 本，后一次 6 本（龚玉军收）。前两次都结清，后一次尚

上海科技圖書公司陳列待賣作者寫的《石材大全》（下行右 5）

有几本未算。去该店要多次转车，之后又去过多次未卖完，最后 6 本未结账，现也只能不了了之。为该店开收款发票跑了很多路，转了很多弯，最后在五角场税务所开来。

3. 上海黄浦区建筑书店

经理孟旦利，2006 年 4 月 6 日第一次送去再版书 2 本，卖完结算；再送 2 本，又卖了结算，彼此送、结多次。2015 年 5 月我去美国到上海签证时还要我送，以后也结清。

4. 杭州新华书店

1999 年刚出版时，就去联系，送去 10 本。我想不会卖得这么快，我也大都在外地，又较忙，过了半年后再去询问，业务科经办人陈梅英说："早就卖完了，联系不上你，再送些来。"之后又送了几次。再版《石材大全》也卖了一些。陈梅英退休后其他人经办，最后一位经办人是吴建华，代销价 5 折，最后一次 4 折。账都结清。

5. 杭州建筑书店

经理龚丽华 2000 年开设在葵巷时送去 10 本，有 6 本已 5 折结账。后来去询问时该店搬了，电话中联系说搬到青春街。多次去找未找到。2005 年，我在莫干山路附近看到一个建筑书店，进去一看，见到原杭州建筑书店龚丽华，该店就是她开的。交谈后她也回忆有这么回事。她说现书也不见了，不知有没有卖，补了一些书款了结。我随身带的再版《石材大全》再寄放 2 本在她的书店代销。她用杭州建筑书店便笺，写下了"收到以下书：《石材大全》（单价）520.00（元）2 册杭州莫干书店 05-5-6 龚丽华"，至今未结算。

6. 浙江建筑书店

位于体育场路胜利新村的街面上，经理卫星。初版、再版也都有在该店寄卖。记得第一次送去初版 10 本，因我经常来杭州，此处交通方便，从火车东站乘 28 路公交车可直达该店，且可到达我曾工作过的浙江省地矿厅和浙江大学，与老同事见面也方便。因此放该店代销的书可说"随销随结"，现还有 2 本再版的《石材大全》未结账。

7. 杭州钱江科技书社

该社位于文二街团校附近，书店在高新大厦附屋底层，办公地点在高新大厦１４层。初版放该店代销时经办人是汤彩娥，每次送３本。销完结账付款，再送３本，连续作业。在初版和再版之间，因忙，较长时间未去。再版书出来后再去联系，汤彩娥已退休，最后送去的３本无人处理，经理也不负责，但表示再版的可再代销。之后我送了２本再版《石材大全》，经办人郑丹，也销后结账领钱、再送，又销、结过多次，书款次次兑现。2012年又送２本，结清，彼此相当熟悉。她说自己即要去另外的单位工作，我们都感到惋惜。

8. 宁波新华书店

经办人张猛阳，送去多次，第一次６本，之后陆续送去。前几次账目都结清。原约定以５折结算，在结算时以6.5折给我，不过税要我缴，要去税务所开票。

.9. 宁波建筑书店

负责人马宜芳，福建泉州人。在泉州也开了建筑书店，我书也有在他店中卖。他告诉我宁波也有店，来宁波后曾主动打电话给我。宁波店仅销２本。

10 金华新华书店

我送去５本，经办人肖德华。过了大半年后，未见卖出。我就取回。

11. 厦门三弘建筑书店

该店经理郭毅在我书初版后不久即来函，要批发我书出售。经商谈，先寄 15 本，每本 220 元（近 6 折），货到付款。我寄了 15 本后，不久即汇来 3300 元。第一批卖完后，又要我发书。因彼此已有信任感，我就发去。书卖完后我去厦门再结账（后来批发价有降低）。再寄（送）书、结账，彼此往复多次，直到卖完结清，最后一次是 2008 年。

三弘建筑书店位于厦门白露洲，湖光绿地，鸟语花香，公园房舍，风景如画，交通便捷，游人如织。我因卖书常在此进出、留影，回味无穷。

12. 福州福建建筑书店

因福建世联图书公司林涧坪曾同我说过，福建省的《石材大全》经销由他总包，不要在其他地方设点。初期我也遵照他的嘱咐，除厦门三弘书店主动来电要代销外，没去其他地方联系。

他也确实为我销了不少，但我想福建石材如此发达，他们也不过是在石展会上卖，或做些广告，不可深入各个石材市场、厂矿和建筑设计部门。趁我到福州石材市场卖书机

厦门白露洲

会，多带一些。后在福州街上安泰商场中看到"福建建筑书店"牌子（安泰中心 B 座 25 号），我进去联系。经理游美娟接待我，同意放 10 本代销。随后我送了书，签了代销协议。

游经理还说自己还有一份参加全国建筑书店经理会议的与会名单，可给我销书参考。我就拿来，之后我就按这一名单给不少建筑书店送了书，也卖了不少。她为人爽直热情，在此，我再次感谢游经理。福建建筑书店我送了3次，初版2次各10本，再版1次8本，账都结清。不过最后一笔结账时，游美娟去加拿大探亲，跑了多次都落空，我实在不想再跑，请她们变通处理。她们与游经理通了电话，我也说了几句后，店员才与我结算、付款。

13. 福建泉州建筑科技书店

位于湖心街中段12号，经理马宜芳。我第一次放了6本，卖后结了账，再送过2次。再版的也送了2本，以后就未去结账，不知卖了没有。

14. 南京新华书店

南京是我印象很深、待的时间较长、较熟悉、较有感情的城市。1951年1月到1952年5月在南京海军学校学习，1956年9月到1961年9月在南京大学读书，我也希望有机会能重游故地，借销书机会去了多次。我书出版后较早就送去南京推销，放南京新华书店5本，业务科谢斌收，很快就卖了。毕竟南京较远，不会及时再送。只是去南京其他单位卖书或经过南京时再次送给新华书店。之后有一次是再版《石材大全》6本，是在早上送到该书店，书店未开门，我在外边花坛中等候，请人给我拍了一张照片，开门后送到业务科，周健收取。账目都结清后还要我送。2009年我又托运了一箱8本，也已卖完，以 6 折结清。领书款要发票，我是个体户，为此，几次到东白莱园 21 号科巷菜场 7 楼税务办理点去开票。

2011 年又在临海托运去一箱，2013 年售完结清，也是周健经办，发票是在临海古城代征所开的，在开税票时该所长要我送书一本，我也应允。

15. 南京江苏省建设厅建筑书店

在我书出版前的 1997 年、1998 年为收集江苏省石材品种资料，我曾多次去找位于南京云南路的江苏省建设厅大厦原江苏省建材局非矿处处长吕心忍了解情况。他已退休，就住在大厦旁宿舍内，因此多次进出该大厦，知其底层有建筑书店。在我书出版后，送书赠给吕处长时，多余 3 本放在该书店代销，该店孟伟收取。多年后去结账时，该书店已搬至南京华侨路慈悲社兰芝堂 5 号，账结后还要我再送些。我又寄了 4 本，至今未结算，也就算了。

16. 南京鼓楼建筑书店

作者送書到南京新華書店等待開門

该店位于中山北路243号南京军区旁，交通较方便，经理卢湘。我多次送书至该店，一次4本，卖后结算，2009年最后一次结算尚有一本未卖。2012年10月我去南京参加南大同学会时，去该店领来最后一本书款。

17. 江苏建筑书店

经理郑辉，1本，未结算，未去过。多年后在清单上知有此事。

18. 济南山东中鲁建筑书店

经理术俊。2000年送去初版《石材大全》19本。次年经济南时想去结账，该店不在了。按当时记下的电话号码0531－6936042反复打了几次也打不通，之后也找过，未找着。这10本书就泡汤了。

19. 青岛新华书店

2000年6月18日我带着样书去位于青岛金华路38号的青岛新华书店业务科联系是否可代卖。他们说可以，我就送了6本。那时我已制作了《送书单》，内容如下：

送书单

兹有蔡行来送来吉林科学技术出版社出版的《装饰

石材实用大全》陆本，放在青岛市新华书店代销，定价380／本，销后（代销方）按开增值税发票 60％结算付给（送书方）书款。特此立据。

送书方：蔡行来（签字）　　代销方：邱玉珍（签字）

地址：宁波宝善路 200 号 1－302　地址：青岛金华路 38 号

邮编：315012　　　　　　　邮编：266031

电话：13906765746　　电话：0532－4875911

2000 年 6 月 19 日

过了一年多后，我去青岛该书店询问是否卖了。经查，说卖了，叫我开发票来领钱。我回来后在宁波税务所付了税款开来发票，寄给青岛市新华书店，但久久未见汇钱来。去信、打电话，回答是：查一查，仍未果。后来我又去青岛卖书，又去了金华路 38 号该店（行政办公地址）询问，值班人员说今天开会，不接待。

我回来后又去电话，这回迟刚接电。他说邱玉珍已退休，现他负责处理代销书业务，说发票没收到。我找到寄发票的挂号信存据，去发信的宁波解放南路邮局查执。宁波邮局发查到青岛邮局，青岛邮局回执查明是青岛新华书店收发室收，并有凭据给我。我又去函并附上与邱玉珍订的代销协议和邮局回执复印件，叫他们内部再查。过了好久又无回复，我又去电询问，迟刚（0532－83717691）回答：再查一下。

之后我又去青岛参加石展会卖书，再去金华路 38 号，已关门。随后我去青岛建筑书店结账，建筑书店高茸经理告诉我：新华书店现已搬到傍海中路 29 号。我问他到那边乘几路公交车？他说到那边没有公交车，只好叫出租车。我为了省钱，且不知有多远，没叫出租车。我想到此地步，责任全在他们，他们会处理好寄来，我未去傍海中路就离开了青岛。

回来后我又去电话询问。迟刚回电说，现分管代销书业务的是魏勇，并告诉我魏勇的电话 0532 — 83758294。我立即给魏勇打了电话，他说自己刚接任，要先了解了解。我怕他不大

作者在青岛海滨 2001 年

了解或没做好交接，又给他去了挂号长信，再次附上与邱玉珍订的代销协议和邮局回执。这大概已到 2004 年。

以后我又反复给魏勇打电话，他经常不在，即便他在接了电话，也仅说已反映了没回答之类的话。这样又"拉锯"了 2 年多。大约到 2007 年，我又给魏勇打电话，魏勇不在，我问迟刚。迟刚说魏勇到北京出差去了。我过些时候又给魏勇打电话，打了好多次魏勇才接听。他说现由魏兵分管代销书业务，叫我向魏兵联系。我问他魏兵电话号码，他告诉我 0532－83756279，邮编 266030，传真 83758251。

我又怕魏兵不了解或没做好交接，我又给魏兵写信

介绍经过，并附上与邱玉珍订的协议和邮局查单回执，又开始了同魏兵"拉锯"。同魏兵"拉锯"情况酷似与迟刚和魏勇的"拉锯"。拉了 2 年后，2009 年最后一次准备向魏兵"拉"时，魏兵说现分管代销书业务是王静。

我又问他王静的电话号码，他告诉我 9532 － 83758294，83750697。我打通了王静电话，接电话的是位女士。她说："我是王静。"我又简要讲了一下，认为女同志，工作会细心一些，有解决的希望。随后我又写了一封长信给她，又附上与邱玉珍订的协议和给迟刚、魏勇、魏兵的信，请她抓紧处理。之后我又催了多次，又开始漫长的"拉锯"。但多数时候她不在，拉不起来。偶尔碰到，有次她说此事时间拖得太久，处理起来有难度。我们又"拉"一会儿。后也无动静。

2011 年夏，我又给王静打电话，接电话的是位男士，像是业务科领导。他说："你的代销书款，问题是我单位找不到你提供的协议存根，所以不能支付。"我说："你们找不到协议是你们的事，我有协议，至于协议的真假、邱玉珍的签名完全可鉴定，也可与邱玉珍联系。你们说我寄去的发票丢了，也完全由你们负责，不是我的过失。我出书要成本，送书要路费，你们把书卖了是肯定的，我开发票要缴税，寄信要邮资，打电话要话费，你们是总机转，接通接不通都要付费。我的目的是书卖出去后有所弥补，在巨大风险下争取收益。而你们代销卖出去按折扣付款，卖不出我来取回，只赚不亏、毫无风险。你们既工作粗糙、又不负责任，借口丢了协议、丢了发票不予处理，这不是 1000 多元钱的事，是太不负责，蛮横无理，颠倒是非。"这位领导也没反驳，也反驳不了，甚至连"再研究一下"这句应付的话也说不出。话讲多了付费的仍是我，我只好中断通话。这是至今最后一次"拉锯"，说得恰当些是我"劈斧"，他"招架"，但还是他们赢了。

2011 年 9 月，我给青岛市新华书店领导写了一封信，说如再不及时处理，我要向法院起诉。至今仍音讯全无。但我还不想罢休，因现在还很忙，下一步再酌情而定。

2012 年 10 月，我偕夫人去青岛旅游，虽然我常去青岛，那是个清洁、美丽的海滨城市，她未去过（10 多年前从哈尔滨去厦门仅在机场转机待 1～2 小时），让她也欣赏一下青岛的美；另一原因是去向青岛新华书店要钱。我也带上这些凭据，乘出租车找到傍海中路 29 号。到那边确实路远，地方偏僻，行人稀少，车辆不多，面临大海，再无去处。怕回来乘不上出租车，我们请该车停在门口稍等，我们进去处理后即回。这是以新华书店仓库为主，范围很大，我们找到业务科，王静已调走，这个找那个，那个找另一个，最后找到一位女科长，她说书卖后半年内要结清，现 10 多年，她不管。我们争辩了几句，又怕门口出租车跑了回不去，只好作罢。此 6 本书非但"颗粒未收"，且"赔了夫人又折兵"。青岛虽清洁、美丽，但其新华书店有点污、丑，处理事情太不负责任了，还是一家国营书店呢！

我向青岛新华书店要书款挣扎抗争以彻底失败告终。

20. 青岛建筑书店

经理高茸，第一次送去 5 本，同样填写了送书单，签了协议。门市部位于沂水路 7 号，我多次去过，都说未卖完，但又未见到我书。再版后又送去 2 本，是送到在高茸办公的另一书库。在 2009 年时通过电话全部结清。

21. 大连新华书店

青岛送书结束后，我经烟台乘船到大连，从火车站提取书箱，分别处理。我送到大连新华书店 5 本，也签了协定，经办人范萌。我多次去过大连卖书，有一次是参加石展会。多次去新华书店后，才结清。

22. 沈阳铁路建筑书店

位于沈阳（老）火车站旁，送去 10 本，经理路群。大约过了 2 年我去结账，卖了 7 本，3 本取回。

23. 长春时代建筑书店

位于人民大街 67 号，是长春建筑设计院下属的单位，由该院人员承包。2000 年我第一次以 3 折价格送了 5 本代销，阎惠丽收取。之后来电说已卖完，要我再寄，我又寄去 6 本，后去信询问，刘立欣来信答复如下：

蔡行来经理：

您的来信收悉，内容尽知。关于书的问题，后寄来的六本书收到，现还未卖出。前五本书我已与阎经理沟通情况，系你所述，书已卖。现在院里决定阎惠丽同志改做其他工作，由我接任。按《干部管理条例》，凡从事经营工作的干部，离任一律要走审计程序，故没按时给你汇款。审计清账工作正在进行中。因面对三十二个出版社和业务往来关系单位，工作量很大，估计需要一段时间。按院里指示，待审计工作结束，一并处理一切事务，所以请你等待。设计院是正式国营单位，不会有财务闪失，敬请放心。

致礼

时代建筑书店刘立欣（2001年）

4月6日长春

　　过了不久，汇来第一次寄去的5本书款。后寄的6本，书款未见踪影。约在2003年我再去长春时，书店内又没有我书陈列，我拿着刘立欣的信找他。刘初说书没有卖，我不信（估计交接结账时把我书款充账了），我要求把书取回，他又拿不出。相互扯皮了好多次。最后我要求见院长，刘说此事与院长无关，又不让见，答应给我处理落实。我毕竟是南方人，在外开支大，还要卖书，只好离开长春。但之后催付后寄的6本书书款多次去信去电给刘立欣，他都不回复。

　　2005年，我书再版后又去长春卖书，先找时代书店领导蒋丽，她说此事与她无关。又找刘立欣，刘已退休。院内一人告诉我他家住址。他在岗时扯皮不休，极力回避，退休后更会如此，又考虑到我在外开支大，还要卖书，找他也不一定能解决问题，我没有时间与精力再找他，否则必会损失更大，这6本书就这样被刘立欣忽悠了。

　　我在长春石材市场卖书后，还剩下一本再版《石材大全》，重 7 斤，带回的话路上笨重，还是放该店新承包人蒋丽（高级工程师）处代销，有收条。至今已 10 多年，电话联系无回答，我也未再去东北，也只能不了了之。也可谓"雪上加霜"。

24. 哈尔滨黑龙江省建筑设计标准站，哈尔滨三利建筑书店。

前者位于哈尔滨南岗区宣礼街 72 号，经理孙景芳，2000 年 6 月 28 日送去初版《石材大全》10 本代销，账结款清。2005 年 7 月 21 日又送去再版 5 本，此时她的书店改为三利建筑书店，位于哈尔滨南岗区河沟街 1 号。至 2010 年电话联系还未卖。实际情况不知。

25. 天津东北角新华书店

2000 年 7 日 13 日送去初版 5 本，收书人赵劲松，卖完后结账时赵已提升为经理，但也参与结算付款。

26. 天津市建筑标准图书发行公司

位于河西区气象路 95 号天津建筑设计院旁，直属设计院。我于 2000 年 7 月 14 日送去初版 5 本，之后曾多次去结账，但都关门。后来我问建筑设计院人员，说该店经理因参与非法集资正在审查关门，设计院派宋新铭处理后事，办公地点设在书店远离设计院的另一侧院内。我找到宋新铭，反映后他说调查核对答复，留下电话。我之后又打过多次电话，只是浪费话费而已，非但"颗粒无收"，还贴"人工、肥料、种子"。

27. 河北建筑科技书店

该店位于石家庄槐北路 310 号。代销 5 本，结清。

28. 石家庄建筑书店。

送去初版《装饰石材实用大全》10 本。2 年后结账时卖了 9 本，结清收款后，还留 1 本放在该书店，之后我未去过。

29. 西安建筑书店

该店位于西安北大街 171 号，2000 年 10 月 18 日去西安卖书时，有 5 本送至该书店代销，2 年后去询问，一本都未卖。之后未去过，去信未回复，不知详情。

30. 重庆广成工程图书有限公司。‘

经理沈冬，我送去 10 本代销。1 年多后我去询问，也一本未卖，考虑到去重庆不便，我取回在石材市场便宜些卖了。

31. 长沙科建书店

位于长沙解放路 139 号，经理孙志伟。2000 年 5 月我送去 10 本代销，2 年后去询问，仍未卖完。再过 2 年去询问，说要到人民路地质队仓库科建书店办公室去结账。我找到后，办公室人员说要找孙经理。孙经理又在别的地方办公，电话没人接，叫我先回去，处理后再通知我。我只好回来，并抄来他们的电话号码。过些时候我多次去电话询问，都说未办好。2 年后我经长沙时又去询问，又未处理好。孙经理还要问姓朱的经办人，我又只好回来。再在电话上磨了 2 年，2008 年才汇来书款。

32. 南昌东方书城

经理熊一美，1999 年就送去 10 本。该书城主要卖人文类书籍，未销取回。

33. 贵阳市新华书店

位于贵阳市瑞金北路 1 号，我于 2000 年 5 月 8 日送去初版《石材大全》6 本，收书人徐冰晶，2 年后我去结账，徐冰晶已退休，接待人说书有未卖出也查不清，说等查清后答复我。我之后去了贵阳多次，仍如此答。我去信多次也未复。此书又是"泡汤"。

34. 昆明云南建筑书店

位于昆明新闻路 265 号，经理李红梅。我于 2000 年 5 月 9 日送去初版 10 本。2004 年去信结账，卖了 7 本，以 4 折结算，汇来 1075 元，其余也不了了之。

35. 深圳新华书店

经办人曾空沭，我送去初版《石材大全》1 箱（10 本）。1 年多后我去询问，全部卖完。当即结了账，我去税务所缴了税，开来发票，领了书款。因太远不便，没再送。

(三) 书商代销、经销

1. 福建世联石材图书公司

经理林涧坪，该公司编有《福建石材大观》《石材图典》等多种石材书籍，是纯图片书。除自行销售外，还代销其他人编着的石材图书，书种丰富，应有尽有，包括国外一些石材书籍，但也以图片为主。他们几乎参加全国所有石材展览（销）会，还在全国石材最发达的福建省，福建省石材最发达的泉州，泉州石材最发达的惠安，设有石材图书展示中心，是国内最大的石材图书专业商家。该公司约为我代销了 800 本《石材大全》，是我书最大的代销户，至今还在代销，以往账目也都结清，是讲诚信的单位，讲诚信的人，彼此关系良好。经理林涧坪先生毕业于福州大学地质系，乐观豁达，幽默风趣，身强力壮，擅长摄影。我们在 1998 年 3 月泉州全国石材会议上认识，他也是为自己出书而来的旁听者，我们目的相同，一拍即合。我在广州石展会上第一次卖书时，他的《福建石材大观》出版不久，也在卖书。展会结束后即要代销我书，一直代销到现在。他们卖的全部以图片为主，我书以文字居多，正好互补。他常说写我这样的书困难，他是绝对写不出来的，今后也不会有人写我这样文图并茂、理论实际均很透彻丰富的石材图书，一定要我还有的几十本书不要轻易卖掉，将来全由他包销。

　　林涧坪先生忙于编书，营销业务由其姐林丽霞夫妻承担，她也是讲诚信的人。 果然，我最后一批 56 本书是 2013 年 6 月 14 日托运给他们，林丽霞于 7 月 28 日汇来书款。至此，我为之忙碌、奋斗 20 年的《石材大全》，终将圆满落幕。

2. 上海嘉耐商务咨询有限公司

　　负责人王国玲，电话：座机（传真）号 021 － 65425181，手机号

13916943360。员工王秀，手机号13371902490，自称是两姐妹，哈尔滨人。我们是在2006年上海龙阳路石展会上卖书时认识，她们也卖书，但卖的大都是通俗类大众化的工具书，如电工、焊接等，看来上海其他展销会上也在卖。她们看我的《石材大全》营销比较好，主动找我，要为我代销。我也给她2本，价格与其他代销一样，代销价200元／本，销后付款。展会期间她便卖了，当场就付款结清，估计2本书她赚了200多元。石展会临结束时，她说要向我批发一些。我给了她8本，每本也200元，卖后付款。在2008年石展会上，我的8本书她全卖了，结账时要我降到180元／本。看在其"横蔡老师直蔡老师"和身为东北来此谋生不易，我同意了。

在2008年上海石展会上又代卖了几本，按180元／本结清。临结束时又要批发几本，我给了她7本，同样写来收条。2010年上海石展会时，我们都与会，我向她结账。我说有7本，她说只有6本。因我临走时匆促，收条没带上，我说回去后我把收条传真来，按收条所写把钱汇来。她也同意。我回来后立即找出收条，是7本，并发了传真。 随后在电话说收到传真，但钱始终不汇来，后来电话也不接。我找出她的名片，想知道一下她的地址，有机会到上海找她。名片上竟没有写地址，仅写了电话号码和电子邮箱。那名片开头的"上海嘉耐商务咨询有限公司"叫我到哪里去咨询？2012年上海石展会，我想找她，她们没有来。看来我的这 7 本书也是"泡汤"了。

3. 章礼春

他与王国玲的情况相似，也在展览会上卖书，曾要为我《石材大全》代销，卖后付款，我没有给他。从言谈中他们有矛盾，互相丑化，也可说"同行嫉妒"。2006 年章礼春给我来电，说一外商要买我书，并告知了他地址，要我邮一本去，按批发代销价汇款。我书寄去后，又去了几次电话，至今 10 多年，钱仍不汇来。后来也未碰到过。

4. 上海闸北区振浩书店

这是郭丙法个体经营的流动书店。2005 年 3 月下旬，我从北京回上海的火车上，车经山东路段时，因我身边放书的纸箱上印着《石材大全》字样，引起坐在我对面一个女同志的注意，谈起了我卖书之事。她也说自己在卖书，主要是建筑类书籍，经营方式是送书上门（建筑公司、建筑设计院等单位），老家是山东。我说："我也向建筑书店批发，你会卖的话可批发给你几本试试看。"她说可以，并告诉我姓名、家址及电话：郭丙法，上海场中路 225 弄 8 号 403 室，电话（传真）021－66245423。我到上海后按她告知的地点，送了 2 本再版《石材大全》给她代卖，并签了代卖协议。过了 1 年多，我又去她处，她说书已送建筑设计院，他们还在参阅，买不买没有定。又过了 1 年多，我在上海时打电话给她，她说还没有卖。又过 1 年多，她的电话打不通，空号。之后也没联系上，至今 10 多年，我也放弃了。

5.李颖

2007 年我在南昌卖书，接到北京来电。电话中她自我介绍："我叫李颖，在北京甜水园北里图书批发市场 325 号摊位卖书，我们这里有个客户要买你的《石材大全》，是否可寄来我处一本，多少价格？书到汇款。"我以为她是书商，要有利润，还有下次生意。回答："可以，定价 520 元 / 本，按 250 元 / 本收取。"她说："行。"我当即把随身带的书，就在南昌邮局寄了一本给她。过些时候汇来 250 元。之后又沿用这方式买了几本。但到 2009 年有一本寄去，钱不汇来，我去电话催了半年多。她态度很好，忽而说很忙，忽而说母亲有病，有空一定汇来。但就是不汇来，有时甚至电话也不接。后来我去北京有事，找到甜水园北里图书批发市场，市场关门。又过了年把，她又向我要书，并汇来 250 元钱，告知寄书的客户地址，叫我把书直接寄给客户，并表示此次书寄出后，上次欠的 250 元一定汇来。我为不耽误顾客，寄了一本。但之前欠的250 元，至今已 10 年多，毫无音讯。

（四）个人代销

1. 上海同福石材市场经理部周经理
5 本，结清款收。

2. 上海同福石材市场腾龙石材机械门市部蔡锦春

5本，未卖收回。

3. 天津河西区石材市场邢玉玺

他是内蒙古赤峰人，毕业于天津大学研究生院。在赤峰办了石材厂，产品放天津销售，在河西区石材市场14号摊位设有窗口，他通过网上向我买了一本。看后觉得内容很好，说其他人亦要买，愿为我代销。销了14本，账已结清。他说话斯文，多年后我路过天津，打电话向他问好，他妹妹接电话，说她哥哥因心脏病突然去世了。我深感惋惜。

4. 苏州非金属矿杂志社编辑部

该单位是全国最高石材研究机构苏州非金属矿设计研究院的下属部门。送去10本，卖了6本，已结账。4本未卖，也没去取回。

5. 苏州腾龙石材机械厂经理吴苏中

送去10本，未销取回。

6. 南京华东地质研究所黄光昭

他是我南京大学时的同班同学，退休后经营宝石，店开在中山东路临近中山门的该所大门口旁边。我在南京石材市场上卖后余书，常放他处。他为我卖了4本。

7. 山东莱州港华石材公司经理曲华民

他为我初版《装饰石材实用大全》销了28本。

8. 山东莱州电业局招待所经理王延义

我常到莱州，基本上都住该所简易普通房，房价 30
元。他另有职务，很少
来所里。有一晚来所看到我编写的《石材大全》，他说
我能写出这么厚的书不简单，是人才，是高级知识分
子，要把我安排到特级（贵宾）房住宿，120 元／天，
房价照半收取，虽是对我厚待，但比平时多花了 30
元，同样是睡一觉，次日早照常离店，他的热情我没有
过多感谢。然后攀谈卖书之事，他也愿意为我代卖。我
给了 10 本。他卖出 6 本，4 本取回。

9. 山东莱州西由山发石材机械厂销售经理盛文中

我早在收集资料时即去过该厂，出版后送去 10
本，卖了 9 本，结算收钱，留下 1 本，也未结算。

10. 山东济南德普石材公司经理程庆山

送去 6 本，未卖，取回。

11. 山东莱州建筑监理公司国正瑞

在我书未出版前他已给我来信，办事负责认真，为
我卖了 20 多本，账目结清，拒收我手续费。我去莱州
后他每次都来看望我，也常一起吃饭。中断了 4～5 年
未联系后，2018 年春他退休，皆夫人到青岛照管孙
子，特地给我打来电话告知近况，可见情谊之深。现我
们有微信联系，常彼此交流近况，他建议我信佛教，但
他对毛泽东还很崇拜。能否与他再次见面，那就难说
了。

12. 山东莱阳大理石机械厂厂长李伯信

我在收集资料时就与他取得联系，他高中毕业后就办工厂，颇有成就。我书出版后送去 30 本，卖了 21 本，留下 9 本，取回。

13. 杭州宏昌石林装饰市场经理朱嘉源

送去 10 本，卖了 5 本，收回 5 本。

作者與國正瑞（右）在萊州合影 2006 年

14. 杭州宏昌石材市场腾龙石材机械门市部傅绪祥。

送去 3 本，未卖收回。

15. 杭州陶瓷品石村市场蔡锦旺。

送去 4 本，卖了 1 本，收回 3 本。

16. 温州浙江省第十一地质队徐元龙

他是我在浙大任教的学生，送去 2 本，卖 1 本，收回 1 本。

17. 浙江奉化灵峰磨具厂经理张国民

他原是奉化木材公司职工，与日本人合资办以生产墓碑为主的奉化石材厂，我给连盘花岗石厂推销业务时与他认识。送去 10 本，未卖，去取回时，未找到，终不了了之。

18. 温州欧海矿业总公司颜国森

他毕业于浙大，与我有师生关系。又曾在区调地质队同事。送去 2 本，都卖，结清。

19. 临海杜桥金斧机械厂杨义生

他在浙江省石材协会工作时我认识。送去 10 本，均未卖，取回。

20. 上虞川虞石材市场谢宜灿

送去 2 本，1 年多后我去询问，他已离职，书也不知去向。

21. 贵州平坝黎阳石材机械厂孔祥志

该厂原是国防工业内迁厂，制造军用飞机发动机。后改为民用厂，制造石材机械。在我书未出版时与他厂有联系，书中曾介绍了该厂不少产品的性能。书出版后他们也购买了几本。来函中反映我书实用，想推销我书，我托运了 10 本请他们代卖。过了 1 年多，我去了位于贵阳旁边的该厂。该厂处在裸露的石灰岩中，紧挨着一个小镇。中午我在镇上用饭时，从工作服中可看出，满街几乎都是该厂人员，多数买蔬菜自己做饭，也有买熟食，看来生活较艰苦、单调。我找到孔祥志后，他告知我卖了 7 本，结账收钱，余下带回。

22. 成都都江堰天马石材厂桑立军

他在别处看到我书后，来信说我书写得好，并献诗祝贺，还作自我介绍。说自己原是石材基地山东莱州市人民政府公务员，曾任过秘书，也在写石材的书，并寄来第一章第一节《漫说石材》的稿子。在看了我书后不写了。一则他写的肯定没有我写的好；二则写书太辛苦、赚不了钱，还是给我卖书好。他说自己有独特的卖书方法，保证为我推销 800 ～ 1000 本，也可从中赚些业务费。为使我相信，他寄来厂营业执照、税务登记、身份证复印件等，还草拟了代销合同，要我第一批托运50本，售后结清，循环交替。我见信后实感为难。一方面很想找个这样的代销人；另一方面从未谋面不放心。恰逢在石展会上碰到书商林涧坪，我告知他这一事。林说这是骗子，不能寄。回来后我再考虑，采取折中方案，托运去2箱（20本）。有点风险但不大。

书发出后，久未反映。我趁去成都卖书的机会，找到了都江堰市天马镇该厂和桑立军本人。确有其厂，但规模小，相当于社队企业，处于停工状态。桑立军小个子，30多岁，看来很精明。他说书收到，有的已散发出去，钱未收，态度很好，我也不便多说。他问我今晚住哪里，下午来看我，晚上请我吃饭。我说住都江堰，告诉他旅馆房号，也想进一步交谈一下，没有过多交谈便告辞。

那天下午他果然来了。在我房内交谈一下后，便领我去饭店吃饭。当然也边吃边谈，他最关键的一句是："你的书是公家、集体还是你个人出的？"我说："是我个人出的。"他说："好！我书款收来后给你。"随后告别，再无音讯，我也未催。此事在我脑中经常回荡，但不像同青岛新华书店一样扭住不放，别后我也没去信和电话催问，看来他办厂不顺，想在写书卖书上挣一笔，哪知写书不易，卖书也不是易事，又中途

"夭折"了，不一定是骗子。当然我这20本书全"泡汤"了。

23. 福建南安水头兴龙石材养护商店陈建龙俩兄弟

我在水头石材市场上卖书后，到水头镇街上溜达，见有一家石材养护品商店。石材养护物品是石材厂家常来光顾、购买的地方，我进去攀谈，介绍我书也有养护章节，是否可把书放他店里代卖？他看了书后表示欢迎。我前后放了20本，卖后结账也顺利，彼此关系融洽，我之后常到水头，都去看望他们，特别是看望也参与经营该店、对我很热情的他们的父亲陈老先生，探讨石材养护技术。在我书再版时他们还在我书上做了广告，经济上给了我很大支持，我当然也给他们优惠。

24. 泉州华侨大学许世佑

他是我在南京大学地质系同级不同班的同学，在华侨大学地质系任教，已退休。送书前曾联系过，送去20本，未销取回。

25. 厦门创亿机械配件有限公司陈建河

他原是厦门汇兴石材公司机械技术员。该公司较大，我在再版征集资料时曾有一信函发给汇兴石材公司。陈建河看到后，写了一份介绍大锯配件的短文给我。我准备录用，想要他修改补充一下，最好有插图，给他回了封信，彼此有了交往。之后我去厦门曾到汇兴公司找他，彼此见了面。他还说要离开汇兴公司自己办个配件厂。我对这个钻研业务力求上进的小青年印象颇好。他办了厂后又给我来信，要在我书上介绍其产品，我也以较优惠价格给他做了广告。再版《石材大全》出版后，我比按规定要多的书回赠给他，另有 15 本请他代卖。但代卖部分据他说有的人拿去看了没付钱，剩下 7 本我取回。

26. 广西岑溪三伟花岗石板材厂莫品清

驰名中外的岑溪红花岗石就产在岑溪县县城周围。他在广西南宁石材市场开设门市部，推销他儿子莫伟福在岑溪厂里的产品。我在南宁石材市场卖书时卖到他店里，同他攀谈了一回，感到他为人诚实。在石材市场上卖书来回走动，累时又到他店里歇一下，彼此有些交谈，又熟悉了些。我说岑溪有近千家石材厂，想在那边设个我书代销点，是否可放他儿子厂。他说可以。就这样我回来后托运了一箱 10 本给莫品清，之后他用自己送货的便车运到岑溪他儿子莫伟福厂里。约过了 2 年，经多次联系一本也没卖出。我为此去了岑溪一趟取回，回赠 3 本给莫伟福，同时也收集我书再版的资料。

27. 青岛金岛石材厂宋杰

他在崂山宾馆东建材市场内设点。我在石材展览会上认识他，他说可为我卖书，我寄了 5 本，已结清。

28. 沈阳天翊装饰材料公司姜波

我在石展会上认识他，他说可为我卖书，我寄了 4 本。他公司门市部设在沈阳石材市场大门口，很好找。我多次去沈阳石材市场卖书，必到他处，除已寄的 4 本卖了外，还为我卖了几本，账都结清，他年轻能干，为人负责、热情，至今还怀念他。

29．呼和浩特索焕明

在石材展会上认识他，他说我书编得很好，可代我卖。他在呼和浩特大学东路桥东石材城 90 号，寄去 4 本，已结清。

30．大连甘井子大成石材公司李永成

寄去 4 本代卖，已结清。

31．大连科通石材防护技术处理有限公司刘克伟

我在石材展览会上认识他，他说可为我卖书。我寄了 1 0 本。开始通过电话，书未卖，后因他工作有调动未联系上，最终不了了之。

32．杭州浙江工业大学祝晓培

我们是在浙江省石材协会上认识的。当时他想从事石材清洗养护方面的研究，制作有关产品销售。我编写的《石材大全》初稿中有石材保鲜、养护的内容，他要我借给他参考。我借给了他，彼此有来往，常在开会或石展会上碰到，之后他有产品上市。我有 5 本《石材大全》放他处代卖，但未卖出，后收回

33．哈尔滨海城石材市场永久石材公司门市部宋光武、彭超。

我在市场卖书时，宋、彭两位看到该书后称赞不已，还说我亲自来卖书更了不起，买了 1 本后，要同我合影一张照片。还说这书有人买，愿为我代卖。我回来后托运了一箱（10 本），一年后再次去哈尔滨时，一本也未卖，毕竟他们没有精力，我全部取回。

34．山东平邑商城旅馆李京和

平邑位于济南东南 300 多公里，该县四海山产著名的红色花岗石"将军红"。县城有百余家石材厂和一个石材市场，我去该地卖书，卖得不错，住在李京和开的商城旅馆。平时也有不少外地石材厂商来此购货住在该旅馆，我也认为这是卖书的好地方，与李京和商议，他同意代卖。我回来后托运了一箱，之后又曾去过平邑他处，未卖。因身边有书，未取回，又多年未去，电话联系讲不清，之后就不了了之。

35. 重庆开喜石材厂陈平

2000 年我托运了 4 箱（40 本）书到重庆。除了 1 箱放在书店中寄卖外，其余 3 箱想在石材市场上卖。但重庆市场行情并不大好，仅卖了 10 来本。我在重庆大渡口陶瓷品市场东侧石材街卖书时，与开喜石材厂老板陈平谈得很融洽，他愿为我代卖，我放了 15 本。1 年多后我再去重庆，没卖，我取回。还是在重庆市场上便宜些"消化"了。

36. 山东荣成斥山盛家村 35 号张淑卿

荣成是较有名的"石岛红"花岗石产地，有几百家石材厂。我书未出版前为收集资料去过荣成一次，出版后又去卖书。卖后还剩几本，其中有 4 本放在张淑卿开的小店中，请她代卖。后曾通过电话，讲不清，但未去那边，没结果，这 4 本书也等于送给她了。

37. 长春东方石材城华兴石材门市部杨凤清

我在该石材城卖书时，结识了杨凤清，他有一定的石材知识，对我书很感兴趣，自己买了 1 本，还说可

为我代销。我第一次放了 5 本，账结清。第二次放了 4
本，也结清。

38. 辽宁锦州市田野

他是我在广州卖书住在梓元军旅馆同一寝室时认识
的。看我书在广州卖得较好，他自称在锦州市从事建筑
工作，人事很熟，愿为我代卖。他住在锦州凌河区胜河
里市政府住宅 29 号楼 1 单元 3 号，并告知我电话号
码。我托运了 10 本，过些时候我去电询问，未联系
上。至今毫无音讯。

39. 深圳南山区上白石材三坊 37 楼 201 号尚华

他在深圳石材市场经营石材，我在该市场中卖书认
识，很谈得来。他说愿为我代卖，我放了 10 本。后来
我多次去深圳，账目陆续结清。

40. 广州石材市场何永棠

1998 年 11 月我第一次去广州石展会上卖书认识，
他以"广州石材市场"的名义设摊，在我摊位旁，表示
愿为我代卖，我也以为他有卖书潜力。展会结束后在我
处拿去 21 本。后几年找到他，说未卖。我在他另一门
市部取回 8 本，其余 13 本损耗了。

41. 天津解放南路 473 号石材城 B 区 60 号黄学利

他是个小青年，我在该石材市场卖书认识，愿为我
代卖。我放了 6 本，卖了 3 本，取回 3 本。

42. 青岛黄岛区海滩岛街 3 号楼 201 号（后移至青
岛石材市场）陈永章。

在山东济南石材展览会上他为山东东营小宇研磨有限公司推销石材加工辅料（磨具），我在展览会卖书彼此认识。他在青岛也为推销该公司产品设有门市部，与石材厂家接触多，他愿为我代销，我托运了 1 箱（10本），但未卖出。后来我去青岛参加石展会，书还放在他石材市场中的门市部里，也不了了之。

43. 山东莱州夏邱张爱丽

她与陈永章同为小宇研磨公司推销产品，也是在济南石展会上认识。她在莱州夏邱石材基地开设门市部，我放了 8 本书请她代卖。卖了 2 本，其余取回，当地"消化"了。

44. 石家庄石材市场陶兴

放了 2 本代卖，后来去了两次，都未碰上，也"泡汤"。

45. 济南华山苏州磨石部张爱玲

放了 3 本，未卖，取回。

46. 苏州石材市场陈长勇。

2005 年 9 月 2 日放了 5 本代卖，2 年后去询问，书也找不到了，不了了之。

47. 郑州郑忭路石材市场西部石材赵天伟

我在该市场卖书时认识，有 6 本书放他处代卖。1年多后再去郑州时卖了 2 本。

48. 郑州郑洪路石材市场山东石材王兴博

山东莱州人，推销山东石材，我放 4 本在该店代卖。次年去该店时未卖，也没取回。

49. 西安石材市场闽安石材公司黄永辉

我在西安石材市场卖书认识，2000 年 10 月 18 日第一次放 5 本，卖了 3 本，钱收。第二次放 4 本。2007 年去西安时找不到该店。

50. 西安石材市场王引龙

在西安卖书认识，我放了 3 本代卖。2007 年我去西安卖书时，找到他，他记不起有此事。我把他写给我的收条给他看时，他说书不知哪里去了。我只好空手而回。

51. 广东云浮大哗吐欣艺石材公司吴伟民

他曾出版过一本石材制品图片集，在他门市部中有售书柜。我与他联系代销时，要我多放一些。我前后有 100 多本放他处，2006 年结算，收 32 本书款，计 5800 元，还欠 102 本。2008 年取回 24 本，尚欠 78 本。虽电话多次联系，要求结清，未卖的退回，但账未结，未卖的 2012 年托运回，尚有 50 本仍在他处，账目至今未算，多次去电，说钱收不回来。按当时定下的批发价，尚欠有一万元左右。我怀疑他当初叫我多放一些，会卖了，又有意拖着不结账，利用我路远想占便宜。听说他生意不大好，也只得不了了之。

52. 广东云浮大哗吐粤华石材厂刘连

代卖 10 本，未结算。

53. 杭州中国石材网皇甫孜

6 本，结清钱收。

54. 福建南安水头信息公司黄凯

我与他在石展会上早已认识，讲派头，2010 年在上海石展会上说要会我销书．我托运去两箱 16 本，半年后联系，要么书有损，要么未卖，现联系不上。

55. 天津石公民

在石展会上认识，他原是天津统计局干部，与莱州某石材厂有交往，为该厂在天津推销石材，也常参加北京、莱州、上海、厦门石展会。他不是参展，也不是来购货，而是来了解了解行情，扩大扩大眼界，见见老朋友。每次来几乎都是从展会开始到结束，一待就三四天。这三四天除了参观产品外，就到熟人处坐坐，聊聊天。我很合适当他的聊天对象。认识我后，他一到展会就找我。先在我处聊一会儿，再去参观展品，过一会儿再回来聊。他年纪 50 出头，常称呼我"蔡老"，我也不好意思，时间长了也习惯了，也自认老了。每次展会初见时他都非常热情，常带些小礼物给我，如有次在厦门石展上，他带来一大包有名的天津麻花给我吃；有次在上海石展，他送我一本天津《今晚报》编辑马志林主编 621 页的保健书籍——《今晚健康快车》给我。最后一次聚会大概在 2007 年，在北京石展结束那天下午，次日即要离别，他约我去饭店小聚。我们吃了便饭，还拍了张照片留念。之后就没再见面了。他常说自己住在天津小白楼，交通方便，要我去他家做客。我即使常去天津，时间都安排得紧紧的，一切都为了卖书，哪有时间、哪有心去他家做客！我很想念他，2013年还在电话中向他问好。他为我也卖了不少书。初版多少没记载，也记不清了，再版的有 59 本，2007 年 3 月 5 日在北京石展上收他 5000 元。

56. 《广东建设报·石都商讯》廖天德

云浮石材报有多家，当局整顿，全部关闭。之后广东建设报有一定版面介绍云浮石材。记者要深入工厂采访，厂商为推销产品要在报上登广告，彼此接触密切，也是卖书的好窗口。原《云浮石材报》记者廖天德在该报主持这一版面，在我处拿去 40 本。后来廖天德改行，我托他卖的部分石材书籍转移至欣艺石材公司吴伟民销售。

57. 上海《东方石讯》陈维奋

《东方石讯》是上海唯一的一份石材杂志，图文并重，免费赠送，该杂志以广告收入为生。社长兼主编陈维奋是福建人，上海石材界约有 1／3 来自福建，他兄弟陈维振就是上海一石材公司老板，他的石材杂志就是依托他们办起来的。我与陈维奋在石展会上认识，他也有个摊位，也批发我书去零售。他的《东方石讯》曾介绍过我的长文，可惜我未保存。

我去过他设在嘉定区祁连山南路（或丰庄路）的编辑部，从路牌上看此处位于南翔与黄渡之间。这一带在我 1958 年 10 月去上海嘉定县市区看女友李雅君路过时，还是一片农田，"远处横卧着萧瑟的村庄"。如今却是高楼林立，街道纵横。李雅君在黄渡卫生所时曾给我写过几封信，我对黄渡这个地名很熟悉，但没到过，想必是被农田包围的宁静小村镇，住的是缺木材和石材地区特有的平房和茅草房，现在去也找不到了，我没有去寻这个昔日的"黄渡"，只不过勾起我这些回忆罢了。

我到他编辑部时，他已外出。没等多久他就回来了，车上还放着我的书。他说去石材公司一边拉广告，一边推销我的书。他为我卖了 30 多本，前期账目结清，2008 年在云浮吴伟民处取回 16 本托运给他代销还未结算，2012 年去上海石展会碰到，也未提起，他能转到读者手中，能发挥社会效益，即使钱未收，也是我的收获。

58. 福建晋江磁灶凤山石材公司陈永远

他常参加石展会推销产品，是该公司销售经理，我书再版时要筹集出版资金，要拉广告，我在展览会上找过他，他没直接拒绝。之后又去福建晋江磁灶该公司同他商谈，略有意向。后来上海石展会上他向国家石材协会林克华等了解我这人可靠不可靠。林说：可靠！（是林之后告诉我的）就在那次石展会上定下他公司做我再版书的封面广告，价格当然较贵。因当时他没带厂章，在展会结束后，我又去福建到他公司签订了合同，并按赞助款返回书本。在各自按合同规定完成义务后，陈永远说愿为我销书，也为扩大该公司影响我又托运了 4 箱 32 本请他代销。过了 1 年多我去该公司结账，他说书不知被谁都拿完了，一分钱也没收。但总要处理此事，他说："公司也在林涧坪的《石材图典》做广告，送来一些书，这些书你拿去作为抵书款吧！"我也只好这样，拿来了5套12本《石材图典》（上下册），以了结此事。

59. 《厦门国际石材商情》贺学中

他们编杂志、拉广告，石展会上设摊时我们认识。批发了我再版书2箱16本，结清14本，欠2本，之后不了了之。

60. 成都四川建筑科学研究设计院陈冀渝

我在书中曾引用他在建筑杂志上发表的文章，出版前去信与他联系，征求他意见。书出版后赠送他1本。他回电说书很好，愿为我代销。我托运了1箱8本给他，不久他就卖了1本，并汇来钱。之后我多次联系都联系不上，据同办公室人说，他要么去开会，要么是出差，要么没上班。连续三四年都没联系上，现可能退休，也不了了之。

61. 福建水头石材市场9幢1－2号顺兴石材工具店黄仲凯

放他处7本。二年多后去该店询问，一本也未卖，取回。其中有2本发霉，1本小孩子画上图画，我把它当废纸丢了。

62. 深圳《青海湖》杂志及信息公司罗小宁

该公司编辑石材广告信息的《青海湖》杂志，罗小宁常代表公司参加石展会，她看到其他石材杂志社代卖我书有利可图，也叫我给些她代卖。我回来后，于2005年5月10日在临海兴发托运公司托运了2箱16本给她，其手机号是13798360585，电话0755－

26072287，我付托运费 50 元。过几天她给我来电话，说深圳托运站给她去电，书已运到叫她去提取。她问我这个提取运到她公司的运费谁负担？对这个我从未碰到的问题，实感意外。我说："托运费已是我负担，市内运输费用一般由你负担，其他代销都这样，我给你有折扣，你有利润。如果你认为不妥，那你先付，书卖后我收款时你扣回。"她听后说："行！"彼此中断通话。我以为她把书从托运站运回来了。之后她也没有给我来过电话。

约过了半年多，我去电话询问她销得怎么样，她说："书没收到。"我问她为啥没收到，她说："之后托运站就没有打电话来，我不知到哪儿去取。"我就连忙去临海兴发托运公司询问，有没有深圳的退货。他们说没有。我叫他们查询，他们说深圳托运站 2 个月前已搬家，查询时间已过，但查一下也可。经查无此货，因托运站已搬迁过，也不知问题出在哪一环节。

在石展会上，同行的北京"都市家园"信息公司的孙有华告诉我：与罗小宁打交道要小心，他有过教训。我想深圳托运站打电话给她，像她这样从事信息工作的人，会处理事情，至少电话机上会留号，可查。其次，久未提取，托运站还会催。我们通电话后如没提来，也应电话告诉我。而且市内短途运费不多，不是问题的问题，不正常。我怀疑她可能已提取，没告诉我。我多次在想，到深圳她单位去一下，到底有没有我书留着。但因忙都未成行。

63. 江苏宜兴万石镇华东石材市场吕子昌

他在该市场开了"礼昌石材护理行"，专卖石材护理产品。2006年来电给我，要代销我书。我第一次寄了4本，卖后即汇款来；第二次又寄4本，卖后汇款来，第三次……合作顺利，共寄4次。但我亲自去该市场两次，这个称为"华东最大的石材市场"一本也未卖，且每次都在那里住一夜，加上来往车费，开支不少。

五、上门推销

（一）去石材市场推销

1. 概况

在我国中等以上城市都办有石材市场，国家级的直辖市，如上海、北京，石材市场有几十个，且规模大、品种多，国产、进口品种都琳琅满目；省级城市一般也有5～8个，规模也较大，品种也较齐全；省级单列市，如浙江宁波、山东青岛、广东深圳、辽宁大连等都有几个较大的石材市场；一般地市级也有石材市场。大的县市级也有。这些石材市场似同大商场或农副产品市场。一间一间、一排一排排列着石材产品，主要是使用量较大的板材，也有石雕、文化石（板石、鹅卵石等）、壁炉等异型石材，花样繁多，品种齐全。大的公司也有占几间的店面，也有一幢一幢的。经营者大都来自石材发达的省份，多数是厂矿集中的石材基地的厂方人员或附近农民。福建石材发达，全国各石材市场几乎约有 1 / 3 的经营人员来自福建，山东、四川、安徽等省次之，他们也需要石材科技知识，也需要石材商贸信息，因此，这些石材市场是我卖书的好地方。

石材市场遍布全国大中城市，我借卖书机会。这些城市几乎都到过，欣赏了祖国的大好河山。在出发之前，我拟好所去的城市的路线，然后雇车运书去火车站托运，每次大都托运 30～50 箱。初版每箱 10 本，即 300 ～ 500 本；再版的每箱 8 本， 即 240 ～ 400 本。大都在杭州城站火车站托运，也有在杭州东站火车站托运，少数在宁波火车南站托运。宁波火车南站制度较严，也可以说是较麻烦，次次必须要市新闻出版局出具同意外运证明。因此我要先去本单位打证明，再去市新闻出版局打证明。这种严格的制度可能是受当时反"法轮功"所致。而杭州火车站曾有过此规定，我得要去印刷厂打证明。但外边个体户托运站可免了证明，因此也有到个体户处托运。不过后来杭州火车站也免了，只宁波站仍"坚持到底"。

要托运的几十箱书，汽车只能运到火车站托运处外面广场的空地上，卸下后虽有搬运工可代运到托运站过磅处，但我为省钱，都用自己带的小推车一箱箱运到过磅处。每箱 50 多斤，多次提上放下，够累的。然后领取、填写托运单。因到达多个火车站下货，除了沈阳火车站托同学戴延龄、兰州火车站托周宗华领取和南昌火车站托高伯龙同学外，其余每站一般 2～4 箱，因此要花一定时间填写托运单。过磅后还要挂标签，为防止弄错，还要在纸箱上写上到站名。往往在手续办完后时间过了大半天，人也精疲力尽。只有在回来路上歇一歇，松口气，这样的活干了10多年。

除沈阳、兰州、南昌请同学提取外，其余都是我自己提取。因所到城市较多，一次出去大都要去10多个。一个城市卖了后到另一个城市，一般要3~5天时间。再到下一个城市火车站提货，就要过期了。过期一天一件收保管费2元。到末了过期一两个月的是常事。这样一箱收取保管费100元左右。经济开支是小事，不少火车站对过期未取的货物要转运到离火车站较远的仓库中，上海、南京、北京等都如此。我要赶到那边提货，找到那边要花半天，箱数多又要叫车再运，箱数少用自带手推车推到公交站，再乘公交车，又常转车，才能运到所住旅馆，且一次来回只能运一箱。还有个更麻烦的事是有的城市在火车站提书与托运时一样，要经该市文化出版局下属部门审批。找到文化出版局下属该单位后，出示证件，填写表格，盖章许可，才能到火车站库房领货，一来一去至少又要半天。我在上海、武汉、成都、株洲、衡阳都经历过此种事，真有叫苦连天之感。

偶而也有经汽车托运，主要是去福建，因临海那时没有火车站，目的地也没火车站，所以只能从汽车托运。一般来讲，通往各城市的汽车都很多，汽车托运站、收货站也多，且分散，我又不能跟车，难找到下货点，一般我不采取。

　　所托运的目的地路线，大致可分北方线—东北线、西北线—华中线、西南线—华南线、中南线—东南线。

　　（1）北方线—东北线

　　主要城市为南京、徐州、济南、青岛、烟台、大连、沈阳、长春、哈尔滨、天津、北京、石家庄、太原、呼和浩特、郑州、合肥等。实际上卖过书的城市就不止这些，如蚌埠没有托运过，但我多次去蚌埠卖过书，有一本盗版我书称为《石材百科》的书，就是在蚌埠一家石材商店中发现的。蚌埠卖的书要么在南京卖后留下，再去蚌埠卖；要么徐州卖后，再去蚌埠卖。去山东荣成石材基地卖的书，是托运到烟台卖后留下的书拿去卖的。大连卖后去旅顺卖，大连或沈阳卖后去大石桥卖。长春卖后去吉林市卖。长春或哈尔滨卖后去四平卖。再返回沈阳，从同学戴延龄处取来书去秦皇岛卖。天津卖后剩下的拿到塘沽去卖。北京卖后去保定。郑州卖后去开封。徐州卖后去连云港，或郑州卖后去合肥，合肥卖后去芜湖。再由南京返回。但也有从中途返回，如天津卖后就回上海。也有从杭州到上海、苏州、南京、芜湖、合肥等城市卖了直接返回杭州。

　　内蒙古呼和浩特我去过多次，包头至少去过2次。第一次是从石家庄经太原、大同，在两地石材市场卖了后，然后进入内蒙古的石材基地丰镇，再去呼和浩特、包头，后去银川；另一次是从北京经张家口再去呼和浩特和包头，后返回呼和浩特。还有专程去呼和浩特的。

宜兴万石镇有个华东最大的石材市场，我去过多次卖书，因周边无大城市，也无铁路，都是从杭州汽车北站乘车到宜兴再转车。

(2) 西北线—华中线

西北的银川是在内蒙古包头石材市场卖了后去的，随后再去兰州。我高中、大学同学周宗华在兰州石化公司工作，我在去之前已托运了多箱书到兰州，请他提出放他处。兰州卖后再去西宁。西宁再返回到兰州。从兰州起身去乌鲁木齐。在乌鲁木齐卖了3天再回兰州，又在兰州卖了一天，后去宝鸡。在宝鸡一天，卖了后去成都，再去重庆。后沿长江而下到武汉、长沙、南昌，然后回浙江。

也有从重庆去贵阳、柳州……有一次反向而行，从浙江去南昌、长沙、武汉，再到宜昌、襄樊，然后去成都、宝鸡、兰州，再到西安，经郑州、开封、徐州、蚌埠、南京回浙江。

(3) 西南线—华南线

杭州出发经南昌到株洲，再去怀化。怀化卖后，去贵阳、昆明，再从昆明到南宁，随后从南宁到广州，再去深圳，直接乘汽车回浙江临海。也曾从深圳经香港、澳门去珠海回广州，又经株洲返回。有一次是从杭州到长沙，再去衡阳，然后去郴州，再乘汽车到湖南石材拼花基地道县，再从道县乘汽车到广州。后又从广州乘火车去海安，过渡到海口。从海口到湛江，再从湛江乘汽车到云浮，从云浮到南宁，从南宁到柳州、桂林，经衡阳、南昌、鹰潭、景德镇或上绕回浙江。

(4)中南线—东南线

主要是福建。我家在浙东，临近福建。2008 年甬厦铁路未通之前，主要靠汽车通行，大都从临海乘汽车去福州，再从福州去厦门，再从厦门回南安水头石材市场。有三次再从水头乘汽车去广东，一次是去汕头，一次是去深圳，一次是去广州。仅一次是从江西鹰潭去厦门。

2. 操作

到达某一城市后，首先找一个 30～ 40 元一单人间的小旅馆。接下来到火车站提书。初次来该城市时要买张市区地图，询问去石材市场或建材市场的路径，并写在图上。因此我现还保存有我国５０多个城市的地图，有的城市还有多张，其上还注有去石材市场的公交线路，上下车站。曾来过的城市，因有所熟悉，时间早的话带些书先去附近石材市场卖起来，时间晚的话则去街上溜达一下。

卖书的操作过程大致是这样：从旅馆提书乘事先线路了解好的公交车，下车后推着装有《石材大全》的小推车找到石材市场。进入石材市场后，肩上扛着内放有一两本书的挎包，手拿着一本，一间一间、一排一排地进入他们店内询问，并出示该书给他们看。但多数人不买，少数想买的人要仔细看一下书。我就打开，先看书首的图片，再翻到目录给他们作简要介绍，并告知如何依照我国邮政编码查阅石材产地和当地厂家及电话号码、何处购买设备

石材市場老闆購書後要與作者合影

等，回答他们的问题。遇到有买的意愿的人，经一番讨价还价后成交，最后一手交钱一手交货。再转入另一间另一排，也是逐家挨着问。我认为这份工作一般写书的人是不会干的，也干不了。作者亲临卖自己书的书店签个名常有，但这上门挨家卖书确是罕见。

书的价格，一般都低于定价。买书者大部分出身农民，文化程度不高，对文字、科技的兴趣不浓。初版定价 380 元 / 本，石材市场上早期一般卖 200 元 / 本左右，晚期为 100 ～ 150 元 / 本。在福州石材市场有几个贵州来的青年农民工也想买，我以 50 元 / 本的价格卖了 3 本；在芜湖石材市场，因剩下几本不便带走，也以 50 元 / 本卖了；价格最低的一本是在重庆，有一本

曾因水湿污沾变色，以20元卖了。再版定价520元/本，石材市场上零卖前期一般200～250元/本，后期为100～150元/本。在天津石材市场，经营一家石材店的一小青年，很想买我的书，但苦于生意不好经济紧张，要我50元/本卖给他，我也卖了。这是再版《石材大全》卖得最低的。初版《石材大全》1988年11月出版，那时我国石材业刚起步不久，营销较好，印有5000册，不久便销了，石材界已较普及。随着计算机等的发达，即使再版《石材大全》内容上比初版的丰富，160页彩照约是初版的24页的7倍，但再版的营销不及初版，从上门零售按定价价格比也略低于初版。因2004年再版时我已72岁，年老体衰，一切都我一人干，万一有意外，全部停下。虽批下印5000册，但暂印3000册，到2008年也基本销了。

我在石材市场卖书，也结识了不少石材界的朋友，如上海同福石材市场"永胜石材"的宋申贵（山东人）、沈阳十马路石材城"洪刚石材"的王洪刚（山东人）、长春中东装饰材料市场"诚信石业"的杨凤清等，既是客户也是朋友。我多次到过这些石材市场，常进去同他们聊聊，他们都是上了年纪的人，为人诚实，办事认真。这些朋友多年不见，我常想念他们。

对我在石材市场上卖书一事，有贬有褒。有的说我写书人卖书不值得，写书人是作家，应发挥更大作用，多写书，干这些在市场上简单的卖书活不相称。也有的人钦佩我这种"下基层"的实干家，有些本来不一定买我书，看该书是我所编，扉页还有我的照片和简介，作者和教授上门推销，也看在我的面上买了一本，不少还要我题词签名，也有要与我一起拍照留念的。但有些不知我与此书的关系，与其他小贩一样，怕进门纠缠，刚踏上门即叫我出去，甚至连连摇手说："出去！出去！"似乎踏脏了他的地板，态度傲慢，像是对待乞丐一样。有的石材市场我去过多次卖书，有些店内老板也熟悉我了，有见到我拿着书想进他店内，他在老远处就摇手，示意不要进来。对这些"冷遇"我已习以为常，也很理解。我在大女儿书架上看过有本介绍美国推销商品的书（是不是特朗普写的记不清），销售是学问、是技术、是生命，是崇高的职业，是市场经济最重要的一环。我不在乎他们的贬，效益是最终目的。我受到的这些冷遇，我想这些老板推销自己的商（产）品时，也不免有这此遭遇吧。香港大老板曾宪梓、全国政协常委不也是在街头巷尾卖领带起家的吗？

有的石材市场管理较严，小商小贩不可进入，我也属小商小贩之列，我的手推车是小商小贩的标志，往往是因它被挡在大门外不能进去。如济南太平石材市场不让我进入，我就在门口把书拿出来放在书箱上，时值上班时节，进内经营的老板看到我书，看的人不少，当即就卖了几本。大多数时候我只好把手推车暂放在大门外某处，或在小店买点东西，讲句好话，暂放一下。从放书的纸箱中拿出2～3本，放在带来的挎包和手提袋中，大大方方地走进石材市场的大门，门警看到以为我是石材生意人会让我进入。有时门警不注意或不在，我也会趁机溜进去，也有时是从边门进入。但被发现了他们就要狠狠地整我一下。

最凶的一次也是在济南太平石材市场，我混进市场后，在市场中卖起来，被巡逻的民警发现，似抓小偷一样把我抓到门口传达室，差一点拳打脚踢，罚了我４０元。有次在太原石材市场，被巡视民警抓到传达室，治保科长审问我干什么的？我说自己写书自己卖，提高行业业务水平。他看了我的书，书上有我照片与简介，宽大处理，教育"释放"，要我之后不能重犯（再来）。

北京四惠桥建材市场规模大，产品多，有五金、陶瓷、石材等区，没有单一的大门，东南西北都有出入口，但内有岗亭、巡警。有次我在石材区卖书被巡警发现，把我"押"送到管委会交给市场经理"法办"，市场经理问我卖什么？我说卖石材书。我把书打开，简介后翻到附录一："全国石材市场"这一书目，在"北京"栏内找出写着该市场名录指给经理看，说书内还有你们（以表格形式列的）数据，并以黑字体表示：单位名称：四惠桥建材城。地址：朝阳区东郊四惠桥东南角（特１等公交车终点），法人或联系人：张经理。主要产品或职能：市场管理。电话：０１０－６７７４１１７８，６７７４５２７９。邮编：１０００２２。还写着该市场另６家商铺的名录：单位名称：莱州皮联石业公司驻京办事处；地址：四惠建材市场石材一区３０号；法人：赵吉龙；主要产品：板材、异型材；电话：０１０－８７７０５７１７，

13520863559；传真：010—87705717，电子信箱（E
—ｍａｉｌ）：无；邮编：100022；网址：ｗｗｗＯ
ＬＳＣＮＥＴ·。单位名称：东方玉堂石材公司四惠
公司；地址：四惠建材市场一区；法人：马振海。主要
产品：进口石材。电话：010—84916109、
13501203754，传真：010—84916109，邮编：
100022。……书中还列有北京其他37个石材市场的基
本信息。在附件一中还列有全国31个省、直辖市、自
治区806个以邮政编码顺利排列的石材市场及部分商家
名录。

　　张经理问："你这些数据如何得来的？"我说：
"主要是我自己收集，少数来自其他资料。"他说：
"很好，该书资料太丰富了，我们北京人对北京石材市
场还不如你掌握得多。好，我买一本。"我说："定
价520元/本，给你优惠，200元。"我收了钱，他满
口称赞，连声说："你去市场里卖吧！"我道谢后离
开，又卖起来。

　　之后我又去北京四惠石材市场卖书。有一次我拿著
书到店内销售，与老板攀谈起来。谈毕我出来，发现放
在门外的小推车和书箱没有了。我在找寻时另一个店老
板说："你到警卫室去看看。"我一到警卫室，小车和
书箱放在那边。我进去说明，警卫严厉地训斥我。我
说："自产自销，三方都好（我方、买方、国家），
我书160页彩照印刷精美，还得你们张经理表扬，他也
买了一本……"那巡警说："这书是好，我也想要，不

过我们没有钱买书，送我一本吧！"我就送了他一本，随后我拿回手推车和书。

在较大的石材市场，走街串巷一家不落地询问过去。如上海同福、恒大石材市场，北京西联国际、四惠桥等石材市场以大称着；武汉的汉西街、上海的沪太路石材市场以长有名。一天走下来，确实劳累。中午仅在市场或其旁侧小饭店中吃些快餐，顾不上休息就上阵，或趁此午休间隙去别的市场。晚上回到旅馆差不多累的动弹不得了。特别在较大城市，下午 5 时店面关门，我得离开，经公交车多次周转，到达所住的旅馆，往往已是八九点钟了。 就是杭州这样的中等城市，多次在南复路石材市场下午 5 时离开后，乘 3 9 路到城站，转 151 路到武林门，再转 333 路；或城站转 11 路再乘 303 路；或城站乘 999 路（后两者很少乘）。到我儿子所住的三墩镇处，大都已 8 时许。

有时去一个市场或一个城市一本未卖的也有；也常有到一个市场后询问第一家便成交。印象较深的有浙江金华机场路石材市场先后去了三次，几十家石材商铺一本也没卖。第二次去的时候，倒有一家说已在上海石展会上买来，当然比我上门卖的贵，不是在我处买就是从我处批发的商家处买。浙江湖州去过一次也未卖一本，不过因要访友仅在石材市场待 2 个小时，商铺也不多。记得在陕西宝鸡也未卖一本，因去宝鸡是到成都转车，趁间隙去石材市场游转一下，时间也不长。杭州南复路陶瓷品石材市场，在初版《装饰石材实用大全》出版后不久我去推销，100多家石材商铺一本也没卖掉。这个市场我先后去了近20次，几乎每隔几个月去一次，除上述那次外，次次都有成交，有时常来电要我送书。有几次我不在杭州时还叫我在杭州的儿子送去或邮寄，在那边还结识了多位石材界朋友。

我到一个城市石材市场上卖书，一般只能两三天时间，有的仅1天。上海、北京等大城市一般也不能超过四五天。一则时间长了，开支大；二则后续城市还要卖；三是回家后还有其他安排；四是力求避开寒暑期。一个城市有多个石材市场，上海、北京有几十个，我得"快马加鞭"，有时一天要去几个石材市场，且交通工具是公共汽车，候车时间长，速度慢，都要起早落晚。幸好有的大石材市场挨在一起，如上海的同福、恒大两个大石材市场是杨高南路的两对门；北京阜石路的西联石材市场转弯便是玉泉路石材市场；东五环次渠出口新西联石材市场附近又有多个石材市场，都可一次性处理。但城市这么大，各石材市场来回跑，书又这么笨重，乘的是公交车，体力消耗甚大，还有其他事（买车票、去银行、找代销人）要处理，时间上必须分秒必争，精神高度紧张，似在打仗，只有在"战斗"间隙——乘车去下一城市的车上，才能喘息一下，有次在候车时睡着了，差点没乘到车。

（二）去石材基地推销

上门销书中，除了石材市场外，还结合、穿插去主要石材基地（产地）去销。石材基地一般都以矿山为依托，在矿山附近建有石材加工厂。但各厂之间大都有一定距离，从这厂到那厂，有的要走１０多分钟，甚至更长。找到该厂后往往厂长不在，是否买书无人拍板，经常空跑一趟。且远离城市，交通不便。因此其效益较差，作业又艰苦。但为多争取一个促销机会和了解情况，还是去了一些石材基地。所卖过的石材基地，罗列于下。

1. 北京市房山区，产"汉白玉"大理石。

2. 内蒙古丰镇，产"丰镇黑"花岗石。

3. 吉林省蛟河市天岗，产"吉林白"花岗石。

4. 江苏省宜兴市张渚镇，产"奶油""咖啡"大理石。

5. 山东省济南市华山镇，产"济南青"花岗石。

6. 山东莱州柞村、夏邱，产"芝麻白（中国白麻）"花岗石。

7. 山东省荣成市，产"石岛红"花岗石。

8. 山东省平邑县，产"将军红"花岗石。

9. 福建省福鼎市白琳，产"福鼎黑"花岗石。

10. 福建省南安石井，产"诱石"花岗石。

11. 广东省云浮，产"云灰"大理石。

12. 广西壮族自治区岑溪市，产"岑溪红"花岗石。

　　有几次去石材基地卖书的劳累情况至今还铭记在心。去福建福鼎白琳石材基地时的困苦现还历历在目。我是在泽国栏安徽来的过路车去的，本应经过福鼎车站下车，我再换乘去白琳的车，但车未到福鼎站驾驶员可能手续有不足不能进站，谎说前面就是车站，叫我下车。我下车后一问，离福鼎站还有二里，等了好久又没其他车经过，我只好用随身带的手拉车把两箱书分别一箱一箱拉到福鼎站，其间还有山岗，上坡下坡真够劳累。到白琳后发现，虽有100多个厂，大厂早已买了我的书，小厂不想买，住了一夜，一本也没卖。

　　在福建南安石井及附近几个石材厂卖书时，各村均有些间距，全靠手推车运输。生意也不好，仅以５０元的低价卖了一本。在吉林蛟河天岗，各石材厂在山间公路两旁，松散分布在树林中，环境幽雅，厂房整洁美观，彼此间距较大，有几十米至百来米远，也得挨家询问，仅卖一本。内蒙古丰镇

作者在平邑石材市場賣书

是有名的"丰镇黑"产地，工厂较分散，我雇了一辆三轮车到各厂家转，效果不错，每本200元左右，半天卖了13本。这是最好的一次。不过在卖的过程中，三轮车夫大概看我生意这么好，丢失了一本。在山东平邑卖

得还可以，一个厂家买了 3 本。江苏宜兴张渚卖得不好。

　　山东莱州和广东云浮，石材厂在几十里公路旁紧密展布，特别是云浮，石材厂在不到云浮市区 30 千米处的 324 国道两侧，从思劳开始，经夏洞、白村、初城、下呈、河口直到罗沙、金龙桥，其间还向北伸入牧羊；进入市区后穿过九龙桥到径口、株洞、茶洞、托洞等地，并断续伸向罗定县，真是名副其实的石都，我都曾多次去卖过，时好时坏，也总算尽了力。

第九节　初次再版

　　1998 年 11 月 20 日，第一批书装订出厂后，即去广州参加 11 月 26 日到 29 日的石材交易会，在会上卖书。生意不错，反映较好，不少书商向我批发，我知已印的 5000 本销路没大问题，有可能再版。编书主要靠资料的丰富、详实、新颖，其次是编写、编排、文字技巧。"巧妇难为无米之炊"，没有数据或数据不多当然也编不了书，数据一般也编不了好书。在初版时因时间、精力、经济等原因，绝大部分数据来自已成文字，自己去实地了解搜集的不多，也感到某些方面资料欠缺。为了再版书资料更丰富、更新颖，趁在外出卖书之便，有意为再版收集资料。

　　在我 1999 年至 2002 年 3 年多的卖书过程中，结识了许多石材界人士，也争取他们为我提供数据，使再版时数据更全，内容更丰富。在我初版出来前的 1987 年冬，我外出收集资料过程中路过北京，请中国石材工业协会领导给予支持，并给他们一定荣誉。石材杂志社社长兼总编辑李运璧与我早已有来往，为本书提出意见且提供了数据，当然在书中已给他一定位置。但还想寻求石材协会其他领导的支持，特别是主持日常工作的副会长兼秘书长张文波，希望向他当面汇报、请示、交谈一下，然后想给他安排个顾问位置。我去找他时，他在另一间办公室。办公室人员去找他，说明了我的来意。据来人说，张秘书长认为现在编书的人太多太滥，石材协会不予参与（以免败坏名誉），可能主要指四川省石材协会主持编写的《中国石材购销指南》一书"流产"给广告宣传中的合作者——中国石材工业协会带来的不好影响，因此也不接见我。倒是受到当时在办公室的副秘书长毛云章的热情接待，并作了详细交谈。回来后我去信给他，拟聘请他为本书顾问。他回电说："我水平低，不配当顾问，你们看着办吧！"有了后一句，我就把他放在顾问栏上，李运璧第一位，他第二位。

　　自 1998 年 11 月广州石材展销会开始到 2002 年，每年北京、广州、上海、厦门等地的石展我都参加，中国石材协会张文波等领导人也都参加，且大都由张文波主持开会，并在开幕式致辞，我同他也熟悉起来。他也知道我编写的《石材大全》反映较好，营销较快，他凡碰到我都较热情，有时还讲几句赞扬我的话，如"为国家石材工业作贡献"、"老当益壮发挥余热"等。

2002年4月上旬，在上海石材展销会时，在电梯中他见到我，对我说："老蔡，下次编书把我们石材协会也挂上，我们合作干。"因我年纪大，年老必体衰，写书很辛苦，卖书更难，如我中途出了意外无人顶替，前功尽弃，后果严重，因此还在犹豫是否再版。张文波这么一说，对我也是促进。我回答他："可以！如何合作？再具体商定。"他说："行。"

当年6月份，我去北京和张文波商讨如何合作。开始想双方分工合写，但他们抽不出人员参加编写，我也不能在北京编写，此方案不行。而后又提出其他方案，如财务挂靠他们，提取手续费、管理费等又都行不通，最后只定下中国石材工业协会为本书再版下文，请有关单位"积极提供数据，踊跃预订，刊登广告"。之后我写了征集资料函件，附上该文寄给有关单位。在编委会组成人员中增设名誉主任张文波，我改为执行主任，其他都照旧。书写还是由我方（实为我一人）编写，编辑部仍设在宁波我家，协会没有在编写过程中和选材上进行指导，全由我一人操办，同初版时一样。

由张文波签发的中国石材工业协会文件如下：

中国石材工业协会文件

中石协〔2002〕10号

各有关单位：

我国已跃居世界石材产量、出口量、使用量首位，不久前又加入了ＷＴＯ，在这大好形势下更需要加强石材专业知识的普及工作。原由蔡行来、罗长芳主编的《装饰石材实用大全》一书，内容较全面，出版发行后普遍反映较好。应读者要求，并征得作者同意，组织专家以该书为框架，对有关内容进行大幅度修改补充，使其成为具有行业指导作用的大型工具书。我会在编写过程中和选材上给予指导，并在出版后推荐使用该书。现将关于再版《装饰石材实用大全》征求资料、预订、广告函印发给你们，请各有关单位大力支持，积极提供资料，踊跃预订，刊登广告，共同为我国石材工业发展作出贡献。 有关具体事项请详见该书编辑部的函件。

　　附：关于再版《装饰石材实用大全》（修订本）征求资料、预订、广告函。

中国石材工业协会印

2002 年 6 月 28 日

　　中国石材工业协会 为我书再版下了文件后，我继续收集资料。到 2002 年年底，资料收集已有一定数量，初版的 《装饰石材实用大全》已卖得余下不多。2003 年春开始编写再版书稿。本来还有外出的事，因那时"非典"大流行，不宜出差，加上在美国的女儿来电叫我不要去外地，以防感染（美国对这事的报导比我国早）。因此 2003 年上半年我基本上都在临海家里编写，有 3 / 4 以上内容改写或新增，这半年也相当紧张。到夏秋时再版书稿已初具规模。

　　接下来是与吉林科学技术出版社联系再版事宜。大约在 2003 年 8 月，我去电给老同学、该出版社原副总编林仙根，商讨我书再版之事。他第一个反应是有些惊奇，这么一本大型的工具书，又印了5000册，仅三年多就卖完了？我说剩下不多。他毕竟已退休，说要向社领导反映一下。过几天他回答说："社领导意见是（1）要同你联合出版，这个钱好赚。我们出过大型、定价几百元的技术类的工具书，能销一两千本就不错了。（2）收取再版费10000元。连同审稿及校对费共13000元。"我说："联合出版可以，但各方分到书后各自自销；再版费原来在补充协议中规定是不收取的，这10000元我不能出。" 之后我们围绕以上两件事，反复交换意见。关于合作出书，双方共同投资，分工编写，利益分享没大分歧。但如何分享？我提出分书自卖，他们认为发行到全国各书店，高定价低折扣。我认为凭我经验，书店销售有限，主要是通过媒体、石材管理机构、石材展销会、石材市场、石材（矿区）基地、广告邮购等多种方式。这些方式的关键是要有刻苦耐劳、灵活机动、勤俭节约、坚持不懈的精神，而这些条件他们不具备。如在石展会上租一个10000元的摊位，卖8000元的书款，再加上住宿、交通费，一次展会非要亏几千元不可。他们也不能拿一本5斤重的书去石材市场、去石材基地挨家挨户叫卖，不会吃5元一客的快餐，也不会住30元一宿的旅馆。几经交谈后知这钱不好赚，他们放弃了合作出书的念头。

关于收取10000元再版费的问题。我认为，根据1998年6月17日与他们签订的出版补充协议（见前）第三条规定："该书若再版，除按协议规定向乙方赠书

10 本外，乙方不再收取其他费用。"因此这 10000 元我不能给，至于 3000 元审、校费，根据该补充协议你们补加的第 4 条："甲方需乙方审稿及校对等，由甲方另付费用。"我愿支付。林仙根说，社领导坚持要收再版费。我说白纸黑字写在上面，如不履行，协议干什么用？因再版付印单还要他们签字批准，在林仙根的再三周旋下，要我拿出 7000 元再版费。我也只好委曲求全，于 2003 年 11 月 25 日签下《〈装饰石材实用大全〉修订再版协议书》。该协议书上第三条："甲方修订稿可先形成修订校样后交乙方审核，并确定版权页各项内容，经乙方确认后，及时开出再版付印等有关手续，甲方向乙方付修订再版管理费柒仟元。"出版社社长赵玉秋签字。至此争论告一段落。

稍后，我寄去书稿，并汇去管理费 7000 元给出版社，3000 元审校稿费给林仙根。我初版《石材大全》

作者编写第一次修订再版书稿

放在杭州三墩测绘印刷厂印刷，住在三墩我儿子家里三个月，以便对印刷质量进行监督。再版前他叫我下次放良渚他朋友金雪忠办的华兴印刷厂印刷。我去该厂察看了一下，规模较大，但以印刷包装纸盒为主，然后我们订了合同，交付了 10000 元定金。2004 年，吉林科学技术出版社办好手续，寄来准印单。林仙根也寄来审校后的书稿。因业务关系，主要修改一些标点符号、错别字，个别格式上更正了一下。再由于时间匆促，初稿还较粗糙，我还需加工，几百万字的书稿修改，非一天两天的事，又夜以继日、废寝忘食地忙了几个月。不过与初版相比少走了些弯路。

文字排版我仍放在我单位测绘制图院，那时他们已从80里外的慈城搬到我住处的贴隔墙总院办公，不像初版时要花2小时车程，这样我校对也方便得多。但几百万字一人在1～2个月内要校对三遍，其工作量可想而知。2004年7月进厂印刷，但彩照放在离良渚10里的勾庄制作、排版，我要两地都去检查督促。因彩照较多，计有160个页码，约500～600张照片，特别是石材品种的彩照很易失真，去那边时间较多。勾庄离三墩10来里路，我早上骑自行车从三墩儿子家出发，骑半个小时会到排版工房，坐在排版师傅旁，看他取材修改。他边放音乐边工作，特别喜欢听当时很流行的一首《2002年的第一场雪》，吵音、实景，至今仍有回味。中午我骑车返回，在去良渚公路边小桥旁的饭店吃午饭，常是一盘香干炒肉丝，5元钱，米饭1元由我吃饱。饭后再骑自行车回三墩儿子家睡午觉。那时正是盛夏，既紧张辛苦，又感到苦中有乐。

彩照又是在另一地方印刷，因印刷时间不长，仅去过两次，也在杭州郊区，地名我叫不出来，是华兴印刷厂联系的，据说是用刚进口的日本四色机印，与初版一样也用128克进口铜版纸，效果确实比初版好。印好后华兴厂取回，与文字印张一起，运到杭州康桥远景装订厂装订。

康桥装订厂负责人是施小花，在我去该厂之前华兴印刷厂厂长金雪忠已向我作了介绍。我第一次去她厂时，远远看到一位中年中等个子的女同志站在厂门口等待什么，我估计就是她，上前一问果然是。我们交谈一下后，时已午饭，她请我去旁边一家饭店吃午饭。

正式装订开始后我基本上天天都去那边，从三墩乘404路公交车，在拱震桥转307路便到康桥，这原是杭州北侧郊区的小集镇，现城市发展与杭州连在一起。因其名为康桥，我到此处后每每想起1947年春在琳山读初中第二册时，语文课上有篇徐志摩写的《我所知道的康桥》一文，他以流畅感人的笔锋描述自己在英国康桥留学时的生活："夕阳西下，我在公路上骑车追赶……住惯城市的人，只知冬天生炉子，夏天拆炉子……"任课老师是天台籍的夏岩秀，他操着天台腔朗读这篇课文，其余音至今还在我脑中回荡，距今却已70多年了！为此，我以后在南京大学读书时，获悉他在南京铁路中学任教时，特地拜访了他，从中回忆少年时这段经历。

　　在康桥装订厂前后约有两个月，我从分码、折迭、穿线、装订、制作封面，都一一细看。因该厂任务忙，为赶上 2004 年 9 月 9 日在山东莱州举行的石材展销会，也与初版一样先装订了 500 本，其中 350 本给副主编、莱州港华石材公司总经理曲华民。莱州回来后再去该厂装订、提书，发往全国各地，其中最多的是福建，余下运到三墩镇放儿子家。

第二版《石材大全》

　　在装订厂期间，常与施小花打交道。我不知她具体的职务名称，因厂领导仅 2 人，一个男的跑业务，她在厂内管生产。她原是杭州市新华书店的汽车驾驶员，是当地瓜沥生产队人，后来离职办厂。她很能干，言语谈吐都文明雅致、恰到好处，处理问题机动灵活、合情合理。厂内几乎都是女职工，彼此间相处和谐、相互尊重，工作安排得井井有条。我中午常在她厂旁边的饭店用膳，她和职工常自带米（饭）菜放厂食堂蒸、热，有时也到旁边饭店吃一些，碰到我时常叫我一起吃，她付钱。我书出版装订好后，还有小事去了她厂几次，那时她备有轿车，我返回时她多次把我带到拱震桥，我再乘 404 公交车回三墩，或去住在附近的老同事林家遂家闲谈。

再版《石材大全》正文 1379 页，书眉彩照 160 页，尾注 5 页，加上扉页，共 1550 页。硬皮精装，重 3365 克（6.723 市斤），每箱装 8 本，连纸箱每箱重 58 市斤。我在外卖书时，为不耽误公交车时间，就一手提着这 58 斤重的书箱快速上下车。

第十节 二次再版

2004 年第一次再版后，我处存放的书到 2008 年基本都销了，我不会再专门为销书去外地，剩下百来本完全可来电来函卖了。发往有关书店和单位销售的存量也很少。因编写此类工具书涉及面广，数据要多，工作量大、细琐、繁重，成本较高，经济效益低下，或许有较大的风险，之后十多年未见有此类书籍面世。

但在这十多年期间，我国和世界石材工业有较大的发展，新资源不断发现，新品种不断增加。开采、加工、安装工艺不断改正、创新、完善、提高，国家有关标准大量颁布。从科技和市场需要来讲确实要有新版的《石材大全》。但我年事已高，无力再充任主编这一角色，没有再版的准备。

我书第一次再版时，要与我合作出书、并下了中国石材工业协会【中石协（2002）10 号】文的主持人、签发该文的是副会长兼秘书长张文波同志。约在 2008 年，因国家石材协会领导层彼此意见不合，张文波另组织国家石材业领导机关，名为"全国工商联石材业商会"，张文波任会长，本书第二版时副主编曲华民任副会长。

作者编写第二次修订再版书稿

我自《石材大全》第一次出版后，已与张文波打了十来年交道，2008 年他还邀请我去北京参加编写石材教材会议，在与会期间他向中国建筑报记者蔡金平推荐采访我，并在该报以《诚信待人，勤劳做事》为主题，副题为蔡行来和他《石材大全》用一整版的篇幅对我编写、发行《石材大全》进行报导。曲华民是我老搭当，向来对我大力支持并对我很尊重。他们根据目前石材界情况，拟想再版《石材大全》，但也考虑到我年纪已大，是否我有顾虑或能否胜任再主编《石材大全》这一工作有些不放心，2015 年 2 月由曲华民亲自来我临海家同我商量，征求我意见，准备第二次修订再版《石材大全》，要我再次承担编写任务。他还说，这本书就是只有你写，别人不会写，想写也写不出来。看在老领导面上，我也义不容辞。但那时我已 83 岁，筹集出版资金和发行销售上确有困难，商讨结果决定：编写由我负责，出版资金和发行销售由中国石材业商会承担。

随后，曲副会长提出，为能早日出版，马上就去长春与出版社办理出版手续，因信件来往太慢，拖延时间长。我说不必着急，急了不好，上次再版时补充协议上明写着再版不收管理费。但再版时还要我10000元，讨价还价后才7000元，若不给他手续不给你办，只好给他。如此次我们匆匆上门，说不定会要更多，还是我先电话联系。这样我们就没去长春。

接着我给我同学林仙根通电话，没打通。以后多次都没打通，我过去都与林仙根单独联系，从没有与出版社直接接触过，现只好直接找社方。我先打电话，一位北方口腔的男士接听，可能由于语言隔阂，我听不懂他回话意思。随后又去信，但也未回。

在一边联系出版社的同时，我就收集资料，因有老关系，得到有关单位和同行的大力支持。该行业唯一专业杂志是《石材》，社长兼总编辑谭金华把社藏的唯一一套自2004年到2014年的各期全部向我提供，2015年起我才自费订阅。福建世联石材图书公司林涧坪也提供了不少图谱数据。其他有关数据包括网上的也尽量收集，国家标准局还向我提供了大量新颁布的或经修改的国家标准。

经过近三年的收集资料和编写，到2017年秋初稿已形成，其增删的内容如2017年11月1日在该书前言中所述："此次再版基本维持第二版《石材大全》的框架，对各章节内容进行修改、增删、重写。其中修改较多的是第一章（石材基础知识），增加较多的是第七章（人造石材，约一倍），重写较多的是第十三章（我国石材工业概况及贸易），删除有关章节较旧的资料，主要是早期的加工或操作工艺；附件中增加较多的是石材品种彩照（共 656 幅，增加中主要是近期发展且时兴的砂岩）和国家石材标准（大部分为国家新颁布的标准，数量增加也近一倍），去了有关名录，除石材品种外其他彩照也有较多减少，总字数略增加，约 270 万字（印刷厂按版面计算有 483.8 万字）。

在编写过程中也常日以继夜，我知熬夜有损身体健康，现还想起有时还熬到深夜 12 时以后，甚至睡在计算机前。

排版和彩照制作仍放宁波市我单位浙江工程勘察设计院，这时我已住在相距 150 公里的老家临海市，我也得来回跑，但次数远较前两次少。

印刷仍放在第二版印刷的杭州余杭华兴印刷厂。印刷都要有政府部门审批的准印证，但吉林科学技术出版社一直联系不上，去函也未答复，没有办来。是否与 1998 年 6 月 17 日与他们签订的出版补充协议

第三版《石材大全》

（见前）第三条规定"该书若再版，除按协议规定向乙

方赠书 10 本外，乙方不再收取其他费用"有关而不回复？不得而知。我的同学林仙根和牟玉青夫妇也联系不上，他们又都不是我临海本地人，林仙根是温州乐清人，牟玉青是台州黄岩人，我都不知他们老家地址，也不知他们亲友地址和联系方式。幸好在第一次再版时我申请印 5000 册，那时我已 72 岁，该书的发行销售全由我一人操作，万一我身体有意外，全部发行就得停下，非但前功尽弃，而财物会变为乌有，虽当时批准印刷 5000 册，还是稳一些先印 3000 册为好，留下 2000 册以后看情况处理。此次碰到出版社又联系不上，没有办来准印手续，与印刷厂商量结果，厂方保存有以前批文，说可以按以前的批文再印 2000 册。这真正才是前《石材》杂志社社长兼总编辑李运璧等石材界老前辈一再劝说的和出版社估计的 2000 册。但是他们不会想到这是我已销了 8000 册后的 2000 册。

印刷期间，我多次与厂长金雪忠联系，想去看一看。他都说不必来，毕竟我处离杭州有 300 公里，且都是老熟人，我也放心，去了后他们又要接待，我年纪也不少，来回也有不便之处，有事可在电话或网上交换，我就不去了。印刷厂于 2018 年 7 月印好，中国石材商会副会长向印刷厂提取了 1900 册，余下 100 册由厂长金雪忠和夫人一起送到临海我家，并送了多盒茶叶给我。该书大 16 开本，正文 1499 页，彩页 112 页，硬皮精装，尾注 4 页，加上扉页，共 1666 页，重 6.88 斤

（3.440 公斤）。至此第三版《石材大全》出版工作才告结束。

　　这三版《石材大全》的编写和有关出版运作，在正常情况下，要有十多人、甚至几十人参与，现基本上由我一人完成，且还得到好的评价，又已销了 8000 册，我也感到满意了。

　　我以后不会为《石材大全》再版了。我书近几年还有些参考价值，过十来年后除一些石材基本知识外，作用也日趋降低，我想必会后继有人。我写此书的初心是写十来张打字稿供我认识的同行提高一下石材知识，现演变成作为该行业指导用书的巨著，得到我国石材界的认可，两次修订再版，感慨颇多。我想，这样结局，虽离不开我这个"可教子女"的努力和进取，更离不开我地主母亲对我的教导和影响。

第十一节　　出书总结

　　我书自 1990 年构思，随后开笔，1998 年 11 月出版，接着销售，2004 年修订再版，到 2008 年 12 月基本销完。2015 年 2 月中国石材业商会又要我再修订出版，2018 年 7 月第三版出版，忙碌了 20 多个年头。其间呕心沥血、披荆斩棘，至今还刻骨铭心。特别在外出销书的十多年中，非但使本书更好地取得社会效益和经济效益，也给我提供了周游四方，目睹祖国大好河山，了解各地风土人情和社会面貌的机会。

　　我长期来有写日记的习惯，即使此举曾闯过祸——毛泽东发动的文化大革命运动因我出身地主家庭，是黑二代，把我抄家，他们从抄去的日记本中认为我思想反动而被批斗，还扣压了我的日记本10多年。但我生性不改，以后还在记，其中1999年至2008年在外卖书期间也有较系统的记述，除2004年的日记丢失外，其他的仍还保存。在这些日记中虽只有简要的几句，不少只罗列一些到过的地名，但也体现出我的足迹和所作的努力。

　　我少年读过《鲁宾孙漂流记》一书，留下了深刻印象，这是多么充满风险、浪漫、为生存挣扎的生活！现我也想"漂流"一下，把在外卖书十多年的部分日记归项抄录如下，以飨读者。

附：卖书十年"漂流记"

　　因这些记述是在很忙碌、很劳累时所写，文句粗糙、简约。为避免被误认为我胡编乱造和更显得真实感及当时的交通市场情况，并附上保留下来的车票、发票等票据号码及单价数据，其中火车票基本保留，汽车票较少保留，其他发票更少。但1999年（大部）到2003年及部分2004年车票、发票，在向承办单位——宁波市科学技术咨询服务中心领款时作为冲账附交了。为区别汽车票与火车票，在汽车票车次前注明"汽"字。日记中有些附有说明，这些有的用括号，有的用注记，一般用楷体表示。

一　亲临祖国大好河山

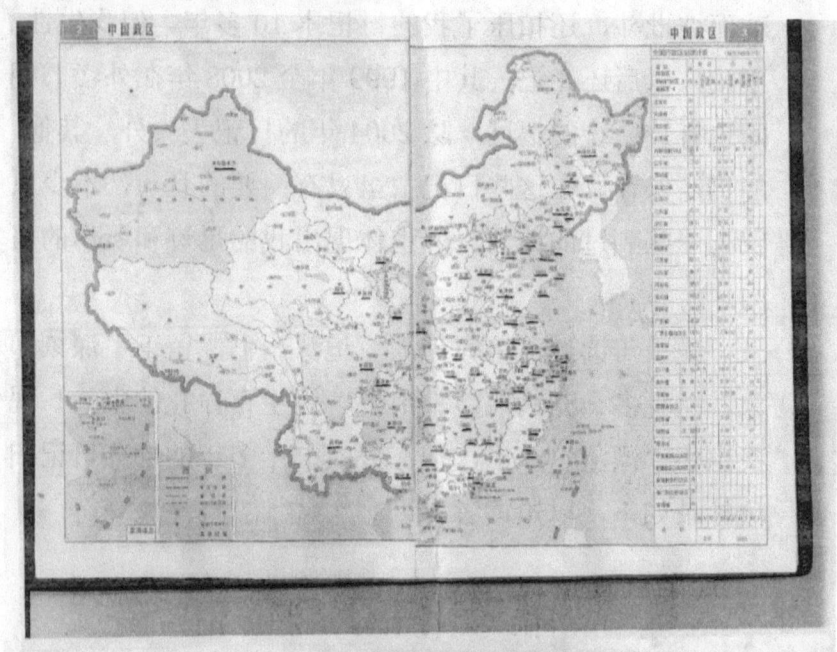

作者曾去卖书的城市

地图上有标出的城市其下用横线表示。图上未标出的城市计有：内蒙古：丰镇，

河北：保定、塘沽，

辽宁：大石桥、海城，

安徽：马鞍山，

山东：莱州、平邑，

江苏：苏州、张家港、扬州、无锡、宜兴，

浙江：湖州、上虞、嵊州，

江西：上饶，

福建：水头，

湖南：珠州、岳阳、蓝山，

广东：云浮等

在为该书一、二版收集资料和出版销售的二十多年中，我到过除西藏、台湾外全国所有的省份。（2006年已做好了去西藏的准备，那时我已74岁，在友人、同学、同事的劝说下，以身体为重，没有去）昔日在地理课上悉知的东北大平原、华北大平原、长江中下游平原、珠江三角洲尽收眼底；也多次亲临东西横卧的阴山山脉、秦岭山脉、南岭山脉。还经常穿梭在长江、黄河、珠江的江面上，多次瞥见在崇山峻岭中巍峨屹立的长城，广袤无边的新疆戈

作者在宜昌长江大坝旁

壁，草木难见的黄土高原，云贵高原中山间盆地的"坝子"，富饶的珠江三角洲、长江三角洲、四川盆地等，这些都使我终身难忘。现摘录日记中有关片断如下。

（1999年）10月28日 汉口—南京 （江芜132号船，老人优惠价41元）

乘轮船到南京，因我年纪已过６５岁，船票半价优惠。两岸风光尽收眼底。因大都是平原，仅看到岸边庄稼、杂木、芦苇，不及江中穿梭的船只更吸引人。

（２０００年）５月１２日　昆明—南宁　（乘南昆铁路）

南方风光，竹子、树木、稻田相间，一片葱绿。

６月２９日　哈尔滨

早起去看松花江（注），江面平坦，水色微黄，水流缓慢从容。后去先锋石材市场。上午卖４本、下午卖３本。

作者在松花江畔 1999 年 6 月

注：抗日战争早期，大约在１９３９年，我刚上小学，听我在小学高年级读书的二姐洗饭碗时唱《松花江上》，虽我年少不懂事，但悲惨、凄凉、愤怒、抗争的感人曲调，几十年来我都记得这一情景。后来我自己也会唱，喜欢唱，唱了它就回忆起抗日战争。在这首歌的激励下不知多少中华女

儿走上抗日战场，英勇杀敌，更激起我对此歌的怀念，更想到

松花江，能见到松花江是我的夙愿，今能来此一睹也了却了心愿。白天无时间，夜看不清，只有早起去看。

7月11日　山海关

早上与游友乘艇戏玩，海滨浅处跳入海中。

10月8日　太原—大同

晋北风光，庄稼枯黄，玉米小米，丰收在望。

晋北農村（1999年10月攝）

10月13日　包头—银川

上午再去包头石材市场卖书，包头街宽、直，一望无边。

13：40 离开包头去银川。火车向西往银川进发，与阴山相伴（注），夕阳照在裸露的阴山山脉上，气势壮观。羊群不时在路旁出没。

裸露的陰山（1999年10月攝）

注：阴山横卧在内蒙古中部，是我国三大东西走向山脉中最北的一条（中部为秦岭，南部为南岭），因天寒，山上无植被，斜阳投射在凹凸不平的古铜色岩面上，明暗清晰可见，火车在其下穿行，气势磅礴，美丽壮观。

　　10月16日　兰州—西安　宗华(我同学)送行，沿黄河穿黄河，黄土高坡。同道人解放军战士称赞我。

　　11月11日　**广州—珠海**　住珠海富民招待所，单价50元，发票号00542852。在琼州海峡（渡船驶离海口市）　目睹珠江三角洲的富饶，桑树、鱼塘、香蕉。早上买了票，票价45元，因急于上车，找回的55元未拿走。最后因东西太多未能上车，只好回招待所。躺在床上想，付钱取票时似未找回钱？后去车站票房询问，找回的钱已留给我。是否是祖宗保佑？如果上了车，这55元就泡汤了。来珠海路上未吃早饭，所带的饼干

中原平原的羊群（1999年10月）发挥作用。

　　11月20日　**云浮—广州—海口**

　　上午从云浮到广州，在广州总站上车（未出门）到海口（先到海安，再乘渡船到海口）100元，12：10开车。粤南（及雷州半岛）风光，香蕉园、椰子树、水稻田。夜12时到海安，过海峡，5时到海口。

　　11月22日　**海口—湛江**

过海峡，碰到湖南一青年，拍了一张照。汽车票被骗70元。进进出出、上上下下、忙忙碌碌。

11月25日　赣州—鹰潭

西北荒山

赣南农村,赣南风光，毛竹、高大杂树、农田、砖瓦房。夜7:30到鹰潭。

（2001年）9月28日 郑州—洛阳

乘K173次，平价，8点开10点到。在道北建材城卖书2小时。中饭是2.5元炒面。回车站，即去龙门石窟，因时间紧，大同云冈石窟已看过，仅在桥上看了一下外景，照了相，未进去。出租车骗了30多元，其实龙门就在旁边。回到王城街建材市场，卖书2本，120元。王城花园牡丹多。

作者在蘭州黄河第一大橋旁

10月6日　西宁—兰州

河西走廊,经黄河上游,水浅滩多。兰州下岗工人擦鞋，一次两元。西关十字吃麻辣粉丝。

作者在嘉峪關

周利(同村人)不在兰州，住宗华家。他有牢骚，票贩多。买了明天１０：１０去乌鲁木齐的卧铺。付２元可提早进站。

１０月７日 兰州—乌鲁木齐

经河西走廊、哈密、戈壁滩。车上遇喀什乡干部，回去给母亲办后事。说乡干部都拥有农场，很富有。乌鲁木齐一家饭店中写着"酸甜苦辣咸香浮四海；油盐酱醋茶情系千家" 对联.

１０月９日 乌鲁木齐

早上８：４０起床，因时差，９点许出门去 卖书时太阳刚升起，乘２路转２０９路到华凌石材市场。一天卖６本。乘６６路返回，街上一转，吃猪头肉、面条。街上水果多，小吃摊多，乌市市容整洁，高房多，维吾尔族、回族人多，卫星广场前街上灯火辉煌。

１０月１０日 乌鲁木齐—兰州

黄鹤楼

新疆戈壁滩。早上去木材厂建材街，吃维吾尔族早餐 （羊肉汤伴大饼），５元。下午２时许书卖完,回来休息。５时乘８路车去看街景，买水果、土产送给宗华。丢失雨伞（旁人拿去）。１１：３２乘２１９８次回兰州。

１０月１１日 乌鲁木齐—兰州

沙漠、戈壁、哈密、绿洲、沙滩、敦煌 ——沙漠包围，玉门——石油罐、沙漠平原，嘉峪关、酒泉——沙漠戈壁中的绿洲，枫树——绿、红、黄，白杨树——淡黄、绿，玉米——浅黄。 流经兰州的黄河、西北荒山、西北农村。

10月23日 重庆

午后休息，乘212路去红岩、白公馆、中美合作所。 重庆公交车上广告多，公车站三角标不明显，没标明下一站，各站各路不一。 晚上来到朝天门码头，8时上船，8：30开，江中观山城夜景，真美！

10月24日 长江

重庆山城夜色太美了！夜航。

10月25日 长江

重庆市所属的长江两岸风光，山城多。鬼城丰都，上岸一览，鬼馆门口一瞥。熟猪蹄便宜。再经宝石寨、塔楼、张飞庙。张飞庙上岸门口一见。继续夜航。

作者在武漢長江畔

10月26日 长江

　　早上6时经过瞿塘峡，8时游（巫山县）小三峡（大宁河），另付100元。断层（分为）两岸，岩石陡立，砂岩。古栈道道孔可见，猴子成群。步行过小岭再上船，路边卖长江三峡玩具的多，小孩要饭钱，3时许返回。一路风光绮丽，青山绿水。夜过巫峡。进入湖北平原，沙市在旁略过。5时到岳阳，上岸游岳阳楼，没有武汉黄鹤楼宏伟。

　　10月28日　武汉—鹰潭

　　10：32开，开车前打电话给陈保真告别，未在。车往江西

清晨的广（州）深（圳）公路

方向开，经大冶铁矿、宜昌长江大坝、铁山（硅卡岩型）、庐山、南昌。江西丘陵，田园风光，水塘、棉田、农舍、农忙。

　　11月1日　临海—福州

　　10:20出家门，路上拦车，12:50上车，泽国转车。经浙闽山地，夜4时半到福州，找旅馆，吃点心，1元一碗粉丝。5时入住，旅馆很洁净，进去脱鞋，单人间25元。7时起床，8时去茶会石材市场卖书。

　　11月12日　广州—深圳—广州

　　6：16上车，6：20开车，天刚亮，离梓元军住所。车上人少，在广深高速在线快速，两旁很多工业区，厚街、东莞、长安……

（2002年）5月18日　北京—南京

　　上午乘10 路去复兴门，观赏北京街景。想去"纪念堂"，天太热未去。下午3：18分 乘1401次火车回南京。硬座，平价。沿途北方景色：平原、白杨、麦苗、村舍。 游玩了故宫、石景山、北海，北京公共车上都是人工售票。

6月21日　北京—南京

　　华北平原：田野、白杨、割麦、玉米苗、 低矮的村舍。

10月3日　本溪—鞍山—沈阳

　　早上去本溪卖书，经张岭、朝阳。本溪是一个钢城，烟囱林立，但未见冒烟。我在路旁一个小吃摊上吃东西，与店主攀谈，他说自己是下岗工人。后速去鞍山，20世纪50年代大力宣扬的鞍山钢铁厂，是名副其实的钢城，高大密集的烟囱滚滚在冒烟，厂区厂房成片，似乎比只见烟囱不见烟的本溪有活力。鞍山有两个

作者在北京周口店猿人穴居遗址前

石材市场，卖了3本。晚上返回沈阳。

10月31日　厦门—汕头

乘汽车，沿途闽南风光：桂圆、荔枝、柑橘、稻田、香蕉、漂亮的房屋。下午去汕头几家石材商店卖书，一本也未卖出。后乘公交车游市区，到过汕头港。

11月1日　汕头—广州

乘火车去广州，闽、粤风光尽收眼底，香蕉愈来愈多，荔枝、稻田也不少。

11月17日　云浮—广西岑溪（产"岑溪红"花岗石）

穿越云开大山，但不高不险。

11月20日　南宁—柳州—贵阳

桂南风光①，一片片甘蔗田、平坦的小山、一座座石灰岩山峦、稻田、毛竹、村舍。快速车，服务员也讲英语。中午到石灰岩孤峰密布中的柳州市。下午卖书。走了3个石材市场，卖了4本，220元。第一个石材市场一本未卖。柳州市区间有圆形孤零的石灰岩小山，显出石灰岩地区风光。有河流穿过，柳州桥上曾发生过车祸。晚7：30去贵阳。

注：①桂南风光主要特点是在田野中分布着一座座孤零零的圆形山峦或凸起的山峰。在云南、贵州、广西及广东西部分布着海相沉积的石灰岩。石灰岩成分为碳酸钙，遇水会变为碳酸氢钙，碳酸氢钙易溶于水，被水带走，失水后又会形成碳酸钙。石灰岩地区孤峰、溶洞、石钟乳、石笋等都由此原因而形成。云南、贵州地区离海洋远，温度也较低，雨量较少，溶解、流失速度较慢，至今还是崎岖不平的高原。广西、广东反

之，形成不少孤峰。这一地形在前南斯拉夫喀斯特地区较典型，故又称喀斯特地貌。

11月22日　贵阳—怀化

附近都是石灰岩，12：50开往怀化，沿途贵州农村风光：起伏不平的山峦，山间的村寨，不广的农田，依稀的树木，今又小雨，显出石灰岩地区的云贵高原"天无三日晴，地无三尺平"的特点，农民就在这不晴不平的"坝子"上生活、奋斗。火车上卖的东西五花八门，有豆腐干丝、耳挖针、头梳、小刀、烤鸡、小凳（2元）、花生、黄豆⋯⋯

12月4日　北京—上海

早上托运行李，整理石展会上资料。下午3：18离开北京去上海。火车驶离北京，面对窗外，心中涌现鲁迅的《故乡》中描写的场景："苍黄的天底下，远处横卧着萧瑟的荒村⋯⋯我冒着严寒，回到相隔二千余里的故乡去。"现我就在此景此情中。华北平原、长城

柳州市石灰岩孤峰

（2006年）9月12日　莱州—北京

（汽114次，150元。）

乘汽车去京，曲华民买的票。途经渤海湾，水产养殖业发达。大港油田采油机林立。

（２００７年）３月８日　北京—呼和浩特　（Ｋ２５７次，０９：１２开，９２元。）

９：３０开，１９：００到呼市。经张家口。北国风光，千里冰封，万里枯黄，长城内外，差别多少？呼和浩特街头　内蒙古雪野

乘中巴车去包头，３０元／人，经荒凉的大青山旁，包头在平原中，街道宽、直。当日回呼市，卖２本。晚上打电话，店主要我出大票换零钱，是骗子。

３月１１日 呼和浩特—四子王旗—呼和浩特　（乌兰花—呼和浩特，票号２１５０１０６１４３０，２５元。）

去四子王旗（乌兰花）大草原（边），白雪皑皑，现是大雪原，零下２０°Ｃ，雪厚，冷，街道难行，天晴，太阳照。

３月１３日丰镇—北京（Ｋ４４次，５０元）

上午去丰镇石材街卖书，未卖出。１２：１０回北京，车挤。经官厅水库后过山洞，河谷深，险要。

内蒙古四子王期草原雪景

（２００８年）３月４日　福州—厦门

３月６日厦门展销会上卖书，因有其他事下午３时许离开，卖２本。晚去轮渡边赏夜景。

３月１１日　深圳—香港

早上去罗湖口岸过关，与前次一样乘火车，但中途未下车，直到尖东，再坐渡轮过维多利亚港到香港上岸，去书店买书，乘有轨电车去山顶，游览香港、九龙，看了"法轮功"画展，参观了天星广场歌颂孙中山画展。

3月13日深圳—香港—澳门

早起带着全部行装：书箱（内放卖的书、少量衣服）、手推车、背包，早起过罗湖口岸乘车到尖东，9时再乘去澳门的轮渡（正在船上写此日记）。 在澳门先去书店，买书3本，再游大三巴（天气预报画面）、赌场（新葡京）。在赌场拍照片被保安制止，仍偷拍几张，但因光暗无影。

在山顶俯视香港（2008年摄）

澳门高房少，古建筑多，街道玲珑小巧，古色古香，与香港迥然不同。下午4时许经拱北口岸到珠海。

（2008年）3月14日　珠海—云浮

粤南风光。香蕉、胨子。

3月15日～21日云浮

卖书。２１日下午游云浮广场、市府前草坪花坛。看影片《太平天国》。

９月２６日徐州—连云港 （５０２９次，２２元。）

去石材市场卖书，卖２本。

澳門葡京賭場

连云港是横贯我国中部东西陇海铁路的东部起点，在解放前小学地理课上即熟悉这一地名，今来此一游感触无限。面向大海的港口密密停泊着大小不一的船只，也有的穿梭在海面上，显出一幅繁忙景象。

作者（右）遊渤海灣

东火车站在紧靠港口的峭壁上，位置有限，房子低矮，设备简陋。无广场，地形陡，出口就要爬坡道。

在这１０多年中我见过的祖国河山美景，印象较深的还有：华北平原的晚霞和夕阳，真太美了！当我傍晚乘京沪铁路驶经华北平原时，在天晴气爽时我盯住红红圆圆的太阳，亲眼看其渐渐没入地平线下。先没一小部分，逐渐增大，然后慢慢缩小，最后全部被大地吞没；

有时也穿过彩云，没入地平线下，宛如大海中的日出日落。此时更感到时间渐渐地离开我们，我生存的时间也一秒一分地减少，该做的事早日做好 。

華北大平原的夕陽

我多次穿越黄河、长江、珠江，深感祖国辽阔广大，但也有后顾之忧。黄河流道宽广，大都干涸，沙滩与杂草相伴，常见断流。中下游河堤高出水面，有"地上河"之称；汛期时则黄水滚滚、泛滥成灾。这虽是古代长期战乱中上游森林砍伐所致，但也与近百年来治理不力有关。有着中华民族"母亲河"之称的黄河，希望我们早日能回到"母亲"的怀抱。

作者在川西藏胞住房前

作者在三峡壩址基石旁

长江向来以水清、航运发达著称，近年来水色水质下降，有着东西１０条铁路运输能力的长江航道，随着近期陆上运营的发展，现也大为逊色。我曾多次乘坐过重庆到武汉的客轮，还在宜昌葛洲坝进闸出闸，因航运时间太长现也停航。唯独宜昌三峡大坝是长江的一颗明珠，在建不建大坝这个问题上，专家争论多年，据我一位清华大学水利系硕士研究生毕业、太原理工大学水利系教授的高中同学彭龙生对我说，在水库被泥沙填满前三峡大坝发电运行能力还有80年。而我目睹的中华人民共和国成立已70年了，怎么不叫人有后顾之忧？

在九寨沟回成都途经岷江时，见两岸悬崖陡峭，车在悬崖上行驶，眼见深沟中湍急的江水，确令人心惊胆寒。听说此段常有事故发生，人车俱亡。

二、目睹祖国富饶的大地

这十多年穿梭于各地，深感祖国地大物博。华北平原的小麦，东北平原的玉米，吉林牡丹江畔的东北水稻，辽宁大石桥的葡萄，河北沧州的红枣，黄土高原的小米，山东德州的西瓜，胶济平原的大棚蔬菜，鲁冀豫三省边界的棉花，安徽汤山的梨，渤海湾的苹果，西安临潼的石榴，渭河平原的柿子，成都平原的柑橘，吐鲁番的葡萄，南方（四川盆地）的大米，福建广东的桂圆、荔枝，粤南的香蕉、椰子，广西的甘蔗等，都在身旁掠过。在我日记中也有为其着墨。

（２０００年）７月１７日　塘沽—沧州—南京

塘沽乘火车到沧州下，看看这个郊外盛产小红枣的城市。下车后玩２小时，改乘３５５次火车去南京。

９月２４日 德州

鲁冀豫棉田 上午去石材市场卖２本，各１００元。德州扒鸡有名，买了一只，打开包装锡铂纸，如烂泥，难吃。下午去石家庄，沿途一片棉田。

１０月１４日 银川

书在包头卖完，到银川后休息一天，住铁招。银川伊斯兰教堂美观、宏伟。街直、宽，回民多。宁夏平原确是"塞上江南"。想去夏王陵未成。晚１０：１３去兰州。

１１月１１日 广州—珠海

到了珠海即去石材市场卖书，在夏林卖了一本。珠海风光好，近海边，与澳门相接，过拱北海关便是。

１１月１４日 广州—长沙

上午去天河广场，找不到石材市场，空转一圈。下午３时乘２５０８次去长沙。又见到珠江三角洲的富饶景象。

（２００１年）３月１１日莱州—北京

乘汽车去北京，经过胜利油田，采油机辊轴上下运动采油。亲历

渤海湾畔的胜利油田

渤海湾海边大片水产（对虾）养殖场。胜利油田采油机采油。

10月11日　乌鲁木齐—兰州途中

……敦煌——沙漠包围，玉门——石油罐、沙漠平原，嘉峪关、酒泉——沙漠戈壁中的绿洲，枫树——绿、红、黄，白杨树——淡黄、绿、浅黄，羊、牛、采棉女，秋收忙。河套平原、新疆长城棉

（2001年）10月13日　兰州

去雁滩石材市场卖书被赶，白天玩一天，一本未卖。游黄河铁桥、广场。晚饭后遇一上海来的退休者。兰州气候好，水果多。回宗华（同学）家。西北果园，西北农村秋收忙

10月19日　成都—重庆

7：10开。熟猪蹄便宜，0.5元一只，稍有辣味，好吃。橘多。田野一片绿色。成都平原、成渝路上的四川农村。

（2002年）9月14日　天津—秦皇岛

上午在天津卖书。后去秦皇岛，路上两侧一片葡萄园。

9月25日　吉林—哈尔滨

乘吉哈铁路，路旁水稻田丰收在望。车站红瓦平房美观。

新疆長絨棉產區

东北人朴实，说话实在，待人热情，松花江畔是我国剩下不多的净土。

9月26日～28日　哈尔滨

去先锋石材市场、太平石材市场、海城陶瓷建材市场等处卖书。街上卖的烤玉米棒真香。东北人道德好，车上让座，问路回答详细。夜景漂亮（东大直街），路牌好，两侧宽（中间统一写路名），车站上设有指导乘车的牌子。

10月4日　沈阳—海城—大石桥

早离沈阳。车经北方乡村气息的田野到海城，在海城石材市场卖了书后速去大石桥。在大石桥石材市场也卖2本，当晚住大石桥。此处葡萄便宜，0.5元一斤。与东北人打交道（他们）热情老实。

10月11日　淄博—博兴—东营

早上去博兴找华兴集团机械厂，为再版拉广告（该厂刘副主任对我书评价高）。午后来到东营小宇研磨公司，郭经理接待。沿途平原广阔、采油机林立。

11月24日　怀化—株洲—长沙

4：10经泠水江市，这是有名的锑矿产地。9：40去长沙，11时到，即买去郑州的票。

（2003年）10月27日　济南—石家庄—河北平山

现进入河北，一片棉田，这就是有名的鲁、冀、豫黄泛区的产棉区，土质沙性、土深，适宜种植棉花。

11月6日　徐州—开封—郑州

去开封、郑州卖书和收集再版资料。经过砀山，买了砀山梨。

（２００５年）7月24日　沈阳—北京　（Ｔ１２次，１１３元。）

空调车１１３元，太凉，有些冷。早上９：０６开，１８：４０到。沿途绝大部分都是玉米地。

（２００８年）１０月6日　西安—郑州—徐州

（Ｋ１６次，０７：２３开，７３元，快２０６次，２１：３０开，５２元。）

上午去郑州，下午2时许到。到群芳旅社找丢失的小灵通话机、照相机，后去收购站，以４０元赎回。沿途一片葱绿，庄稼粗壮，长势喜人，不时有羊群出现。夜9：30去徐州。

在这十多年中，我见过但在我日记中未提及的富饶之地还有不少。中原平原的庄稼与羊群，安徽省向来以"穷"著称，这不是我胡说。我问在合肥工作的我大学同学孙庆和："为什么中国科技大学办在合肥？"他说："安徽穷，为了争取过好日子，青少年刻苦读书，所以高考成绩都名列前茅，也出了不少人才，如杨振宁、邓稼先等都是安徽人，故

富饶的渭河谷地

中国科技大学办在合肥。"但安徽南部，特别是长江以南地区，却是富饶之地。当我乘车经过时，绿色的田野、茁壮的庄稼中，衬托着一座座洁白的楼房，小山坡上栽有多种水果，毛竹、松树满山，确是富饶之地，不比我的家乡浙江东部逊色。

我们提到大西北，或许会认为是一片荒凉。陕西渭河谷地却不然，很富饶。土质肥沃略带沙性，适宜种棉花，也盛产小麦、玉米。水果种类丰富，柿子非常便宜。当我们火车临时停车时，农友用木棍支撑装有盛着柿子的小袋伸到车窗上向我们兜售，一元一袋。我也买过。

三、饱览祖国名胜古迹

各地所见所游的名胜古迹不胜枚举。东北地区有沈阳的九一八历史博物馆、故宫、北陵、东陵。大连的星海广场、老虎滩，口窄内宽的旅顺口。

作者在大同
雲崗石窟前

华北地区有唐山的大地震遗址，长城东端的山海关、老龙

九寨沟

头，北戴河疗养区，承德的避暑山庄，河北平山西柏坡的中共中央旧址。北京故宫，天安门是常客外，还到过八达岭、周口店、香山、房山、圆明园遗址。内蒙古呼和浩特的昭君墓、四子王旗大草原。大同的云冈石窟。华中地区有山东泰山，济南的趵突泉，蓬莱的蓬莱阁，青岛的栈桥、崂山、海洋公园，曲阜的孔庙。开封的南宋皇宫，郑州

澳門大三巴

的"二七"双塔，洛阳的王城公园、龙门、白马寺。西北地区有西安的城墙、钟楼、兵马俑、骊山。银川的伊斯兰教堂。兰州的"黄河第一桥"，长城西端嘉峪关，乌鲁木齐的卫星广场，西宁的伊斯兰建筑。西南地区有成都的武侯祠、都江堰，重庆的朝天

西寧伊斯蘭建築

门、解放碑、红岩、白公馆、中美合作所、鬼城丰都，长江的三峡、小三峡（大宁河）、宝石寨、白帝城、张飞庙，宜昌大坝，云南的世界园艺博物园、民族村。华南地区有广州黄花岗烈士墓，深圳罗湖口岸、世界之窗、锦绣中华，香港中环、湾仔、山顶公园，澳门的大三巴，厦门的鼓浪屿、南普陀寺、白露洲，泉州的宋代安平桥、宋代老君造像，长沙的橘子洲头、岳麓书院，

岳阳的《岳阳楼记》碑，武汉的黄鹤楼、长江大桥、东湖。华东地区有南昌八一起义纪念馆、八一广场、八一大桥，庐山，景德镇的瓷窑，安徽黄山等以前不曾去过的地方，也沾了《石材大全》的光，有幸得以光顾。

江浙一带的名胜古迹也多次重游。南京中山陵、灵谷寺、明孝陵、雨花台，浙江普陀山，都曾再度观赏。南京塞拉利昂上新建的阅江楼、镇江金山寺、无锡《三国演义》拍摄基地、扬州瘦西湖等景点则是得益于《石材大全》首次前往。以上这些不少在日记中大都有述及，现摘录如下：

（２０００年）３月２３日　厦门

游鼓浪屿。

５月１０日～１１日　昆明

参观世博园２小时。游民族村。

注：昆明以气候终年温和而闻名。其原因是地处云贵高原中部滇池盆地及低纬度地带，加之四周高山湖泊对温度和湿度的调节，形成了昆明冬暖夏凉的气候，故给人"四季如春"的感受。此次在昆明期间除去石材市场卖书外，参观了显示我国云南及各省市风光、特色的昆明世博园和集云南２６个民族风情与湖光山色的民族村。

５月１３日～１５日　南宁

卖书，还好。广西壮族自治区人大常委

会大楼前草坪苗嫩、深绿、开阔、漂亮，全国少有，连较宽阔的大连市政府前的草坪还不及它。

作者在昆明世界園藝博覽會門前

6月18日　青岛

游崂山，去李沧，玩海边，望栈桥，夜

访南大同学曹饮臣（海洋大学教授）。小偷划破后裤袋（偷去４０元钱）。海滨大道上夜绘人像图（挣钱）。

6月24日　旅顺—旅顺口—沈阳

上午玩旅顺口（口窄内宽，海平浪静，岸上竖立写有"旅顺口"三字石碑，拍照片留念）。下午３时离

旅顺口

开去沈阳，晚９：３０到，车费１３６元。

7月4日　沈阳

上午送书１０本到铁路建筑书店。下午找到新华书店经销中心，没办成。后来找到九一八纪念碑、纪念馆。

注：九一八纪念碑为一巨大的水泥制的９月１８日的日历牌，页面上密密麻麻地展布着弹孔，位于日军发起进攻的铁路旁，以提醒国人不要忘掉这一奇耻大辱，我也为此于百忙中到此一游。

７月１１日　山海关

早上去老龙头长城起点处游览，照相。

作者在長城東端老龍頭

７月１２日　山海关—唐山

山海关宏伟，在小学课本上就已见有"天下第一关"字匾。１２：１７去唐山。下午３：４５到。速找到石村市场，卖了１本。参观地震遗址，十棵柳树位移５０厘米。

９月１７日　南京—徐州

去石材市场卖书，一本也未卖。看古战场。（徐州处于苏鲁豫皖四省交界，昔日为兵家必争之地。）

１０月８日　太原—大同

昭君墓

大同石材市场卖书。游云冈石窟，人物雕像栩栩如生。景区内外均有厕所，卫生程度天上地下。

（大门外厕所地窖上加条木板，一边与外界有塑料板隔开，另一边暴露旷野，粪满到窖岸，男女不分。景区内厕所清洁漂亮，但要买票可进入）

10月12日　呼和浩特—包头

上午去看望昭君墓，午后去包头。到包头后即去石材市场、商店卖书。时间紧张。

10月13日　银川

书在包头卖完，到银川后休息一天。银川伊斯兰教堂美观、宏伟。街直、宽，回民多。宁夏平原确是"塞上江南"。住铁招。想去夏王陵未成。

10月14日　西安

早上8时到，下车见城墙。书卖10本。街道直，钟楼宏伟。汽车路牌上贴满办证广告。找代销书店未找到，经西北大学。西安夜景美。晚10：13去兰州

10月15日　兰州

住宗华家，上、下午卖书，卖9本，计1200元，宗华陪同。书好、太贵，买书人考我双氧水如何

清洗石材。兰州早点贵，花了9元。黄河边沟深水黄，铁索桥头写有"黄河第一桥"。兰州水果多，小贩缺斤少两。

（２００１年）３月１８日　北京

上午卖书，下午存钱，后来在天安门看降旗。

（２００１年）３月２５日　南京—上海

重游中山陵景区。中山陵买票。

（２０世纪５０年代我在南京海军学校和南京大学读书时参观中山陵，不用买票，免费瞻仰、游览）。

９月２４日　泰山

晚5时到泰山（注），住宿费２０元。早5时半起床，6.25乘的士，天外村买门票９８元，内门票８０元。7：３０上车到天门，再步行到山顶（玉皇峰）。１１时许到。玩了一下后下山。经中天门，吃面条。再下山，到山下已5时。6：２９乘车去兖州，7时到。住铁路招待所。

注：此处的"泰山"为行政单位，前称"泰安（县）"。为适应旅游业发展需要，２０世纪末把名胜景点的"泰山"移植过来，改为"泰山市"。狭义的"泰山"以自然与人文景

黄山迎客松

观著称，位于泰山市境内，是我国著名的"五岳"之首，又称东岳，高大雄伟，有几千年的文化历史，不少历代皇帝前去游谒，期望国家太平。我家乡老百姓建的房子上常写有"泰山在此"四个字，也企求家庭平安。1987年联合国把泰山列入世界自然、文化遗产名录。泰山虽有不少名胜，但与黄山相比，险峰、陡崖很少，主要是因其岩石古老，风化剥蚀。其岩石大都是16亿～20亿（有的资料为22亿）年前历经多次变质、交代形成的太古代混合岩化花岗岩，少量闪长岩和6亿年前古生代寒武纪沉积、变质的岩石。在地球形成45亿多年的历史中，现根据放射性能测到的岩石年龄较早的为26亿年（鞍山群），因此泰山的岩石是相当古老的。与人一样，历经沧桑，老来后性格脾气较为温和。泰山由于经历长期的风霜雨雪、天寒地冻的风化剥蚀，棱角剥落，奇峰、怪石自然没有1.6亿～2亿年中生代侏罗纪时形成的黄山花岗岩多。此外还有其他因素，如岩性、构造（断层）等。张家界风景区奇峰陡崖多，不是年轻的花岗岩，而是砂岩，主要由构造等因素形成，与时代关系不密切。

9月25日　兖州—郑州

孔廟

早上7时去曲阜，参观孔庙、孔府、孔林，11时返回。乘338次火车去郑州，12时到郑州，住上次住过的工行招待所。

9月28日　郑州—洛阳　乘K173次，平价

8：00开10点到。在道北建材城卖书2个小时。中饭是2.5元的炒面。饭后回车站。 回车站后即乘车去龙门石窟，因时间紧，大同云冈石窟已看过，仅在桥上看了一下外景，照了相，未进去。坐出租车被骗去30多元，其实就在旁边不远。回到王城街建材市场，卖2本，120元。王城花园牡丹多。

10月2日　西安

早6：30起床，7时在车站乘305路去兵马俑展览馆。沿途经骊山脚下的华清池、秦始皇墓。在兵马俑展馆附近吃早餐。8：10未开馆，转一下，未进兵马俑展棚（外面俑也不少，电视画面也常见，卖书要紧），即回到西安东站，已9：10，速去石材市场卖书，卖了4本，380元。

10月5日　西宁

早上乘9路车游西宁市区，9时许回住处，再去石材市场，先朝阳石材市场，返回经火车站，再到北山石材市场，

西宁清真寺

又卖4本，共280元。下午3时许回住处，后乘1路公交游市区，共拍了三张照片。晚7时买来次日9：10去兰州的车票。

10月23日　重庆

午后休息，乘212路去红岩、白公馆、中美合作所。重庆公交车上广告多，公车站三角标不明显，没标明下一站，各站各路不一。

重慶白公館

四、艰苦拼搏

在这１０多年为《石材大全》收集资料和销售中，我历尽艰难困苦，常与紧张、劳累相伴，部分在日记中也有叙述，摘抄如下：

（２０００年）６月２８日　哈尔滨

找书店代销。找了省新华书店、科技书店、市新华书店，都不要。速去宣礼路建筑书店（坐车到宣化路，再步行），找到经理孙景芳，同意放１０本代销。返回拿书，午后１时送到。天太热，２时返回旅馆，稍休息，又去找先锋路石材市场，手推小车步行６里。到时已４：４５，卖了２本。

注：哈尔滨冬长严寒多雪，有"冰城"之称；夏短凉爽宜人，是平原避暑之城。但在夏初，副热带高压带停留在我国北方时，仍有多天是３３°Ｃ以上的高温，我就在此时到达。

１０月７日　太原

公交车上服务员态度好，叫让座。在石材市场中卖书被拉到保卫处，要罚我２０元。经我说明，处长批评我一顿后，免了。

（２００１年）９月２０日　宁波—杭州

上午６时半吃饭后即去领钱，３８０元。７：４０买火车票，８：１３开车，１１：３６到杭州东站，吃中饭，乘３０９路到石材市场卖书。１４：３０乘１５６到北汽车站，再去三墩，整理，夜搬书，够紧张。

９月２１日　杭州—上海

早６时起床，７时装车，３７０本（３７箱）运东站，发６地，１０时寄特挂、平信（有的书托别人代

领，须寄托运单）。１１：３０上车，下午３：５０
到上海，车站取书，再雇车８０元运费，运浦东罗工新
办公室。夜去小董处，住新办公室。　忙碌一整天。

９月２２日　上海—莱州

早上乘申陆线到西藏路，去上海科技书店、史福建
等处。中午１１时到火车站买票去潍坊，晚７：３８开
车，补上到潍坊的卧铺票（兖州不下）。去莱州时被骗
了５０元。车到港华曲华民处，货款４００元。回车
站吃饭。水果便宜，葡萄１元１斤。车站行李费有欺
诈。住电力招待所。

１０月３日　西安

早上７时买去西宁的车票，卧铺１２６元。后即
去石材市场。７：５０吃早点，９：００场市场未开
门，趁机找厕所方便。后到闽安石材、太成石材共卖３
本，２７０元。１１：０５即回，１１：５８到住
处，即办退房（１２点之
后再收半）。　１２：３０
进车站，１３：００检
票，１３：２５开车，中
饭用面包充饥。

洛阳王城公园

１１月１２日　广州
—深圳—广州

　　早上５时许离梓元军旅馆，６：１６上车去深圳，６：２０开车，天刚亮。车上人少，在广深高速在线快速行进，两侧很多工业区，厚街、东莞、长安……新华书店代卖的１０本已售完，去开税票，没账号，支票不好开，最后还是开来，按０.５折，计１９００元，１２时结好。在深圳红树林石材市场旁甘蔗充饥。下午

去红树林石材市场，中饭未吃。到红树林后，又买甘蔗充饥。后入红树林，４本卖光。５时速回罗湖车站，下

作者在深圳甘蔗充饥

公交车后即走上去广州的汽车，１.５小时即到广州。离开时深圳已灯火辉煌。

１１月１３日　广州

　　上午从何永棠处取回７本，何卖１本，给我５０元。因附近有云浮石材基地，广州石材市场小，且分散，找石材市场卖书吃力。晚去白天鹅宾馆附近，欣赏美丽的珠江两岸夜景。回来已９时，吃饭，因劳累咳嗽不停。

１１月１４日　广州—长沙

上午去天河广场，找不到石材市场，空转一圈。下午３时乘２５０８次去长沙。又见到富饶的珠江三角洲。深夜到长沙。

１１月１７日　武汉—长沙—株洲—向塘

２：１５从武汉到长沙，即去南湖石材市场，带２本书。一本在几家问过后卖给竺小玲总经理，她为人爽直，模样也好，年轻（约３０岁），很干脆按我要价１８０元付。我接过她２００元，说没零钱，只有５０元，就算１５０元。找还５０元。 去株洲的车５：１５开，６：１０到。错过６：００开南昌的车，忙下车想赶６：１６广州到南京的车，南昌下。赶到时仅约差２０秒，车已启动，只好又在车站内买６：４４到杭州的车，向塘下，准备明早去南昌。

１１：５０到向塘，下车后仅我一人出站口，其余几人留在站内转车。出站后仅远处有几个似旅馆字样的亮光外，一片漆黑。我走向最近一处的灯光， 上面写着"东风旅馆"。我进去联系，单人间６０元已没有，四人间２０元，通铺５元，标准间２１０元，两个床位可以给我一人用。我说太贵，３０元左右的。 她说房子好，我说房子肯定好，但我住不起。欲走出，答应我３５元住下。这是我第二次住高价的标准间，可惜只享受了几个小时。

（２００２年）５月１７日　北京

卖书。早去双桥石材市场卖书，再去管庄石材市场卖书，后去四惠石材市场卖书。孙达达总经理已买1本，他说再买2本，每本100元。

6月7日　上海

去上海建筑书店等结账、纳税、开票（跑了多个地方找税务所，公共车上上下下，转来转去。最后去五角场税务所开来）、领钱。

6月10日　上海

与台湾老板聊天。去史福建处。下午 2：18乘1462次硬座火车去北京（87元）。

（我去北京基本上都乘这趟列车，便宜，但时间长，要坐22个小时，一般都买坐票，不买卧票，当然劳累。）

6月11日　北京

中午到北京，住国营北京印刷厂招待所，两人间，一人27元。

11月24日 怀化—株洲—长沙

昨晚9时到怀化，住25元的标准间。早上去河西建材市场卖3本（其中一本石材工艺图），390元。近11点速

作者常住的北京國印招待所

回，乘12：50的车去株洲站，很紧张。 昨晚没睡

好，肚子胀、乏力，中午吃不下饭。上车准备泡茶，正想找茶叶，忽然找到五时茶。正好，这是美云（我妻）为我买的。

１２月１８日　上海—杭州

９时大雨中去漕宝路光大展览馆，中午１２时到，果然有展出，定于１８日～２０日。进去一看石材摊位少（仅１５摊），杂。陶瓷、五金……都有，参观人少，又无地方放书，带的书也不多，又无桌子租，于２时离开去火车站，犹豫后回到杭州。

１２月１９日　杭州—上海

昨晚７时大雨中到建杭（我儿）处。上午去浙大，午饭后碰到卢永顺、周志朝等老同事（前者为我在地质系同事，后者为在化工系同事），下午回建杭处。想回宁波，但又想去上海参展。天下雨，到火车站后恰好碰到一趟江山开上海的便宜（慢）车，１７元。我又回到上海参展。 ８：１０到，仍住铁招。

（２００３年）１０月２６日　临沂—平邑—济南

临沂粥３角一碗。卖书６本，４５０元。售票员指点我住交通宾馆，三人间，每人１５元，整洁、卫生。晚上１２时许到济南。买火车票到石家庄。

１０月２７日　济南—石家庄—河北平山

近６时起床，赶赴东站想乘去石家庄的汽车，没有，说济南总站有车去石家庄。又赶回泉城宾馆（总站），又说没有，说乘８４路到东站。上车后又说错了，是乘１１路。此时三轮机动车追过来，去东站要５

元，就乘了。6：30到东站，又说错了，是济南总站。我又问站内负责人，回答是济南总站。又从东站乘三轮机动车回来，两次共花了13元。这样的事首次碰到，但争取了时间，幸好乘三轮车，否则来不及了。

11月10日 南京

早上去丁立（鼎立石材公司）处寻求赞助，做广告，我们一拍即合（他对我有好印象）。因他忙，我等了好久，定于明天办理。丁在公司里未出差能碰到，是我幸运。10时许去黄光昭（南大同学）处，路上都是熟悉的老南京。去黄处拿来6本。后去装饰大世界卖1本，又去金盛装饰城卖2本，计250元。 晚送3本到3牌楼卢湘的建筑书店，找不到。在中山北路三牌楼附近徘徊好久，手推车又坏了，只好背、提这3本书（每本5斤），真苦！到近8时要下班关门才找到，若迟一分钟，关了门就白跑一趟，真好！

（2004年的日记本丢了）

（2005年）3月27日 宁波一上海 （508次，08：40开，27元。）

乘慢车，３：４０到上海，肚饿、大吃。乘３１５路公交（夜车）落空，改乘９２７路到体育馆，没找到旅馆。又乘９２路转光大展览馆，再找旅馆，一直走到技术大学找到田林旅馆（靠门卫指点），价１４０元。心痛，只好明天另选５０元的。这是第一次住１４０元的。随后洗澡、逛街。感谢在上海体育馆找不到旅馆，这样明天不必乘车就可走到光大展览馆卖书。

３月２８日　上海

南京中山陵

上午去光大展览馆，顺着一面之熟、并与我打招呼的人混进去了（因我没有参展证，不能进去布展）。进去后我找常至石材机械厂小周，他答应下午给我入馆参展牌子。我再四处转，碰到济南恒运达机械厂老板，看他摊位在转角处，要求放他处卖书，送他一本，他答应了。接着从小周处拿来入馆参展证（牌子）。好了，这一关关都解决了。我带上参展牌子可自由进出。　下午我去荷泽路小董那边拿书，路很远。先乘９２７路，转４９路，再乘申陆线。回来想乘原路，在上４９路时忽然见到该车是开到上海体育馆，本想中途改乘９２７路到田林新村下。因４９路直达昨天下午已到过的上海体育馆，开到底可改乘９２路（因上海体育馆是９２路的起点站）。但４９路下车找不到９２路。突然见到１２０路，是昨天下午从图上看到的。我大胆上，再问一人，下一站便是光大展览馆。我到光大下车，仅差几分钟，展馆就要关门，我挂上入馆参展牌子，拖着沉重的书箱，顺利地进馆放书，明天可卖。

5月17日　泉州

上午5时起床即去找托运站领书，因托运站发站电话号码弄错了，去了晋江，后又回来。托运站告知的地址是大桥头。因靠近桥头有多家托运站，泉州又有几座大桥。我找了许多托运站，都找不到，天热阳猛，逐家问询，脚累肚饿，直到下午2时才在泉州大桥下找到，取来运至旅馆。

（此件是从临海兴发托运站发出，电话弄错后我凭托运站告知的地址：大桥头。我在桥头找，找了大半天仍找不到。临海托运站电话号码我未记上，后来凭回忆才打通临海兴发托运站电话，他们再告知我对方电话。我再与对方通了话，说在大桥下利用桥墩隔起来的房子里，又转了多个弯才找到。本不应称"大桥头"，应称"大桥下"。）

7月2日　北京

去四惠建材市场卖书，生意差，卖3本，400元。天热，太累。到惠隆发市场，想卖书，现变为仓库。后到四惠车站去四惠建材市场卖书，在去市场途中的河边歇了一回，实在太累。

7月3日　北京

去老玉泉石材市场、老西联石材市场，卖2本，320元。天热，乘地铁返回。

7月4日　北京

去新西联、新纪元石材市场，天热，３８°Ｃ，太阳晒。卖５本，６００元，赤日下来回走，累。

7月5日　北京

（６月２４日～ ７月６日住北京国印招待所，单价２７元，共３２４ 元，发票号 码０２８６０６２１） 上午去南四环石材市场，反映李忠辉在我书做广告不付费之事，被赶， 吵了一架。下午去新西联市场，卖２本。天热，３８°Ｃ。中午在旅馆歇到２点。为明天去沈阳减轻负担。不得不去卖。

7月7日　沈阳

七七事变６８周年。英国恐怖爆炸。上午找兴工路石材市场，已搬。后找到新地点，北一路，无收获，空跑。下午寄２本（邮购）。

7月9日　沈阳

上午下大雨，早晨解恩浩送来书钱３５０ 元，收２００元，还他１５０元。随后谈了开采准备情况，要同我拍照留念。解走后因雨无事，乘环路车游沈阳，经过故宫。午后天晴，即去张士德石材市场卖了３本，每本１５０元。（解恩浩为辽宁凤城人，准备开石材矿，来信要我指导并寄来矿区资料和批文，还要买书。我回信作简要答复。愿在沈阳见面长谈，我到沈阳后打电话告诉他，他来我住处。）

7月17日　沈阳

上午去东北石材贸易中心（张士德处），下午去长白石材城。各卖4本。晚去延龄（南大同学）处拿来2本，明天去长春，好紧张！

7月22日　长春—沈阳

4时许离长春，7：40到沈阳，即去延龄处。没时间吃饭，用玉米棒、大饼充饥（多次如此），拿来5本。延龄送我上车。

作者與解恩浩在瀋陽留影

2005 年

（2006年）4月10日～13日　上海

石展会上卖书，后两天因无正式参展摊位执勤人员驱赶停止。效益不错。

7月11日　大连

去新华书店，因搬家，问了多个人，找了大半天，才找到，很累。

11月12日　深圳

几个石材市场都搬家，找一天没找着，手推车又坏了，真倒霉，整天都累。

11月16日　云浮

去欣艺公司吴伟民处结账。本想拿回些书自卖，他说放他处可以，会卖掉，其妻不在未结账。下午又去那边，吴外出，空手而归。天雨，幸好书未拿来。出来后已一个多月未下雨，未休息，太紧张，有些累。今下雨，或许是老天安排我休息一下。

（２００７年）２月２６日　临海-北京

乘途中拦的汽车，２００元，无票

（钱祖法给我联系乘过路汽车去北京）。

２月２７日　北京

住国印招待所，２７元／天，入住后即睡觉。

３月１５日　北京

去四惠石材市场卖书，被巡视保安扣押，拿去１本了事。

３月２６日　南通—扬州　（５１９４次，０７：１５开，１４元）

卖书最后一刻，仅剩１本。先跑了几家，不要不要，几十元都不要。返回时要价１００元反被骂了一通，都无人要。准备去另一市场，但游扬州瘦西湖的时间没有了。在即要出大门时，到旁边"久久石材"店，交谈后一拍成交，２００元一本。

（２００８年）４月８日～１１日　上海　（Ｎ４２５次，５１元，回宁波）

石材展销会上卖书。住牟平路霖坤旅馆①。

注：①霖坤旅馆离展览馆要２小时车程，且要转多次公共汽车，但它靠近荷泽路，价又不贵（单间８０元，２人铺，１人４０元）。我每天早上要去荷泽路董友法处取书，一箱有５８斤，一次只能拿一箱，因此只得住那边。拿来的书用手推车推至公车站，乘公共汽车至陆家嘴下车。再用手推车推到

去龙阳站的公共汽车公交站，到龙阳站后再用手推车推2里多路进展览馆。在其他展览馆卖书基本上也是如此，手推车不离身，功劳大。用久了、且常载重货要损坏，十年中与挎包一样前后买过十多辆。

９日２８日　济南—天津　（Ｄ４２，８３元）

早上３：３０离开泉城旅馆，仅算１天时间，地下室单间４０元。乘Ｔ３４次４：４６去天津。但因太挤上不了车，改乘８点动车组，再付８３元。１０时许到天津。速找旅馆，住辽宁驻津招待所。后即去车站取书，因领取时间超期，转仓，租三轮车到很远的地方拿。取来后直奔环渤海石材市场，车费３５元。接着卖书。紧张，紧张！

９月２９日　天津—北京

上午去塘沽，卖剩下２本。下午乘动车组仅用２８分钟到北京。

９月３０日　北京

早上起来去火车站领书，也因领取超期，转仓，去锭厂村取书，直去西联石材市场卖书，卖６本，太吃力了。王翠兰（女企业家、商家，在西联石材市场设有门市部，曾买过我的书）再买一本。

五、不测事故

本书在编写过程中受到的意外冲击在第二章已有叙

述。在这十多年"走南闯北、东西穿梭"中，基本上还顺利，但也有多次的小意外、小事故，现根据日记摘抄如下。

（２０００年）５月１０日～１１日　昆明

参观世博园２小时、卖书。修车（注）。

注：我在外卖书可说靠手推车为生，初版书每本５斤，再版书每本７斤，不可能手提肩背挨家挨摊去叫卖，这就要靠手推车。车上放一纸箱，内放５～６本书，推着车在市场中询问推销。刚从昆明石材市场卖后出大门，还剩下２本书，手拉车轮盘坏了。车不能推，又不便抬，明天还要用车，我束手无策，不知如何是好。自己修修补补推了几米、十几米后仍不行。正在垂头丧气悲观失望时，忽见前面一家修车店。我花了５元钱不一会儿就修好了，确是"绝路逢生"。

（２００２年）９月２３日　长春—吉林市

上午去林仙根处，下午想去参观伪满洲国溥仪皇宫。刚到门口，想把手拉车上的书箱包装带放正一些，手指被带上的铁扣割破，鲜血直流。身上带的卫生纸已用光了。下午４时要乘火车去吉林市，心急如焚，也顾不上看溥仪皇宫。血稍止后速乘公交车去火车站。这是在外碰到的最大事故。晚到吉林市。

１２月１５日　上海

去辛庄（百得福）石材市场卖书，卖５本。在辛庄从１号线地铁站（已在地面）出站乘电梯下到广场时，因所带的行装较多，有书箱、手推车、背包。"上山容易下山难"，在电梯下口跌倒，人和物品在电梯踏板上打滚，我多次挣扎着想爬起来，但未能站立又跌下。在慌乱中被一青年拉起，才走出电梯口。

日记中未记载的意外事故还有：在北京乘８３９次去西联国际石材市场卖书时，车即要到西联市场门口的停靠站仅约差５０米时，突然停下，司机速打开车门，人们争相下车，说车已起火。我坐在后排，得知后也速提起书箱和手推车往下走，因东西多，走得最晚，见车上还在冒烟，经处理未发生伤害事故。公交车继续上路，我推着手拉车进西联石材市场。

在这１０多年间，我未生过病，连感冒也不曾发生。但因都在饭店用餐，特别是快餐店，由于饭菜不干净拉过几次肚子。有次从南京到济南，途中在火车上吃了盒饭当晚餐，２小时后肚皮感到不适，愈来愈猛，坚持到晚上１０时下车，速住进车站边的泉城旅馆，安排在地下室。因是４０元一铺的普通房，没卫生设备，行装放下后，连忙冲向远处的公共厕所。未到厕所前肛门关不住，就拉在走道一杂物堆旁的暗处。幸好已近午夜，又是地下室，既无值班人员，也未见旅客，便后我速回住室，只好次日由清洁工来处理了。我挎包里备有克痢痧胶囊，当晚吃了两颗，次日就好了，第二日照常去石材市场卖书。

六、坏事变好事

在写《石材大全》一书的过程中，常碰到一些坏事变好事的情形。

如前已提及的开始我挂靠在浙江省地矿厅数据处情报室，也曾有预订款汇来。后来情报室负责人吴明耀调走，由资料处处长吴联星兼任。我想继续挂靠，他不同意。说我编这样的大书是不自量力，不可能编成，若中途夭折，广告已发出，订书款汇来，书出不了，会牵连到他们。

之后我挂靠在浙江大学地科系大地科技开发公司，还订了协议，但他们把用来出书的集资款挪用了，又私自复印我书稿，终于不欢而散。这些对我来讲当然是坏事。过去总以为他们名气大一些，实际解决不了问题。

有了教训后我就地解决，挂靠在宁波市科学技术咨询服务中心，能及时处理问题，合作很顺利。原来没有预料到的如销售和书款盈亏处理，都圆满解决。且款项及时结清、支付，从未引起任何争执。否则，如挂靠在地矿厅或浙大麻烦大了，绝不会取得如此好的结果。

又如，1996 年夏，我被邀参加创办临海"民进职业高中"，我尽心尽力工作，办起来后以卑劣手段遭排挤，把我赶出，这对我讲是坏事。但我被排挤后，集中精力编写《石材大全》，终于成功出版。

我的一生也可以说是伴随着一连串的坏事变好事走过来的。这在《地主》《中共的土改》两书中都有提到，不在此再述。

不过，坏事变为好事，首先要去"变"，去干，不能受到挫折就垂头丧气，停滞不前。还要善于利用客观环境，开动脑筋和合适的操作。

我也有好事变坏事的经历，那也应设法把坏事的后果减少到最低程度。

任何人一生中都会遇到一些事情，其中必有坏事，也必有好事，常悠忽在好与坏之间。能把坏事变好事，把坏事后果降到最低程度，也可说人的处世之道，我对此长期深有体会。

为让人们有所借鉴，故在此多说了几句。现我罗列卖书一些坏事变好事的琐碎例子，有些也是巧合。但不论怎样至少要干下去，要去闯。要坚持，才能有提供"变"的机会。

（2002 年）１１月１５日 长沙

长沙公共汽车上的一位姑娘见我东西多，立即让座，消了我早上一些气。下午去湖南省建材局办事，谈起出书事宜，两个同志称赞我了不起。4时去车站买了7：36开的空调车，票价５４元。因差一点买不上２７元5：２６开往武昌的车票，心中不舒畅。但离开车还有2时许，即立即去附近石材市场卖书，卖了身边仅有的１本，１００元。另一人说也想买，叫我下次再来。这样完全可弥补（空调车票贵的差额），不顺心的事倒反变为好事。

（２００３年）１１月１１日 南京

早上去丁立公司，门前很好吃的稀饭已卖完。他很忙，委托孙某代办。他安排好定下后，为把广告上的照

片弄得好些，去找原来存底片的照相馆，要等到下午 3
时才可取来，想早些去苏州也去不成。正为此空隙我没
事可做感到可惜时，想到昨天看到他们有各省的电话本，
上面有石材厂家的地址和电话号码，我再版书会用上，
这些资料也难以收集。我利用此时机把这些数据抄下，
抄到下午 4 时，抄了贵州、湖北、河北、江苏、山东几
省有关石材厂商的信息，真凑巧。如果上午事情办好回
去就失去这个机会，之后花的精力会更多。

下午 4 时拿来广告上的照片，不久也开来支票，丁
厂长还叫驾驶员把我送到火车站。我中午接福建泉州远
泰石材公司买书电话，要即刻寄书去。身边刚剩下一本。
另外早就应寄的给厦门郭毅和青岛刘喜满的信。两者准
备好后去车站邮局正是 6 时。但车站邮局要下班，不对
外办事。我要到中央门邮局寄，只好再上汽车。但上车
前最好先买火车票。先去楼下买城际快车票，6：55
去苏州的车要 5 0 元。时间紧，东西多，怕来不及，我
上二楼买普通票，7：55 去苏州仅 3 0 元，钱便宜时
间又充足，太凑巧了，也是坏事变好事。

太紧张、太凑巧、太幸运，事成不忘有心人。现在
去苏州车上写此几笔。下午在车上接曲华民来电，有关
排名问题。

（2005年）3月28日　上海

回来后，错看了 9 2 7 路公车站站名下车，是田林
十一村，不是田林新村，但旅馆已到。错反而错对了，
太幸运了，否则晚上不知什么时候会到田林旅馆。巧，

也是坏事变好事，运气？还是母亲在天有灵？

　　3月30日 上海

　　石展会卖书，卖了5本。昨晚去徐家汇，了解去闵行网站（想探望好友周秋生），并观夜景。小便逼了，进入汇百公司，从一楼到六楼找不到厕所，只好出来。出口时走错了路，想回去。忽见画有男、女人像的卫生间，进去了。

七、成功的喜悦

　　（2000年）10月9日 大同—丰镇

　　丰镇旅馆费27元，有卫生间。雇三轮车去厂家兜售，很好，卖了14本。被车夫偷去1本。

　　（2001年）3月15日 北京

　　石材展销会卖书。上海一读者称赞，感谢我书；长春一读者称赞我书，说根据我书找到矿（武汉人）；长沙一读者称若再版还要买。

　　6月12日 平邑

　　9本全销，巧事多。最后一本碰到一位江苏人买去（他说想买买不到），价格也愈来愈高。请车夫吃饭。

　　（我是乘三轮车去各厂卖，因卖得顺利，请他一起吃。）

　　（2002年）12月17日 上海

　　去恒大石材市场卖书。10时去，到下午3时一本未卖。3时许即要返回时，不到半小时陆续卖了4本，计４５０元,坚持就是胜利!现在地铁人民广场站写此,安心、愉快休息一回。上海５日,获毛钱２３００元。

（２００３年）１１月１２日 苏州

上午卖书,下午去非金属矿研究所收集资料、洽谈广告。张伟（注）宴请,老"秀才"大都出席。我再版书出来后,给在座的每位"秀才"赠送一本。

注：张伟为苏州非金属矿设计研究院石材精加工研究所所长、高级工程师。该所为国家非金属矿（包括石材）最高、最权威的研究机构。我在浙大任教时的学生陈绍兰就在该所工作,我编写《石材大全》初期多次通过她向该所收集数据,之后她退休,我多次直接找他们收集资料。因此我书上多处引用该所专家文章,也写上他们的名字。我书出版后获得好评,他们对我也有钦佩之感,张伟借设宴招待我机会,请这些专家作陪见面,彼此乐道。

（２００５年）３月１６日 北京

石展第三天,广告印好,费用３４６元。卖３本。碰到天津石公民,石工请客。（石是天津统计局退休干部,为莱州石材厂在天津推销石材,也为我书代销。）

３月１７日 北京

石展最后一天,５本都卖完,轻松离开石展会。

（２００７年）３月１８日 天津—镇江（１４７７次,１５：１９开,卧下,２３１元）

早起退房,留部分行李,下午来取,补交１元。后即去解放南路渤海石材市场,先吃早餐,后不到１小时即卖了３本,全卖完。返回时即下雨,去东站旅馆取行李，补交2元。乘车去西站，小雨无大碍，真是天公为我作美。

（２００８年）４月１３日 宁波—上海—北京

应邀去北京参加石材专业教材编写会议。

４月１４日～１５日 北京

石材专业教材编写会。张文波（中国石材商会常务副会长兼秘书长，掌实权的人）讲话：最缺的是人才。李山丽（经办人）讲话：培养实用人才。《中华建筑报》记者蔡金平就《石材大全》采访我。

５月１４日 宁波—杭州

《中华建筑报》刊登采访我文章。下午从肖山机场乘飞机去深圳，与浙江省石材协会会长陈汉新一道（注）。

注：我这次去深圳是应深圳某石材（玉石）公司通过张文波为秘书长的中国石材商会邀请石材界知名人士５０人参加他公司的开幕、展览仪式。除我们石材专业教材编写人员外，还有各省石材协会（商会）领导人及个别大公司老板参加，为该公司捧场。因此我与浙江省石材协会会长陈汉新同机前往。住在深圳人民政府为引进、接待外地、外国专家临时住宿的科技创业园别墅中，环境优美，设施高档。一切费用均由该公司支付。

５月１５日 深圳

入住深圳科技创业园。参观文化博览会、玉石展览会。

５月１７日 深圳—杭州—宁波

与陈汉新一起乘飞机返回杭州，当日回宁波。连日坐飞机，位置窄，两脚伸张困难，引起双腿酸痛。

　　１０月４日　郑州—西安（Ｋ１５次，７３元）

　　早起去郑州火车站提货。后乘８５路去汴郑路石材市场卖书。下午即卖完，轻松返回。回到住店。晚去西安。

　　１１月２５日　杭州—上海（Ｋ２７２次，０７：２７开，２５元，Ｎ４２５次，１７：３４开，７８元）

　　去恒大石材市场卖书，宋申贵买２本，２５０元／本，说代美国人买。还说我书漂洋过海，名扬天下。晚回宁波。

　　还有一次在济南华山石材基地（日记中未记），那边有几十个石材厂，我携书去卖。开始不好，直到傍晚，愈来愈好，五本一下子卖完，轻松、兴奋地返回旅馆。这种情况在其他地方也常出现。

八、同窗好友聚会

　　在这十多年中，我借助《石材大全》走访了散布在全国各地的同学和乡亲。他们有的是解放前后在中学读书，在当时来讲能在中学读书的，家庭都有一定财力，因此不少出身"剥削家庭"，解放后常受歧视、打击，经历了坎坷的历程。他们今日能出来工作实属不易，也仅是少数。在这少数人当中，有的碰上机遇和自身努力，取得了一定的成就。现能再次聚会，回忆往事，确是难得，也是欢乐。记述他们的身世，也反映出了国家部分真实史实。现按日记中出现的先后抄录，并略作注释。

（２０００年）４月２４日　长沙—武汉

卖书（很好，卖了１０多本），会见陈保真（注）。（其爱人老张为我向本单位图书馆推荐２本，后来收了３００元）

注：陈保真是我１９４８年春至１９４９年夏在临海建成中学读初中和１９４９年下半年在振华中学读高中时的同学。我们当时在班上年纪都较轻，个子又较矮，都是坐在前两排的前后桌，彼此较为亲近，有时还谈些心里话。她祖父是当时临海规模较大的恩泽医院院长，其叔叔陈慎言的是该院名医，因在二次世界大战中救治美国空军轰炸东京返回迫降三门县受伤飞行员蜚名中外。后应邀赴美国进修，并获杜鲁门副总统接见。陈保真的父亲也是名医师，在临海节孝桥开诊所。他们家族在临海较有名望。解放后陈慎言代表院方把医院赠送给国家，与台州医院合并，担任该院副院长。但在社会主义改造运动中，特别是"反右"后，说他们私人开医院是资本家，遭到专政。陈慎言的女儿陈蓉初中毕业考台州高中时分数第一名，但不予录取（这是时任台州中学常务副校长的陈文告知我的）；陈慎言在文化大革命中以"里通外国"罪名被批斗。以后他就在家不上班，以示不满。其女儿陈蓉后来没升学，也没工作，随夫去洛阳。

６月２５日　沈阳—长春

因找不到延龄（注）住处，乘出租车去他家。沈阳北站上车去长春，下午３：２０到，找平治街林仙根。乘出租车去取书，６.８元，晚去卖书。

注：戴延龄是我大学同学，住同一寝室，家在浙江江山保安，与国民党军统局局长戴笠同村。家庭成分地主，父亲留学日本学医，回国后后在国民党军队做事，解放后判刑多年，戴延龄因此1955年高中毕业考大学未被录取，待1956年向科学进军提倡因材施教、不计家庭成分时与我一起考入南京大学。他为人诚实，埋头读书，不管闲事，与世无争。也因此我们常谈些知心话，彼此较亲近，此情况在我日记中也有反映。"文革"中我的日记被抄，据说造反派还去沈阳向他调查我的反动言论。

7月5日　沈阳

上午去石材城卖3本。下午去兴工街东北石材市场卖2本。晚上去礼泉（注）家。

作者與戴延齡（右）在蓬萊

注：蔡礼泉是我同村同学蔡礼瑞的二弟。因蔡礼瑞与我同龄，我常去他家玩，也认识了蔡礼泉。蔡礼瑞1949年参军，1955年我复员回临海再在回浦中学读书时他奉调北上，因从小相处较好，分别时还拍了一张照片。1956年春节后新学期开学时，因当年农村合作化导致农民收入降低，不少农村来的学生失学在家，学校生源大大减少，校长兼党支部书记金文渊叫我去老家动员流生来校就读。蔡礼泉当时已在校读到初中第三册，因家庭经济困难也不想来校续读。我到他家说服动员，他父母也勉强同意，与我一起来校报到。之后蔡礼泉在其兄蔡礼瑞的帮助下读到高中毕业。因他家庭成分是中农，兄又是军官，被保送到警官学院读书，毕业

后分配到辽宁省公安厅工作，后来提升为分管消防的副厅长。常与乡人提起我动员他续学给他一生带来的成功，感激不尽，年终时常来电向我问候。他长兄蔡礼瑞在北京一测绘部队任师长，我去京时常去看望，仍同少儿时一样热情。我们即使家庭出身不同，但无任何隔阂，我们的学习、生活、待人处世也没有大的差别。由于各人家庭经济情况的差异，人为地划分不同阶级，制造矛盾，彼此相斗，但旧情旧义仍常在。

11月11日　广州—珠海（住珠海富民招待所，单价50元，发票号00542852）

到了珠海即去石材市场卖书，在夏林卖了一本，下午与周利（注）约定，晚去晓琴处，晓琴请客。周利儿子也在晓琴处工作。珠海风光好，近海边，与澳门相接，过拱北海关便是，9时回旅馆

注：周利、晓琴都是我家近亲属。周利是我堂侄，但仅小我2岁，是地主蔡桂秋大儿子的儿子，少年时一起玩，也是同学，也入伍当兵，以后参军，随军转业在兰州。晓琴是周利兄周元的女儿，其兄夫妻离异后通过周利，由婆妈陈蕉芳带养，后又去兰州周利处。晓琴爱人在珠海办了清洗轮船上油污的公司，生意很好，他们都生活在珠海。至今还有通信问候。

（2000年）5月5日　重庆—贵阳

贵阳市民衣着好。傍晚看望大学同学裘愉卓（注）。

注：裘愉卓是我在南大的同班同学，浙江嵊州人，家庭成分为地主。毕业后在北京中国科学院地球化学研究所工作，1964年响应毛主席备战号召，从北京迁到贵阳。他读书较好，在校时我们较亲近。他分配到北京中科院工作后，那时我在浙大任教，

常译一些俄、英文专业文章请他修改，在他院办的期刊里发表，来往较密切。但毕业后４０年未曾谋面。

（２００１年）４月２２日　杭州

星期日，在杭州的高中同学在浙大聚会，赵智镜（注）、余献坤也参加。（我因《石材大全》业务去杭顺便参与）

注：赵智镜是我的高中同学，南京农学院毕业，在山东淄博农技校工作，是中共党员又笃信佛教，既是无神论者又是有神论者。我问她有无矛盾，她说没有矛盾，共产党员讲为人民服务，佛教徒讲为大家做好事，二者是统一的。我说共产党讲阶级斗争，讲无产阶级专政，必要时格杀勿论，用杀人开路；佛教爱惜花草鱼虫，反对杀生，主张大慈大悲，怎么一致？老党员、曾任杭州大学人事处处长、数学系党总支书记的吴森林同学也说不一致的。

１０月１日　西安

早去车站行李房取书，过期每天收３～５元，共付６０元，自己拉回。路上遇到要借打电话的人喊"同志！"；又遇到几个"不要钱"的骗子，比长沙、南昌还多。下午２时去李时敏（注）处，今天是中秋加国庆，我们在南门广场谈了很久，共吃晚饭。

注：李时敏是我高中同学，家庭成分为地主，１９５６年考入南京华东水利学院，１９６１年毕业分配到海军东海舰队从事军港建设。１９６５年也因家庭成分地主复员转业，但他掌握有沿海军港分布、设施情况，怕他泄密，不准安排在沿海几省工作。他曾联系好上海某单位要他，军方不同意只好作罢。此时我在杭州，他也来找过我，交谈了很久。之后要他去甘肃省酒泉市

物资局工作。改革开放后他通过在军队中的岳父的关系调到甘肃刘家坝黄河水电站工作，后又调到西安西北水利勘察设计院，从事各大水电站建设，任副总工程师。我们在西安、临海等地多次碰面，他为人诚恳、言谈风趣，我们有时还通通电话。

10月28日　成都

去土桥石材市场，共卖15本，计880元。去都江堰找天马石材厂桑立军，找到。他夜来旅馆，请我客。书款未给，说之后寄。这次来成都，成都地院（现称成都理工大学）吴香尧、张惠堂、徐朝章等同学（注）设宴款待我。18日早我已到车站，但不知已到，乘摩托车花了1元，驶了50米就下车。

注：吴香尧、张惠堂是我在南京大学的同班同学，徐朝章与我同级不同班。吴香尧家庭成分不好，1955年考大学未录取；张惠堂家成分也是地主。他们俩都是1956年的幸运儿。张惠堂，浙江黄岩人，与我是邻县，读书时就较接近，毕业后也有联系。

（2002年）10月11日　淄博—博兴—东营—北镇

早上去博兴找华兴集团机械厂为再版拉广告，该厂刘副主任对我书评价很高。晚去北镇，会见章冬林同学（注）

注：章冬林是我高中同学，班级文娱委员，早唱时领唱，不多话，似乎与其父是反革命分子在牢中病死有关。1956年考入山东师范学院，1957年"反右"时被划为右派，划右派后曾给我来过信，信的大意是做人难，讲话难，没有谈具体的事，情绪消沉。现在北镇中学任数学教师。

（２００５年）４月１７日　南京

下午去胡佩康处，杨德祥已在等（注），三个老同学畅叙，晚在佩康处吃饭。

注：胡佩康、杨德祥都是我１９５５年部队复员后回中学读书的同班同学，均比较要好，１９５６年都考入南京高校。杨德祥在南京农学院，我和胡佩康在南京大学。他们俩毕业后都分配在南京，杨德祥家成份较好，留校任教，现是南京农业大学农村经济学系教授；胡佩康家成分地主，读书很好，分配在半导体研究所。胡佩桌曾下放农村较长时间，据说他在下放后迟迟没回原单位，曾向中央写信反映，中央内参上刊登了他的信件，不久便回到原单位工作。1984 年大量科技干部进入领导岗位，他调任江苏省广播电视台台长。

７月２５日～２６日　北京—淄博—兰村—青岛
（Ｔ３１次，５５元，１４１１次，９元）

车经山东德州棉田区。夜住淄博（１２时下车住旅馆休息），早上与赵智镜通了电话，她来车站送我。邵明治电话号码未找到（都是高中同学）。兰村转车，下午２时到青岛。托运的书因久未领已转移。后去海滨看夜景，凉爽。

１０月２５日　杭州—湖州—杭州［汽５６７４次，２９元；（回）３０７７次，２０元］

去湖州卖书，未卖出。会茹福友（注）。

注：茹福友是我在临海浙江省第一地质大队同事，上世纪８０年代浙江大学地质系毕业，是个普通地质员，中共党员，他心直口快讲话较随便。1984

年浙江省地质部门人事大调整时，他调到省第九地质大队，驻湖州，他平时表现一般，因是中共党员，提升为副大队长。１９８９年"六四"事件时，他说学生反对官倒、惩办腐败、要求民主有什么罪？说他讲反话，对"六四"镇压不满，被免去副大队长职务。

１２月５日　上海—杭州—宁波

下雨，住上海铁路局招待所。去袁国良（拉广告）、科技书店（结账）、李雅君（访友，注）处。下午西站上车去杭州、宁波，夜１１时到宁波家。

注：笔者在上海军舰上工作时常去海宁路498号（与四川北路交叉附近）的姐夫处，也常去其旁的电影院看电影，对这一带较熟悉。李雅君当时也在附近读书，当然也熟悉该地。笔者工作的军舰曾停泊在公和祥码头，与堤兰桥不远，也常去堤兰桥影院看电影。

作者（左）與李雅君夫婦 2012 年

好友周秋生婚后也住在此地，我村的蔡礼正也在此地工作过，我都曾去过他们处，因此我对上海堤兰桥这一带也很熟悉。李雅君常去也住堤兰桥附近的哥哥家，对这一带当然也很熟悉。

1956年春节我在南大读书放假回家，她也回宁波乡下老家，两人同车且相对坐着。那时上海到宁波的火车要 10 来个小时，途中不免要闲谈聊天，因与她均有海宁路、堤兰桥两处共同点，聊天内容比旁的车友多。谈着谈着我发现她知识较渊博，社会问题看得较深透，活动能力也较强（她说自己在校当班长），给我留下很精明能干的印象。上海这两地我今后还要去，再去那里时可能会想起她，也许有碰面机会，她就把自己的地址告诉我。

　　过后（具体时间记不清），我去堤兰桥周秋生处，也与她联系上，在她带领下去她哥哥家一次。1957年反右派时，我的抵触情绪较大，在班上同学中很难发泄，李雅君对当时的形势也另有看法，我们俩可说"臭味相投"，互相发泄，但她比我稍温和一些。这在我当时的日记也有反映。日记中对一些敏感问题或尖锐的语言，为以防万一，用英文书写，这也是那时期我日记中夹有英语的原因。反右期间，最能同我讲得来的是她。随着反右落幕，对右派处理也结束，各人都忙于自己的事，彼此很少联系，甚至长期中段。改革开放后右派分子纠正（平反），证实我们当时的看法没有错。我常想起那段经历，倍加珍惜，有机会也想同她回首这段往事。上世纪90年代相隔40年后又在上海碰面，知她两个小孩都在德国工作，男的是复旦大学物理系毕业；女的是外语学院毕业。以后我去上海，如有空也去拜访她。多年前她和老伴住进嘉定区一所养老院，碰面不易了，幸好我们建有微信，还常可聊天。

12月12日　杭州—海宁—上海

　　去海宁卖书，一本也未卖掉。到上海后去李雅君处。

　　（2007）3月17日　北京—天津（4401次，16：22开，11元）

　　同学宴请。在南大同学马谦及夫人王碧香、吴遇安、林国珍、吴思本在马谦家旁一餐厅设宴招待、欢送我（注）。席间谈往事，忆师长，讲现今。都说我最活跃，拍了几张照片。吴遇安从通州赶来，儿子寒冰瘫痪在家，是老党员，在校常批评我（１９６１年落实政策时又向我检讨），今来送我，难得、感激。１：４０散席，依依不舍，送君千里终有一别。我与林国珍有一段同路，共乘５６路，她在西单下，我再乘１０３路，于２：５５到北京站。分别后我上北京站，乘４：２２去天津西站的火车。时间相当紧凑。

　　　３月２３日　　宁波—杭州—江苏张家港

（５０８２次，１４元，杭州—张家港汽车）

　　　乘汽车去张家港探望患病的蔡显扬（他是我同村人，小学、初中、高中的同班同学，很要好。他稍晚于我参军，他家成分中农，后来复员考入苏北农学院，毕业后在张家港工作。此时他患肝癌，一个月后去世。）

在北京工作的南大同學宴請作者（左至右王碧香 林國珍 作者 吴遇安 吴思本 馬謙
（我分别在 2020 年 6 月和 11 月痛悉马谦同学和林国珍同学相继去世。）

　　　３月２４日　张家港

　　　与显扬、张仙云（显扬之妻）、唐月红（同村人照顾其生活）交谈。在显扬床前与其诀别。

除日记中所提到的外，会聚的同学、乡亲还有：

周秋生

周秋生住上海闵行，我在卖书期间几次去他家。他是浙江温岭县松门镇人，是我１９５０年在回浦中学高中读第一册时的同班同学。他座位在我后桌，寝室又挨在一起，彼此很亲近。他读书很好，写得一手好字，为人诚实。他说他家有只机帆船，父亲来往于松门—上海之间搞运输，来

作者与周秋生（左）、蔡顯揚（中）1950年在回浦中學

回一次可赚很多钱，钱多了也买些土地，家土改时被划为地主。但他不大关心政治，参加军干校时没报名，认为当兵没前途，只要学好数理化、有技术，人家会看得上你、会用你，生活才会好。为此我还与他有过争论，国家挨打，还谈得上什么生活好坏？

土改后，大概出于经济原因，１９５１年他就离校再考入上海水产学校，因属中专，免去学杂费，补助伙食费。１９５２年夏，我从南京海军学校毕业分配到上海华东第五舰队。我的驻地由原来的上海外滩旁招商局公和祥码头搬至军工路旁的虬江码头，与位于军工路的水产学校相距不远，两人常见面，我有时给他些零用钱。他本应是１９５４年毕业，因当时分配工作有难度。加上中专资浅，全校升级为大学（上海水产学院），继续留

校学习。

１９５５年全国掀起"肃反"运动，临暑假时学校集中学习文件，交代问题。他交代了自己１６岁时父母包办了他的婚姻，但夫妻间一直无感情，早想离婚。此时他班有位女同学与他较要好，也深知他所说是真实的，她没有为此与他中断，反而同情他，怕他苦闷想不开而出问题，暑假时叫他去她家（上海阴山路）休息三天散散心解解闷，以免发生意外，以表患难见真情。学校却认为他们作风不好，以此开除周秋生学籍，给女方停学一年处分。这一处分虽在法律层面上他们有所过失，但从本质上是对包办婚姻的抗争。鲁迅的父母也为他包办了婚姻，其妻朱安在鲁迅家生活十多年后，鲁迅才与许广平结为夫妻，生下儿子。且朱安为鲁迅"守寡"一辈子，至今还未听到有人对他们进行谴责。当时鲁迅还在大学教书，且还兼多个职务，也未见有一单位为此对鲁迅作过处分，至今也未见到对鲁迅此事有过非议。校方对周秋生的严厉处理，主要是他家成分为地主所致。

周秋生回家后，立即解除了夫妻关系，在家务农。那位女同学在家待业，未复学。１９５７年，上海矿山机械厂招工，周秋生与她均被录取。该厂后来搬迁到上海闵行，改名为上海重型机械厂。周秋生业余上夜大学，毕业后在设计科工作，为高级工程师。２０世纪８０年代还赴美国进修。他退休后对计算机特别喜欢，曾协助电讯部门解决不过少难题，并有专著。

彭龙生

　　我在２０００年１０月７日去太原时会见到了他，还去了他的实验室，在他家吃了一顿饺子。但我日记中未提到这些事。他是我部队复员后回中学读书的高中同学，他年纪在班上最小，小我６岁，读书最好，但不大花时间，不死读书，文体也突出，担任班级体育委员。我任学习委员，平时我们较亲近，谈得来。他高中毕业后考入清华大学水利系，１９６１年毕业后在校续读研究生。研究生毕业后分配到太原理工大学任教至退休，任教期间曾赴荷兰进修一年。退休后还从事水库泥沙排除的研究，并获专利。

　　１９５９年夏秋我在安徽野外勤工俭学，１０月中旬结束后放假，我去北京玩，住在他当时就读的清华大学两个星期。他给我饭卡去食堂吃饭。此时我刚目睹安徽农村饿殍遍野，我南京大学学生食堂也凭饭票打饭，而清华大学学生食堂只要凭卡进入饭厅，由你张开肚皮吃，玉米、白面窝窝头任你拿，我也常吃得饱饱的。这就是困难时期有名的（宁愿农民饿死，也要）"保证京、津、沪的供应"。我对此话也深有体会。

张孔法

　　他也是我部队复员后高中同班同学，为人诚实，工作负责，担任班级团支部书记，我是组织委员，彼此接触较多。他家住在当时临海最热闹的解放街，我常经过他家门口，他的父母、姐姐我都认识，父亲是铁匠。他夫人也是临海人，１９８０年我去北京就住在位于六铺炕石油部宿舍的他家多天。我为《石材大全》在外奔波的十多年间常去北京，苦于时间紧张，只在傍晚去他家一次。张孔法毕业于北京石油学院，分配到大庆工作，工作积极，任劳任怨，加上家庭出身相对较好（小土地出租），后来调到石油部工作，并升任为财政司司长，掌管石油部财权。退休后被国家石油开发总公司续聘为总工程师几年。相对于我们，他比较保守、忠诚，早年不愿参加同学会活动，认为是搞小团体。现已去世。

冯涪生、徐玉芬

他夫妻俩也是我复员后高中同级不同班同学。冯涪生毕业于清华大学电机系，分配在北京电力研究所；徐玉芬毕业于浙江温州师范学院数学系，毕业后分配到杭州第五中学教书。此时我也在浙江大学任教，彼此有几次见面交谈。"文革"后她调到北京。我在这10多年中多次去他们家，第一次去时徐玉芬一定要留我吃饭——涮羊肉。这是北京名菜，也是我第一次品尝。因他家住在月坛南街附近的礼士路，是北京站去三里河建设部、建材局、石材杂志社乘的103路电车经过处，我常在那边取些书籍、数据，如果带不走，会暂时存放他处，待下次来北京时到他家提取，确给我带来很大方便。

但也发生了一件使他们不愉快的事。有次去他家，讲定次日离开北京前上午9时前到他们家拿书，以便直接可上车，我认为早上从北京站赶到他家，9点有把握赶到，他们也同意。但次日8时前后刚是上班高峰，堵车严重，我到10时才赶到。如在平时也没大问题，恰好那天他们有事要外出，他单位的驾驶员9时就来接他们，因我未到只好都在等待，焦急万分，耽误了他们办事情。我来到后冯涪生不悦，我也没趣，至今深为内疚。

徐玉芬在杭州工作时，冯涪生要求调到浙江大学电机系工作，其单位发函到浙江大学。我们高中同学袁一芬在浙江大学医院当医师，接触人多，徐玉芬托袁一芬向浙大人事处了解一下办得如何。袁一芬问人事处分管教师的王良芬，王良芬说："冯涪生家庭出身地主，学校对'四类分子'子女只出不进，不同意调入。"这是袁一芬同我讲的。是在１９６５年突出"政治挂帅"时她告诉我，我也在这一时期因家庭成分为地主，强行调离浙大就不难理解了。冯涪生小我六岁，聪明出众，虽家成分地主，改革开放后升为该所主任，可惜去年谢世。

敖志文

他是１９５０年我在回浦中学读高中第一册时的同班同学，临海城关人。高中毕业后考入哈尔滨林业大学，毕业后留校任教。我在２００５年７月２０日去哈尔滨时，傍晚到他家看望他。分别５０多年在北国重逢，实属难得。他家属子女均在哈尔滨，又因身体欠佳，虽乡音未改，常思念家乡，但回家看望亲友可能性不大。２０１４年１０月２０日在老家临海同学聚会，我们十来个曾同班的同学都与他通了电话，2015年1月5日赵尚理同学告诉我：据在临海的敖志文姐姐说，敖志文于去年１２月８日去世了。

蔡显山

他是我老家的近邻，仅隔三间房屋，与我同龄，是我幼年的玩伴。大约在１９９６年，我去上海石材展销会上收集资料，会后去拜访他。他祖父在开中药店，是富家。而他父亲蔡小香（蔡继寿）是个败家子，整天泡在赌场中，也无心管教子女。在他７岁时其父亲赌博输了卖了房，搬迁到离我家较远的本村山坦边居住。我们也分开，虽是同村，见面不多。他因家里生活困难，未上学，在家务农几年后，约在１５岁（１９４７年）时就去上海亲友处谋生。那时我已在中学读书，更少见面，也不知他去上海的具体时间。蔡显山性格温和，言之有理，讲话还有几分风趣，较合得来，我们从未吵过架。

即使蔡显山的父亲在 1950 年匪乱时曾敲诈我家，1951 年土改时斗我母的积极分子，但我还常想念蔡显山。我趁要到上海的机会，去前向他家人了解他的地址。在上海事情完毕后找到他工作的工厂。他正在上班，是个锅炉工，说自己进厂时少报了 5 岁，所以还未退休，并带我去他家。他住在很狭小的亭子间，但整齐洁净，并见到了他夫人。５０年不见，他的性格还是老样子，讲起话来仍轻松风趣。前几年获悉，他已去世。

高伯龙

２０００年４月１８日，我去南昌卖书时到过他家，并取回以前托运给他、请他代领的３箱书。他不是我同学，但我们比一般同学来往更密

好友 1961 年春节会聚。左：周子法　中:高伯寅　右:作者

切。其弟高伯寅是我部队复员后回中学读书时同级不同班的同学，他也在１９５６年考入南京大学（气象系）。入学后不久他就患肾结核，住在鼓楼医院治疗，我们常去看望。其间他遇到不少问题，我毕竟年长些，在外多见了些"世面"，常帮助他解决一些问题，如办理有关费用、病假等。出院后身体较虚弱一时难以回家，经我多次交涉，学校为他安排了一间小平房。但生活上还不能自理，他母亲特地从浙江临海来校照料。因他母亲是家庭妇女，在这大城市中也难以适应，对外一切事情基本上都由我操办。约过了三四个月病情好转稳定后，１９５７年春他们乘轮船到上海，转船到宁波，再乘汽车到临海，平安到家。他们全家对我都很感激。高伯寅回临海后在家继续治疗休养，我多次回临海时都去看望，也与他及他的家人见面，彼此熟悉起来。１９６３年他康复后复学已超期，为了生活，在临海农村小学任代课教师，１９６６年春不幸在睡觉中去世。

高伯寅去世后，他们深感悲痛，我路经临海或探亲回来，都去看望高伯寅的父母。高伯寅有个哥哥叫高伯龙，在江西南昌航运局工作，仅比高伯龙大一岁，但读书同级，１９５６年毕业于临海台州中学，同年考入大连工学院，毕业后分配到南昌。有次我去看望高伯寅的父母时，他也从南昌回来探亲，在他家彼此认识。

１９７５年我调回临海，那时高伯龙的父亲已去世。他家没有其他亲人，高伯龙又远在南昌，远水救不了近火，我常去看望他母亲。他们对我很信任，有事同我商量，还托我给她办理一些事情，主要是房产问题。高伯龙父母在解放前是临海最大的书店——教育书局的老板，除卖书外还经营报纸发行，盈利可观，家产较多，房屋不少，有住房、有店面。解放后书籍由新华书店独销，报刊由邮局发行，他父亲失业了，他们生活来源主要靠出租房屋。１９５８年社会主义改造，出租房由国家统一经营，房租由政府房管所收取，仅发少量给原房户，因此他们收入减少，生活困难。且政府为照顾承租户，即使物价上涨，但经租房房价维持原样，对出租户来讲等于雪上加霜。之后出租房屋的人较多，特别在改革开放后市场经济的引入，房屋出租很普遍，租金也较高，全由出租者收取，对比当年被政府接管的经租制度，显然不合理。因此她要求收回，自行处理。

１９５８年"大跃进"，临海市区开辟新街道，拆了高伯龙家的部分房屋（一间柴房，一间厕所）新建大众饭店。他家成分为工商业户（资本家），虽不是敌对阶级，也是剥削阶级，没有商量余地，要拆就拆。也没有任何赔偿。１９７８年，大众饭店扩建又占用他家房基。建造时高伯龙的母亲上前阻止,哪有人听她的？据邻居说，她大闹大哭了一阵,也无济于事,大众饭店方强行建上。这些事要妥善解决，必须向有关主管部门反映，要查档案。高伯龙又在外，他母亲年老，又不识字，一切都要我协助。一次两次……陪她去到有关部门，找领导、找经办人。这个推给那个，这部门推给另一部门，全无效果。

　　1997年9月，高伯龙母亲在与临海市房管所领导争吵后，回来喝了一碗黄酒（解闷、消愁），突然亡故（可能有高血压病）。丧事办毕后，高伯龙又要回南昌，家里的事只好又委托给我，包括他母亲住房的经管、出租等。高伯龙或其儿子只是每年清明来扫墓，来前都同我打招呼。我与他母亲在生时一样，陪他去拜祭其父母和我同学、好友高伯寅坟墓。因此，与高伯龙来往密切。

李泽松等

　　他是我在南京大学地质系同级不同班的同学，他们几个人是石油专业，毕业后在南海石油开发公司工作，其中李泽松在校时是班长，我们有时一起开会，较熟悉。我在1998年11月第一次去广州卖书时找到他们，他们设宴招待。

承娟英

　　她也是我在南京大学同级不同班同学，在校时仅一般性认识，毕业后她分配在天津塘沽大港油田工作，后与其同班同学林建忠结婚．在几次同学会上我们进一步熟悉，几次要我去天津时到她家住宿。我有次到塘沽卖书就住她家。她就我能编写出这本《石材大全》，多次说我没有白活。

蒋美芬、袁一芬

　　临海人，她是我高中同学，又是我住三府基时的邻居。退休后去杭州与在浙江大学工作的女儿处，住所位在文三路，刚好是市区与三墩之间，我常有书本与不便携带的东西放她处。她也给我很多方便。袁一芬在浙大医院退休后，也曾在其旁药店打工，有便去碰面。这两位同学也借光《石材大全》常会聚。

刘洛图

我为《石材大全》出差和销售中很想见刘洛图同学而始终没有见到他，也是我终身遗憾的事之一，我在这里要为他写几句。他是我在南大的同班同学，山东人，为人诚实厚道，不多话，与我同住一室，平时我们较亲近。第四学年开始他与张伯云同学一起从我班地球化学专业调到新开办的放射性专业，因此，实际上我们只同班了三年。因后来不同班，彼此接触少。听说他毕业后分配在核工业部铀矿地质队，在甘肃某地工作。后来在同学录上知他在西安郊区霸桥核工业部技工学校当校长，我给他去了信，他也回了信。我编写《石材大全》曾托他给我收集资料，他也及时寄来。其间我们也通过电话，他的电话号码是总机转分机的号码。他最后给我来信说自己要去山东把老母亲接来，信用毛笔垂写在格子上，还说自己在练习书法。时间大约在我《石材大全》即要出版的１９９８年春夏。

２０００年１０月中旬，我去西安卖书，准备去看望他，打电话给他没人接。接连打了几天都没人接，我不好冒昧前往，只好下次再会。回来后去信给他也无回信，之后我写信给该校校长办公室询问，过了几天又去了电话。校长办公室同事答复说：刘校长因患肝癌去世了。隔半个月后（１０月３０日），我们大学同级同学在宁波举行同学会，我把这一消息告诉老同学，大家都很怀念刘洛图。

原与我们同班，与刘洛图一起调到放射性班的张伯云也参加那次同学会，他还告诉我有关刘洛图的一些事。

1、刘洛图在文化大革命中判过刑。他的罪名是攻击毛主席，刘洛图说："毛泽东思想是马克思主义的顶峰"这句话是不科学的，既然是顶峰就不发展了。当时"公安六条"规定，反对毛主席就是反革命，为此说他是现行反革命。这是原来与刘洛图同一单位、也是南大毕业的一位同学去农场看望刘洛图，告别时刘洛图把他送到大门口。刘说："我是劳改犯不能出大门，……。"他才获悉这一情况，转告张伯云的。张伯云还告诉我该人的名字和工作单位。

毛泽东死后"四人帮"被抓，刘洛图获平反。出狱后即任命为核工业部西安技校校长，也可说一夜之间从囚徒到领导，从"地下"到"天上"。

2、1958年至1959年"大跃进"时，为打破资产阶级学术权威，大学掀起新编教材。编教材要解放思想，冲破条条框框。年级愈低思想愈解放，条条框框愈少，于是二年级学生编三年级的教材，三年级学生编四年级的教材。这样必然东拼西凑。刘洛图说："这是胡编乱造。"领导说他拖后腿，破坏教改，发动学生写文章批判他，并把批判他的文章汇总成一大本发给大家，供会上批斗他用。

3、张伯云还说刘洛图是烈属，在烈士学校读到初中毕业。领导征求他意见，是愿意工作还是继续升学？

他说继续升学。因此，高中毕业后考入南京大学。当时
有个不愿意升学的同学，之后在我国驻蒙古大使馆工作。

在之后几次同学会上，直至２０１２年最后一次在
南大举行的同学会，我们都提起刘洛图，怀念他的诚实、
刚正、无畏。

九、偷窃成风

在这十多年走南闯北、跑东穿西中，我的财物相对
来讲还是较安全的，但也多次被窃。现按日记中出现前
后，摘抄如下：

（２０００年）１１月２１日　海口

卖书５本。海口夜景美，绿灯透射街道上椰子树，
海边上高楼林立。小偷偷了我的钱。嵊县同乡人在此卖
轮胎。公交车没站头，招手即停，要上就上，要下就下。

（２０００年）
１１月２２日　海口
—湛江

在公交车下车时
东西多、拥挤，小偷
乘机从我后裤袋取
钱，我一边喊偷我东
西，一边下车，发现
还是被偷了７０元。

作者乘船横渡琼州海峡（從海口
到海安）

（2001年）10月19日　成都—重庆

7：10开。车上小偷猖獗，半偷半抢。有个小偷手伸进我袋，我一把抓住，见他年轻，拉他到下车过道上，训了一顿，因态度好，就算了。

（2001年）10月29日　鹰潭—杭州—宁波

4时半起床，6：05开。车挤，农民去义乌打工，小偷乘机偷，被偷者喊叫不停。

11月20日　景德镇瓷都

街上有拉瓷花瓶的。小偷。乘13路去看市容，返回下车时突然上来两人。先指着一个农民样子乘客的脚说："东西丢了。"此人呆了一下。我稍后下车，突然说我脚底下有他丢了的东西，抓住我的脚把它抬起。我头往后一看，知不妙，即扭头看前面，另一人手伸进我西装衣袋里。我叫起来："手插我袋中干什么？"他慌忙拔出。两人速下车，一个往前，一个往后，各自跑掉。晚到黄山。

（2003年）11月6日　徐州—开封—郑州

去开封、郑州卖书和收集再版资料。车上小偷猖獗。

我还有几次被窃记忆犹新，日记中未记，现补上：第一次大约在2000年，在青岛四方车站附近公交车上。车很拥挤，我带有书箱、手拉车，虽也处处留心，但还顾不上全身上下。我下车回旅馆后，手伸进裤子屁股袋取钱去吃饭，发现袋内几十元钱没了，手指也伸到袋外，知是小偷用刀片割的。偷时我毫无感觉，真佩服小偷手艺的高超。

第二次是在杭州乘公交车到汽车东站。车上很拥挤，我坐在座位上，一个小伙子斜靠在我身上，把我压向一边。我很反感，想叫他站好些。但又想乘车不免拥挤，体谅他一下吧！这时斜对方一姑娘眼睛老盯住我，我没觉察她什么意思。车到东站后全部下车。那姑娘指着那小伙子对我说："你口袋中的钱被他取了。"我一边喝住那小伙子，一边将手伸到口袋中摸钱，但钱还在。我连连说："（钱）还在还在。"似有向那小青年道歉之意，免使他受冤枉。那小伙子板起脸孔同那姑娘吵架，说她诽谤。我连忙劝解："误会！误会！算了！算了！"那小伙子息怒，径直快步往出口方向走。姑娘又对我说："我亲眼看到他从你口袋中取出钱。"我再仔细把钱清点了一下，刚才用１００元买了５元东西找回９５元，现只有６０元，才知被偷走了３５元。我连忙往出口方向追，那小伙子已不见了。我返回向那姑娘道歉，问她是哪个单位的？她说在杭大读书。此事是我的粗心，对不起那见义勇为、不顾个人安危的姑娘，至今还很内疚。

第三次是从福建回浙江临海，在临海老家的公交车上。我坐在座位上，旁边站着不少人，有几个是年轻小伙子，其中有一个将衣服披在一只手臂上。当我站起提著书箱和手推车下车时，另一人给我挡了一下，我受阻稍停。当继续移动时忽然感到上衣袋上有动感。我即喊；"怎么啦？"忽见有一张１０元丢在车上，我断定是小偷从我身上取出后听我斥责声放手丢下的。我连忙捡起这张１０元钞票，怒瞪了一下那几个青年人，即下车。之后我凡见到公交车上有把衣服披在一只肩上的人，或下车时被挡一下的，我就会多加小心。

第四次是在杭州乘公交车去三墩。车上也很拥挤。我与几人坐在一排凳上，旁边一青年老是往我身上靠，手还挡住我的脸。形同前次在汽车东站被窃差不多。但我未反应过来，那青年不久即下车。那人下车后，坐在我对面的几位妇女说我钱被偷了，我摸了一下口袋，几十元零用钱没有了。

第五次是１９９８年在杭州，系在腰间皮带上的数码相机被偷。那天下午我乘多次公交车，到晚上回到旅馆才发现相机皮套没了，相机被偷了。这是我多年前花１６５０元买来的，也跟我走遍全国，记录了我所到过的足迹，它的被偷我很心痛。

第六次是在襄樊去重庆的火车上。在到重庆的前一站，上来几个人。因是早上到达，我仍伏在台板上休息，一个刚上来的人，不管我是睡还是醒，手迅速伸到我内衣袋中取东西。他未缩回我就抓住他的手。他挣脱后，我看他到另一座位见有睡的也伸手取钱，大大方方。

不幸中的大幸是，平时我把票面１００元的纸币和身份证等重要对象放在自缝的裤子前襟内袋中，上有皮带箍住，难摸到，也取不出。因此被偷的均是几十元的零用钱而已。

十、骗（捞）钱有术

　　在这十多年中我还多次遇到骗术、捞钱高超的人和单位。

　　（1999）10 月 26 日　南昌-长沙（432 次火车票，买至武昌，43 元）

　　早上在长沙火车站一小吃店吃早餐，店主从我口音中知我是外地人，吃罢需付 3 元钱。我拿出 3 元准备付给店主时，他要我给他整票找零，以便存银行方便。我给他１００元，他找了我９６元。我点了一下差 1 元。他拿回钱自己再点一遍,确是９６元,当即补了我 1 元。我以为这样一反复已有 97 元，接过来没再点就放在袋中，走出门外。我突然觉得还是再点一下好。一点，哎呀！竟发现只有５７元。我连忙返回质问店主，怎么只有５７元？他装作不知道，接回再点，是５７元，补了我４０元。大概由于我口气坚决，也因他做贼心虚，怕我张扬才爽快地补给我。事后我离开朝街上走，见到与该店仅有３０米之隔的警亭，我向亭内一警察反映了此情况。他说钱已拿来就算了。

　　（２０００年）４月１９日　南昌

　　去石材市场卖书。送袜被骗（注）。

　　注：火车站附近，在一店门前人行道上几个女人手上拿着袜子，高声说他们来自上海某公司，来这里搞促销，这是赠送品，做宣传广告用，不要钱。她们很热情、很主动，袜子几乎要塞到行人手中。在旁的几个人接了，我也信以为真，接了一双。接下来后她们要我去室内店里登记一下，要写上我的姓名、住址、电

话，以便可向公司交代袜子的去向。在旁几人即提笔写下，我也写上。她说，这件衬衫原价２００元，现卖６０元；那条裤子原价１５０元，现卖４０元……旁边几个也接受赠袜的人说：这么便宜！这个买一件，那个买一条，纷纷从袋里掏出钱购买，买来后放进包里、提在手上准备离开。我也感到他们都买我不买，不好意思，买了一件６０元的衬衫，买来后也离开。

在路上仔细一看，衬衫质量很差，２０元也可买到，６０元贵了。后来回想到当时的情节也有些可疑，怎么另外几人这样豪爽？原来说白送袜子，现要买衣服？看来是骗子。我回到送袜子地方，看到原来很豪爽的几个人，仍在店门口等待着什么，但手里"买"的东西没了。我知他们在演"双簧"戏，进去同他们说衬衫是次品，要求退货。他们还支支吾吾不肯退。我说不退要告到派出所和工商局。争吵一番后，他们才退，钱还给我。

之后我在上海、杭州，甚至老家临海等其他城市常碰到此类事时，我一把拿来袜子就走，任他们在后面追。

１１月７日　南昌—株洲

南昌又碰到骗子，廉价衣服、照相机……

（２００１年）３月１２日　北京

北京石材展览会开幕。夜在一水果摊买水果，２.７６元，一张５０元找回４７.４元，当时店主当面点给我，一分不少。我去另一店买东西，发现仅１７.４元，少了３０元。回去质问，态度严峻。店主补了我３０元。（花样出在：店主把钱交给我时小手指撬了３０元，丢在地上。我离开后他们捡去。）

３月１４日　北京

石材展销会，卖书。公共汽车上被骗，1角当1元。卖书差点被骗，书拿了，钱也拿回去。

10月14日 兰州

早7时离开宗华家，乘76路水站下车，行李用手推车拉到车站。买了T54次车去宝鸡，9：47开。上车前不检票，上车后检票，检票费要1元钱，吵了一顿。现车往东向宝鸡进发，目睹黄土高坡之景。

10月15日 宝鸡

15：44去成都，坐硬席，买票时售票员说卧铺票到车上补。进站后拣票服务员问我要不要卧铺票？我说到车上补卧票。上车后知公家没有卧铺票卖，服务员私人有，以65元不开票补了一张到成都的下铺票。

11月11日 广州

早上遇一敲竹杠者，有意使我碰到店内台角边的玻璃瓶，使它丢在地上。我碰上丢下了，要我赔钱（故意放的，因放在台面外角上，很容易触到丢在地上），幸好未打破，没给他钱。

11月15日 长沙

早起买牙膏，50元找零，被骗花样新，也怪自己太信任，不细心（注）。

马王堆石材市场卖2本，各50元，后1本暂放1201号摊位，他说看一下再定，还说自己中专毕业，守信用（后来我去了几次，他用"书别人借去"等理由推托，赖掉了）。

注：住在火车站近旁二楼旅馆，下楼到杂货店买牙膏。牙膏

４元一支，我给店主５０元，他应找我４６元。找来的６元都是１元的零钱。我清点后只有４５元，交店主再点。店主点后，也是４５元，当面补我１元。我以为不会再有差错了，没再点就回楼上。上楼后躺在床上，感到与上次吃早餐时被骗一样可疑，再清点一次，刚才找回的钱只有２６元。我连忙下楼与店主交涉，补了我２０元。

１１月１６日　武汉

夜晚１２：４０到。早上出门又遇"白送衣服"骗子。后去湖北省石协。中午１２时进入石材市场，共卖９本，计６８０元。

（２００２年）５月１５日　北京

再次去中国石材工材协会就合作再版问题谈判。回来经北京站，见到人行天桥上卖假发票，热闹非凡。

我还碰到一些差一点被骗的事，有的印象很深，简述于下：

1、１９９８年１１月一个夜晚，我第一次去广州，在广州火车站附近，有一人走在我前面，丢下一包白色塑料袋，内有一迭面值１００元的钞票。随后上来一个人当着我的面拾起这包塑料袋，叫我不要同别人讲，也不要报警，同我对分。我不理他，照常往前走。我在来广州的火车上，在与一位浙江江山上车的青年交谈中知我初次来广州，告知我去广州要注意三件事，其中一件便是碰到这种情况，千万不要理他。若你同意对分，他把你引到暗中角落里，分钱时，他们会把你身上的钱都抢光。你是因想占便宜而被抢，也不敢报警。

过了多年后，在杭州汽车东站我也遇到这种情况。杭州是我家门口，岂容你们这样戏弄诈骗我？我把后来上前拾起钱要同我对分的青年训了一顿。

2、上海（闸北）火车新客站南、北广场间有条较长的地下人行通道，且有几个转弯，行人拥挤。我常经过这条通道去另一广场转车，手推手拉车，肩背挎包，随身物件不少，一副外地人模样一看就知。常有人上来先和我并肩走，走一阵后问我去哪里？我说去某地。他听我的口音更知我是外地人，同我说："我的车正要去某地，车上有东西需人帮忙扶一扶，我带你去那边，不收车费，你帮我扶一下东西就可。"我想不会有这么凑巧，也不会有这么好心人。多次如此，我觉得不正常，均婉转谢绝。

十一、社会百态

上述所介绍的小偷、敲诈等也是社会百态之一，此处主要指一些五花八门、平时不常见的社会现象。摘抄有关日记中的片断。

（１９９９年）１０月２４日　武昌

去武昌火车站领书，他们要我去洪山广场边的一个文化机构批准后可领取，我照例带了样书，因书上有我主编的照片，一讲就批准。共有４箱书（４０本），领来后２箱交湖北省石材协会周豫鄂代销，另２箱在汉西路石材市场上卖，卖得较好。武汉洪山广场中农贸、小商品市场兴旺，秩序较乱，很多私刻公章、办假证、卖假货（古董）等公开设摊。我问一个当地人，警察管否？他说："你报案他来管，不报案他不管。"所谓"管"也只不过叫你走开，到另一个地方设摊而已，因此也很少有人报案。我看到一些穿警服的人来回走动不管不问，悠闲自得。我想，社会变成这样，后果不堪设想。但又似乎感到自己不开放，落后了。

（２０００年）６月１６日　青岛

欣赏海滨美景。去沂水路７号建筑书店、金华路３８号新华书店联系代销。又去北方石材公司、图书批销中心联系，无果。小偷、骗子、强盗防不胜防。见两人为１元钱打架。年轻女子喜穿高跟鞋，一个少女刚下公交车，我也在其后下车，见她一只鞋高跟脱落，另一只仍在，走路像跛子，一副尴尬相，当然是鞋的质量欠佳。

６月２６日　长春

长春夜里街头击鼓扭秧歌舞，热闹非凡，这在其他城市很少见。

１０月３日　北京

去火车南站，要饭小人抱住你的腿要钱，否则不让你走，也没人管。

１０月１８日　西安—郑州

早餐差点被骗。下午１时乘６０３游市容。去郑州路上见华山险峰，夜１时许到郑州。被叫宿夜，揽客人员叫我住写有"国营"的招待所，我入住后强要小姐陪我。我拒绝，吵架后离开。找到旁边工行招待所。夜拉肚子，呕吐。

10月20日　合肥

昨晚上小姐来"动员"我三次。后又来敲门，再拒，关门。后挡门。早上征询老板意见，同老板讲定，若小姐不来纠缠，则可再住几天，老板满口答应。在蚌埠去合肥车上，三个脸色红润穿着时髦的中年人，列车员多次劝阻其抽烟，不止。当检票时，无票，称自己为派出所所长、副所长。

11月8日　株洲—衡阳

在株洲住铁路招待所，无厕所、无洗脸间、无热水、无法洗澡。地下一间乱哄哄，20元/天，管理者早上8时下班去另一个地方上班，晚5时半下班回来上班。

火车站候车室坐椅中间隔了高1.4米的不锈钢管，以防候车人躺在椅上睡觉。进站有领队，手拿牌子，似运动员入场，其间进站台路上有服务员维持秩序。株洲街道还好。晚到衡阳，车站前无公共厕所，临街家家房前告示："内有厕所，五角一次。"

11月15日　广州

广州街道清洁工背三角带，头戴大盖帽，很威武。但老妇女穿起来远看还可以，近看就没样子。

11月24日　湛江—广州

早点肉包3元一笼，精肉多（市中心）。想去海边看大海，太累了没去。青年、老年喜用大如手臂的毛竹做烟筒抽大烟（自制烟丝），石材市场中有几个老板也在抽。

（２００１年）３月１７日　北京

上午去石材市场卖书。下午去（住中央音乐学院的南大同学）林国珍处。她说"法轮功"入迷自焚的音乐学院学生张果是该院学生，石家庄人，平时不多话。

１０月２０日　重庆

车站挑夫多，用一根扁担两根绳做生意，没三轮车、没黄包车。小吃摊多，

４元吃饱。

１１月１４日　广州—长沙

广州话"乘客"与"警察"音似，公共车上服务员常喊"各位乘客"，我以为是说"各位警察"。我在广州当了几天"警察"。

１１月１７日　武汉—长沙—株洲—向塘

火车上做生意的、要饭的、小孩卖唱的真热闹非凡。后者第一次见到，唱得很好。

１１月１８日　南昌

去年有１０本书放东方书店代销，经办人休息，不在，明天来。后去八一广场，妓女多。下午３时本想乘３路去麻纺厂石材市场卖书，挤不上公交车，又去八一广场溜达，妓女拉客。我擦鞋避之，标价０.５元，实付１元。

（2002年）

6月12日　北京

去三里河中国石材工业协会。去百万庄邮局寄书，邮局职工态度好。北京站前面天桥上卖假发票的很多。

川北山區農民背物上山

6月16日～20日　北京

北京卖假发票、要饭的多，小乞丐抱住你脚不放。西黄城根街也有断脚跪地要饭。北京站邮局服务态度好。北京站前人行天桥上下卖假发票多。

11月9日　广州

石材展卖书。早上在火车站对面公共电话亭里给何永棠打电话，被另一人接，说要开车来车站接我。我一听不是何永棠声音，我仅去那边取几本书，何必来车接我？我知有问题，问是谁？对方讲

北京站天橋(右前方)

賣假發票猖厥

不清，我挂断了电话。（何永棠后来告知我，没这回事，广州诈骗多，花样百出，你要小心。）

11月13日　云浮

昨晚廖志金设宴招待，请我去餐馆吃蛇肉。我不免

有疑心，仅吃一口，而他放开肚皮，一口一口吃，又不断叫我吃，我只好动动筷子，伸到蛇肉盘中蘸一下，以应付了事。

11月16日　云浮

与廖志金一道去粤云风水球厂，想拉广告。厂方宴请我们：吃蛇肉。

11月19日　南宁

夜返回交通局招待所，单人间３０元，还好。吃风味餐，甜酸蛋、猪脚炒饭，６元，平生第一次。

11月25日　长沙—郑州—北京

上午在长沙找建设书店。９：４５上车，晚９点半到郑州。途经湖南、湖北、河南，从南方到北方。晚９：３０下车，速买票到北京，１１：４２开车。车上遇到长期随车捡废品（主要是易拉罐、矿泉水瓶）的专职农民。他说自己是河北人，火车从北京站开出后第一停靠站就让他免费上车，在车上代替列车员打扫卫生。作为回报，车上的易拉罐、矿泉水瓶等废品由他们捡去，吃饭也可便宜一些。车开到广州前一站，他随捡到的废品下车，去收购站卖，所得归己。等到该班车回北京时再在该站上车，"重操旧业"。再在到北京前一站连同废品下车，这样循环作业，收入还不错，也做到"物尽其用，劳资两利"的社会效益，也减了列车员的辛劳。

（２００３年）11月8日　徐州—蚌埠—合肥

在蚌埠石材市场卖书、收集再版资料时，发现我书被盗版（注）。晚７时去合肥，９：３０到。

　　注：我去蚌埠上海装饰市场卖书，在一家花岗石店内出示《装饰石材实用大全》，问老板买不买？他说已买来一套。我知目前没有成套的石材书籍，我的《装饰石材实用大全》算是较为权威的了，我怀着好奇心情，请他给我看一看。他取出三本一套的《现代石材勘探、开采与加工工艺实用手册》，由彭志源主编，中国致公出版社出版，北京密云印刷厂印刷，定价６８５元，２００２年出版。我未曾听说有此书，也不知彭志源这个人。石材界的"文人"我大都认识，一本大作出版必先要造舆论，但没有一点公开的信息，这似乎不正常。我再翻１０多个编委名单，一个也不认识，更使我疑心。我再看各章内容，有不少章节与我书一样，甚至文字语气也出自我手，稍与我书对照一下，竟有５个章节全是抄袭我书，连标点符号都一样。我问老板，书是哪里买来的？他说北京打电话推销，以３００元钱买来。我说："该书是抄袭我书和其他人的书拼凑盗版来的，我要查一下，请保管好，现我送你我编写的这本书，将来我新书出版后再同你调此套《现代石材勘探、开采与加工工艺使用手册》可否？"他说："可以。"我摘下该书书号、有关责任人和出版、印刷单位，再去信联系、购买，都无回复。后去北京中国石材工业协会和致公党、致公出版社询问，都不知此事，书店也无此书出售。我新书出版后去蚌埠送给该老板（陈福裕）一本，调来这套盗版书，多处了解查询，至今仍无结果。我和中国石材工业协会诸同事都认为，此事很可能是业内人士所为，但发行量不佳，因做贼心虚只好"隐姓埋名"，经济上也许是"偷鸡不成反蚀把米"。

（２００５年）３月２５日蚌埠—杭州（Ｋ２５５次，１１：３８开，９４元）

早上去蚌埠上海石材市场陈福裕处，新书换来盗版书。中午回杭州。

６月２８日　北京

卖了几天书后，去十三陵、八达岭玩。北京站前天桥桥上桥头卖假发票、行乞者多。

（２００７年）１０月１１日　北京

此次来京主要参加南大同学会，明天开始，今去最高法院、全国人大、国务院、最高检察院上访接待室，以熟悉一下情况，以便下次可来上访。最高法院接访站在幸福路１４号，到达后问一小店女老板是否？她说，幸福的人不来此地，我知已找到。最高检察院在东交民巷，与最高法院紧挨。便衣警察要抓我（注）。

八達嶺長城

注：我知杭州房产案是一场艰苦、旷日持久的诉讼，因我没有直接证据，都是间接证据，又没人情关系，也不想利用人情关系，只求公正。虽我案中级法院、高级法院都还未涉及，但据西湖区法院无中生有、捏造事实明显偏袒的情况，中级法院、高级法院对基层法院的判决，如没有基本（７０％）的错误是不会推翻的（浙江省高级法院一接待法官语），或许我的官司之后要诉到最高法院、最高检察院，现我在北京，借机去这些接访地"踏勘"一下，可为下次带来方便。

最高法院是案件的终极，我在１９８０年来过最高法院接访站，现记不清了，先再去了解一下。

我在北京站乘２０路去南站方向，车上有３个天津人，１男２女，从他们交谈中知他们要去国务院上访，我跟随他们在永定门站下车。他们边走边同我讲，说里面走道上有不少是便衣警察，你干你的，不要理他们，不要问这问那，看路标、告示即可。我们进到大院子，来人已不少，但没高声喧哗。当走到尽头一个门口，他们出示文书，进到内屋，我只能留步。从告示中知旁边是全国人大接待站，也有不少人。因都与我无关，我就出来了。问路人去幸福路最高法院上访接待站如何走，回答说过桥便是。

我走到幸福路一弄堂口，见里面有好多人，问了一下弄堂口一小店女主人，这里是不是幸福路最高院接待站？她说幸福的人不会到这里来的。我知已找到，再往前走。见一块大牌子上写着："山东省高院民庭是大黑窝"几个字，另有不少小牌子，都是指责当地法院的。再进内转弯一看，大院子中已挤满了人，还排着长长的队伍。我再进内一看还有一个大房间内摆放着桌椅，基本上也坐满了人。我还看到外墙上张贴着国家有关权力机构上访接待站的地址：最高检察院在东交民巷××号，公安部在×××××，民政部在××××××……我还在排长队的接待窗口张罗了一下，先填好表格，仅是省高级法院判决过的接待受理，裁定的或其下法院判决的都不受理。

这些与我没关系，还是去东交民巷最高检察院"踏勘"一下，何况那儿是"五四"运动的热点，也是外国使领馆和《西苑风云》中高岗等高官的住宅所在地，去见识一下也好。我赶到东交民巷最高检察院接待站，不大的接待站门口门关着，挂在墙上的牌子写着：今天接待名额已满。但门口还有三三两两聚集议论着，有几个是新疆来的。他们说，要早上5点钟来排队可能会接待到。

最高人民检察院旁侧就是最高人民法院大楼，宏伟、气魄、庄严。触景生情，我想起了陈文、黄正兴等熟人无罪被判刑，虽现已平反，但对他们精神上的打击、身体上的摧残难以弥补。黄正兴青春年华时在狱中度过，现已80多岁还未婚，这叫谁来负责。法治国家，法院是正义的象征，是社会的良心，法治兴邦、法正民安，我想在我们"说有法也是无法，说无法还是有法"的国家里（如"文革"中大于宪法的"公安六条"），当我看到这座大楼时，心潮涌动，浮想联翩，在它的手下不知制造了多少个冤假错案！

我再往前走到正义路与东交民巷交叉口，聚集着大群人，也是三三两两议论着什么，也来自各个省份。但这已离最高法院和最高检察院有100多米的距离了，附近也未见有其他政法机关，我不知为什么在此聚集着这么多人。脚有些累了，我就在旁边与东交民巷交叉的正义路"三人靠背铁条椅"上坐下来歇一歇。不一会儿，一个30多岁的青年人坐在我身边，没多久同我聊起来，问我老家在哪里？我说浙江宁波。又问我来这里干什么？我说到最高检察院反映问题，来迟了接待名额满了，在这里歇一歇。这位年轻人很"热情"，要我坐这里再等一下，他去叫两个人来接待我，说："你老人家来北京不易，路上辛苦，多等一天多一天开支……"说着他就去请人，临走时再次叮嘱我不要离开。

我也很老实，没离开。过了好久，他又来了，没带人来，再次叮嘱我不要离开，说马上会来。我想：难道这么好，有人专门来接待我这个在马路上休闲的人吗？这里有奥妙。反正我没其他事，也没有其他问题，７５岁了，看他"演"下去，见见世面也好，我继续坐着等下去。又过了一阵子，还未见人来，已近中午，脚也不累了，肚子有些饿了，不再满足他了。我离开朝台基厂路走，想乘１０３路电车到北京站，回旅馆去。

刚走到东交民巷与正义路交叉口，见那人站在房前人行道高处朝街上聚集的人群高喊："宁波来的，过来！"一遍一遍又一遍。我也不理他，在他屁股后溜走了。之后我领悟到，这就是天津人讲的便衣警察，他们混在上访的人群中。据报导，全国各地公安等政府部门来京强制带（押）回上访的人案例不少。我此次为参加大学同学会来京，如被强制押回宁波，是"得不偿失"的，那天可能宁波市公安部门没来人，也许来了不在此地，我还是有点幸运未被带走，我认为这也是"说有法也是无法，说无法还是有法"的表现之一。

（２００８年）１０月５日　西安

凌晨２时到西安。８时去火车站领书，叫一辆三轮车运到石材市场，到大华路敲去１５元，说不去了。又转叫一辆三轮车到石材市场，８元。在大明宫石材市场卖后剩下一本不卖，以备明天去郑州取丢失的照相机、小灵通作证用。

（我未离开旅馆，更没退房，服务员打扫卫生，把我照相机、小灵通电话机都打扫了。后被捡破烂的人捡去卖给收购站，是不是他们勾结？）

１０月６日　　西安—郑州—徐州　（Ｋ１６次，０７：２３开，７３元；快２０６次，２１：３０开，５２元）

上午去郑州，下午2时许到。到群芳旅社找小灵通话机、照相机，后去收购站，以40元赎回。

还有两件印象很深的事。

1. 有次我乘汽车在临海去宁波途中，几个人玩起了"猜红元"，三张牌中一张有红点，放在乘客前反复操反，猜中的一赔一，似乎一目了然，很易猜中。他们有4个同伙，佯装彼此不认识，"押赌"的都猜中玩赢了，庄家100元、200元……似流水地赔出。有的初次外出的乘客看得津津有味，心中发痒，有的也试一试、捞一笔。坐在我旁边一乘客对另一欲试的乘客说：这行当十有九输，其意劝阻他不要参与。那几个玩牌的同伙认为破坏他生意，给了他狠狠一耳光。被打的乘客愤然下车报警。不一会儿交警驱车追上，上车找寻打人凶手，要大家举报。该凶手就坐我后侧，没有一人敢说。我要去宁波办事，怕耽误时间，此路今后要常走，也怕报复，不敢举报。今仍还内疚。

2. 有次从厦门乘中巴车去水头。车过集美后不久，忽然车上一声巨响，是易拉罐爆炸，内中饮料四射，喷及另一"乘客"身上，两人大吵，几乎要打起来，吸引了全车的注目。拉易拉罐的人说他罐中有奖牌，中奖后凭奖牌可得多少钱。他身上还有许多易拉罐，猜中得多少，猜不中付多少。两人赌起来。被喷的"乘客"赢了不少钱。坐在相隔几排、佯装不认识的几人也参加进来，也都赢了钱。似乎这个钱也很易赚。后排有位姑娘也想发财，冲上前拼搏，结果身上的钱全部输光了，下车时泪水汪汪。结束后，这些"乘客"一起说说笑笑下了车。原来他们是同伙。

通过这些努力，《石材大全》到２００８年基本销完了，仅剩下９０来本，之后除展销会外没外出推销，近几年客户来电话又卖了一些。剩下６０来本，２０１３年５月福建世联图书公司林涧坪经理批发了５６本，７月份汇来书款。至此，这场历时２０多年的《石材大全》"大战"宣告结束。这十多年中，我忽南忽北，时东时西，想到哪儿就去哪儿，到处穿梭，悠然自得，便宜旅馆，一般快餐，睡得好吃得下，本单位的王飞云等同事常说我生活过得太潇洒了，实则谈何容易！

自１９９０年我构思写一本石材书起，至该书卖完整整２４年，其中的辛酸苦辣、悲喜交织的往事刻骨铭心。特别在外出销书的十年多年里，其艰苦历程终生难忘。我深深体会到勤劳节约、艰苦奋斗、开拓进取、坚持不懈是社会发展、家庭富足、个人成功的永恒主题。我母亲是如此，我也这样，从这角度我身上确实深深地刻着母亲的烙印。从而也证实了应克复先生的论点——富有家庭出身的人就是好出身。

我们毕竟干了些事，在改善自己处境的同时，也满足了别人的需要。人们互相帮助，彼此得益，也增加、创造了社会财富，促进了社会发展，我想这不属于阶级斗争范畴，是正常社会正常活动的组成部分。因此，不都是由于阶级斗争社会才能得到发展。

　　在我辛苦写书、辛苦卖书时我已退休，有退休金完全可以维持生活，当时两个小孩也已工作，临海、宁波两地都有房产，经济上没有压力。在我为《石材大全》辛苦的时刻，我的同学同事几乎都在安度晚年、坐享清福，我却为了提高同行的石材知识而"背道而驰"。我认为这与各人的素质（社会责任、事业心）、条件、环境不同有关，其中也包括人有"勤懒之分，智愚之别"。因此，社会上必会形成贫富之分，这是社会发展过程中纯属正常的自然现象。我凭辛苦写书、辛苦卖书所得的收入买了三所房屋，如果土地可以自由买卖，也许会买上三十亩土地，而成为"土地改革"时的"地主"，我就要成为必须打倒、消灭的阶级敌人，而安度晚年、坐享清福的我同学同事却没这一风险。。、

　　我父亲 1943 年亡故时，家有 5 亩左右的土地，只有我和母亲两个人，相当于中农成份。如果她与其他邻居妇女一样，不从事养母猪、开小店等副业，不再把土地买到 22.484 亩，仅守住家产也可维持生活。可她要"勤劳节俭、开拓进取"，结果成了地主，成了被中共按照马克思主义打倒、消灭的对象。"天道酬勤"变成"天道罚勤"。

　　我学过《政治经济学》，知道有个"剩余价值"的名词，但至今还搞不清"剩余价值"的确切含意；中共按照马克思主义建立的中华人民共和国己 70 多年，都按马克思主义来治国理政，但我至今还难以理解我母亲错

在什么地方而要受到如此而长期的惩罚，还有其他地主呢！

第七章　对"民进职高"抗争及失败

笔者按：

本文涉及有关人员的名誉问题，笔者在定稿前曾向其单位发函，就该文所述事实有无出入征求意见。该函件附下。

民进临海市委，中共临海市统战部党派科：

你们好！现我年迈（生于1933年），生命即将走到尽头。在我过去的岁月中，总算为社会为国家做了些事，有成功有失败。现趁身体还可，想写本《回忆录》，现起了草。1996年邀我参加创办"民进职高"的事，这是我人生中最大的失败，且败得最惨，也想把它写入。为慎重起见，在定稿前请你们核实一下该文与事实有无出入。

希在一周内回复。

蔡行来

2021年4月21日

抄送：中共临海市委统战部叶泽诚先生

该信于4月22日递交，4月29日起直至5月11日多次去寻求回复，均未果。民进办公室周某、党派科办公室洪某都说已交给领导，没有回复。因此，我于5月24日发此书稿。

我在本书第六章提到《石材大全》编写过程分两个阶段，1996年10月前在临海家中编写，因兼有一些其他工作，时断时续。书中称"1996年夏秋，挂着民主促进会临海市委"民进职业高中"名称的办学人员邀我一起参加创办，我积极投入。办成后有两人为争夺更大经济利益，串通民进临海市委，又在中共临海统战部党派科支持下以种种卑劣手段把我清除出来，我败得相当惨烈！在压抑下，为雪耻还身，1996年10月去宁波家中集中精力刻苦编写，以成果来显示我的能力，也实现我想干，已在干的事，一定要把它干好的愿望。"

我虽落到如此惨败的下场，但这事对我《石材大全》一书取得如此成功起到非凡的作用。上述已提到该书在1998年11月出版后，由于读者反映较好，营销很快，2002年中国石材工业协会下了【中石协（2002）

临海電視臺、《今日临海》報社就《石材大全》採訪筆者 2019年

10号文】要我修订再版，并定为该行业具指导作用的大型工具书。修订本于2004年9月出版。再版后的《石材大全》多年前又销售完毕，2015年国家石材行业领导机构又要我修订再版。第三版在2018年7月出版后，临海市电视台和《今日临海》报获悉我有如此成就，于2019年8月联合采访我，并以《九旬老人编220万字石材专著 两次再版成行业指导用书》为题作了播放和报导，在临海市民中有一定影响。

我另一本读者有较高评价的《地主》一书，其顺利出版也得益此事件的延伸。在我被邀参加创办民进职高时认识了该校校长叶泽诚,他为人谦和诚恳,学识渊博,著作较多, 与出版界结识较广, 对我也较同情,我们个人关系也较好,我《地主》等书稿在他推荐下才得以顺利正式出版。

虽以上两书与我被邀和被清除出创办民进职高有关,但丝毫没有中国民主促进会临海市委和中国共产党临海市委统战部党派科的功劳,且此事件较深层地反映出我国当今的社会风貌和政党之间关系,我也不忘平生中遭到这一奇耻大辱。因此在我《回忆录》一书中特立一章进行介绍。

作者被清除出"民進職高"
後出版的書

第一节　邀我创办"民进职高"

1994 年,我高中同学彭君理受杭州大学中文系友人委托,在临海招收成人高校学生,学制两年。我与彭君理同级不同班,平时来往不多,他知我有活动能量,较勤快,找我合作为杭大招生。临海中学职员叶招云儿子要报考，她来过我处多次，我们彼此才认识。交谈中她知我退休后在多所学校任教。她儿子报名后，被杭大成人高校录取，学制两年。

两年后的 1996 年 5 月初，叶招云在街上碰到我，问我是否愿意参加他们办学（后知他们办学的班子有两位教师退出）。我说："目前工作分配较困难，招生不容易。"她说："已有 50 个分配名额落实，是挂'民主促进会临海市委员会职业高中'牌子，每人交 1000 元办学启动费，刘廉清（我同学，临海中学教师）也参加，欢迎你来。如你同意，星期天晚上到红楼三楼校长叶泽诚办公室开会。"我说："那好吧！碰头后再定。"5 月 9 日（星期日）晚，我来到红楼三楼，除叶泽诚、叶招云在等候外，还有位台州师专的老师（胡正武），我到后即开会。

叶泽诚首先介绍学校情况，与叶招云讲的相似，但更详细。他也说每人出资 1000 元合作办学，自负盈亏，还问我手头有什么工作，有无冲突，并介绍了筹备情况和组成人员及其简历，欢迎我参加。我也作了自我介绍，讲了一些过去的任教情况，也说自己不是民进会员（临海市民进会员只有几十个人，这点他们早已知道），当前在编写一本石材的书，会妥善安排，与办学没什么矛盾。随后与会者都欢迎我参加。

我看他们都是教书先生，有文化有知识，必为人师表，诚信待人。我过去虽在多个学校教课，但都是聘用，能参加办个有自主权的学校也好，就答应了。因身上仅有 700 元，当场就把这 700 元交给校长叶泽诚（民进副主委），说之后再补上 300 元。因他们都在职，我是退休者，要我去台州各地张贴招生广告，另 300 元做差旅费，用后报销冲账。后知他们每人都出资 700 元，不是 1000元。这样我就垫资 300 元。

第二节　为谋私利　我遭排挤

随后我两次去台州各县张贴招生广告，他们还叫我联系租赁校舍，筹办教学用具等。最忙碌、最辛苦、垫资最大（也可说风险最大）的是我。经过多方努力，招收了４０人，每人收学费、杂费等１４００元。各项开支后还有盈余，但不多。９月９日开学，经全校教师集体研究分工决定，我负责旅游课、政治课，兼任班主任，分管后勤。学校终于办起来了。

开学后一两天，负责教务的胡正武老师向别的学校通融来的教材，因曾发给该校学生，由于课程突然改变，未上课就收回。叶招云和刘廉清都是来自临海中学的老师，发现个别课本中划过线，写过几个字，她们就同胡正武大发雷霆，说他买的是旧教材。其气势之大我仅在旁听到也有些心惊肉跳，这么点小事何必发如此大的火？课本仍是新的，这根本不影响学习，没必要如此小题大做。胡正武一人与她们争辩不过，弄得很尴尬。之后我才知道这是他们有意使胡正武难堪，目的是使他待不下去。

9月13日晚，本是商讨工作开会，叶招云提出学校办不好，有难度，要退出。接着刘廉清也说要退出。胡正武因与她们合不来，也说要退出。校长叶泽诚因社会事务多出差未参加。我想学生招来了，学费收了，学校开学了，主要问题都解决了，怎么又要退出呢？不办下去学生怎么处理？收来的费用怎么退还？租来的房屋租金怎么办？这样太不负责任了。我坚决反对，要办下去，决不退出，也反对退出。

"民進職高"校址(第三層)

由于我要坚持办下去的坚决态度，接着叶招云提出班主任由刘廉清担任。在我未表态同意前刘廉清就接受；叶招云仅高中毕业，在临海中学是管理实验室的管理员，在民进职高中也是普通一员，没有资格任命某人职务，但由于她邀请我来参加办学，为搞好关系，我退让，交出班主任一职（刘后来又交给叶招云的儿子担任）。我有700元差旅费提出要报销，叶招云说只报销车费不给补贴。我认为她的话欺人太甚，大热天在外出差辛苦，费用也大，她自己不出去，还扣除我出差补贴。我不能再让，争吵开来。之后我才知叶招云提出要退出，目的是引诱我也做同样的表态——退出，以便她们名正言顺地清除我，并不是她真正要退出。我反对退出，她未达目的，又来一计——撤去我班主任的职务，再借出差不给补贴来报复。

这两件事在正常情况下，特别在校长叶泽诚不在的情况下，都不应发生的，叶招云不是校领导，怎么有权免除开学前集体定下的我班主任一职和出差不给补贴呢？她太嚣张跋扈了，她所做这一切的目的都是要排挤我，想把我赶走。

9月16日，我去上旅游课，叶招云告知我，该课昨天已由刘廉清老师上了。我想这课由我担任是开学前集体商定的，怎么未经集体研究，未经我同意，校长也未在，由别的老师去上了？我毕业于南京大学地质系，在浙大任教多年，近年又在多个学校任地理课教师，与民进职高其他教师相比，我最有资格担任此课，怎么被仅高中毕业在初中教历史的刘廉清替代了呢？我问负责教务的胡正武老师，他说不知道。

开学时叶招云、刘廉清与胡正武为教材问题大吵特吵，他也无心过问，显然这事是叶招云和刘廉清两人导演的。当时校长叶泽诚仍出差在外，他回来后我向他作了反映，要坚持上旅游课。但还不知叶招云他们要把我赶出的意图。后来得知，1994年通过我招进杭州大学两年制成人高校的叶招云的大儿子，那时已毕业在家等待（找）工作，叶招云要把他安插进民进职高来教书。老大难的招生问题在后期也由叶招云的小儿子在邮政局做分发投递工作得到解决。因中考未考取升学的初中毕业生，由招生办发函通知，考取的由录取学校发函通知，邮局投递组一看就知道谁录取了谁没录取。叶招云的小儿子曾把大量未录取的初中毕业生的落榜通知书拿到家里，因其上有该生通信地址、姓名等信息，拿来后交我们办学合伙人按信封照抄这些信息，我们按此信息再发信给落榜生，可招收来校。

我那时因事去宁波，回来后听他们说突击抄了几个深夜。因从邮局拿来后次日早必须拿回邮局，否则要影响发信时间，是违法的，故要开夜车。他们还埋怨我外出没有参加抄写。通过这一方式也招了些学生。这个办法明年、后年还可用，这样就不需要我外出贴布告招生了。校舍已租好，以后还可用，其他工作也已就绪，用不着我了。

叶招云凭着自己小儿子在邮局从事收发工作的优势和大儿子在家待业的忧虑，就设法把我和胡正武两人赶走。对刘廉清来讲，去了两个人进来一个人，分红也会多些，何况叶招云是她在临海中学的同事，对她支持对己也有利，所以也积极参与对我和胡正武的排挤。

第三节　花开泰的卑鄙恶劣

我还是有责任心的人，在不知她们阴谋之前，我认为人人应忠于职守，尽心尽职办事，对学生负责，对事情负责，抱着这一宗旨对待遇到的问题，主张艰苦办学，坚持办下去，非但自己不退出，也反对他们退出。见我不易驱赶，她们就做民政临海市委秘书长花开泰的工作，花开泰是刘廉清同学，他不经了解就完全倒向她们一边，对她们言听计从，还利用自己的权力，有所创造。花开泰等从来不过问我们办学，我参加办学后几个月以来他们从未来过学校，也未叫我们开一次会，我也不认识他，校长叶泽诚在与我第一次碰面开会时，就说明是合伙人自负盈亏，因此，也不需他来过问、来指导。

9月23日我拉肚子在家休息，叶泽诚校长通知我去位于市委市政府大楼内的中国民主促进会（民进）临海市委办公室开会。我说身体不好，叶泽诚还要我赴会。我勉强去后，迟到。花开泰秘书长即向我们宣布：

1. ·经（民进）市委郑重研究决定："民进职高"筹备组解散，除叶泽诚、叶招云、刘廉清外，其余人员工作结束；

2. 市委会着手对"民进职高"进行整顿，以后用人发聘书，非本会人员，一律清退，个人要服从组织；

3. 退还各人启动资金700元，差旅费给予报销，开学后蔡行来的几天任课工资给予结清。

事发突然，我听了花开泰讲话后相当不满，当即大声说：我要继续上课，这是人吃人！说后我就愤然离去。次日我根据以往课程表安排仍去上课，不料课程表已改，没有我的课，我仍进教室要上课。花秘书长在叶泽诚的带领下也进了教室，也是他第一次来校。花开泰说以领导身份来看看同学，接着宣布：这是蔡行来老师最后一次课。我当即反驳说：这不是最后一次。

我去市政府大楼，向在同一楼层与民进市委办公室仅隔3个房间管理民主党派的中共临海市委党派科科长许尚森反映。第一次反映后他说了解了解，但未见有什么动静，仍然不让我上课。我还是坚持要上课，走进教室约半数学生纷纷离去，显然是她们利用班主任的权威事先说服学生，我来上课他们就退出，我又向许尚森反映这种不正常的现象。许尚森当即还告诉我，说要组织教师听我的课。我知这是阴谋、是借口。我立即向许尚森提出："听我课可以，但所有任课老师的课都要听。"许尚森为什么比我早知要组织人员听我的课，我认为其中有奥妙，是花开泰请示他，还是他的主意？。

第四节 临海市委比匪更坏

她们当面清除我受阻，在背后挖空心思不择手段来丑化我。叶泽诚校长后来透露，他们甚至在学生面前说："蔡老师光头（秃顶），性欲强，女同学不安全，所以不给他当班主任，不要他任教。"这是过了半年后，我到叶泽诚家去再次表示对"民进"临海市委处理我的事不满时，他亲口同我讲的。我的光头不是"民进职高"创办来后才秃顶的，二年前叶招云找我把其儿子招进杭大成人高校时就秃了，她要我参加民进职高办学时已秃了，叶泽诚欢迎我参加民进职高办学、收取我700元办学启动资金时就已秃了，为什么那时都"欢迎"我参加办学？现在竟拿"光头"来说事？中国民主促进会的会员是这样无事生非的吗？真是乌合之众、下流之极。

叶泽诚欢迎我来办学，收我700元办学启动费，我只能向他述理。他后来也说对我太过分了，对我有所同情。我也认为身为校长的叶泽诚不是有意排挤我，因他身兼数职，常出差在外，不大过问具体事情，也太软弱，原则性不强，所以他虽是临海市民主促进会副主委，但不是主要角色，处理事情首先要看日常主管的秘书长花开泰的眼色，还要看管理他们的顶头"上司"——中共临海市委统战部党派科科长许尚森的态度。

果然，在过了一个星期后，通知我，说要听我的课。我向许尚森提的要求非但毫无作用，且此举至少得到他的默认，说不定是共谋，或许是其主意，因中共为打击对手惯用这种丑化对方的手段。

我上课前，已有一大堆人坐在教室后段，我认识且叫得出名的仅校长叶泽诚、民进秘书长花开泰，其余几人有的仅面熟。后来了解这些面熟的人都是民主促进会会员，听花开泰话的人，其中一个是临海中学教师王某某，一个是进修学校教师王汝铎，其他几个不认识。

又过了几天，我向校长叶泽诚要求让我正常地上课，不能把功课表常变来变去。此时他在市府"民进"办公室开会，他告诉我："经市委研究，因你讲课讲得不好，决定你不再任课。"这显然是听从花开泰的指令。我说："这是你们的借口，我教了几十年书，从来没有反映教不好的事。"我问他，哪儿教得不好？他说："重点不够突出，简化字不规范。"我说："其他教师上课重点都突出、书写都规范？其他教师上的课也要听课，有对比才有好坏，特别是叶招云儿子的课更要听（此时叶招云已把他儿子弄来在校任教），他刚从杭州大学成人大专毕业，讲课重点就突出、书写就规范？何况我是创办人，他是聘用者，这是本末倒置！

在座的秘书长花开泰反驳我，他说："学生对他讲课没意见，对你讲课有意见，所以仅听你的课。"这时，有意见没意见只由他们说了。我说："我是从教了大半辈子书的人。1950年，在临海城关读高中第一册因匪乱休学，在本村小学任教一学期。1952年，南京海军学校毕业后在华东第五舰队工作任兼职文化教员三年。1961年，南京大学毕业后在浙江大学任教5年。1966年，因系科撤销调到浙江省地矿厅，文革中大专停办12年，文革结束后各单位大办业余大学，我在本单位业余大学任教多年，据当时政治处主任金仁镇说，16个讲课教师中我讲得最好。1982年浙江省地矿厅举办岩矿鉴定培训班邀请我任教。1986年起，我内退后在临海总工会职工学校任教十年（在1996年参与创办民政职高时还在教），其间还在临海城关教办办的高中补习班，浙江省台州商业学校、台州师专数学系办的金融学校任教，甚至很难教、学生很挑剔的高中考大学复习班（高复班），我也教得过来，从来没有人反映我书教不好。你花开泰听你老同学、民进会员刘廉清、叶招云为私利无中生有、颠倒是非的一说，不加调查、不加分析，百听百从，巧立名目以临海民进市委名义把我赶走，是十足的土匪行为。"

花开泰对我的话无力反驳，耍无赖，他说："他们是他们，我们是我们。"

就在民主促进会为了满足其个别会员的私利，借着听课，说我书教不好的堂而皇之的理由把我清除的前几天，我在临海总工会职工学校上课，一位女同学递上一张小条子，其上写着："蔡老师，你讲课讲得很好，很生动，我们很愿意听。学生：金斌萍。"（我看不清她名字中间这个字，下课后即把该条子给李俊校长看，他告诉我该同学的全名。）而如今我是上初中考不上高中的差生的课，他们有如此高的要求吗？

我把民进临海市委对我的作为定性为"土匪"行为理由如下。

1、在吸收我参加创办民进职高的会上，校长叶泽诚要我出资 1000 元办学启动费时说：这 1000 元的启动费的性质是自负盈亏，即风险共担，成果同享。有盈利大家分红，亏本各人负担。红利多少，亏了多少都依办学情况而定。这就表明该校是我们几人出资人创办，是合股，现已办起来有收成应由我们这几人分享，

聘请作者任教的浙江省地质局岩石矿物鉴定培训班留影（前排右 4 为作者）

与其他人或其他单位无关。其收入就学费来讲，40 人每人 1400 元，共有 56000 元，扣除起动费 5 人共 3500 元，

其他如房租、水电等约 11500 元左右，还有 40000 元，这 40000 元包括任课与管理工资和盈利，主要都是我们创办人享受，现我的都被抢去，。还有下学期，后学期……呢！这就是土匪。

2、不论那个民办学校，创办人员的分红与任教人员的工资是二码事。我在临海多个学校教过课，仅拿任课工资，"民进职高"也一样，有聘请外界任课的，只发任

作者（前排左 3）任教十年的
临海職工學校畢業照 1990 年攝

课工资，无盈利分红；五个创办人课时也不一样，有的有课，有的无课，酬薪也不一样；除了任课工资、管理工资外，还有股份分红。开学后因学校办起来，有收入，先偿还启动费，每人都返还 700 元，但学校还在，股份当然也还在。如果学校办不起来，这 700 元向谁要回？没有人会还给我们，这就是风险，这就是我要享受股份分红的理由。借口我课教不好不让我教，那借口什么剥夺我创办 "民进职高"的股份？我的股份也被民进临海市委抢去了，这就是土匪

3、花开泰把我们参加创办的人称 "筹备组"，那谁叫我们筹备？自吸收我参加创办民进职高时起，叶泽诚校长从来没向我们讲过我们是筹备组，哪有要参加筹备

组的人出资办学？我是非民政会员，更无理由要我出资为你们民进办学。我们出资就是我们出资人创办的学校，因多是民进会员，只是挂靠你们民进的名称而已，最多仅收些管理费，这种情况社会上多得很，如有的工程队，他无资质，挂靠在有资质单位，仅收取 5%管理费，根本无权干预出资或经办人员的人事和经济问题。事实也如此，自开会集资到开学后 20 多天，你们从未过问过办学，也从未来过学校。只是为了配合叶招云、刘廉清两人清除我，假心假意地来校应付一下。所谓"筹备组"，仅是为匪的遮丑布而已。

为什么说民进临海市委比土匪更坏？

1、土匪抢你东西，他不丑化你，且还有羞耻心，白天不敢抢，常在夜间出没。做土匪的家人也感到无脸见人，故土匪常躲躲闪闪。而花开泰却在众人面前清除我、丑化我时，无中生有、颠到是非，高谈阔论、理直气壮，堂而惶之，毫无羞耻之心。是不是比土匪还坏？

2、民进主委花开泰以我课讲不好为由，把我从"民进"职业高中清除，明显是借口，在我一再指出后，还一意孤行步步紧逼，耍无赖：

（1）叶招云、刘廉清两人在校中屡屡施展阴谋要把我赶出未成，做花开泰工作，花开泰毫无原则，以私情为重不进行了解给予全方位支持。

（2）接着花开泰召开会议，以解散"筹备组"为由清除我。

（3）我当即就给以抗争，大声说："我要继续教下去，这是人吃人。"

（4）花开泰非但听不进去，反而组织其属下人员，来听我的课，以"书教不好"为由清除我。非但清除你，还要丑化你。

作者任教近 10 年的临海城關工农業餘學校（前排左 3 為作者）

（5）我要求其他教师课也要听，这本是合情合理意见，而花开泰却说"学生对其他教师讲课没意见，就是对你讲课有意见"的恶劣行径而加以拒绝。

土匪第一次抢不到东西，一般不会再来，而花开泰一而再，再而三，三而五；就是我书教不好，不能再任课，创办人总还在，他又不给你享受创办人的股份分红，一切都剥夺。土匪抢东西不会全抢光，总也还留给你一些。是不是比土匪更坏？

第五节　统战部为土匪辩护

我再次找统战部党派科科长许尚森，对其领导的民主促进会临海市委的胡作非为、不择手段、颠倒是非的行为表示不满，请他主持公道，给予处理，要求全体教师的课都要听，要临海市教委派人来听。许尚森又说了解了解，但又说："听你的课、听谁的课、谁来听课是他们工作安排，我不好干预。"在教委工作的同学林邦正的带领下，我到临海市教委反映，管民办职业学校的负责人接待我。我把学校办学经过、个别人争权夺利、"民进"临海市委偏袒情况作了反映。声明我是创办人之一，风险、权利应同存，并要求所有教师的课都要听，有对比才可分好坏，由教委指派听课人员，力求公正。教委那位负责人听得很认真，还作了记录，说我反映的意见很好。我听后抱有希望。

过了个把星期我又找教委那位负责人，询问有无了解，希望来校调查。那位负责人就不耐烦了，说没有时间过问处理我的事。后来得知，上次我向他反映情况，正好遇上他要写总结报告，为了充实报告内容，对我的反映很感兴趣。现报告已写好，不需我反映了。

通过了解，我找到住在劳动路参加听课的一位临海中学的（王）老师（民进会员），因当时我家也在附近，他认识我。我说明来意后，请他谈一下听我课的感受。他说："你讲得还可以，层次清楚，虽重点不够突出，讲几次后可以上好这课的。"他还说："民进"老花（花开泰秘书长）通知我听你课时没有说为什么，听了后也没有坐下来好好讨论，也没有提到这课是否再由你教下去。但有个现象我觉得不可思议，在我们还未进教室听你课前在休息室时，有学生来反映你书教得不好，这在其他地方未碰到过。"这显然是班主任或叶招云向学生布置，要他们去同听我课老师这样说以丑化我。在这里就显得班主任的重要了。

在9月23日"民进"秘书长花开泰宣布解散"筹备

组"以清除我时,说这是"民进"临海市委"郑重"研究后的决定。我分别找了在临海的另外 4 位委员核实一下他们如何"郑重"的。不料这四位委员都不知此事。此次听课后我再找他们询问我书教得不好,无资格教下去,决定除名之事是如何决定的?我分别找了住在银山花园的王明昌委员、住在教师进修学院的王福云委员、住在回浦中学宿舍的单国基委员,郑文娥在市府民进办公室上班很易找,也不出我所料,他们都说不知道这件事。

我再找管理他们的中共临海市委统战部党派科科长许尚森,向他反映花开泰的恶劣行为。他终于作为调解人,叫来代表民进临海市委和校方的代表叶泽诚,我和他及民政市委三方在统战部小会议室商谈,共有四五人。叶泽诚受花开泰委托开始先随他意图,说 700 元已还我,还要怎么样?许尚森先做和事佬,实质上帮民进市委,他说连同暑期招生、筹备、开学后上课,一次性补贴我 400 元。我不接受,理由是:

（1）我是参与办学的,是请我来的,不是我要求来的,你们每人拿出了 700 元启动费,我也拿出了 700 元启动费,这就是股份。

（2）在我加入时,校长叶泽诚说"自负盈亏",说明风险自担。民进临海市委没出一分钱,说明没有任何风险,也谈不上委托我们办。有投资、有主权,才可称得上委托;有风险才可享成果,我风险最大,除了 700 元启动费,还曾垫资 700 元差旅费,若学校办不起来,我这 1400 元钱向谁要？民进临海市委会补我吗？况且工作我最辛苦，这个又怎么算？

（3）自请我来参与办学第一次会议开始，校长叶泽诚从未讲过我们是"筹备组"，现在花开泰改称"筹备组"，是临时办事机构，怎么能叫临时的筹备人员出钱？我不是民进会员更不能叫我非会员出钱给民主促进会办学。开学前这紧张的日子民进领导人从未检查一下筹备情况，开学了说明已筹备完毕，你们也未来接收，何谈"筹备"？

（4）此事是某些人为争取更大的利益排除我而不成，就拉拢、利用其组织中某些私心重无原则性的领导为所欲为，借口"筹备组"解散而把我赶出。

（5）借口"筹备组"解散不成，利用"听课"手段，借口"课讲不好"清除我，手段卑鄙恶劣，我要求全体教师的课都要听，且由市教委组织人员来听又不采纳，不公正，我教书教了几十年，大、中、小学都教过，反映都较好，岂容你们诽谤？

（6）你们借口说 700 元启动费已还我，这 700 元已还我并不是我失去创办人资格，参加创办的五人都已拿回 700 元办学启动费，同样学校还在办，你们还在教，还在拿工资。因此这 700 元不能作为取消我创办人的理由。

综上几点，只给我 400 元劳务费的解决方案，我不接受。我要上课，我要继续办学。任何人都要讲理，你们这种行为已不仅是经济利益问题，而是弄虚作假颠倒是非，借口"筹备组解散""课讲不好"等卑鄙恶劣手段来赶我走，是迫害行为，作为政党的中国民主促进会临海市委对我如此作为是政治迫害，要公开检讨，当众向我承认错误、向我道歉，还我清白，包括有关人员在内保证决不再重犯。

许尚森说："只解决400元，你不要自以为是、滔滔不绝、强词夺理，你自己该反省反省。"对于许尚森压服式的蛮横的调解，我当然不予领受，此次调解以不欢而散告终。

我继续去上课，即使功课有变换，我获知有旅游课、政治课都要去上。学生一见到我近半数纷纷离开，回到在旁边的宿舍，这显然是她们动员的结果。但即使学生少，我同样要上课。因在开学时，我也负责接待安排，又是分管后勤和班主任，与同学接触较多。自9月9日开学到9月13日免去班主任一职，除一夜因次日有课要准备回家备课外，其余几夜都睡在校内，与几个男同学住同一寝室，彼此较熟悉。我问他们："为什么我上课不少同学都走了？"他们说："班主任叫我们离开的，如我们不听她的话，今后分配工作定会受影响，会报复，我们只好听她的，其实我们对你没意见，你不摆架子，深入同学，蛮亲近的。"这时，再次显得班主任一职的重要，我进一步理解到为什么要免除我班主任职务。也可以说明她们早有预谋。

第六节　我经久不息的抗争

此后,再没有什么有关人我可找他帮助解决问题了。在无路可走时,我仍心不平,再找了住在赤城路的临海中学民进支部书记(体育教师),向他反映叶招云和民进临海市委花开泰的行为。他说:"我们民主党派仅是'花瓶',摆摆样子,需要时摆出来,不用时放一边,鲜花需要绿叶衬,我也仅是一片绿叶而已,陪衬陪衬。你向我反映起不了任何作用,我也不会找叶招云谈,更不会向花开泰汇报,彼此都心照不宣,混混日子。"我又找叶招云丈夫李平满的长兄李章贵谈。他是我要好同学高伯寅的邻居、城关镇工交主任、平时我与他常有交谈。我把情况简要同他谈一下后,他直摇头,连说我们同她不来往,她蛮横无理,有事同她商量多是以吵架告终。

但花开泰却同她一拍即合,确发人深思。其实,即使叶招云个人怎么蛮横无理,没有花开泰以组织名义、以参政党市委身份,什么"经市委郑重研究决定,着手对民进职高进行清理整顿"挂羊头狗肉式的官腔,实为叶招云私利对我如此打压、丑化,还采取如此卑劣的手段,我也不会这样扭住不放、这样不息的抗争。这涉及到国家、民族前途的大问题,已到"匹夫有责"的时候了。

在 5 月 9 日参与创办民进职高首次开会时,校长叶泽诚问我手头还有什么工作,我说在编写《石材大全》,

但我会妥善安排，以办学为先。直到此时的１０月份，被民进职高弄得焦头烂额，顾不上《石材大全》了。这样下去就有"流产"的危险，好吧！我暂时不同你们纷争，摆脱污泥浊水的干扰，换个安静纯洁的环境，去宁波家里集中精力完成我的"大作"吧！就这样我离开"民进职高"，离开临海，去了宁波。通过两年废寝忘食、日以继夜的努力，终于在１９９８年１１月出版，后经１０年的销售，经济上远远比这个"办学"收入多，其带来的成功更是"民进职高"无法比拟。因此，客观上讲，叶招云、刘廉清、中国民主促进会临海市委和中共临海市委统战部党派科帮了我大忙，因此，我要深深地"感谢"他们对我的诽谤和迫害。

１９９６年１０月，我去宁波继续编写我的《石材大全》时，还任有临海总工会职工学校和临海市区教办办的文化补习学校的地理课。我与校方商定每两星期集中来一次讲授，１９９７年春节后全部辞掉。但因老家在临海，小女儿也还在临海。１９９７年后约一两个月还来一次处理有关事情。宁波仅我和大女儿两人，我们自己做饭，除必要的生活时间外，都集中精力写书。

我来临海时不忘被赶出"民进职高"的欺人辱人事件，每年都有几次去民进临海市委办公室找花开泰讲理，他退休后我还到他住的洪池泉景花园小区的家中讲理；找中共临海市委统战部党派科科长许尚森讲理。有次我去曾任教１０年的总工会职工学校，碰到许尚森也在那里听课后刚出来，在天井中休息。我即上前找他讲理。

我严肃地对他说:"我书教不好把我赶出,请你问问这里的正、副校长,教务员,我在这里教书10年,有哪位学生说我教不好?你去问!你们要整谁,要打倒谁,惯用的手法是无中生有,捏造事实,倒打一耙,置人死地而后快。"在这众多人面前,许尚森无理回答,弄得他很尴尬。

我还向民进临海市委后任副主委吴中林("民进"办公室主任陈文娥丈夫)、张某反映多次。吴在邮局工作,听说是总工程师,我非但去他办公室反映,还去他位于巾山小区的家中反映,要求改正。

有一年民政临海市委要换届选举,内定主委为物价局的蔡某,因我临时来临海,过些时候就要回宁波,在未正式改选就提前去向他反映。在物价局找到他谈了个把小时。但之后有变动,由临海市职业技术学校校长王汝铎当上民进临海市主委。他也是上次参加听我课的民进会员之一,在听课后我曾找到他家询问他的看法。他讲话隐晦、刁钻,不像住劳动路的临海中学王老师那样直言。他叫我问叶泽诚校长。他当上主委后我去他学校找他,且多次,他不是推给统战部党派科许尚森,就是推给花开泰和叶泽诚,八面玲珑、圆滑能推,既不负责、又不得罪。

1998年11月,我编写的《装饰石材实用大全》出版后,且营销很好,也可以说得到社会的认可。我对他们用如此卑劣手段赶走我更耿耿于怀,我带上我5斤重精装的《石材大全》,再次去民进临海市委和中共临海市委统战部党派科，找他们评理："你们说我无能，书教不好，现在我能编写出 200 多万字的书，无能还是有能？而且不仅编写，且要筹集出版资金、联系出版社印刷厂、发行销售等多个环节的运作、配合，你们能行吗？

但他们还是推来推去，敷衍塞责，吹毛求疵。我原本恨之至极，无奈上门申诉，忍心倾吐，但他们既无心处理还打官腔。我按捺不住怒火，拿书敲打桌面，提高嗓门："你们到底吃什么人饭的？你们这些党派人物用国库资金活动，用国库资金来发工资、奖金，却以整老百姓为业、为乐，你们的党性、你们的良心何在？"附近的农工民主党临海市委、国民党革委临海市委、黄埔军校同学会临海分会、侨联、中共临海市委统战部办公室等人都出来张望观看。只由我一人发泄，没人反驳和干预。

事后民进办公室的陈文娥曾半私半公地说："在你的问题上他们的做法是不对的。"统战部办公室一位女同志也说他们不对。之后有一次我找党派科许尚森时，许尚森不在，我问统战部办公室这位女同志，这位女同志说："许尚森出去了，你的事你还是直接向（统战）部长反映好。"她的话也是对我的提示、同情。我又找了统战部长，反映后因我即离开临海，没再花时间再找他，也不了了之。

我就这样一年一年反映下去，即使我教书教得不好，但我还是"民进职高"创办人之一，我同样交的 700 元启动费就是我是创办人的证据，应按照创办前校长叶泽诚所说"自负盈亏"，有利益我有权利分享，有亏空我有义务分担，根据权利与义务对等原则，有盈利我也要分红。什么"筹备组"等都是他们为了多得、把我赶走的借口。我不是中国民主促进会的会员，民主促进会临海市会员大都是文教界人士，有的还有较高职务，民进临海市委怎么会请我这非民进会员出资来为他们办学？工作上、习俗上、逻辑上都是讲不通的，据说办学时一开始他们就闹矛盾，要散伙时才请我，现办起来了要赶走我，这是什么行为？典型的上树拔梯，过河拆桥。典型的土匪行为。民进临海市委秘书长花开泰 1996 年 9 月23 日宣布"筹备组"解散，民进职高今后由民进临海市委直管，这纯属子虚乌有、弄虚作假，完全是坑人整人、抢人家果实的借口。此后，"民进职高"仍是由叶招云、刘廉清等人办，也仅是挂挂"民进"牌子，性质与我在校时完全一样。只不过我作为创办人之一的股份无形被取消了。

由于我自 1996 年 10 月离开临海去宁波集中精力写书，1998 年 11 月出版后又全力从事该书推销发行，2004年又修订再版，又全力从事该书推销发行。我书的发行推销并不是仅电话联系与邮寄或托运，除直接联系购买和批发外，相当数量是从杭州经火车托运至全国各地，再在该地火车站领取去书店联系经销，留下部分去石材市场直销。也有不少是赶赴各地石材展销会上推销，在全国各地来回奔走，因此直到 2008 年，几乎每年有 8～10 个月不在临海。但一到临海就要向有关部门反映此事，特别是年终的时候，多数还附上文字报告。

我粗略回忆，给他们的文字报告主要有：

1.·在 1996 年 9 月 23 日民进市委秘书长花开泰借口宣布"筹备组"解散，以驱逐我，我于 9 月 25 日向临海市政协、中共临海市统战部写了《反映民进临海市委个别成员偏听偏信及其所作所为》的报告。

2.·因多年反映要求无效，我于 2000 年 3 月 5 日给临海市人大常委会、中共临海市委、中共临海市统战部写了报告。

3.·又于 2000 年 8 月 17 日写了《共产党与民主党派到底是什么关系》一文分发给市人大、市政协等单位。

4.·之后年年又继续反映，未见答复与处理，其间曾给民进中央主席许嘉璐多次写过信。

5.·2006 年春节前写了不指具体领导单位，也不写具体日期、年年可用的《要求平反我受"共产党领导下多党合作的迫害"——向临海"民进"和中共临海市委统战部讨账》的报告，如同我母亲要求退赔 1958 年大动大调时在我家拿去的东西一样，每年春节前交一张，以节约我的时间。

2008 年开始，校长叶泽诚去杭州省政府协助创办刊物，他们彼此推诿的工作方法因经办人校长叶泽诚不在临海暂可得逞。我也只好每年除《讨账》的报告给统战部外，没找其单位领导人。2012 年端午节，抱着试试看的态度，给叶泽诚家打了个电话，第一次没人接，过 10 分钟后再打一次，叶泽诚接听。他说刚从杭州来，并说以后不再去省政府工作了。我接着说："16 年前你们如此欺凌我，我时刻牢记在心，前几年你去杭州，他们都推到你头上，现在你回来了，我再要求你们公正处理。叶泽诚无言以对。不过叶泽诚只能心里有数，手中无实权。他也不是坑人的人，左右为难，找他也解决不了问题，我也不想为难他。加上我还忙于写书，没有再找他。此事就这样搁下，也可说又不了了之。

第七节　此事虽小危害很大

我为什么对这区区小事要如此费力进行抗争？这件事是小，但手段卑鄙恶劣，通过我这小事可看出我国当今的社会政治现状、政党实质、道德风气和人际关系。公平与正义是人类的追求，我不是追求经济利益，主要是寻求平等对待，实事求是，反抗暴虐，伸张正义，重建道德，廉洁政治。

此事我失败了，现事隔近 20 多年，我也老了，不会为此找他们，也不在乎这 400 元，让他们去发财吧！但中国民主促进会临海市委和中共临海市委统战部欠了我这笔债，他们抢了我的果实，是土匪行为，土匪只抢你东西，不丑化你人格，但他们都做到了。我有机会在此倾吐、发泄自己所遭受的这些"乌合之众"的迫害，也是人生中的一种弥补、平衡，也是一种抗争，也是对社会、对国家、对人类的一种贡献。

我通过自己切身遭遇的这一事件，时常想起以下几件事。

　　1、中国民主促进会的创始人马叔伦、玉绍鳌、周建人、许广平等在抗战时期留居上海进行救亡斗争。抗日战争胜利后对国民党专制腐败的不满,为改变这种现状,于 1945 年 12 月 30 日在上海成立了中国民主促进会,其宗旨是"发扬民主精神,推进中国民主政治之实践"的政治组织。在国共第三次内战时,其领导人常发表文章或演说,呼吁"停止内战,保障人民民主自由权利"。1948 年响应中国共产党的号召,拥护召开新的政治协商会议,并于 1949 年 9 月参加了中国人民第一届政治会议,参于制定《共同纲领》,随后成立中华人民共和国,成为中国共产党领导下参政的八大民主党派之一,是参政党。但建国已 71 年了,国家走过不少弯路,现在政治腐败、贪污成风,"民进"到底参于了什么政? 怎么按你们先辈创导的"发扬民主精神,推进中国民主政治之实践""保障人民民主自由权利"? "民进"早已失去当年的雄心,早已走向它当初的反面。

　　2、"民进"现在为自身捞利诽谤诬害别人的本领向谁学来的?

　　1963 年全国农村开展"四清"(清思想、清政治、清组织、清经济)运动中,湖南益阳地委按文件精神,派工作队 400 余人进驻益阳县迎丰公社开展"四清,导致了发生"迎丰公社反革命事件"。湖南省委党校戴安林教授就益阳县这一事件的始末写文章称:"工作队运用土改对地主的办法来对待干部,开展所谓对敌斗争。严重混淆了敌我和人民内部这两类不同性质的矛盾。工作队还利用贫协组织打击干部的工具，而有些贫协组织成员的思想素质极低，揭发出来的许多所谓"问题"，往往无不纠缠着个人的历史恩怨，意气和成见，甚至还有弄虚作假，夸大事实，无中生有，捕风捉影的，但却被工作队上线上纲，一律以阶级斗争问题来对待处理。就形成了后来的"迎丰公社反革命事件。"（《"迎丰公社反革命事件"始末》《炎黄春秋》2008 年第 5 期）

从而可知"弄虚作假，夸大事实，无中生有，捕风捉影"，是中共土改时对地主的斗争手段之一，"民进"受中共领导，也可说中共是他们的"领头人"，中共这套工作方法也被"民进"临海市委学来了，用在我们参于创办"民进职高"的人身上。我国现今诈骗成风，假货充斥，与作为政党的"民进"临海市委跟着学习中共在阶级斗争中的一套工作方法不无关系，何止是"民进"一家？

3、我国反腐已几十年了，"形势依然严峻"，实际上愈反愈腐，贪污数额愈来愈大。就我们临海一个县级市来讲就可说明这一事实。上世纪 90 年代中共临海市委书记苏建国贪污 400 多万元被判 12 年徒刑；2010 年前后中共临海市委书记（后任宁波市委书记）卢子跃贪污 1 亿 4 千多万元被判无期徒刑。中共领导人早就说过与民主党派的关系是："长期共存，互相监督"，"民进"临海市委做了什么监督工作？实际上中共与民主党派的关系现在已是"长期共存，互相利用"。韩国前总统扑正熙因他清廉选上总统，他的清廉主要来自反对党的监督。有人撰文：《为何美国不反腐败却几乎 0 腐败》，其原因之一是有在野党的监督。我国政治体制上政党监督乏力，这也是我国的反腐，愈反愈腐的主要原因之一。

4、2012 年我去美国女儿处探亲，有次与女儿及她两个小孩和在美国读硕士的孙子五人去基督教堂做礼拜。我们聆听牧师讲堂，他说，我们每个人都是罪人，并举了一些日常生活中有趣的例子，引起哄堂大笑。我们也感到有妨碍人家、危害社会的事常发生在自己身上，这就是犯罪行为。因此，我们要改正、要反省、要赎罪、要忏悔。这样社会就会安宁和谐。而我们的无神论者，却死抱住利益不放，哪有什么叫反省、哪有什么叫忏悔！"民进"临海市委就是这类人。

5、前美国国务卿克林顿•希拉里在哈佛大学演讲时说道："大多数中国人，从来就没有学过什么是体面和尊严的生活意义！ 对民众而言，：唯有获取权力或金钱就是生活的一切，就是成功！全民腐败、堕落、茫然的现象，在人类历史上空前绝后。" 该演说上传到腾讯微博后，反映异常强烈！！这段话是否是真的是希拉里所说，无所谓。重要的是：大家都很痛心地认为：这段话精确地描绘了当今中国现状。我的遭遇就是这种现状的反映，是这种现状的证据。是谁造成中国的这种现状呢？

为求真实，特附上参加创办的民主促进会会员、台州学院胡正武教授的证明于后。

　　附：胡正武教授的证明和在"民进"临海市委对我诽谤前几天，职工学校学生对我讲课的反映。

　　一　　胡正武教授的情况证明。

蔡行来参与创办民进职高经过简况

　　1996 年 5 月初，有两位参与创办的民进会员先后退出，叶泽诚主张重新物色一个人进来。经叶招云推荐介绍，于 5 月 9 日晚，由叶招云请蔡与我们见面商谈，大家同意吸收蔡与我们一起创办民进职高。叶泽诚把我们每人拿出 700 元作为办学启动资金的情况向蔡作了说明，蔡也当场拿出了 700 元钱交给叶泽诚。当时商定，由蔡负责赴台州各县市张贴招生简章，差旅费由他自己先垫上，以后再结算。此后蔡有两次到台州各地张贴招生简章，并参与了暑假期间的招生办学活动。开学前商定，由蔡分管后勤、任班主任、教政治课与旅游课。9 月 9 日开学。9 月 13 日，商量工作时叶招云提出由刘廉清做班主任，刘同意接任，这实际上免去了蔡当了 5 天的班主任职务。蔡提出报销差旅费时，叶招云提出只报车票、住宿费，不给补贴，蔡很有意见，争论无结果。9 月 23 日，民进临海市委兼秘书长花开泰召集民进职高创办人员开会。花语：经民进市委研究决定，民进职高创办人员（花称为筹备小组）的工作宣告结束，民进职高从今天起由市委会直接管理，原创办人员解散，今后不再任用非民进会员，蔡的工作应立即停止，功课交给别的老师，其账目立即由刘廉清、叶招云负责结清；民进职高工作由叶泽诚、叶招云、刘廉清负责维持，市委会着手对民进职高进行整顿，以后所任用人员都将由市委会发给聘书方许上岗。蔡对此决定不服，提出异议，花说这是经市委会郑重研究做出的决定，蔡应服从一个组织的决定。蔡的问题争议更进一步激化。此后的情况我就不清楚了，因我两天后就退出来了。

胡正武

1997 年 3 月

注：胡正武当时为台州学院中文系讲师，现为教授。

二·临海市职工学校学生对我教学的反映

临海市职工学校学生在我上课递来的条子：

蔡老师：你讲课讲得很好，很生动，我们很愿意听。学生金斌萍

注：金斌萍同学为临海杜桥人。她写这张条由同学传到我正在讲课的讲台上时，我一看不是听不懂要我另加说明或有其他建议，我粗看后就放下。下课后我再看了一下哪个学生写的。但中间这个字看不清，我问副校长李俊，他说是"斌"字。李俊后为临海市职工学校校长，现在市总工会工作。

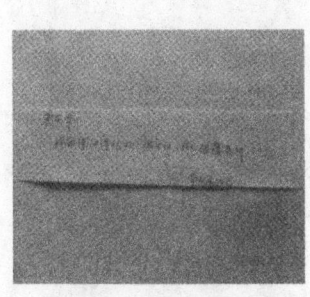

學生金斌萍寫的條子

2014 年夏，我在临海市法院内走向办公大楼的桥边，较远处正面走来一个中年女同志，她大声喊："蔡老师，你也来此！"我抬头一看，是有近 20 年没见面的金斌萍。我们寒暄了几句。她告诉我现在在台州医院前面开了一家保健品店。我问她家人好否？她说不久前已离婚，一个小孩归她带养。之后又在建设局大楼碰到一次。

第八章　成功出版《地主》一书

　　我在《地主》一书"前言"中写道："1992 年 10月，我母亲过世。……与我相依为命整整 50 年的母亲去世，在悲痛之余，最为怀念的是她一生的言行。她虽是个农村妇女，大字不识一个，还是三寸金莲的小脚女人，但她勤劳节约、开拓进取、诚实守信、是非分明、不怕挫折、不畏强暴的人品和取得的非凡业绩，使我钦佩。在今天看来她也是一位能干的社会精英。惜她生不逢时，却成了共和国的头号阶级敌人——地主，因而屡遭批斗。我与她断续相处半个世纪，在她谢世后，想把她的言行、经历记述一下，以资纪念，也可作为家族精神传承下去。

　　"1992 年 11 月，我开始执笔书写《母亲纪事》，写了两三个月，愈写愈多，难以收笔。早在此之前我已在编写一本石材方面的书，在当时情况下该书国家较为需要。经再三权衡，我暂时放弃对《母亲纪事》的书写，专心致志地编写 200 多万字的《石材大全》，于 1998 年11 月出版。后来又致力于该书的销售和修订再版。2004年再版后又继续去各地销书，到 2008 年基本上销完，才继续写《母亲纪事》。

　　从该前言中知，当时写《地主》前身的《母亲纪事》是为了怀念母亲和作为家族传承，没有想过以此为题的写书。虽《母亲纪事》因编写《石材大全》中断了，但还是经常思考这个问题，总感到暴力土改理由欠缺，于

2001 年"土地改革"50 周年时写了一封信给各级领导，要求平反我母亲的地主成分。到 2008 年续（重）写《母亲记事》时，对这问题又已进行了多方面的思考，主要有下列六个方面，想围绕这些方面来写，那时才有了写此书的念头，这也是我写此书的动机。为了能充分能表达出我的看法，对这几个方面以"节"来叙述。

第一节　（动机一）如此丑化太不公正

1949 年夏我家乡解放时，我已 17 岁，除对自已家庭较了解外，对本村、邻村划为地主的人也有所知道。解放后断断续续地看了反映地主丑恶残暴的诸如《白毛女》《红色娘子军》等歌剧、电影和语文、历史课本等对地主的描述，觉得与实际相差太大，甚至本末倒置。我知道的地主就不是这样。

我家的情况在第一章中已介绍，现把我村土改时划为地主的 10 多个家庭，也作简要的介绍。

我村土改时有 300 多户，按上级要求要把农户数的 4-5% 划为地主，以孤立少数，争取多数。我村划为地主的有 11 户。但实际上不少于 15 户，因把早已分家的几户代际家庭合在一起算一户，所以比公布的户数要多。现简要介绍一下我村的地主。

我村各地主拥有土地数列表如下，见表 8-1

大园村地主土改前后土地占有量如下（亩）（据临海市

档案馆档案数据）　表8-1,

姓名	人口	自耕田	自耕地	租出田	租出地	租入田	租入地	土改后田	土改后地
蔡行来	3	7.821	4.818	7.657	2.188	1.000		3.986	0.005
蔡钱氏	15	16.72	5.455	10.688		2.866	0.801	7.866	3.458
蔡来修	3	6.215	0.859						
蔡继良	7	6.575	2.773			2.714	0.5	8.400	1.001
蔡谢氏	3	14.12	6.682	1.092	2.429	1.414	0.429		
蔡荷芳	3注	18.58	15.716	3.354	1.520	1.752	0.280	3.605	0.357
蔡柳明	3	7.145	0.829	2.287		1.537	0.214	3.001	1.260
蔡桂明	8	1.002	1.644	5.001	1.840	0.715		8.002	1.260
蔡行焕	4	4.406	0.758	2.571		0.429		6.000	0.758
蔡继甫	4	4.858	2.869	2.643	1.570			4.801	2.869
蔡子桂	13			11.004	4.570				

注：临海市土改档案数据上蔡荷芳家3人，与实际有出入。

　　以上的前10户地主共有土地174.685亩,计58人,人均3.012亩。实际还划上地主的还有蔡桂秋、蔡明河、蔡继文妻、蔡继浩、蔡继足、蔡周凯、蔡继全等家。因档案数据未记载其土地数,仅记有"镇压""劳动改造"处理等的数据和日常的管制、批斗及我自己的了解,可证实他们也被划为地主。蔡桂秋是我邻居,我知他土地不多,后又经多方了解其土地约3亩,现就按4亩计算;蔡明河家（包括子孙)有10人,土地约10亩。但他们是蔡钱氏后代,其人数、土地数可能算入蔡钱氏之内。包括上述在内,全村11户地主共有土地189.219亩,共71人,平均每人占有土地2.665亩,我村土改时人平均土地为1.39亩,他们的土地不足村人平均的2倍。与现在村人拥有财富相比的差距,真是小巫见大巫。

我村地主情况简介如下。

蔡行来

笔者就是蔡行来，幼年丧父，农村重男轻女，传宗接代是男人，即使我是仅十来岁的小孩，父亡故后母亲买土地的契约上还是写我名字，土改时也沿用，因此土改表册上用我的名字。1949年家乡解放时我虚龄17岁，1951年土改时我19岁，因我是长期在校学生，当时又已参军，没有追究我，实际挣钱、买田地也是我母亲王梅花。如果我在家务农的话，按虚年龄算也是地主分子，本村的蔡继来比我少一岁，因其父是地主，也把他作地主批斗，我的同学中也有类似情况，因此，我能避开这场浩劫，主要是得益于我参军离开了家。从表中知土改时我家原有土地22.484亩，其中有20亩左右是我父母亲买的，主要是父亡故后母亲勤劳致富买的，她买了18亩左右。

蔡钱氏

她是蔡昌见之妻，蔡昌见是我祖父兄弟，他有四个儿子，其中前三个即蔡桂秋、蔡明河、蔡桂明均划为地主，四子蔡桂兰为富农。除蔡桂明外，其余地主土地数在档案中都未标出。蔡钱氏土改时已95岁，其夫于1949年时去世。土改前两夫妻一家，家仅两人，请远房亲戚来料理家务。他们住在本村上角，我小时常见他们用拐杖蹒跚来到住我家附近的儿子蔡明河家。土改时四个儿子除幼子外都是60岁以上的人，且都早已分家，其儿子又子孙满堂，大都也各自有家。

如蔡钱氏大儿子蔡桂秋土改时 69 岁,他有三个儿子一个女儿,其中两个儿子早已分家,另住别处。大儿子蔡继荣买了蔡小香(蔡继寿)的房屋,住在我家附近,蔡继荣又有三个儿子一个女儿;二儿子蔡小荣住本村上角,蔡小荣也有三个儿子一个女儿。蔡钱氏第二个儿子蔡明河住本村山湾,土改时已 64 岁,他四个儿子都有妻室。大儿子蔡继文在国民党空军服役后去台湾,其大陆妻有 3 个子女,她也划为地主成分;蔡明河第二个儿子蔡继浩、第三个儿子蔡行焕都有妻室及子女,也早已与其父母分家,各自生活,都划为地主,蔡明河仅与已婚的小儿子生活在一起。我还常去他们各自的家,这是很清楚的。除蔡行焕外,这些众多的地主都归入蔡钱氏一家。

因此,给蔡钱氏划为地主实为空名,挂个牌子。其原因是蔡桂秋、蔡明河家土地不多,人口又多,划不上地主,把他们合起来归在其母蔡钱氏名下,蔡钱氏家有了 15 人,30 多亩土地,自然可划上地主。按规定地主家庭 18 岁以上的人都可定为地主分子,这样其长子蔡桂秋和次子蔡明河及其儿子,自然也成了地主,可以批斗,可以枪决,也可没收财产了。

蔡桂秋

档案上没有找到他的名字及成分和拥有土地数,但把他划为地主进行批斗,分了家具,强迫劳动是事实,在我村地主处理结果上也有他的名字,他的处分是"劳动改造"。

他是我邻居，我知他土地不多，仅两丘田在下仇山麓我家土地旁边，三亩左右。他有三个儿子，大的两个儿子住在别处，小儿子蔡继全与他住一起，土改时已28岁，早已婚，有子女，也早已分家，蔡桂秋在楼下烧饭，蔡继全在楼上烧饭。他小儿媳（即蔡继全妻）结婚时，娘家有套好家具嫁来。蔡桂秋和小儿子同住，仅有两间楼房，其中一间是与邻居蔡三花合用作灶房的偎头间，不能当房间用。蔡桂秋终年参加田间劳动，既无雇工也未出租，是个纯朴诚实的农民。他有一头水牛，也都自己喂养。每当下大雨涨大水时，他穿着蓑衣挡雨去溪边钓鱼，以改善生活，这是我小时常看到的。他平时生活也很艰苦，冬天常仅穿一条单裤，或短裤，外扎一条裙布，本是划不上地主的。为了打击蔡明河的家族，为了没收蔡桂秋小儿媳家具，把蔡桂秋连同小儿子蔡继全合在一起都划为地主。因他土地和房子都不足村民的平均数，所以土改时没有没收他的土地和房屋，仅没收了儿媳占四香的一套家具。

土改时蔡桂秋已69岁，同样站着或跪着接受批斗。斗别的地主时，他与其他地主面向主席台站立在前面，经过几个小时批斗结束后，散会时主持人叫这些陪斗地主也可离开，蔡桂秋也转身准备离开，因年老站久了一转身常昏倒在地。有次批斗后，县里来的一位女干部讽刺性地问他：国民党好还是共产党好？因他不识字，又不识时务，随口说国民党好。那位女干部板起脸孔要打他，一个村干部来解围，说他胡涂不懂，并非有意，才罢休。这些是当时也参加陪斗的蔡继来告诉我的。

与他住一起也划为地主的小儿子蔡继全，因不忍经常批斗、体罚，后来参加反共救国军，判刑四年。

晚年蔡桂秋生活悲惨，土改后他还有些劳力，农余上山挖掘已砍掉树的树根（树桩）卖，年老体弱难以为继时，住在一起的小儿子因参加反共救国军又坐牢，粮食不够吃饥饿在床，饿得呼天喊地，远远的村民都会听到。这是我母亲同我说的。

蔡明河

他毕业于临海农村自治讲习所，毕业后回家兼任村族管理事务，是我村族长，组识村民上坟祭祖，主持修谱，维修设施，创办学校（本村大园小学是他与本村另一族长蔡晓春于 1929 年创办，族谱上有记载），维护山林，应付村纷，对付匪乱。他有四个儿子，都有中等学历，抗战时送子参军，大儿子蔡继文参加空军，后去台湾；二儿子蔡继浩参加赴缅远征军。蔡明河在土地名册上也没有他的名字，但在我村地主处理名单上，定他为恶霸地主，对他处理是镇压。但他没有当过乡长，也不是国民党员。他中青年时也务农，曾开过酒坊，有一套酿酒的好技术，我家的酒是请他来当师傅酿造的。

蔡来修

他接替蔡文波长期任大园小学校长，我在他领导下读了六年书。因他在校工作，家里土地主要请雇工耕种，有楼房三间，又是伪临海县参议员，家三人共六亩多土地，不到村平均数的两倍，按土改法相当于小土地出租，够不上地主，他之成为地主，主要是因他是国民党政府的县参议员。

蔡继良

他也长期在小学教书，还教过我书。他大儿子蔡周凯也是教师，父子俩早已分家。蔡继良住老房，在老房烧饭；蔡周凯住在新房，还占一间老房，烧饭在新房。蔡继良小儿子蔡周泽与我同龄，也是同学，我常去他家；1950年上半年我在大园小学教书，蔡周凯是校长，我更常去他家。他土改前与父蔡继良分家是很清楚的，灶间也分开。我们是同房份（同祖宗）的人，蔡周凯两次结婚我都去吃婚酒，情况较了解。为了可以没收财产，把他们两家土地合起来计算。两家7个人也只8亩多土地，其人均占有的土地数不到村人均土地数的 1.39 亩。但有楼房 7 间，其中稍旧的老房 5 间朝南，蔡周凯 1947 年建的 2 间新房朝西，朝南 5 间老房被没收。

蔡谢氏

蔡谢氏是我堂伯母，住我家斜对面。其夫的父亲与我祖父及蔡明河父亲都是兄弟，共有五个，又叫"五份"，他家是老大，故还是近亲属。其夫蔡桂球早已去世，众人说他很贤慧。她家有四个女儿一个儿子，儿子蔡继业比我大 12 岁。1942 年回浦高中毕业后，从军抗战，曾在军校任教官，后来回家多次，他说 1949 年经上海吴淞口撤去台湾。

蔡谢氏为一般农村家庭妇女，诚实厚道。其家上代较穷，土改时有近三十亩土地及十多间房屋，均为其夫蔡桂球17岁开始经商和从事农业所挣，不幸他44岁时即因病亡故。夫亡后她守家维持原状。家常年有长工，每年也

臺灣回來探親的蔡繼業（左）與台属蔡球和作者（中）交談（1988年）

酿酒，但不出售，主要给雇工吃。她是守家人，不多话，似乎与世无争，除个别人偷她家财产打官司外，与邻居也较和睦。

蔡荷芳

他是我村最大地主，有土地39.170亩，曾任伪保长三年。其父种植杨梅致富，蔡荷芳也勤劳耕作，还酿酒出售，再买些土地。土改时要把他划为地主，拘押他在双楼乡公所。批斗他时，在他家为他制作酒具的我村蔡泽多姐夫张增满对他有所了解。张增满有初中文化，平时看些书报，知道一些政策，他向乡政府提出蔡荷芳长年从事农业劳动，不应划为地主。为此，土改工作队要蔡荷芳牵着牛去田里犁田，结果犁得很好，本不应划为地主，因他家土地为全村最多，房子也多又好，最后还

是划为地主，遭受批斗和劳役。他大儿子蔡行俊因土改后生活困难，从事手工织布出卖，说他办地下工厂，设备被政府没收；以后他给贩卖生活票证（布票、粮票）的人提供票源，说他投机倒把，判徒刑 10 年，出狱后逢上改革开放，办厂致富，现是村中首富。

蔡柳明

蔡柳明读过几年私塾，曾当过副保长，半劳动，农忙时雇些临时工，土地十来亩，房屋两间，在地主中并不出众。同结发妻生子有三个女儿，都受过中等教育。因蔡柳明夫妻重男轻女，经妻子介绍她的堂妹与蔡柳明再婚，生了三个儿子。表上所列土地数系他再婚家庭的土地数，他前妻家成分为中农。

蔡桂明

蔡桂明是蔡明河大弟，从事农业劳动，但劳力不强，喜欢打猎。家有两子，大儿子蔡继足，土改时已 26 岁，早已婚分家；二儿子蔡继来也结婚分开。土改时都集中当一家论，家共 8 人，土地 9.485 亩，其土地按人口平均数仅为 1.188 亩，也不足本村每人平均占有数 1.39 亩，根本划不上地主。但他与恶霸地主蔡明河是兄弟，为打击他们家族的势力，把他也定为地主。与蔡明河一起接受批斗，蔡明河枪决时，还把他也拉到审判大会旁的刑场陪蔡明河枪决。事前主持人交代行刑人员不枪决他，仅吓他一下押回。但行刑时枪响了三次，主持大会的杜区长速赶去准备责问，才知另一个也同时枪决的蔡三老（匪嫌）第一枪打中后脚还会动，行刑者补了一枪，不是枪决蔡桂明。

蔡桂明判为三年徒刑（但在大园村地主处理表上未列出）。他的小儿子蔡继来是养子，土改时农会要他揭发蔡桂明，许诺给他雇农成分，可分田，但被蔡继来拒绝。他说继父没对他不好，也没有什么不好。农会报复蔡继来，虽然他当年仅17岁，不够划为地主的年龄，但也把他与地主同样批斗，参加义务劳动等，其妻感到前途无望，上吊自杀。后来蔡继来参加反共救国军，判刑四年。

蔡行焕

蔡行焕是蔡明河第三个儿子，土改时26岁，师范毕业，曾教过书，解放前后社会动乱教书时续时断，不教时在家务农，土改时划为地主。

蔡继甫

他是蔡自来的养子。蔡自来的父亲蔡德金早逝，缺乏管教，蔡自来20多岁时就已为匪，土改前被解放军剿匪击毙。蔡继甫土改时仅9岁，为继承人，当作顶替地主。因家庭衰落，没什么油水，吃的苦头相对较少。

蔡子桂

蔡子桂及其子蔡行元和儿媳蒋晓珠都任过伪乡长，派捐抓丁，也许从中受贿。因城关有房，临解放前离村避住到城关。土改时除蒋晓珠逃跑外，蔡子桂和蔡行元都被镇压。蔡子桂因本村其家没人，划为逃亡地主，土改时房屋全部没收。蒋晓珠1956年在上海回来自首，判三年徒刑。刑满后把她户口迁到江苏丹阳，但人都在临海，病重时其亲属把她接回老家，因家无房，病危时放在邻居公用间中去世。

我村地主的处理结果

我村地主处理档案中记载的仅6人。其中镇压3人，劳动改造3人，见表8-2。

临海县环溪乡大园村摧毁封建势力登记表
8-2

姓名	成分	反动党团	伪职	处理结果
王梅花	地主			劳动改造
蔡明河	地主	国民党员	伪乡长6年	镇压
蔡子桂	地主	国民党员		镇压
蔡行元	地主	国民党员	伪乡长5年	镇压
蔡桂秋	地主			劳动改造
蔡荷芳	地主		伪保长3年	劳动改造

注；1，临海市档案中我村地主只记有上述人员的处理。原文第一位是我母亲王梅花(劳动改造)。其中蔡桂秋、蔡明河土地册上无其名，归入到蔡钱氏名下。

2，蔡明河不是国民党员，也没任过乡长。蔡子桂当过乡长多年。

根据上述情况，对照政务院《关于划分农村阶级成分的决定》中对地主的定义："占有土地，自己不劳动，或只有附带劳动，而靠剥削为生的，叫做地主"的标准来划分阶级成分，我村一个地主也没有。

就土地最多的蔡荷芳来讲，他终年参加农业劳动，并有较好的农技。土改档案上土地第二多的蔡钱氏，土改时已95岁，她的地主成分是把其下代多家凑合起来的假地主。土地第三多的蔡谢氏，是其夫经商买来，不论新旧社会都完全是合法的，其夫亡故后她作为妻子继续管业，身为家庭妇女，又是小脚女人，怎么劳动？只能招长工耕种。土地第四多的是我家，我童年丧父，母亲从事多种副业，开小店，酿酒，村人说她一人可抵10个长工，她晚年常说自己一世干了三世活，怎么说她不劳动？至少在她亡夫三年多了建了四间楼房是劳动所得没有异议吧！她不会做小偷，更不会当土匪，建这四间楼房的钱是那里来？地主蔡继良、蔡来修可说一辈子从教，教书也是一种职业，怎么叫不劳动？

我村有的地主其土地还少于村人土地平均数，只是某一方的财产较突出，可分割而划为地主，如蔡继良划为地主就因他有多间好房屋，蔡桂秋划为地主因其儿媳有套好家具。也有其他原因划为地主，如蔡来修因他是参议员；蔡桂明划为地主是因他好打猎，又是族长蔡明河的兄弟，其实蔡桂明家土地人均数不及全村的人均数，且他还是个劳动者。其余几家地主土地也不多。除土改时仅9岁的蔡继甫外，都参加劳动。镇压的蔡明河已64岁和处以劳动改造的其兄蔡桂秋已69岁，都已上退休年龄，即使"自已不劳动"也没违法。

因此说全村没有一个地主不是没有根据。

我少年时常去二里外的溪岸林村大姐家，有时还经过塘王金村，对该两村村民也有熟悉，塘王金村地主邬崇明、溪岸林村地主林桂钗都是辛勤的劳动者，塘王金我同学邬由琴说，邬崇明不识字，只是起早摸黑埋头种田;林桂钗辛勤耕作是前后村人都公认的。他的土地与林桂钗土地挨得很近,常见他起早摸黑下田干活。林桂钗这几亩田位置好、土肥,庄稼大。

这些地主都与土改法,领导人的讲话和学校有关教材及报刊、文艺作品中对地主的定义、描述相距太大,太不公平!

第二节　（动机二）枪杀坐牢理由欠缺

中共认为地主财产是剥削来的,剥削不等于抢劫,也不等于偷窃,不论是出租、雇工、借债,至少当时双方是自愿的,其租金、工钱、利息都是双方当时商定的,即使有不合理,不属于违法范畴,没有刑事责任,最多也只能赔偿,退还,怎么能用杀人、坐牢、批斗、管制等刑罚来处理他们?

而且在中共夺取政权后,他们一般都奉公守法,没有反抗或破坏,如临海最大地主董丕芬。解放后他遵守国家法纪将其家拥有步枪 14 支,卡宾枪 1 支,快机木壳枪 2 支,手枪 3 支,于 1949 年 12 月底上交给人民政府。不少地主还支持人民政府,如解放初临海县人民政府在大田区成立时,地主马雄洲一次性借稻谷一万斤给人民政府。但该两地主,土改时都被枪据临海市档案馆馆藏数据:土改期间被枪决的地主有 1117 个,连同伪职人员等共有 1793 个被枪决。有关情况及其他刑罚处理情况,见表 8-3、8-4。

临海县土改进程情况统计表(1950 年 10 月 28 日至 1951 年 7 月) 单位：人　表 8-3

名称	次	斗争对象		处理结果				到会群众	发言次数
		地主	富农	镇压	判刑	罚款	管制		
审判斗争	877	1253	48	1116	215	16	116	954569	62024
讲理斗争	3302	3816	125		28			101152	49289
划阶级斗争	778	4167	172	1	6	36	3391	290833	35484
交契大会	293	2847	13				2032	231391	10290
庆祝大会	120							155345	1066
合计	5370			1117	249	52		1733290	158153

临海县摧毁封建势力统计表

表 8-4

对象	原有人数	杀	已死	判刑	罚款	管制	劳改	逃亡	瓦解	自杀
恶霸地主	1285	602	48	126	12	189	86	186	8	28
不法地主	1544	109	34	123	58	453	467	68	27	25
劣迹地主	1780	11	6	8	29	422	1173	20	18	17
小计	4609	722	88	257	99	1064	1726	274	53	70
反动会道门	1406	15	2	4	1	35	251	18	1706	4
国民党	3332	186	39	66	16	286	1166	82	1442	2
三青团	1488	89	18	39	1	48	414	76	831	2
土匪	4509	766	69	291	4	714	1643	729	704	5
其他	154	15	1	8	1	29	68	2	32	70
合计	15498	1793	217	665	122	2176	5268	1181	4768	153

在镇压的地主中，我知道的几个简介如下。

蔡明河

是我堂伯父，毕业于临海农村自治讲习所，主持村族事务，抗战时送两儿子参军。其情况在我村地主一节中已有介绍。

董丕芬

他临海最大地主的儿子，1942年高中毕业，在家乡办小学，任校长。1944年考入浙江医学院，1948年毕业后在台州医院任实习医师，1951年春枪决他时仅28岁。

占朝广

界岭乡水对郑村人，土改前有土地33亩多，是全村土地最多者。他辛勤耕作，且辛勤得出众。夏天旱水时，农民夜里去溪河上引水，上半夜人多，互相争引，引来的水少，他不来；下半夜人家回去睡觉，他来引，必然引来多。他雇工挑牛粪时，他自己进牛栏盛牛粪，并挑出一里多路，再叫雇工挑，以保证速度、重量。

洪用棠

洪用棠是临海望洋店村人。父亲为伪乡长，有兄弟五人，他是老大。他毕业于上海远东体育专科学校。解放前多次夺得浙江省运动会中、长跑冠军。计有1933年5月，以回浦中学学生身份参加省第三届运动会，夺得800米（2'16"8）、1500米（4'42"6）、3000米（10'10"8）三项冠军；1935年5月也以回浦中学学生身份，参加省第四届运动会，夺得400米（55"2）、800米（2'

6″4)、1500米（4 '34″6）三项冠军，后两项还破省纪录（以上据《临海县志》），为临海县争了光。后来又在上海召开有多国参加的远东国际体育大会上，获400米跨栏冠军，为国争了光。解放前后在临海振华中学任体育教师。土改时被逮捕，后枪决。

回浦中學校長盧鐸（右3）等與參加台州專區運動會獲獎學生合影（左1為洪用棠）

陈良温

双港区双楼乡店前陈村人。陈良温勤劳刻苦埋头务农，冬天农闲时还经营榨柏子油作坊。自己收购柏子，自己销售产品。主要产品是白蜡和农村夜晚点灯用的柏子油（俗称芯油）。

他非常节约，不舍得吃，不舍得穿。为了节省粮食，吃芋奶时连皮也吃下去。芋是农村几乎每家必种的农作物，相当于马铃薯，小的叫芋艿，大的称芋头，可当蔬菜，也可作主食。作主食时常连皮洗净整锅煮，煮熟后剥下芋皮拿来吃。芋的外皮较厚，皮上还有毛衣，有苦涩味道，不能吃。常人吃当主食的芋艿（或芋头）都去皮。陈良温则连皮一起吃下，这不是有苦涩味吗？但他有一套办法，把皮剥下后反过来，这样有毛衣的这一面包在里头，靠近芋肉这一边在外，吃时不咬，一口吞下，这就可避开苦涩味道。这种吃法连很穷很穷的穷人也不会的，我母亲这样节约的人，也未见她吃过芋皮，但陈良温就这样吃。他说能吃饱就行了，这确是稀罕的事。因此近村人都称他是"芋头皮"。

张国燕

他是大石区石佛洋镇许岙村人，除经营农业外，还酿酒出售，为人和善，是有名气的大善人，逢年过节，解囊施舍，年关到，各家都要做年糕麻糍过年，他家也一样。但他家做得特别多，常常连做四天四夜，主要是送给"讨饭"人（乞丐），所以年关到他家的乞丐接踵而来，门庭若市，热闹非凡。他非但过年送年货，平时人家有困难也乐意相助，到他山上砍几根树没有什么关系，家无米下锅可以到他家拿些粮食。有一家村民很穷，实在是生活不下去，张国燕把他接到自己家，其子女也在张国燕家长大。讨饭人讨到他家，除了给他饭吃外，如夜晚到的还留宿。他还平易近人，与邻俚和好相处，夫妻都从未与人家吵嘴，走路常低着头，有人与他打招呼他也客气响应。在"公审"要枪毙他这一天，不少讨饭人跪在地上，要政府留他一命。

这些情况是在我家旁边一位该村来临海开饭店的老板和住在我家后侧的另一个已84岁的来自该村的邻居说的。后者的儿子在这里招女婿（入赘），他前年丧妻后投靠儿子来的，也姓张。老张为人诚实厚道，待人和气，我们也很谈得来。他说土改时他已20岁，情况了解，斗张国燕斗不起来，工作队和村干部把农民集中到附近庙里，关起门，要大家下保证批斗张国燕，随便怎么说都可以。就靠乱说捏造，整理成材料上报，半个月后张国燕即公审枪决。

公审会上投靠在张国燕家养大的一穷人儿子，当时也已20多岁，还上台"揭发"张国燕剥削他，还压张国燕的头。这位84岁的张邻居说，群众背后都讲他没良心，到底哪个剥削？他这样做当然少不了村干部和土改工作队的动员。老张说自己家成分是中农，也不会帮张国燕说话，人要讲良心，要实事求是。他说那个人之后也没好结果，土改后生活仍困难，50多岁就死了。

包寿眉

临海小芝镇岙坑村人，1923年考入上海复旦大学社会政治系，1925年毕业，毕业后留校当助教，不久转入上海文学界。

1926年至1929年在上海参加"五四"运动后的新文化运动，与著名作家郑振铎、徐志摩、郭沫若、图楚南、王炳南一起从事翻译、编辑外国文学，在《南大周刊》及上海商务印书馆印发的杂志上发表。

包寿眉对英语、德语造诣较深，笔译、口译皆优秀，属当时一代青年的佼佼者。1930年被推荐到南京中央陆军军官学校政治部任英文教官。

1934年，由教育部部长朱家骅任命，到上海吴淞商船专科学校任训育主任、教授。该商船专科学校是今上海海事大学前身，2008年10月，上海海事大学新大厦落成暨百年华诞大庆，邀请百名老教授、校友参加一百周年纪念碑揭幕仪式，该校编写的历史纪念册上为航运事业作出贡献的名录中载有原训育主任包寿眉的事迹。

抗战时，包寿眉为响应全民抗战号召，受命任临海三青团书记、干事长，兼临海青年抗日服务团教育长，专做抗日宣传，动员及培训抗日骨干工作。国民政府将每周一定为孙中山先生纪念周，进行抗日活动。

八年抗战，由于工作卓著，包寿眉被选进国民党浙江省党部执行委员，多次受到省长黄绍雄和保安司令宣铁吾的表彰。

1946 年 3 月，包寿眉调任上海中央训练团工作，任人事处处长，授文职少将军衔。该团主要训练对象为各省市中级领导及骨干，包括公安、检察、海关、法院、司法和政府部门局级负责人等。包寿眉秉公办事、铁面无私，众人有口皆碑。训练团副团长宣铁吾在大会上称赞他"铁包公"。

1947 年 12 月，包寿眉应航空总司令周至柔之聘，任杭州笕桥中央航空军官学校政治总教官，是周至柔的得力助手，由于工作出色，他还受到中央航空委员会秘书长宋美龄的嘉奖。解放前夕，周至柔劝他去台湾，并购了机票，遭拒。

他回乡后，响应人民政府号召，在当地带头减租减息，并配合 21 军解放舟山、头门岛，积极带头捐钱捐粮，支持部队后勤给养，受到 21 军团、师长的多次表彰。

包寿眉土改时被枪决。

王明志兄弟

　　王明志是我 1950 年在回浦中学时的同学，响应国家号召参加军干校，与我一起录取于南京海军学校。他在预科政治审查学习期间交代了自己哥哥在土改时被枪决，为此他不能学习本科海军技术，安排在机关办公室从事行政工作。我们也不便问他兄弟为什么枪决，但这一事常记在我心上。因王明志比我大几岁，对我像小弟弟一样爱护，即使分别 60 多年，还常通通电话，他告诉我临海老家还有个妹妹。去年（2020 年）我找到她妹妹住处，交谈中知 1951 年土改时被枪决的他大哥在解放前毕业于民国政府（国民党）军官学校，因临近解放，毕业后就回家。以后在城西松山小学教书，土改时以"破坏土改"罪名被枪决。

　　据学者估计，1947-1952 年中共发动土改期间，被虐杀或自杀等非正常死亡人数约有 200 万；2019 年 9 月在纽约举行有多名中国学者参加的"关于中国土改研讨会"上，认为在这期间有 470 万地主和乡绅丧生。由于这一运动留下的后遗症，在 1967 年 8-9 月文化大革命初期，土改中得益者心虚，认为地主阶级心不死，要反攻倒算，还是先下手为强，全国多地又掀起群众性的虐杀地主浪潮，仅湖南省永州市（前称零陵地区）就杀了或被迫自杀以地主为主的"四类分子"9323 人，其中其子女 4057 人，未成年人 862 人，另外致伤致残 2146 人。

　　以上情况，在笔者写的《地主》一书中均有较详细介绍。

至于其他刑罚我想不必多介绍，像我母亲这样"一世干了三世活"的人，还处以"劳动改造"，其他处罚的公正性就可想而知了。

非但土改时施行这种惩罚，土改后直到毛泽东逝世，还有长达近三十年对地主的专政，其繁多的专政名目，令今人瞠目结舌、难以想象，人间怎么会有这种事？现择主要的罗列于下：

1. 批斗　除了土改时经常斗地主和土改后还有批斗外，中共遇事遇到阻力或运动搞不起，如粮食统购统销搞不起来，说地主破坏造成，把地主拉来批斗。

2. 扫街　要地主分段包干打扫街道以示惩罚。

3. 靠边低头站　路上地主碰到非地主的来人，地主要原地靠边低头站着让来人先过去。

4. 义务工　即做工不给报酬，如给干部家干活，给村里干活，做水利等。

5. 差役　主要是送信，那时通讯很不发达，大小会议又多，区、乡政府又设在我村，条子一写叫你送到与会人处，10里20里远都要送，黑夜也要送。

6. 砍军柴　要地主砍柴，砍来后先存放在村里某处，春节慰问军属用。没劳力的用钱买。

7. 做军鞋　给解放军做布鞋。我母亲是做鞋能手，充当在前。因布鞋不耐穿，几年后不做了。

8. 汇报　地主要向干部或组长定期（3-5天）汇报思想，家来了什么人，近来做什么事等都要汇报。

9.　听读到　几乎每日午后要地主集中起来听读报，并要考你昨天读报的内容。

10.　夜间突击检查　夜晚、甚至半夜突然来你家检查，问你家来了什么人，吃什么等。还要考你今日读报内容。

11.　改造会　每月初一、十五两次召集地主训话，要地主汇报思想，检讨有什么不规。

12.　儿童团放哨、助斗、夜呼　儿童团常在地主门前屋后放哨，斗地主时要地主站直，低头要到位，夜晚呼叫"打倒地主某某某"等。

13.　不给地主后代上学　农村一般只给你小学毕业，再升就困难。

14.　劳动报酬不公　我母亲参加生产队劳动——放麦种，与另一男人同样速度，质量也差不多，记工分时，她仅记4分，另一男人记8分。

15.　司法不公　我少年朋友张增连是地主儿子，屡遭歧视、凌辱，经本村人张小香介绍参加反共救国军。案发后张增连判八年徒刑，张小香另又发展多人，因他家成份中农，仅判五年。

16.　其他　以上仅是一般的，各地普遍的。有些地方还在创造。我初中老师沈文波，成分地主，土改时判三年徒刑，期满出狱后回家，其家门口有一座桥，村干部要他经过桥时要爬过去，不能走过去。他只好爬过去回家。

以上这些情况，在我写的《地主》一书中还有较多的例证。

地主与农民，只不过生产关系上的分工而已，并没有政治上你死我活的对立，说他们是敌我关系是中共的政治、军事需要，为动员参军，为提高士气，与实际是不符的，至少我处多数农民对地主没有仇恨。当年地主出租土地，农民承租土地；地主雇工，农民受雇，都是在双方自愿、平等下的民事行为，何来个敌我？更不必说现今出租、雇工早已合法了。因此，对地主上述的处罚是缺乏理由的。

第三节　（动机三）何是剥削值得探讨

政务院《关于划分农村阶级成分的决定》中，对地主的定义中称："地主剥削的方式主要以地租方式剥削农民，此外或兼放债或兼雇工或兼营工商业。"因此，出租、放债、雇工、从事工商业活动，都是地主的罪状，是中共为打倒政敌，掀起土地改革的主要理由之一。

但是，这类经济活动方式，非但在过去中华民国时是合法的，在现今中共领导下的中华人民共和国也是合法的。是社会调节余缺、解决困难、安定秩序、商品交换、发展生产所必需的。土改时把这一切都当作地主罪状，土改后地主虽打倒了，富农、富裕中农就不敢出租，不敢雇工，不敢放债了，以免重蹈覆辙。但碰到具体问题的人，有的是单老孤独，有的是丧夫寡妇或年幼丧父失母，家里没劳力的人要不要雇工？可以不可以雇工？而有的家劳力有余无事可做，想出去打工赚钱改善生活的人，是否可以去打工？

有的人家发生天灾人祸，一时经济困难，缺衣少食的，要不要生存下去？要不要解决困难？当然要。国家解决不了这些困难怎么办？必然去借；有些人有钱有粮，也想赚几个利息，想放债。必然产生借贷关系。当今办工厂借钱、银行贷款比比皆是，实质是一样的。

工厂的产品、农民生产的多余粮食、从事的副业产品要推销出去，这就要交换流通，便出现工商业。这样一来，人们就彼此互补，互通有无，双方有利，社会也得到延续和发展。

因此出租、雇工、放债、商品交换就不可避免，是社会需要，是人们生存的需要，是社会不可或缺的现象。但土改法规把此类正常的社会活动视为剥削，土改后长期得不到妥善解决，矛盾日益凸现出来。各地反映强烈。

到土改后第二年此弊端明显暴露出来后，中共中央不得不作了让步。1953年4月3日在全国第一次农村工作会议上，中共中央农村工作部邓子恢部长在工作报告中指出"有条件有限制地允许雇佣自由、借贷自由、土地买卖和租佃自由"等。

但是，随着农业集体化，农民失去土地，加上长期以来强调"阶级斗争"，土地出租和雇工现象虽不明显。但民间借贷倒盛行起来，政府和法院也予以承认，借债要归还。

改革开放后，土地又分到户，农民又可搞副业、经商、办企业，出租、雇工又不可避免地出现。但改革开放之初，还是受旧框框束缚，从现在角度看，似乎是不可思议、难以理解的事常有发生。

1980 年，中共中央 75 号文件还明确规定"不准雇工"。

1981 年，广东一养植户陈志雄扩大经营，要雇工，《人民日报》为此连续刊文讨论三个月，最后余大奴、黄克义一文作结论：认为雇工不等于剥削。

稍后，经济学家林子力，根据马克思《资本论》中找到马克思的话，通过某种公式计算剩余价值，请三个助手，带四个徒弟可以不视为剥削，称为小业主，不算资本家，不是资本主义。雇用八个人以上的就产生了剩余价值，就存在剥削，就算作资本家，就是资本主义。小业主与资本家(即"七上八下")概念一提出。认为雇工七个以下的不是剥削，八个以上的是剥削，又为雇工开了绿灯。对百姓来讲，这似乎在讲故事、说笑话。

后来安徽芜湖年广久的"傻子瓜子"雇用了 12 人，又引起争论。

1984 年 10 月 22 日，邓小平表态："我的意见是放两年再看。"这一放，一直放到现今，愈放愈大，雇工问题才得到解决。

出租土地、房屋、厂房等也陆续兴起。当今农村出租土地很普遍，一些种粮大户大都先租来土地，再雇工耕种。我村去双港镇在新塘岗附近路边有丘名叫"百亩"

（1.7亩）的水田，土改前是我家的，土改时被没收，后经合作化，改革开放后又分田到户。2014年10月27日我经过此地，正好一个农民在收割地瓜，他告诉我是从别人处（田主）以每年50元租来的。出租房屋在城市中更普遍，我们临海的东湖村是城乡接合部，原有土地大量建房，有些家庭每年房租收入有100多万元。我在1984年建的城关老房，部分也出租。有谁说这是剥削行为？

放债更比比皆是，法院受理这方面案件比例也较高，当然也支持有证据的债主。乡镇银行小额贷款利息可高达国家银行的四倍，实际上也是放高利贷了。

社会上出现这些现象，为了调节余缺、互通有无、维护社会正常运作、安定社会秩序，是正常的，需要的，必然的，我国现行有关法律法规中也给予肯定的，支持的。《中华人民共和国合同法》第十二章《借款合同》，第十三章《租赁合同》，第十五章《承揽合同》等都是处理往日所称的放债、出租、雇工等事。我国《民法通则》也有此相应规定。因此，国家非但承认放债、出租、雇工的合法性，还受到法律的保护。

解放前的中华民国政府当然也有相应的法律规定，著名的《六法全书》便是。它认为地主的财富是在当时法律允许下取得的，不应无偿没收。现我虽找不到中华民国有关法典，引证不出具体的条文，但我国大陆有关部门宣布承认台湾法院的民事判决，也可证实两岸有关法律都认为雇工、出租、放债是合法的。

中国古代，出租、雇工、借贷在民间早就盛行，我们祖宗就在这种环境下生存下来。据史书记载：19世纪上半叶，清朝直隶宁津(今山东宁津)大柳镇统泰升杂货店兼营的轧花工厂雇用工人100多人；广州府佛山镇(今广东佛山)有经营棉布纺织业的工厂2500家，从业人员5万，每一工厂平均雇有20人。外国也如此，19世纪的英国工业革命，1871年英国已有1262家棉纺织厂，当然都雇用工人。当年议会调查的254万工人中有201万工人说自己在工厂中工作。按马克思主义观点这是资本主义，应该消灭。

　　出租、雇工、借债等是人类社会调整余缺、发挥物效、增加财富、解决困难、改善生活，安定社会正常秩序不可或缺的现象，不能禁止，也禁止不了。否则是反社会的，也可说反人类的。地主这些行为，也有此作用，中共把它视为剥削，以此为由没收其财产分给贫雇农，进行社会动员，打天下夺政权，这种动员与"重赏之下必有勇夫"道理是一样的。这个"赏金"由地主出。如果出租、雇工、借债有罪，那没收地主财产是罪有应得，如果这些行为是社会正常现象，为了发动农民参军没收地主财产，那地主对中共夺取政权作了牺牲、作出贡献，为中共立功。这不是强辩，而是在"实践是检验真理的唯一标准"前提下说的话。

　　我的母亲在她勤劳、节约、开拓、致富过程中，也从事出租、雇工、放债、经营工商业的活动，其他地主也或多或少也有些活动，社会上不可能没有这些活动，这是正常社会的正常活动，也是禁止不了、取缔不了的活动。因此把它作为地主罪状是不公正的。

第四节　（动机四）阶级理论难以接受

阶级和阶级斗争是马克思主义主要内容之一。它认为，有阶级斗争才有马克思主义，有马克思主义才有共产党。马克思 30 岁时写的《共产党宣言》指出："迄今为止，一切社会的历史都是阶级斗争的历史"，即阶级斗争是推进社会发展的动力，这是马克思主义的不朽真理。共产党就是因阶级斗争而产生，因阶级斗争而发展，否认阶级斗争就从根本上否定了共产党存在的必要性。

中国共产党高举马克思主义中国化旗帜，土改时，以家庭拥有的财富多少划分阶级成分，在农民中划出地主、富农、中农、贫农、雇农等成分。从中找出阶级敌人——地主、富农和对阶级敌人作斗争的——贫农、雇农。前者为剥削阶级，或称反动阶级，是革命对象；后者为被剥削阶级，或革命阶级，是革命动力，他们在共产党领导下对反动阶级进行革命斗争，推动历史发展。

对这样按贫富差距来划分阶级和进行阶级斗争，我国知名学者，如梁漱溟、董时进等早有异议，他们客观正确的观点反遭批判、打击，中共的一意孤行，造成国家重大灾难。非但在正常社会中必有贫富之差的经济领域，且在社会必要的行政管理部门，阶级斗争也搞得满天飞。中共第二把手、国家主席、曾着有《论共产党员修养》的刘少奇被打成"资产阶级在党内的代理人"，荒唐不荒唐？我家被划为地主成分，是剥削阶级，是他们革命斗争的对象。被作为反动阶级的我地主母亲勤劳情况前已介绍，现就我家近邻 80 米内的几家革命阶级的贫农、雇农介绍如下，看看他们为什么致穷的？他们的懒、馋、贪、赌能使社会进步吗？他们要夺取富人在勤劳合法取得的财产是否是革命行动？

贫农蔡小香

蔡小香（谱名蔡继寿）因懒、赌博败落，我与他家是仅隔三间房屋的邻居，他的家况我一清二楚。他的家史可说是 20 世纪中国农村贫富变迁的部分缩影，是梁漱溟"贫富轮流转"的实例，也是"富不过三代"的典型，对后代人有着深刻的警示作用。

他父亲开中药店并会中医，擅长小儿科，店号为"蔡复元"，这三个大字现还刻在房门上端护栏处，房子坐落在山湾街，因仅与我家相隔三间房屋，我常去他家与我同龄的儿子蔡显山玩，"蔡复元"三字可说伴着我长大，还经营农业。他家是土地、房子较多的富家，蔡小香是独生子，没有兄弟平分，父母亡故后全由他继承。因家有财，蔡小香读了多年的私塾，人称他脚趾会写出好字。但其父母对他过于溺爱，从小娇生惯养、百依百顺，以致好吃懒做。他不仅是懒做，而是根本不做，整天泡在麻将桌上，以赌为业。

　　他有个旁亲王家治租住他房，也与我同龄。王家治隔壁的蔡继暖也与我同龄。他们三人一间挨一间住着，我与他们相隔3～5间房子，他们几人与我性格相似，较为温顺、和气，因此我们幼年时整天在蔡继寿门前一起玩，待父母叫我有事或吃饭时才回来。我们没有玩具，也没有人给我们讲故事，而是自己玩泥巴，用泥巴造型，有时用小石粒划河捉子，有时用白石子划格造房，有时用小虫引蚂蚁出洞等，我们四个同龄人从未吵过架。因此，对蔡小香及其家很熟悉，直到我六七岁时蔡小香赌博输后卖了房屋，他家搬出离开为止，其间我从未见到蔡小香拿过锄头等农具去田里干活。

蔡小香賣給作者家的缸

　　蔡小香家有三间临街楼房，后面有多间平房，中间还有个天井种花，其中有一棵大杏梅树。房子卖给蔡桂秋的大儿子蔡继荣。出屋时蔡小香母亲号啕大哭，其妻也泪流满面，我童年玩友蔡显山呆若木鸡，他要远去，我也闷闷不乐。赌博确害人匪浅，她们没有像我母亲这样能干，我父亲赌博时怕我母亲追赶、吵闹，不敢在本村赌，只好去外村赌。我母亲一有他的赌讯，就马上去追。她曾同我说过，还在生孩子未满月时追到 17 里外的上雪村把父亲拽回。我父亲赌博输了把房屋卖了，我母亲即告诉族长，请族长向买方交涉，把房要回。何况蔡小香还有母亲在，他还没有所有权，完全是不能卖房的，但她也迁就了蔡小香，也害了全家。

蔡小香在卖房前早已在卖土地，土地卖了卖家具。据市档案局数据，蔡继寿土改前卖了土地后没有可种水稻的水田，仅有可种干旱作物的土地 0.317 亩，我家也买了不少他家的土地。我家土改时被没收的土地，有的还是蔡小香卖的，土改时还给他。

他卖了土地后，还卖家具。卖给我家的家具都旧了，土改时没有人要，留了下来，其中一些是缸、刁（我们称盛酒的坛为刁）等陶制品。蔡小香在其家具暗处都写有他的名字。1984 年我在临海建了新房，部分缸刁移去临海，在搬移过程中见到在缸底还写有"蔡小香"（继寿）三字。

2007 年我二姐住我乡下老家，要把楼上的缸洗刷一下可用，拿到楼下洗刷时，也是土改后住我家没收房的邻居庐秀英说：这口缸是他家的。我当时也在场，我说不可能的。解放后我母亲一人在家，拿不动这么重的大缸，1990 年她脚骨骨折离家，该房长期无人居住，关锁着，我家不可能到你家去拿缸。在双方争执不下时，我再找证据，恰好在缸底还写着"蔡小香（继寿）"几个字，当时有十多人围观，庐秀英才无话可说。"蔡小香"帮我化解了这场危机。

　　蔡小香房屋卖了后，搬住到离我家 100 多米的破房中，我也多次去过那边。因蔡小香有些文化，住那边时还任本村保长多年。那时处于抗日战争时期，常有派捐派粮之事，我父亲是甲长，常带我去他家的破房中开会。

　　1948 年，蔡小香在临海城关西大街开了一家律师事务所，给人家写诉状、出庭辩护度日。那时我在临海城关建成中学读书，在街上碰见他妻，因以前在家时是近邻，很亲热，我喊她为"小香大嫂"，她热情地要我去他家一坐，我也去了，还见到蔡小香。

　　1949 年夏，临海解放，中共接管政权，民国时代的法院关门，蔡小香歇业回老家。1950 年夏，农村土匪仍在抢劫、勒索。有一天早晨，母亲在临街店间的窗格内侧柜桌上捡到一张折起来的字条，打开叫我看一下，其上写着要我家支援反共救国军出大洋三百元。我们知道是土匪向我家敲诈。后来对照多件笔迹，此敲诈条子是蔡小香（与土匪勾结）写的。

　　土改时，因蔡小香那时土地几乎卖完，仅有 0.317 亩旱地，家庭成分划为贫农，是土改的积极分子。由于农会干部和积极分子普遍缺少文化，多为不识字的人，工作队干部又不很了解情况，蔡小香就做他们的幕后军师。我听多人（包括我母亲）说，我村土改时的没收和分配方案是由他起草的。据临海县土改档案记载，他家 7 人，土改时分到水田 7.101 亩，旱地 0.460 亩，房屋三间。真是土地"回家"了。

　　我最后见到蔡小香是 1954 年 11 月，那时我从部队请假回家探亲，去店前街经过他家土改时改来原是地主蔡子桂关马的房屋边时，他在路边厕坑上上厕，我当时穿着较为醒目的海军战士服，可能他先看到我，在我发觉他在上厕时，他已把戴的布帽帽舌往下拉，企图遮住脸额，以回避我，似乎心虚有愧，见不得我一样。但帽舌大小有限，我一看，是老邻居、且有十多年与其打交道的蔡小香。我们现在的如此关系，并非完全是他个人责任，我还是主动与他打招呼：小香哥！他也随口回应我。之后就没再见到他，这反映世道变迁的一幕，长期来在我脑中挥之不去，也可能我终生挥之不去！

贫农蔡继标

蔡继标土改后住在离我家仅 50 多米远的地主蔡明河的没收房中。他俗名芝芳标，因本村人几乎都姓蔡，通常按辈分取名，第二个按辈分的字定下后，第三个吉利顺口的字体有限，我村比较大，土改前就有 1000 多人口，故常有重名。我知本村就有两人都名为蔡继标，因此为区别起见，村民指他名字时常带上其父名，以示区别。该蔡继标是蔡芝芳的儿子，故又称芝芳标。

蔡继标贪吃懒做全村有名，特别喜欢喝酒，几乎到了痴迷的程度，身上稍有几个钱就买酒吃。有时别人雇他挑酒，半路上偷偷用纺棉线用的锭针等细铁针，在酒刁的封泥上钻个小孔，再用麦秆等空心秆吸取刁中的酒来吃。吃后再用泥封上，交给主人，一般发觉不出来。

由于他的贪酒家财败光，土改前即卖完土地，卖了房屋，还卖了两个儿子。一个卖在里后坑村，另一个卖给店前村，身边留下一个大儿子。房子卖了后住到别的小村没人住的破房中。土改时回本村划上贫农成分，分来房屋、土地、山林，留下的大儿子蔡显法因贫农出身，土改时还当上了本村的民兵队长。

江山易改本性难移。土改后蔡继标仍依旧如故，照样狂喝酒，懒干活，亏空后又把土改分来的地主蔡明河的好房子卖给蔡继土，山林卖给枫树岗村胡方塘，土地也卖了，又吃光败光。后来村里集体化，他积极参加合作社，又捞了一把。有人说他真聪明，有远见。因他名气太大，这种现象也不是个别，乡、村干部叫人把他的"事迹"编成戏，曾在本村和近村演出，以警示村人、乡民，不要走他这条路。

贫农蔡修宽

蔡修宽原住本村西侧后宅，来我村做养子，后去上海做烧饼生意，临解放前返回。我家住本村东侧，解放前几年我大部时间在外读书，知有其人，但不知其具体情况。

土改后他家分到我家被没收的老屋，因此做了我家贴近邻居，灶间又在我家门口西侧仅一窗之隔，彼此较了解。其妻是湖州人，是在上海卖烧饼时结识，各种家务活较生疏，常来向我母亲请教，性格较爽直，家庭一些情况，包括生活困难等，常与我母亲交谈。1954年初冬，我在部队回家探亲，才和他们认识。之后回来次数较多，彼此也熟悉起来，相处较和谐。家除两夫妻外，尚有两个女儿两个儿子。

自我知道他们时起，他们家生活一直比较困难，不论是吃或穿，长期处于紧张状态。蔡修宽因病亡故后，由于生活窘迫，导致其妻、小儿子相继自杀，家庭败落。其妻性格爽直随和，我们也谈得来，听到她自杀身亡，至今我还很痛惜。

他家经济靠蔡修宽一人从事农业劳动，虽个子高大，但长期在外经商，劳力不强，农技不佳，除简单劳动外，不会起早摸黑搞自留地或副业，常见他在旁边三角路口聊天。一个人仅会简单的劳动，特别在合作化时期，四个子女，负担重，生活必然困难。

他妻子不善于安排调节余缺，麦收时做麦饼，稻收时吃干饭，都是高耗粮的食物。这与我母亲截然不同，丰收歉收，收割与平时都基本一样吃，且大都是低粮耗的稀饭、面条等食物。她也不想法搞些副业，或做些小买卖，他们住的房屋原是我家开店发财之地，处于三角路口，但不去利用。我们三家共享的大门口，面对小学大门，是小学生上学、放学必经之地，摆点糖果卖必有生意。位置离我们大门口几间房以外、相对条件较差、行人较少的地方有两家妇女在卖零食，因此蔡修宽妻也完全可这样干，但她没干。她既不会搞副业，也不会做生意，又不善于节约，必然穷困。

他两个儿子也不勤快、不节俭。大儿子长大结婚后，也顾不了父母家，在有了自己子女后还常向我母亲借粮，且久久未还。东借西藉以后建了两间房。因亏账妻子外逃，离家 10 年，更谈不到抚养老人。几年前大儿子也去世。小儿子也很懒，常不出工，虽学了弹棉花手艺，但不去找活干，长期待在家，经济当然困难。

蔡修宽患心血管疾病亡故后，其妻生活更无着落，服农药自杀。小儿子因懒无积蓄找不到当地老婆，之后来了个贵州妇女，同居一年多，生下一女儿后又离开，还是单身汉，年已近 40 岁，加上与邻里有些纠纷，也服农药自杀。人去楼空，长期失修，房子倒塌，还殃及我家。对他们来讲，这个"解放""翻身""当家作主"的时代也结束了。

雇农蔡继传

蔡继传也是这个历史变革的代表人物之一，他虽是土改时执掌全村 300 多户大权的农会主席，还是老共产党员，我也要如实地给他写一下。

他是本村上角人，与我家相距较远，父母都较早去世，也没有什么祖传家产，也无妻室。1947 年在国民党军队回来后生活无着，托人介绍，1948 年到我家两日来干一日活的长工（即间日来干活）。正由于他在我家干了一年长工，划为雇农成分，进而当上土改时本村的农会主席，按照《土地改革法》和刘少奇《关于土地改革问题的报告》，农民协会是土地改革合法的执行机关，因此蔡继传是土改时全村第一把手，光环照人，出尽风头。

也因他在我家干过一年长工，我对他还是比较了解，他有几个特点：

第一个特点是懒

他没有来我家干活的这天，常看到他站在路口或人家大门口聊天，那时他 48 岁，正是身强力壮时期，如果另一日能给别人打短工或租些土地耕种或搞些副业，生活就会很快改善，但他不干。

在我们家干活也不着力，农技不高，仅应付一般农活，较复杂的农活如插秧等，要另请短工。他在我家干了一年后即中止。我母亲另请人。

之后他与亡夫的蔡继满妻合家，住在山坦边的岔路口，很触目，离我家不远，我又常看他在旁边蔡沛兴家大门口闲聊。因我有时找蔡继传有事，去过他家多次，房屋破旧漏雨，记得床铺也没有，睡在稻草垫上。真是个雇农，可说是一贫如洗。其妻也不勤快，衣服破了不补，夏天常赤背露胸，脚上老是拖破鞋，我从未见到她到菜地里干过活，更谈不上搞副业。

江山好移，本性难改。土改中蔡继传分了好土地、好房子。但土改后蔡继传仍是懒。

1954 年，我在部队探亲回家，看他从原蔡明河分给他的新房中出来，呈八字步慢慢地经过我家门口向山坦方向走去，沿途少不了同这个谈几句同那个聊一下。那时他 54 岁，在农村还是好劳力。一般农民大白天哪有时间同别人聊天？可见他仍还是旧社会的蔡继传。

被沒收分給貧農的原蔡明河房屋

2007 年 7 月,我回家修房子,在家多日,有机会同邻居聊聊。原蔡明河一座 15 间房的 1/4 留给其下代居住,其余分给主要是干部的贫雇农,有农会主席蔡继传,妇女主任胡毛妹,民兵队长蔡显法父亲蔡继标、乡干部李正良和剃头师傅蔡继土等家。我去那边有事,顺便去了蔡继土妻家。她与蔡继传共享灶间。因我们早就相识,谈话较随和。她说合作化后蔡继传家经常无米下锅,她妻子也不去设法,都是蔡继传临烧饭时间到了,在外边玩回来,知家里无米,再去向别人借来,然后他妻煮粥,烧好后两人一起吃。蔡继土妻是诚实厚道的人,她绝不会无中生有,我也不会捏造。其他邻居也有知此事的。

但他即使无米下锅,还是耍玩了再说。在家不出工,常喜欢与小妇女说笑戏弄。女人下米煮粥或捏粉做面,偶然离开有事,他串门经过时,把锅中米捞起来暗藏在某处或把粉块移到不显眼地方。那女人回来后发现米粥很稀,责怪自己下米不够;或找不到做面条的粉块团团转时,他来了,哈哈哈!弄神装鬼地说孙悟空把它放在何处,那女人才找回下过锅的米或粉块。因此,小

妇女见他来总觉得没好事，警惕几分。这也是蔡继土妻告诉我的

他游手好闲没好好耕种，非但本村，近村人都知道他的懒。邻村人还送给他一句打油诗："大园蔡继传，种芋像桂圆。"（这是戴庄村张增连告诉我的）芋头一般有饭碗这么大，芋艿一般有墨水瓶这么大，桂圆比乒乓球还小，蔡继传种的芋奶仅桂圆这么大，可见蔡继传的懒。

第二个特点是馋

他在我家做长工时，几乎每晚都有酒吃，饭菜也好，不干后当然没有酒吃，饭菜也差了。1950年，他当上村农会主席，我家在村上是势单力薄者，往往欠账要不来，土匪从窗孔中塞进条子要我家出钱。我母亲凭着过去他在我家干过活的情谊，想与他搞好关系，知他喜欢喝酒，多次叫我送酒给他，他照收不误，从未说下次免了等的客套话。

因他是本村农会会长，权力很大，掌印子，有事要请示他，由他决定，为巴结他，农民家有婚丧喜事，甚至杀猪宰羊都要请他吃饭，他也有请必到。土改后农会会长权力小下去，年轻的有文化的人上来了，叫他吃饭的人也不多了，蔡继传不理这一套，叫他也好不叫他也好，他照样都去。凡是打听到人家家里有办酒席的，红事也好白事也好，建房也好杀猪也好，一桌也好多桌也好，他都不管。先坐在那边聊天，吃饭时间到他不走，主人不叫他吃，他也吃，反正他是老干部，不会赶他的。

他馋到这种程度，几乎全村上了年纪的人都知道。

第三个特点是贪

他见到有东西就想要。他有权后经过他手的东西，总设法扣留些变为己有。我听蔡继文妻向我母亲讲：蔡继传说天主堂区政府开会（设在我村天主堂的双港区区政府），要向她（地主）借被子。会开完后被子已拿回来，也不还给她。她也不敢向蔡继传要回。他常向要找他办事、寻找关照和方便的人，都要索取一些报酬，否则第二次求他，他就板着脸孔打起官腔来，推诿不办。所以常有村民说："他后半生进了多少东西无法计算。"虽然这句话指的较笼统，但从他对我多次送去的酒照收不误，从未讲一句"下次免了"之类的客套话和他厚着脸皮的贪吃，群众这些话也不会是空穴来风。

蔡继传是文盲，他任农会会长兼治保主任掌管印章大权，土改后相当长一段时期由他处理、决定村中事务，有时不免要签名盖章。但他不识一字，签不了名，只好都用章代。但章中亦有字，他也不认识，经常把章盖倒了。这是多个村人告诉我的。

蔡继传晚年合作化、大跃进时期权小了，送东西的也少了，因懒甚至穷到无米下锅。但他的政治光环仍不褪色，他死后，村、乡干部还要大园小学几百名师生停课为这位老干部老党员送葬。

本书第一章（我的家庭出身）提到我家早年的土地数量也相当于土改时的贫农，祖父母亡故时，我家三人，仅 2 亩多土地，按 1951 年土改时我村人均土地为 1.39 亩,仅及村平均的一半。我母亲为了改变这种贫穷状况，刻苦从事多种副业，开小店、酿酒，我父亲亡故仍顽强不息，不仅节衣缩食，且讲究时效，物尽其利，买土地、建房子,以至在土改时我家有土地 22.484 亩，楼房 6 间半.但按马克思主义观点，她走错了路，犯了方向性错误，成了阶级敌人。毛泽东说：没有贫农就没有革命，她却反其道而行之，成了反革命，"罪"有应得。

但从学者观点，如国学大师梁漱溟说"贫富轮流转"，不能以贫富来划分阶级，蔡小香和我母亲便是实例，因此他反对阶级斗争。我读初中时的建成中学校长、国民党临海县党部书记长陈启忠在 1951 年土改时在要枪决他的审判大会上，允许他发言时他说："我读过《资本论》《共产党宣言》，你们主张阶级斗争，我知自己要死，是对是错，只好盖棺定论。"

从上述四个贫雇农和我母亲的例子，如果在打倒我地主母亲之后，让这四个贫雇农作为社会主流，号召人们向他们学习，社会能进步否？国家能富强、人们能丰衣足食吗？为促使人们和谐相处与推动社会健康发展，我就难以接受经典的阶级斗争理论，这也是"实践是检验真理的唯一标准"下说的话。如果马克思还健在，看到 20 世纪国际社会的发展，看到我国在中国共产党领导下分田到户单干和大力发展民（私）营经济为主要内容的改革开放，我想他也不会认为我的观点完全无理。下面的附文对此说得更深入、更透彻、更全面。

附文：阶级斗争理论的荒谬性及其危害性

来源：新浪博客．闲人维杰

连结：http:

//blog.sina.com.cn/s/blog_5320ff3c0100nmor.html

阶级斗争理论的荒谬性及其危害性可以概括为两点：

一是以"贫富"评判善恶，颠覆了人类传统的价值体系。

二是煽动仇恨挑起人类相互残杀，破坏了人类的和谐发展。

人类的价值体系是人类几千年来承前启后建立起来的，人类就是依循祖先建立起来的价值观引导，从野蛮走向文明。阶级斗争理论推翻了人类几千年发展的一脉相承的价值体系，导致人类向野蛮回归。凡是阶级斗争思潮泛滥的国家，不是贫穷，就是腐败，那就是最有力的说明。贫穷是因为愚昧，腐败是因为堕落，愚昧与堕落都是向野蛮回归。所以说，这是一种不利人类发展的思想，是一种反人类的思想。

阶级斗争思潮曾一度泛滥，给人类带来巨大的灾难。然而，残酷的教训，促使西方社会的政治家和思想家从中反省，推动西方社会进行良性变革，走向了现代文明，这也算是阶级斗争理论带给人类的反面的启示。

下面针对几点显而易见的谬误，进行常识性的思考，常识性的思考更容易让人看到真理。复杂的逻辑论证和玄奥的概念堆砌，只会把问题复杂化，让人陷入迷惑。

别有用心的理论家,通常都是那样故弄玄虚,混淆视听,达到不可告人的目的。

以贫富评判善恶

阶级斗争理论的第一点谬误:以"贫富"作为善恶的评判标准。穷人都是善良的,是阶级兄弟;富人都是邪恶的,是阶级敌人。这从根本上颠覆了人类几千年来建立起来的善恶的价值观,人类自古以来都是以人的行为品格作为评判善恶的依据,而不是以贫富来介定人的善恶。心地善良的人乐善好施,心地邪恶的人损人利己,善恶完全取决于人的品行,而不是取决于人的贫富。善恶与贫富没有必然的关系,穷人未必都是善良的人,富人也未必都是邪恶的人。阶级斗争理论,富裕成为罪恶,贫穷成为德行,完全违背了人类的道德观念。

那是显而易见的事实,穷人未必都是善良的人,富人也未必都是邪恶的人。土匪强盗几乎都是穷人出身,而慈善家多数是富人。阶级斗争理论,把穷人的贫穷归咎于富人的剥削,当然也可以把土匪强盗说成是富人逼出来的,被富人剥削而变贫穷,活不下去才上山为匪。这样的歪理抹杀了个人品性的差异,以此而论,所有的罪犯都可以把犯罪的原因归咎于社会。任何社会都存在不公平,而且往往对穷人更不公平,但这不能作为穷人犯罪的理由。罪恶是罪恶,不公平是不公平,这是人类道德的原则。否认这个原则,把邪恶归咎于不公平,只会助长了邪恶,挫伤了善良。

阶级斗争理论，以贫富划分阶级，穷人是阶级兄弟，更是自欺欺人。穷人之间的欺诈，穷人之间的仇杀，屡见不鲜，有几个人相信兄弟之说？同样是面对陌生人，恐怕没有几个人会感觉到穷人一定会比富人更亲切，也没有几个人会相信穷人一定比富人更高尚更可靠。不能否认世界上有高尚的穷人，同样也不能否认世界上有高尚的富人；不能否认世界上有邪恶的富人，同样也不能否认世界上有邪恶的穷人。这无需我在此举证，人世间每一天都在演绎那样的故事。

越穷越光荣

阶级斗争理论的第二点谬误：越穷越光荣。阶级斗争理论，把人类分为两个对立的阶级，再把阶级分出不同的等级，叫成分，从雇农到地主分出七八级成分，雇农，贫农，下中农，中农，富裕中农，富农，地主。雇农最穷，地主最富。富裕成为罪恶，贫穷成为德行。越富越可耻，越穷越光荣。

越穷越光荣是贫富作为善恶标准的进一步演绎。阶级斗争理论把穷人的贫穷归咎于富人的剥削，而把富人的富裕说成是依靠剥削穷人，抹杀了人类几千年来勤劳致富的事实，抹煞了富人勤劳俭朴的一面。不可否认有富人使用邪恶的手段敛财，可也不能否认世界上有相当多的富人依靠勤劳和聪明才智创造出财富，世界首富比尔盖茨就是最好的例子。不可否认穷人之中有人因为善良而穷困潦倒，更不可否认有的穷人根本就是好吃懒做。

富人之中有败家子，穷人之中也不乏好逸恶劳吃喝嫖赌的人。这也无需我在此举证，人世间每一天都在重复这样的故事。

在那阶级斗争思潮泛滥的年代，越穷越光荣，越穷越可靠，光棍，懒汉，赌徒，好吃懒做的穷光蛋，通通变成了阶级斗争的积极分子，当民兵，当干部，打土豪斗地主分田地，用血腥屠杀来瓜分财富，不劳而获。而克勤克俭稍为富裕的人，则被定为富农地主，被斗被关被杀，受尽凌辱。把中华民族勤劳俭朴的本性彻底摧毁了。

地主富农不仅害了自己，而且祸及子孙后代。在学校里也是越穷越光荣，贫农的子女最威风，只有贫下中农的子女才可以入团当班干部，地主富农的子女在学校里任人欺负也不敢出声，不能上大学，甚至不能上初中，只能世代为奴。所以有的地主富农的子女恨自己的父母，反而羡慕贫农的家庭。贫农的子女看不起地主的子女，以祖先贫穷为自豪，五代贫农成为最自豪的理由。这就是阶级斗争理论对人性的扭曲，以贫穷为自豪，人类还会进步吗？

富裕让人堕落，但也会让人高尚；贫穷也一样会让人堕落，但却很少听说贫穷会让人高尚。只听说过富裕可以使人变高尚，还没有听说过贫穷会使人变高尚。穷人有高尚的人，但不是因为贫穷而变高尚。人类自古以来视富裕为荣誉，激发人类勤劳致富，把勤劳俭朴视为美德，引导人类向富裕发展，为人世间创造财富。阶级斗争理论颠覆了人类几千年来关于富裕的价值观，以穷为荣，越穷越光荣，向野蛮回归，摧残了人类勤劳的本性，导致懒汉越来越多，这就是阶级斗争思想泛滥的国家贫穷落后的主要原因。

煽动仇恨

阶级斗争理论的第三点谬误：煽动仇恨。阶级斗争理论，把穷人的贫穷归咎于富人的剥削，煽动穷人仇恨富人，扭曲了人类社会的雇佣关系，破坏了人类和睦相处，和谐发展。煽动仇恨，向人的心里植入仇恨，导致人失去理性，导致人性被扭曲而变残忍变残暴，暴力革命和文化大革命就是人性变残忍变残暴的演绎。

我用一个真实的故事来说明。那是文化大革命发生在我老家的一场武斗，当时我们县分成两大派，一派以县城为据点，一派以我老家为据点，是老农派。县城派每天开一部宣传车到处宣传，装着高音喇叭，架着机关枪耀武扬威，气得老农派决定给予痛击，伏击炸毁了宣传车。消息传来，年轻人欢呼雀跃，附近的小孩子便纷纷赶去看战场，希望能捡到弹壳，那年代弹壳是一种荣耀品。战场上横七竖八地躺着十七八具尸体，一个小孩发觉有一具尸体眼珠会动，惊叫出来，引来其他孩子围观，有的说人死后眼珠还会动，有的说那人还没死。为验证那人到底死了没有，有一个小孩就用竹竿狠狠地插进那眼珠，插暴了眼珠，那人还是一动不动，小孩们都说那人已经死了。事实上，那个人当时没有死，后来县城派举着白旗来收尸，那人捡回了一条命。此人现在还活着，从此成了单眼人。据说他当时被插暴眼珠忍住巨痛装死，因为他知道如果让孩子们发觉他还没死，不是被小孩子们用石头砸死，也是被小孩们召回老农派补枪。据说那人是抗美援朝回来的，吃过子弹，所以有那么强的毅力。这个故事说明了这样一个事实：在阶级斗争思想的荼毒下的小孩子，心里就是这样充满了仇恨，把残忍残暴当勇敢，把杀人当英雄。本来童心非常纯真善良，可是被仇恨荼毒的孩子，失去了纯真，失去了善良，变残忍变残暴。所以说，仇恨是一种毒汁，一个民族如果被仇恨所荼毒，这个民族必然向野蛮回归，文化大革命就是向野蛮回归。

人类之所以能摆脱野蛮，全靠一个爱字。人类正义的宗教都是劝喻人要秉承爱，道德的核心就是爱。基督教劝人爱人如己，佛教劝人慈悲为怀，都是劝人从爱。只有邪恶的宗教才会煽动仇恨，阶级斗争理论，把人分为对立的阶级，煽动仇恨，用荒谬的逻辑杜撰出一种似是而非的爱，叫作无产阶级的爱。文化大革命的武斗，充分说明了那种所谓无产阶级的爱的虚伪性，同样是无产阶级，却打得你死我活，大规模的武斗，比打日本鬼子还狠心。同样是无产阶级，相互残杀，以斗人为乐，以杀人为乐，今天是阶级兄弟，明天就可能变成阶级敌人，无产阶级的爱就是这样荒诞的爱。

阶级斗争理论煽动阶级仇恨，撕裂了社会的人际关系，凡是被阶级斗争思潮肆虐过的国家，人际关系都趋向恶化，冷漠，仇恨，暴戾，道德败坏，罪恶泛滥，这都是阶级斗争给人类带来的恶果。有人说，新中国初起，罪恶少，社会风气好。这种短暂的光景，是因为改朝换代带来的新气象，新政权美丽的许诺，给人带来希望，然而希望快速破灭，问题就暴露出来了。后来再来阶级斗争天天讲，就越讲越坏了，十年文化大革命，更加剧了人性的恶变，给中华民族带来深重的灾难。中华民族几千年建立起来的价值观体系被打得支离破碎，把这个民族推入进了阶级斗争的仇恨之中，失去了勤劳善良的本性，这才是这个民族最深重的灾难。

挑起阶级斗争

阶级斗争理论的第四点谬误：挑起阶级斗争。煽动阶级仇恨的目的就是为了挑起阶级斗争，而挑起阶级斗争的目的是为夺取政权。所谓的无产阶级革命，就是主张用暴力夺取政权，进行大规模的战争，大规模的战争就是鼓动大批大批的人去撕杀。如何能鼓动大批大批的人去撕杀？阶级斗争理论成为鼓动人去撕杀的最好的工具。我们来看看阶级斗争理论是如何鼓动人去撕杀的。

要让人去撕杀，最好的手段就是煽动仇恨，然后鼓动人去报仇雪恨。阶级斗争的理论，把穷人的贫穷归咎于富人，煽动穷人仇恨富人，然后鼓动穷人去杀富人。鼓动江西的贫农杀当地的地主，打土豪分田地，直接利益所向，这一点不难做到。但是如何鼓动江西的贫农去杀上海的资本家呢？这就有点难了。阶级斗争理论解决了这道难题。

　　把穷人与富人划分成两个对立的阶级，就完成了这种逻辑上链接。把上海的资本家与江西的地主归为同一类，而把江西的贫农与上海的穷人归为同一类。对江西的穷人说，如果只杀江西的地主，不杀上海的资本家，到时上海的资本家就会支持江西的地主反扑，所以杀完江西的地主，一定还要去杀上海的资本家。而且上海的穷人与江西的穷人属于同一个阶级，是阶级兄弟，所以要解放上海的穷人。把上海的资本家杀光，穷人们觉得全解放了，接下来就放松了，为了让穷人们继续充满仇恨，就继续蛊惑他们，美国的资本家还没杀光。美国离中国十万八千里，美国的资本家与江西的穷人有什么关系？阶级斗争理论说，美国的资本家与中国的地主属于同一个阶级，而美国的工人与江西的穷人同属无产阶级，都是阶级兄弟，所以一定要支持美国人民革命，争取全人类解放。无产阶级要解放自己，首先要解放全人类。美国的无产阶级还没有解放，就不算真正的解放，所以阶级斗争要年年讲，月月讲，天天讲，所以要艰苦奋斗，继续革命。时刻准备打美帝，打苏修，打一切反动派。被阶级斗争理论蛊惑了的人，一心都是仇恨，一生都是仇恨，起初恨身边的地主，然后恨上海的资本家，最后恨美国的资本家。美国的资本家连个影都没见过，所以干脆转为恨美国。美国的总统是美国人选出来，干脆将所有的美国人都列入可恨之列。美国人通通变成了阶级敌人。

　　阶级斗争理论就是这样用荒谬的逻辑，蛊惑人心，一旦中了阶级斗争理论的蛊惑，心里就充满了仇恨，成为暴力革命的信徒，冲锋陷阵，堵枪眼，炸碉堡，万死不辞；当英雄，当烈士，把杀人当着无尚光荣的事。

反对我就是阶级敌人

　　阶级斗争理论的第五点谬误：反对我就是阶级敌人。阶级斗争理论把人类分为两个对立的阶级，就假定人类确实存在资产阶级与无产阶级，可是如何划分出来呢？如果没办法划分出来，又如何区分出阶级兄弟还是阶级敌人？

　　这衍生出三个问题：
　　一、以什么为标准划分阶级？没钱人是无产阶级，有钱人是资产阶级，到底界线是多少？多少钱应该划为无产阶级，多少钱应该划为资产阶级？再说人的财产又如何评估呢？
　　二、人生变化无常。人世间，有钱人与没钱人在不停转化，今天可能是没钱人，是无产阶级；可是一旦发了财，就变成资产阶级；忽然有一天破产，又变回无产阶级。今天是阶级兄弟，明天可能就变成了阶级敌人，后天又可能变回阶级兄弟。那样的阶级兄弟与阶级敌人有多少实质意义呢？
　　三、地域的差异。即便用法律定出一个财产界线，可是地区性差异，一百万在乡下算是一个大富翁，可在深圳却是一个穷光蛋。也就是说，在乡下是资产阶级，就是阶级敌人；假如跑到深圳，就变成了穷光蛋，立马就变成了阶级兄弟。在乡下，他被穷人追杀；到深圳，他加入杀富人的行列。如果算到美国的工人阶级，那更是无稽之谈，在美国随便一个打工仔都有百万家财，美国的工人阶级是不是都变成了资产阶级？

第五节　（动机五）我的家与封建无缘

我在学校读书时，《世界历史》课上讲到"封建"是"封土建国"的意思，指欧洲中世纪时，国王打胜仗后把土地分封给下属将领，以建立诸候国，简称封建；《中国历史》课上讲"秦始皇废封建、立郡县，全国分为三十六郡""郡首由他直接指派"，已不是西周时期周天子将国家领土分封给各诸候，各诸候在分封的领土上"封土建国"。因此，中国在公元前秦始皇时即废了封建，土地可以自由买卖，怎么还说中华民国时是封建或半封建社会？

我家的土地不是国王分封，而主要是我母亲刻苦挣钱一丘一丘买来的，因此根本不是"封土地，建诸候"的封建所得。买土地的经济来源主要靠开店、酿酒，这已是工商业范畴，具有资本主义性质；次为农业及其副业，是勤劳致富天道酬勤的结果，怎么能与"封建"一词挂勾呢？。雇工、出租，是为了利用土地，为了发展生产，这是农业社会普遍现象，非但当时，在今天来讲也是合法的。因此，我家经济上毫无封建性可言。

就是从广义的封建含义"财势两旺，横行乡里，欺压农民"来讲，我家也远远不是。

在我们农村，有两种人是不吃亏的。一是兄弟多、儿子多，人丁兴旺，有靠山；二是家穷，会胡赖，不讲理的。严格来讲，这是社会陋习，古今中外任何社会都有，现我国也有，不是经常进行"打黑邦"吗？谈不上什么主义。但在土改中对人丁兴旺，兄弟多，有家势，又有财力的家庭、家族，往往是重点的打击对象。也称其反封建的重要部分。但这与我家也沾不上，与我家无缘。

我父亲虽有兄弟两人，但他亡故后仅伯父一人，伯父无儿子；我是独生子，四个姐姐都出家，母亲是寡妇，且我幼小，谈不上什么人势，反而常常吃人家的亏。"物以类聚，人以群分"，从我幼年相处的儿童就可看出我是弱势家庭的儿子。

我小时因较诚实厚道，家势软弱，常受人欺，不敢与强户子弟来往，常同与我相似、家较贫寒的小孩玩耍，如王家治、蔡显山、蔡继暖等，有的至今仍有来往或常想念。这些玩伴都不是我最近的邻居，虽那些近邻中也有与我年龄相似的小孩，但玩不起来。

父亲去世前，我家曾遭贼偷。小偷从邻居菜园进入，再入我家后门，拆了门边上的墙角，偷走放在没人睡的堂前间中的粮食，次日早父母才发现。据各方推测，偷者是本村中不远的邻居，父母更心知肚明，不便说而已。为了防止再次发生，按习俗做了稻草人，沿着小偷进入路线，父亲在前用绳拉稻草人，母亲在后用扫把追打稻草人，以示警告小偷。

平时我家的庄稼也常被偷的，特别在父亲去世那年，他患病期间偷得更多，如秋收前的玉米、番薯等，那时也顾不上这些了。

我在家乡琳山学校读初中时，早上去上学，下午4点半左右回家。母亲为节约粮食，家里之前从未养狗。我很喜欢狗，觉得狗有亲情、忠诚，也养了一只小黑狗。每天下午它也在4点半时来路上接我，几乎都是在离家100米左右的蔡银修房前碰到，然后一起回家。但大到十多斤时就不见了，被别人打死吃了，我心痛至极，至今还在思念。在相隔60多年后的今天，我也养了两只狗，来弥补少年时的失落。

母亲在经商中讨账、赖账中争吵的事不少，甚至上告到法院，也与我家弱势有关。

我家在旧社会中的地位就是这样，除母亲难苦经营有些经济收入外，其余就谈不上什么了。中华民国时期不能称为封建或半封建社会，我家更与"封建"两字无缘，丝毫没有阻碍生产力的发展，不应成为中国革命的对象。

第六节　（动机六）农业生产反遭破坏

毛泽东曾说，土地改革的目的是发展农业生产。土地改革法第一章(总则) 第一条规定 "废除地主阶级封建剥削的土地所有制，实行农民的土地所有制，藉以解放农村生产力，发展农业生产，为新中国的工业化铺平道路。"。

实际情况怎样？

据我母亲说，土改后 1～2 年粮食普遍短缺，"不知为什么，差不多家家都不够吃。"(这是她的原话)。据《临海县志》资料："土改后，农民生产积极性提高，生活大有改善。但也有少数贫、病、弱、残，因无力耕种而出现租、卖土地现象。1952 年 12 月统计，全县租、典、卖土地的有 65367 户， 95037 亩。"1951 年，土改时全县农村共有 136291 户，按上述资料，1952 年底租、典、卖者已占 48%；土改时全县有土地 696472 亩，1952 年底租、典、卖占 14%。这不是少数，也不是完全是贫、病、弱、残，其中不少是由于懒，不辛勤耕作，且主要是翻身户的贫农、雇农。他们在土改前比较穷，主要是没很好地经营，不刻苦，又不善于管理；土改后帮助地主打工已不可能了。即使 1951 年土改时分来的土地上地主种的庄稼由他们收割，也仅是暂时的事，再加上他们又不善于节俭，这种暂时性的收入无济于长久，因此又出现了困难。

正因为粮食出现紧张，1953 年 10 月 16 日中共中央作出《关于实行粮食的计划收购与计划供应的决定》。11 月 15 日中共中央又作出《关于在全国实行计划收购油料的决定》。11 月 19 日，政务院第 194 次政务会议，通过了《关于实行粮食的计划收购和计划供应的命令》，并于 23 日公布。1954 年 9 月 9 日，政务院 224 次政务会议，又通过《关于实行棉布计划收购和计划供应的命令》《关于实行棉花计划收购的命令》，于 9 月 14 日公布施行。实行这些政策的主要根据是 1952 年的生产、供应情况，而 1952 年基本上是风调雨顺的一年。

按照马克思所说："共产党人可以用一句话把自己的理论概括起来：消灭私有制。"，私有制是万恶之源，是产生剥削的温床，为消灭剥削，必须消灭私有制。为实现马克思这一学说，为了证实他发动的土地改革是正确的，毛泽东采取了下列措施，导致了灾难性的后果。

农业合作化

人有勤懒之分，智愚之别，社会财富不均是必然的、正常的。但毛泽东要借着农村中的贫富不均划分阶级，打天下夺政权，利用人的私心（自利性），把富人的土地分给穷人，为了能把富人土地能转移到穷人手中，首先是杀人。而社会上勤懒之分、智愚之别是改变不了的，过了五年十年后正如上述我县土改后仅一年多的 1952 年底出现了 48% 的农户出现租、典、卖土地的情况，那贫富的悬殊必会重现，要不要再来土改，要不要再杀富人？显然触及到土地改革这一惨烈的政治运动的合理性，触及到中共政权取得合法性。因此农业必须要合作化，不能再有地主。1952 年开始，各地创办了农业互助组、农业合作社。1952 年底，临海县办有常年农业互助组 1589 个，忘图发展农业生产。

1953 年 2 月 15 日，中共中央把曾以草案形式发给各级党委施行的《关于农业生产互助合作的决议》作了个别修改，通过为正式决议。全国各地开始普遍试办半社会主义性质的初级农业生产合作社。12 月，毛泽东主持选编的《中国农村的社会主义高潮》一书出版，他为此书写了 2 篇序言和 104 条按语，赞扬贫下中农走社会主义道路的积极性，介绍各地办农业生产合作社的经验。

但农业生产随之萎缩，粮食进一步紧张。

1954 年 10 月 10 日至 31 日，中共中央农村工作部召开第四次互助合作会议。决定在 1957 年前后基本上完成初级合作化。

1956 年 10 日 26 日，人民日报发表《一九五六年到一九六七年全国农业发展纲要》（修正草案），即 40 条。指出发展农业可以有两条道路。一条是资本主义道路：让农民的命运掌握在地主、富农和投机商人的手里，极少数人发财而大多数人贫困和不断破产；一条是社会主义道路：让农民在工人阶级的领导下掌握自己的命运，共同富裕和共同繁荣。由于农业合作化的完成，我国绝大多数农民已经摆脱了前一条道路，走上后一条道路。并提出了 12 年内在黄河以北地区每亩粮食产量增加到 400 斤，黄河淮河之间增加到 500 斤，淮河、秦岭、白龙江以南地区增加到 800 斤。

但说得好听，实际可不是这样。

伴随着合作化，其弊端也立即显现出来。自利性是人类的基本特性之一，人的自利性（私心）又发挥作用。怠工、贪污和偷窃是农业集体化的三大致命伤。因集体分红，出力做的人不一定会多得，何必卖力？张三这样想，李四也差不多，村干部、共产党员手不比他们短，势必造成"早上迟出工，中午早收工，中间歇一歇，干时磨洋工。" 我假期回家有时参加生产劳动，亲身经历过这种干活方式，产量怎么会提高？可怜的一些粮食从收割到储存，经手转手都不免少了点。我村有一个复员军人当生产队队长，他多次利用自己军大衣的大衣袋，进出储藏室偷谷子，因作案次数多了，后被抓住。队长会偷，何况社员？这是一位上了年纪的邻居告诉我的。但抓住的、能去抓的毕竟是少数。

由于产量降低，收入减少，各地农民纷纷闹退社，1955 年广西饿死 550 多人，已给合作化敲响警钟，但毛泽东非但一意孤行地要坚持合作化，变本加利，盲目蛮干。

农业大跃进

但毛泽东仍一意孤行，1958 年 5 月，中共召开八大二次会议，正式通过了毛泽东创议的"鼓足干劲、力争上游，多快好省地建设社会主义"总路线。对 3 月 7 日成都会议提出的高指标又进行更高的调整。粮食（除大豆外）总产量由 4316 亿斤提高到 4397 亿斤。

6 月 14 日，毛泽东接见河南省封丘县应举农业社社长崔希廉时说："不要很久，全国每人每年就可以平均有粮食 1000 斤，猪肉 100 斤，油 20 斤，棉花 20 斤。再过一个时期，每人每年平均要有粮 1500 斤。"

6 月 16 日著名科学家钱学森在《中国青年报》上发表《粮食亩产量会有多少?》文章，认为今后亩产粮食可达 4 万斤。

8 月 27 日人民日报发表"人有多大胆，地有多大产"的署名文章。这是中共中央办公厅派赴山东寿张县调查组的一则通信，文中说每亩要产 10 万斤以至几十万斤红薯。

粮食亩产放"卫星"。

自 1958 年 6 月 8 日《人民日报》报道河南省遂平县卫星农业社 5 亩小麦平均亩产达到 2105 斤以后，《人民日报》和新华社相继报导了各地亩产粮食几千斤几万斤的"卫星"。截止 9 日 25 日，最大的小麦"卫星"是青海柴达木盆地赛什克农场第一生产队的亩产 8585 斤，最大的稻谷"卫星"是广西环江县红旗人民公社的亩产 13.0435 万斤。

这亩产 13.0435 万斤如何来?《炎黄春秋》杂志 2009 年第 2 期，刊登了广西师范学院新闻传播系主任靖鸣教授和广西财经学院宣传部周燕琳先生的《"水稻亩产十三万斤"新闻考》一文指出，这十三万斤是从 4 个生产队仓库中挑出来的稻谷夹杂新收割的稻谷弄一起称，且同一框稻谷反复称，称一次划上多次符号等弄虚作假的来龙去脉及这股浮夸风导致该县 1959 年死亡 22685 人，绝大部分为饥饿致死的严重后果作了详情说明。

大办人民公社

1958 年 7 月 15 日，陈伯达在《红旗》杂志发表文章传达毛泽东关于人民公社的构想。陈伯达《在毛泽东的旗帜下》的文章写道："毛泽东同志说，我们的方向，应该逐步地有次序地把工（工业）、农（农业）、商（交换）、学（文化教育）、兵（民兵，即全民武装）组成为一大公社，从而构成我国社会的基本单位。"河南省遂平县卫星社根据《红旗》传达的毛泽东的指示，建立了全省（全国）第一个人民公社。

随后毛泽东外出视察，大力为办人民公社制造舆论。

8 月 4 日，毛泽东在河北徐水县视察，当听到县委第一书记张国忠汇报说全县秋季要收 11 亿斤粮食时，他高兴地说："你们全县 31 万多人口，怎么吃得完那么多粮食呢？一天吃 5 顿也行！粮食多了，以后少种一些，一天做半天活儿。"

8 月 6 日至 8 日，毛泽东视察河南农村，当听到七里营人民公社社长说棉花生产每亩保证皮棉 1000 斤，争取 2000 斤时，他说："有这样一个社，就会有好多社"，并指出："人民公社是个好名字，包括工、农、商、学、兵，它的特点一曰大，二曰公。”

一大二公，以公社（乡）为核算单位，为一平二调的共产风敞开大门，只想消费无心生产，我的就是你的，你的就是我的，浪费严重；一切归公便是共产主义，农民为维持生计最后留给他的自留地，借着割断资本主义尾巴的名义也被取消，收归公社。已种上的蔬菜庄稼的也被拔掉。时任我家店前公社（乡）干部的我同学朱宏树曾对我说，他就拔过农民在自留地上种的蔬菜。他还说了一句：真罪过！以后他辞职不干，养蜂去了。

大办公共食堂

1958 年 7 月 8 日，人民日报刊登题为《农业社办食堂促进了生产发展和集体主义思想成长》的报导。报导了湖南邵阳、湖北公安和福建安溪等县部分地区的农业社，根据社员自愿参加的原则，兴办了公共食堂，受到群众的欢迎。报道归纳了公共食堂的八大好处。

8 月 8 日，人民日报又报导，河南省已建立了 31 万个公共食堂，参加的群众占到全省总人口数的 71%；辽宁省兴办了农村食堂 1.8 万多个；青海省农业区的 24 万多个农户全部参加了公共食堂；新疆、广西、广东、云南、贵州、福建、安徽等他也都办起了大量的公共食堂。

随后时任国务院副总理兼国家经计委主任的李富春，在人民日报上发表赞扬公共食堂的文章，文中列举了农业合作社公共食堂的十大优点。

11月10日，人民日报又发表《饭好菜也好——再论办好公共食堂》的社论，要求解决吃菜问题。社论肯定了江苏的一个口号，叫做"鼓足干劲生产，放开肚皮吃饭"，要求把饭菜搞得又多又好，让人们放开肚皮吃它个痛快。

中国农民有着勤俭节约持家的传统，所谓"糠菜半年粮"，在吃米、麦等主粮外，常伴以瓜菜和主粮副产品相伴，这样主粮用量就少了，我家乡还以稀食为主，全年的粮食就不会紧张。吃食堂后，消耗的几乎全是主粮，蔬菜供应不上，也难以和主食一起制作。食堂开办时强行要农民把粮食交到食堂，或壮稼收割时，收割来的粮食也要交公社或生产大队再转给食堂，加上偷窃、浪费，没几个月粮食就吃完了。没有粮食食堂只有散伙，或大食堂分为小食堂，最后粮食都没有了，要农民自找出路，这个路就是"死路"。"公共食堂"是造成以后我国饿死几千万人的一大祸根之一。

惨剧终于发生

我也经历过挨饿，我村也有饿死人，特别是1959年夏秋我在安徽南部宣城等地目睹临近饿死的农民的惨状，终生难忘。我在日记中对此也有记述，文革中我被抄家，抄去日记本，以此为据，诬我在记反动日记，攻击三面红旗，把我日记展览示众，人遭批斗。

现把有关的两篇日记抄录如下：

日记1 宣城水东见闻（注）

1959年9月3日

今天由戴黄村回宣城，准备明天去泾县工作，现已走到松头岭，前次曾在这里工作过，地处溪边与山旁，在朝霞下，我坐在岩石露头上，远望水东的教堂，来写此日记，以资在水东附近工作的留念！

自8月17日重新又来水东之后，不觉间已近二旬。在这紧张的日子中，八天的野外辛勤劳动，三天忙录的室内整理，给了我许多地质知识。

水东给我的印象，也是终生难忘的是闻名国内外的蜜枣，真是我给秋生信中所说的：大者如墨水瓶，这并不过份。我们真大吃特吃，我吃了不下八斤，计钱不少于1元。当然经济上是个损失，且带来消化不良，但满足一下食欲，尤其在现在的时候，那也是人生的一种快乐。

使我感到心中负疚的、纳闷的是这一带富饶的江南水乡中，人民生活饥寒交迫，面黄肌瘦，精神顽丧，天天愁吃；象猪娘一样瘦的三岁小孩，瘦骨如柴的老头，看上去真可怕！我有时只好闭着眼睛走过去。满身疮疤的妇女、小孩，真使人心酸！我不知这里过去人民的生活如何？也不知党和政府知道这一情况否？听说有一家九口人，

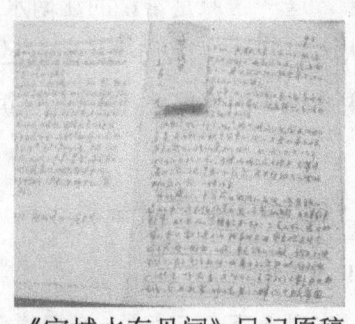

《宣城水东见闻》日记原稿

今年死了只剩五口。为生活，家庭打架、吵嘴、哭泣、争吃等常闻。

昨天周明奎同学生病，我送他到水东医院。顺便看了不少报纸，围绕八届八中全会，引起国内外热烈的、紧张的议论，真象人民日报指出的"具有划时代的意义"。不论外国怎么评论及党对这个问题怎样处理，我总衷心希望祖国，全体六亿五千万人民及全人类繁荣富强、丰衣足食。我也相信党和毛主席也抱着这一崇高的目的而顽强地工作。我的这种愿望，尤其这次野外工作中所看到人民的疾苦，更使我对这些问题的关心，我常为这些问题考虑不休——人类主要问题是为更好的生存而奋斗。

富饶的水东——别了！祝你繁荣！

（注）：《炎黄春秋》2014年第12期）刊登《大饥荒中宣城县非正常死亡惊人》（前宣州市史志办主任熊尚廉作）完全证实我的记述是事实。

记这篇和下篇日记的背景是：1959年秋，我在南京大学地质系读书时去安征省南部宣城、泾县、南陵等县进行勤工俭学，为安徽省填制地质矿产图。历时三个月，正值在庐山举行中共八届八中全会前后的大饥荒时期。水东是离宣城县15华里的小镇。这一带原是富饶的江南水乡，是全国四大米市之一的芜湖大米供应地，人们应是丰衣足食的，可是在消灭私有制向共产主义过渡的人民公社旗帜下，饥殍遍野，生灵涂炭。

日记2   我目睹饿殍

10月8日

现是下午三点半，在烟墩铺等待去南陵的汽车，可能再过半个钟头会来。

上午近八时在烟墩铺乡人委用饭后出发工作。然后经草屋、新场、史家扬、默林荪、刘家铺等地，于二点一刻返回烟墩，共跑了3个地图格，绝大部分都是老第三纪地层，约计路程25里。

中午一点半，我们在默林荪一家吃饭。当我们喝水吃饭后不久，两个农民进来，看样子是这家的一父一子。一个叹息，一个埋怨。原因是他们现不能做饭，因米还在大队未领来。一位面黄饥瘦，一位眼精拗陷，不断地叙说每天13两米的处境。对于我们来讲只有带着同情应付几句而已。在他们面前我们虽则吃冷干饭，日子也有些难过，就是烟墩乡人委也是一天两餐，但比他们总好些。

今天工作较轻松，时间与路线安排得较妥当，故现还有精力，来写此日记。
今晚回南陵，不知明天干什么？

现已五时三刻，车子还未来，考虑肚皮问题，现又在烟墩吃了四两饭，一角菜——豆腐、南瓜丝，还不错。

吃饭时，一位衣衫烂缕的中年男子，好象三天未吃饭似的，来我桌子上端起刚才一位因急上车去青阳来不及吃完碗里的一口多饭，垮口就吃，并说，他跑了我吃。还速把桌上的饭沫、菜渣一起拿来吞下。我说不能吃（不卫生），他说无关。恰时我饭已吃完，菜盆中还留有半盆菜，他问我是否要吃？我真尴尬，我饭虽吃完，但这半盆菜准备带去南陵，有机会再吃二两稀饭用，或明早早餐当菜用，这样可节省五分钱。他这么一问，使我为难。我呆一下回答，说我要吃，随后把它装在饭盒里。

　　我问这位中年人干什么的？他说种田，并说去南陵，还说钱用完了。可能他是有点难为情，看样子，平时生活也够困难的。

　　他吃了这么一口饭后，还细心地把桌子上的几口菜盆都刮了，桌上的菜沫也拣来塞到嘴里。我没给他这半盆菜，心里有点不安。

10 月 8 日下午六时于烟墩

　　现摘抄《炎黄春秋》2014 年第 12 期发表了安徽省原宣州市史志办主任熊尚廉一文，以资左证。

附文 1　大饥荒中宣城县非正常死亡数字惊人

一、宣城县大饥荒期间非正常死亡数字惊人

　　宣城县位于安徽省长江以南，地腴物丰，素为鱼米之乡。可是在这样的鱼米之乡，据公安部门年报数字 1958-1960 年分别死亡 12667 人、25446 人、82773 人，共计 120886 人。即便是死亡最少的 1958 年也比此前几个年份的死亡人数多出一倍还不止。1961 年 2 月县委召开的全县五级干部会议期间，社、队填写，后经汇总的 1959 年至 1961 年 1 月的两年零一个月死亡数字为 138606 人，绝户达 8466 户。其中周王、向阳、水东、团山 4 个公社 1960 年死亡人数分别为 10000 人、6418 人、6810 人、4495 人。据按公安部门人口年报计算，这 4 个公社 1960 年的死亡率分别为 217.61%、197.70%、227.61%、175.35%。

二、非正常死亡数字惊人的原因

1. 主要是粮食极度匮缺。

粮食匮缺是因为浮夸风、共产风和县委主要领导弄虚作假造成的。1959 年 3 月，宣城县委将全县粮食包产指标定为 180000 万斤。比 1958 年粮食实产增加了 3 倍多。1959 年 10 月，全年粮食产量已成定局，在合肥开会时县委主要领导为了凑足亩产 800 斤，将粮食产量上报为 92000 万斤，比同年粮食实际产量 39610 万斤多报了 1.3 倍，结果骗取了粮食"超纲要县"的荣誉。粮食"大丰收"了，理应向国家多交粮食。当年县委就在全县征购了 26072 万斤粮食，卖过头粮 16528 万斤，相当于全县农村人口 7 个月的口粮，把群众的口粮、种子、自留地收的少量粮食全部征购入库。致使农村自 1959 年冬至 1960 年春普遍断粮 2 个多月，有的达 3 个月。农民没有粮食吃，只得吃野菜、树叶、树枝、观音土及猫、鼠、蛇，有的"偷杀"生产队的耕牛吃，全县被杀吃耕牛 3646 头。有的地方甚至发现人相食的惨痛事件。据统计 1959 年冬至 1960 年上半年，全县共发生 86 起吃人事件，被吃 112 人(具)。 更惨的是有的吃自己的亲人。

2. 有的干部违法乱纪，胡作非为，也造成了人口非正常死亡。

"反瞒产"、逼农民交粮，且任意批斗干部。仅水东公社小组长以上干部，就有 32 人被批斗，47 人被撤职,28 人被停职反省,68 人被扣押,3 人被逼自杀。瞎指挥,强迫命令修水库。在修建过程中，据不完全统计，死亡 3980 人。一些干部采取强迫命令指挥生产，打骂人现象时有发生。有的被打死，有的被折磨死。某公社书记有 4 条人命，某大队总支书亦有 4 条人命，还有一个大队总支书有 8 条人命，其中被他直接打死的有 3 人。

3. 漠视群众利益，视百姓生命如草芥，且封锁消息，上级难以了解实情，县委的错误未能得到纠正，致使非正常死亡人员不断增加。

1959 年底，县委主要领导到双桥公社检查工作，公社副书记向他汇报本公社正兴大队已死 400 余人和大量病人及严重缺粮情况。这位领导不但不重视，反而在小队长以上干部会议上说："这是找共产党算账，是坏人干的"，大家要"顶住这些消极因素"。县委主要领导到湾站、洪林、水东等公社检查工作时，饥饿的农民多次拦车求救，有的青年妇女解襟敞怀，出示瘦骨，以示被饿的程度。他却说这些人是"坏人""疯子"。他还在全县医务工作会议上说："现在病情多一点，死几个人问题不太大"。

毛泽东 1958 年在庐山举行中共八届八中全会大批彭德怀的《意见书》后，大反右倾机会主义，使得这一饥饿更快更大发展，1960 年是三年大饥荒中饿死最多的一年。地处浙江中东部向来较为富裕的我家乡也饥寒交迫，这在我的日记中也有反映，也是真实的历史。

。

日记3　　1961 年过春节（注1）

1961 年(农历) 元月 2 日

　　来家已七、八天了，很懒散，东走西跳，给家打杂，无什么事可做，有些乌烟瘴气之味，这种生活我是不喜欢的。

　　自昨日来一直下雪，现在还在下，其厚有三尺余，是近十几年来罕见的。

　　今年的过年，也是几百、甚至几千年来最萧条、最贫泛的一年。真是饥寒交迫、满口怨言。按分配，每人半斤鱼，三两糖；有的小队有几两肉，有的无。青菜一角多一斤，面二元五角一斤（注2）。本来，年夜打(做)杂饼(春卷) 是我家乡家家必打的，可是今年打的人未过半数，原因是东西没有。

　　所谓食堂，其稀饭之稀也是罕见的，烧好后各人再拿回家自烧一下，因食堂无菜无盐。我问：这样不是费柴费人吗？他们说：即使费也要烧。

　　贪污风气之盛，偷窃之多警人。东西过手都扣一点，从上到下都是，这些少得可怜的东西，更少得可怜了。

　　田园荒芜，农民有力不出，坐在家等饿，这种现象不知何日终结？是否是正确呢？(注3)

　　这几天年夜，对我家来说还尚可，当然是相对而言，至少(1)母平时节俭，尚有余物;(2) 我、桂娥拿回一些东西、钱;(3) 姐送来一些。

　　注　1、这是 1961 年我在南京大学读书寒假回家的日记。

2、那时粮站国家供应的大米八分一斤。

2、文中"是否正确"一语，实则我认为不正确的，显然指的是消灭私有制后的人民公社。

这场大饥饿灾难到底饿死多少人？现介绍以下二篇文章。

附文 2   三年大饥荒中的人口非正常变动

1958 年到 1960 年的三年"大跃进"，导致 1959 年到 1961 年的三年大饥荒，其严重后果 一直为国内外学人所关注，有关这三年的非正常死亡人口也出现多种数据。

对这场灾难主要原于天灾还是人祸？人们仍有不同的认识。国内有研究者根据全国 120 个水文站的统计资料认定，1958 年、1959 年、1960 年这三年，即便说不上风调雨顺，至少没有全国性的大的自然灾害。气象部门把全国气象状况划为五个等级，叫做负二度区、负一度区、零度区、一度区和二度区，分别表明涝、偏涝、不劳不旱、偏旱、旱。就是说，结果越接近零度，全局性的灾害就越少。在公布的从 1954 年到 1972 年长达十几年的年份里，1958 年、1959 年、1960 年这三年，比 1954 年、1957 年、1965 年和 1970 年、1972 年都更接近零度区值。这个统计是根据水文总站历年的历史资料来说的，应该是有说服力的。因此，所谓"三年自然灾害"的说法，是站不住脚的。

薄一波在 30 年后回顾这段历史，就曾坦成地承认：据统计，1960 年全国总人口减少 1000 多万。在和平建设时期发生这种事情，我们作为共产党人实在是愧对百姓！

中国科学院的一份国情报告中曾经提到："三年困难时期，因粮食大幅减产，按保守的估计，因营养不良而死亡约 1500 万人，成为本世纪中国最悲剧的事件之一"。

中国人口研究者蒋正华在 1986 年撰写的《中国人口动态估计的方法与结果》的专论中，估算 1958 年到 1963 年中国非正常死亡人口约为 1700 万。

曹树基先生在《1959-1961 年中国的人口死亡及其成因》文中，结论是 1959-1961 年中国的非正常死亡人口多达 3245.8 万。

丁杼先生在《从"大跃进"到大饥荒》文中，认为"整个大跃进期间非正常死亡人数约 3500 多万"。

丛进先生在《曲折前进的岁月》中认为：1959 年至 1961 年的非正常死亡和减少出生人口数，在 4000 万人左右。

金辉先生在《"三年自然灾害"备忘录》中的结论是 1959-1961 年三年灾难中，非正常死亡人口数可能高达 4060 万。

尽管研究者对非正常死亡人口数的说法不一，但无论是一千多万，抑或四千多万，都丝毫不会影响到对

1958 年"大跃进"和人民公社化运动所造成的共和国历史上这场灾难的严重性的估计。(摘自《炎黄春秋》2009 年 N):5 作者 林蕴晖)

附文 3 读《墓碑——中国六十年代大饥荒纪实》有感

《墓碑——中国六十年代大饥荒纪实》是杨继绳先生最近完成的新作,杨先生提议,中国应在一切饿死人密集的县份(如信阳、通渭、罗定、亳州、凤阳、遵义、金沙、郭县、荣县、丰都、大邑、馆陶、济宁等),在饿死人最多的四川、安徽、贵州、河南、山东、甘肃、青海等省的省会,以及在天安门广场建立大饥饿纪会碑。这些纪念碑不但纪念亡灵,也是让人们永远记住这次灾难,让悲剧不再重演。

《墓碑》,是一部极权专制的罪恶史,也是中国人民尤其是中国农民的苦难史;不仅重现了那场灾难的令人惊骇、令人恶梦连连的全貌,而且全方位解释了它的成因。尤其用各地气象资料、援外与军备史料拆解"自然灾害"、"苏修逼债"一类谎言,把那一小撮蟊贼与民为敌、视人民如蚂蚁的恶毒、残暴的心态揭露无遗。

且看上篇《各地情况展现》的目录:第一章讲河南省,至少饿死 300 万人。第二章讲甘肃省,非正常死亡 102 万人。第三章讲四川省,天府之国饿死 1250 万人。第四章讲安徽省,非正常死亡在 500-600 万人之间。第五章讲吉林省，守着粮库饿死近 13 万人。第六章讲江苏省，鱼米之乡饿死约 70 万人。第七章讲现在和过去都是中国最富裕的广东省，当时饿死 65.7 万人，另有 11 万人偷渡去了香港。第八章讲山东省，齐鲁之邦饿死 300 万人。第九章讲浙江省，饿死 10 万人。第十章讲云南省，饿死 100 万人。第十一章讲河北省，官方数字是饿死 41 万人。第十二章，贵州省饿死 174.6 万人。

以上 12 省，都是作者亲自考察过，调阅了许多机密档案，采访了许多当事人，包括一些担任过各级领导职务的知情人。

中共享"自然灾害"和"苏修撕毁合同"欺骗了中国人民几十年。杨继绳先生用事实、用文献、用史料告诉读者：这是胡说八道。（摘自《阿波罗新闻网》08—07—31 讯，作者　武宣三）

1976 年 9 月毛泽东去世，当时我国国民经济已到崩溃的边缘，1948 年，中国人均 GDP 排世界各国第 40 位，到 1978 年中国人均 GDP 排到世界各国倒数第二位，仅是印度的 2/3。从人民生活水平看，1979 年全国农村每个社员从集体分到的收入只有 63.3 元，农村口粮比 1957 年减少 4 斤；1977 年全国有 1.4 亿人平均口粮在 300 斤以下，处于半饥饿状态；1978 年全国居民的粮食和食油消费比 1949 年分别低 18 斤和 0.2 斤；当年全国有 139 万个生产队（占总数 29.5%），人均收入在 50 元以下（数据源：中国共产党新闻网）。农业是国民经济的基础，尤其向来以农立国的我国，除了解决人们生存最重要的粮食外，还牵动其他产业的存在和发展。造成我国人均 GDP 在世界倒数第二位的结果，主要由于中共的土地改革后，按照马克思主义消灭私有制的理论，必然导致的农业集体化、公社化和反右后毛泽东得意忘形盲目蛮干引起，

据学者估计，自中共 1926 年搞"打土豪、分田地" 的土地革命以来，有 8000 多万人中华儿女死于非命，除了虐杀地主、战场上双方战死等外，还有 1958-1960 年农业大跃进和人民公社化造成的 1959-1961 年大饥荒饿死近 4000 万人。这近 4000 万人的死亡，除我们年长者亲身经历那个时代外，一般年青人很少知道。这个惨痛的历史教训为什么不让今日的老百姓知道？

2010 年 7 月 24 日，中央党校党史教研部学习时任中共中央政治局常委、国家副主席、中央党校校长习近平讲话的座谈会上，一位姓王的教授讲："1959、1960、1961 年三年困难时期，你要正式告诉老百姓我党执政时期，三年里饿死三千八百万人，成千上万的村庄成了无人村。哪还了得了！比日本人杀中国人还多，还省事，还省时，还省钱，还不用牺牲自己。老百姓听了这些非反了不行。所以我们讲党史要有底线，越过底线就犯规，就要受惩罚。"

这样一来，缺点不讲、错误不讲、恶果不讲、悲剧不讲，只讲优点、成就，中国共产党当然是伟大的、光

荣的、正确的，中华人民共和国必然是光辉的七十年。

但是历史若不讲真话，不客观反应真实情况，怎么能说这是历史？怎么能做到以史为鉴？改革开放后土地分到户耕种，恢复到土改前状态，人们能丰衣足食，就是在这个悲剧的基础上，汲取教训，以史为鉴的结果。如果为了党的威望，再不讲、不能讲这个悲剧，只能讲马克思主义，若过了五代、十代。人们根本不知道有这回事，那时国家的新领导人也来自人民，再根据马克思主义消灭私有制的学说，又来个三面红旗，再饿死三千八百万人，这个悲剧又重现，对国家对人民有什么好处？因此，杨继绳在其《墓碑》一书中建议："中国应在一切饿死人密集的县份，以及在天安门广场建立大饥饿纪会碑。这些纪念碑不但纪念亡灵，也是让人们永远记住这次灾难，让悲剧不再重演。"

党、政府、国家、人民之间的关系如何把，哪个重要，那个应放第一位？如何处理好爱党、爱国、爱人民的关系？如果只片面歌颂，不讲真实情况，一旦真相暴露或被后人揭发，那必遭遣责，威信扫地。斯大林就是个例子。我读过他晚年写的《苏联社会主义经济问题》一文，对苏联经济大加颂扬，对苏联集体农庄备加称赞，1953 年斯大林死后，赫鲁晓夫揭露 1953 年苏联粮食产量不及 1913 年沙皇时代的产量。斯大林的威望是提高还是降低？他这种偏面歌颂不正视问题的作为，实际上是为苏共和苏联在掘坟墓。因此，我认为杨继绳先生这个建议是爱党、爱国、爱人民的表现。

上述中央党校王教授提到的三年大饥荒时期饿死3800万人，成千上万个村庄成了无人村。虽他口头上也说这事不能讲，但用日本侵华作比喻，我想他内心可能另有看法，共产党执政的所作所为其后果比日本人侵华给中国人民带来的灾难更重。在这3800万人饿死后，中共党的领导还归咎于自然灾害，三面红旗万岁一直喊到毛泽东逝世为止，这是爱党，爱国，爱人民，还是害党、害国、害人民？是提高党的威望还是降低、损害？

同在美國硅谷工作的女兒

和孙子 2021 年 5 月

刚在我看到一条信息，中央对北大、清华两大学今年拨款减少。文中还说这与该两校学生毕业后出国留学学成后有 80% 不回国有关，其中美国旧金山的硅（硅）谷（当地称湾区）就有 2 万个学成后不回国的中国留学生在那里工作，为什么他们不愿回来？为什么他们选择离乡背井、骨肉分离？他们都是高智商的人，我想会通盘考虑。我曾看到一位留在美国的中国学生一篇文章，他之所以要留在美国，因在美国彼此间都很诚信。诚信是立身之本，对国家对政党也一样。我的女儿和孙子也在硅谷工作，且他们同住在一个小镇上，我们也希望他们回来，家庭团聚互相照顾，特别是年迈的我，更需要他们在我身边。但他们不想回来，我们也只能尊重他们。我想事物都相互牵联，彼此制约的，在科技时代，在信息时代，这种隐瞒，这种保密，我想都是徒劳的，其后果也许适得其反。

自暴力土改时起，我国农村折腾了几十年，在饿死几千万人后，再回到个体耕种的小农经济，粮食依赖进口，贫富差距愈来愈大，这个教训要不要总结，为了真正做到以史为鉴，为国家顺利发展。笔者抱着这个观点与愿望，来写本节文字。

第七节　为了纪念母亲，开写《纪事》

我母亲于 1992 年 10 月 15 日夜 10 时 15 分逝世。母亲过世后，与我相伴相依 60 年，勤劳智慧、开拓倔强、受屈受冤的亲人恩人我的母亲再也不能对话、再也见不到了，失落感攸然而起。为了补足我的失落感，为了找回心里的平衡点，在悲痛之余，我开始执笔书写《母亲纪事》，这也可作为家训留给下代传阅、为人处世的榜样。

我写的内容主要是母亲如何勤劳刻苦，如何开拓进取，如何与赖账户、欺侮我家的人作斗争，如何发财致富，划上地主被没收财产被批斗后又如何顶撞抗争、又如何东山再起成为小康人家的。身为文盲、小脚女人的农村妇女，确不简单。写了 2-3 个月后愈写愈想写的东西愈多，难以收笔。当时我已开始编写石材书籍（后名为《石材大全》），这本书那时很需要，我认为对临海、甚至对国家的该行业提高、发展都有作用。而我写母亲的事仅是怀念而已，只是表述我长期来对土改另有看法，当时也没有想出书的打算，且土改已成历史，更不是当务之急，还是放下《母亲记事》的书写，再恢复编写《石材》的书。

《母亲记事》虽已搁笔，但心里还常想这件事，尽可能有个了结。在此精神激励下，这个《记事》这也可说是我以后书写《纪念土地改革 50 周年，要求为我地主母亲平反》一信和《地主》一书的开端。

第八节　发出要求平反一信

恢复对《石材大全》的编写后，由于忙于该书的编写、筹集资金、出版，出版后又忙于发行，看来《母亲纪事》一时难以续写，但又时刻不忘对《母亲纪事》未写完的事，也时常思考暴力土改的有关问题，2001 年是本世纪开头年，也是中华人民共和国成立 50 周年刚过的日子，在成立 50 周年时报刊上常发表一些就某件事的纪念文章，歌颂其伟大成就。但很少见到有歌颂土地改革运动，而我在较早前曾在报刊上见到过曾称：建国后经历许多政治运动，主要是土地改革运动，因它涉及面最广，斗争最激烈，对共和国政权的巩固起到非凡的作用。这个运动既然有如此大的功劳，为什么不大力纪念和庆祝？无非是杀人太多，农民分到土地后，随之进行的农业合作化又以失败告终，导致饿死几千万人，只好淡化处理。国家不大力纪念，我来纪念一下，也抒解一下我对《母亲记事》未能续写的悬念。于是写了该文，现抄录于下：

《纪念土地改革 50 周年 要求给我地主母亲平反》致领导的信

——————————：（注1）

我们家乡 1951 年春夏的土地改革已有 50 周年，近几年对 50 周年前的大事都进行回顾与纪念。土改是建国后涉及面最广、影响最深、后果延续时间最长、副作用最大、成分论最管用的一次政治运动，我想也有必要进行回顾与纪念。

我们既然对反右、三面红旗、文革等政治运动作了重新审定，对于这场土改是对是错、是成是败，是成绩为主，还是错误居多，在经历了 50 年后的今天，我想还有重新审查，再下结论的必要。现就我家划为地主，家财被没收分割，人身批斗，精神折磨，子孙受歧视足有几十年。而 50 年后的今天，我家乡经济性质、贫富差距、社会结构、人际关系、干群矛盾、不良现象等基本上与土改前一样。从经济角度看，当年我家主要从事的经济活动，是现今政府支持鼓励的对象。我想真理要经得起时间的考验，现政府提倡勤俭致富，为什么土改前的勤俭致富就有罪呢？现就我家的情况提供些数据供参考，当然都不尽如此。

在上世纪 20 年代，我父母婚后，家很穷。除耕种祖父母留下的二亩左右土地外，还租些氏族上的公有土地耕种为生。父又嗜赌，但在母亲的勤俭节约精打细算下没有挨饿。到第三个、第四个姐出生时，家人口增加，母亲身体又不好，生活困难，这两个姐先后都给人家当童养媳去了。我 1933 年出生后，父亲戒赌，专心从事农耕，母亲经营多种副业，家境逐渐好起来。她经营的副业主要有：养母猪、做垂面（面条）、养蚕、开杂货店、酿酒，有时还给人家纺棉纱、织蚊帐丝、做花鞋等。在我 5-6 岁稍有记忆时起，只见她每天从早到晚忙个不停。

1943 年，我 11 岁时父病亡，因农事和副业母亲都直接参与，且有的主要是母亲经手，因此在父亲去世后，母亲非但继续干，且有的规模有所扩大，如杂货店品种多起来，酿酒也多起来，由于母亲的勤劳刻苦，精打细算，已升为主要收入。赚来的钱就买土地。1947 年还建了三间房子（注 2）。到土改前有土地 15 亩左右（注 3）。因家无劳力，农事上的活要雇工。

我家钱财的积聚除母亲的刻苦经营有方外，还靠她的勤俭与节约。她早上 5-6 点钟起来即干活，如做垂面、烧猪食、进货，或养蚕、纺棉纱……，一直忙到深夜。她的节约前后邻居是有名的，吃的以稀粥为主，多以咸菜下饭，而且要求我们子女吃八分饱即可。粮食收割季节吃得与平时一样，从未有暴饮暴食，不像有些人那样，

"麦来不吃米"。穿的基本上都是她自织自做的衣服。非但邻居，前后近村都夸她"算仔好"。

她非但善于经营有经济收入的副业，且能腌制好各种咸菜，邻居常来向她请教。她不识字，但能绘画绣花。早年农村姑娘结婚，常请她做花鞋。80年代她已80多岁，那时地主帽子已摘，村妇女主任李仙香动员她参加区妇联举办的剪纸比赛，她得了三等奖，还拿回来了毛巾等奖品。她确实是粗粗细细、里里外外都很贤慧的农村妇女。

土改时农会发动农民批斗她，她敢直言反驳。每月例行的两次地主分子学习会上有胆与主持会议的农会主席蔡继传（懒汉）争辩。因此她吃的亏最多，批斗、游街、扫地、做义务工、送信、砍（买）军属柴，甚至发动"儿童团"打骂她。

土改后，我们都外出，她不灰心，顽强不息，一方面勤于耕作，同时又干力所能及的副业。虽是小脚女人，还下水田耕种，这在当地农村妇女来讲是不可思议的，近邻称赞不已。她种的庄稼很好，有一套自己的耕作方法，有年在青阳山自留地上种的马铃薯，种的比附近人种的都大，他们都来向她取经。我有次回家，邻居蔡雪花对我说："你母亲若不是地主，早已评上劳动模范了。"她田间劳动回来，一有空就从事副业，如织蚊帐线，纺棉纱等出售。90多岁骨折卧床，在床上还给人家做布鞋，照顾她的我姐常和她争吵，希望她不要再干活了，但她还要干。在她的教育和影响下，我们子女也较刻苦、勤劳。

她是非分明，不畏强暴。土改时没收我家 2/3 房屋，分别给两户农民居住，一个在东，一个在西，他们是贫农成分，说话响当当，常霸占或侵犯我家房产。我母与他们力争，经常把村干部叫来评理。有次调解委员蔡连芳来调解，看看他们实在不象话，严肃地对他们说："地主也有管理权的。" 我母亲对连芳叔这句话很感动，此

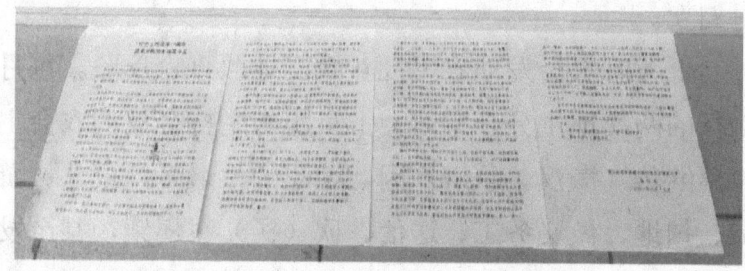

2001年笔者就土改致各级领导的信原件（第一頁中污垢處原是個蟲繭，筆者去了時留下；左侧上下各有两條小黑线是釘書針

事她也对我说了多次，此后他们才收敛一些。

1958 年在我家大办食堂，拆去、拿去我家好多东西。1963 年落实政策，要进行退赔。我母多次向村干部、乡干部反映。他们口头上答应地主富农也同样赔，但实际因地主成分一直拖下没有赔给我们。我母亲又常向村干部、乡干部，甚至远离 15 里外的区干部反映，都没结果。接着文化大革命没人管了。文革后我母亲又向村干部、乡干部、区干部反映。因干部更换多，互相推卸。我母亲又经常往返村、乡、区干部之间，来回几

十里，不知她走了多少次。80年代她又多次到县政府信访办反映，有一段时期每月20日为县长接待日，她几乎必到，连信访办几个接待同志也很感动。我母亲说：土改是国家政策，是时势造成，1958年拿去我家的东西是土改后留下来给我，为什么不退赔？说得信访办同志无话可说，签上书面意见，叫区、乡政府办。但转到下面仍是没有办。直到1992年她去世前一天，还为此事耿耿于怀，叫我叔伯代她继续反映，含冤去世。

她94岁高龄去世，那时农村还盛行土葬，但她不怕火葬，我们就给她火化了。去世前她又说："自己一世人做了三世活。"对于这样勤劳的人遭到如此虐待似乎有失公平。

现我们家乡，土地仍是农民家家户户单干，土改后的互助组、合作社、生产队、人民公社等集体化行不通，集体企业、国营企业纷纷倒闭，养母猪、做垂面、养蚕、开小店……仍是个人经营，党和政府过去大力宣扬甚至带强迫性的合作化、集体化为主要内容的走社会主义道路，而由现今的发展个体、私营经济的社会主义来代替，这似乎与共产党成立初、在打天下时的宣传和建国后二十年的措施大不相同。可见当时对什么是社会主义认识是不清的，甚至对社会的深层次研究是不透的。杀人、关人、批斗、管制、没收分割财产，历代以来当政者都很慎重的。既然自己不很了解，没大的把握，有什么理由这样处理人家？也不能以为打天下需要来解释，更不能试验试验再看。对于某个人或某个家庭来讲是一辈子的事。党和政府当权者应对此有所思考，如错了要负一定责任的。

不过有一条与土改前一样，即"勤者会富，懒者要穷"仍管用。现贫富差距远比土改前大，我村有两个百万富翁，一个在宁波做生意，即使有百万家财，但仍自己参加体力劳动。一个在本村办厂，是地主后代，土改后说他办地下工厂，投机倒把，坐过七年牢（注4），他也很勤俭。他们也可说是响应邓小平"让少数人先富起来"的号召，其实我母亲早在50年前即响应了他的号召。

我们应当尽可能客观地评价社会的变革及所取得的进步，只有以事实为根据来总结过去所走的道路，才能更好地指导今后的工作，才能消除人们的心里障碍，团结更多的人为国家出力。

为此：

1. 要求对土地改革运动作一次较全面的审定；
2. 要求给地主王梅花平反。

> 浙江临海双港区大园村地主王梅花之子
> 蔡行来
> 二00一年六月十七日

注

1 因去信的领导人、单位较多，一信多寄，故台头空着便于临时填写。所寄的领导人和领导单位计有中共中央总书记、中共中央，国家主席、全国人大委员长，全国人大常委会，国务院总理及中共浙江省省委、浙江省省政府和中共临海市市委、临海市市政府等。

2. 我母亲1947年建的新房实为4间，因西边的扶梯间较窄，不能做房间用，有时又称三间。

3. 我家的土地数因我长期在校读书，15岁后又离家去县城读书，那时母亲又买了一些土地，有些土地买来后卖方仍要求承租，让他继续耕种，有的买来后就租给人家，这些土地坐落地方我就不清楚了。只是对自家耕种的，有时要参加劳动或送点心饭的土地才知道，因此，根据记忆约15亩。但后来查阅临海档案馆档案，才知我家土地有22.484亩，其中有9亩左右出租。

4. 我村在改革开放后有不少人发财，其中有两人最为突出，一个是蔡周棋，在宁波经商，一个是蔡行俊在本村办厂。蔡行俊曾判过徒刑，后来笔者与他交谈时，才知他初判10年，经申诉减刑1年，服刑9年。

该信曾寄给国家各领导机构和省、市主要领导机关，计有中共中央，全国人大常委会，国务院，中共浙江省党委，浙江省人民政府，中共临海市委，临海市人民政府等。信发出后，我静待其结果，但没有一家回复的。

第九节 为什么写《地主》一书

2004年再版的《石材大全》到2008年时基本上销售完毕，我可以继续书写长期来惦记的《母亲纪事》；2001年就"《纪念土地改革50周年 要求给我地主母亲平反》"致各级领导的信，均没有回复；长期来对暴力土改中一些问题的思考，也想表达一下我的看法。凭这三点原因，我决定认真地、较全面地、实事求是地写一本关于地主和土改的书。并围绕着 2001 年我给各级领导的这封信来写。

但要写好这本有史料性质的书，必须真实，客观，也要有说服力。其核心是真实，真实才是完美，真实才能做到"以史为鉴"，这就不是一件容易的事。

这又是一个很敏感的政治问题，也可说还有人为问题，涉及中共领导权取得的合法性、合理性，触及中共的领导（统治）基础的问题，若你书中有不实地方或观点偏激，就会得罪领导，就会借口报复你。因此叙述要有根据，分析要中肯。我友人对我说，你这本想写的书过了 200 年后才可以写，现在还不能写；有的干脆说，只要是中国共产党领导，你的书就出不来。

我想，200 年后不会有人写这样的书，他们没有我这样的经历，也没有我这么一位母亲，当然也没有我这样的感受，怎么写？这书就是只我写，我有这一经历，我有这样的母亲，我有这一感受，且我还有些文字基础，即使已 80 来岁，身体还好。这是抢救真实历史的书，我有义不容辞的社会责任。

至于"只要共产党领导，你的书就出不来"。我想，我国历届宪法都规定"中国各族人民将继续在中国共产党领导下"，中共又有强大的军队，中共打天下的目的是要坐天下、享天下。中共不会退出其领导地位的，这样，我的书不是就永远出不来吗？中华民族的这一真实历史就这样被淹没了吗？出不来也要试试看，写了再说。况且中共领导层也会与时俱进，也有较民主较开明的，胡耀邦同志就是明证。

我大学同学朱新民曾对我说：我们出身成分不好的人，还是小心为好，有些领导还希望我们犯错误。你一犯错误，他整你，显得他阶级觉悟高，他就有成绩了。因此，我也应小心，尽量不要被人家抓到辫子，但不能不干，在干中小心。我定下该书书写的原则是：让事实说话，适当引用别人的观点加以评论，最后客观地谈些个人看法。我想不会出什么大问题，一是我写的都是事实，有凭有据的事；二是我已80来岁了，顾虑也少了。即使出问题，甚至坐牢，不会感到耻辱，中共也要付出贷价，反胡风反右派，最后还是伤害了中共。何况我国法律规定，75岁以上不判处死刑，因此，我还宽心，决定要写。

一、准备

我采取以下措施

1. 广泛收集资料。

主要是临海市档案馆有关土改资料，其次临海县县志，本村族谱。去档案馆收集数据，因离土改超过50年，档案已解密，可以查阅，但要有单位介绍信，问题也不大。查阅时只能抄不能复印，也可以，因多次前往，与工作人员熟悉了，后来还复印了几张。

2. 订阅有关杂志、阅读有关书籍。

杂志主要是《炎黄春秋》，书籍主要是《共和国史记》（四卷本）（吉林出版社出版），这是我多年前在宁波旧书店以50元买来的。

3. 学计算机，网上下载有关文章。

除我女儿2002年去美国留给我一台电恼外，为写此书我在2009年又买了一台笔记本电恼，在计算机上写，比编写《石材大全》方便得多了，且还可查阅有关问题和有关文件、文章。我此书的诞生离不开计算机的功劳。

4. 去图书馆查抄有关上改资料。

几个土改文件早期是在临海图书馆旧报纸上抄下的。以后我去黄坦乡我同学李宏治处收集资料，他说老同学倪明笋就住附近木棉山村，我去拜访倪明笋时谈起土改事，知我要写土改的书，因他参加过早期的土改工作队，送我一本他保存60年之久1950年11月出版的《土地改革手册》，其上有许多土改文件和刘少奇的土改报告及有关土改资料，引用时很方便。倪明笋同学的该手册对我书出版功不可没。

5. 走访当地人，了解当年地主情况。

我虽长在农村，长在我老家大园村，但毕竟少年离家，土改时又不在村，情况了解有限；附近几个村仅大致知道一些，但具体情况也不够了解，真实性也有待了解。当年的地主大都已作古，枪决的更不必说，我要写书，尽可能有较详情的数据。要得到这些数据，只能向其亲属、亲友、村人了解。因此，要进一步深入。我的具体措施是：

（1）2009 年 9-11 月，我化了两个多月住在我老家。因我家长期无人居住，房屋破旧失修，生活设施有限，住在附近双港镇小学我外甥空着的寝室中，但随时可来我大园村，同老乡闲聊，从中获取一些土改信息，并来堂弟蔡继兴家看阅族谱。本村接触较多的是蔡继来。也去近村了解，其中接触较多的是张增连和在桥头村天主教堂守堂的朱云登，还曾去过双港区最大地主胡头宋村宋仁焕的儿子家、水对郑村占德清家。他们不会同我讲假话，是真话是假话我一般也能听出来。

（2）多次去黄坦乡李宏治同学处。黄坦地区是我县最穷山区，土改时斗争很剧烈（实则只有农会、工作组策划的斗地主，是单向的斗争），枪决的人也较多，那边有我较多同学，我主要通过李宏治了解该地土改情况。

（3）临海人诵念较多被枪决的最大地主儿子董丕芬和体育明星洪用堂，我也专程去那边了解。并与董丕芬儿子董承理有多次联系，与住临海的洪用堂儿子也有接触，了解一些真实情况。

（4）听到有关较突出的地主事迹，如张国燕和陈良温，我也特地去那边了解、核实。

对我书提供数据较多的乡亲有：蔡继来、张增连、陈蕉芳、李宏治、朱云登、倪明笋、杜彦友等，这些都是老熟人，建国前就认识，也都上了年纪，对我讲的都是真心话、真实话。

二、书写

开始书写后，边写边改边补充，章节名称、前后顺序多次变更，如第一章（土地改革主要会议及有关文件、法规）的位置，友人提出放在书末，我也曾有此想法，放在书末作附件处理，因这一章不是我的文笔。但全书是根据这些会议及文件展开，人家看书总从头开始，知道文件中的规定，可知在实施上有无偏差，并可知道偏差在什么地方。又如划分阶级成分，根据土地改革法中对地主的定义与其划上地主的某人实际相比是否一致。如果文件放在书末，一般不会翻到后面去对照，就不知有无偏差，更不知偏差在什么地方。因此还是放第一章较妥，并突出其作用，在看了以下几个章节后，即便知道土改文件、法规上讲一套，实际执行起来是另一套。再如第八章，是对上述的主要观点和内容进行评论，原标题变换多次，最后用"实践是检验真理的唯一标准"来作该章标题。该标题比较新颖，是改革开放、拨乱反正后提出，用此标题评判过去经典的观点，不一定经得起真理的考验。通过实践才能检验过去做的是对还是错，有了经胡耀邦审定的这篇文章做该章标题是对我文的支持，我的观点更加有理有力，风险也大大降低。

在书写过程中遇到问题常与老师、友人、同学探讨，如台州中学常务副校长、离休干部陈文先生，同学赵尚理等，必使我的观点更加客观。

陈文先生是浙江温岭大溪镇人，1947 年参加中共地下党，解放后任大溪区委书记，土改时任台州地区专署公安处预审科常务副科长，主要审批土改时判处死刑的案件。他说审批很马虎草率，即使发现报上来的材料有破绽也不去调查，不去退回要其重报，照批不误，不知土改时多少人枉死！他认为当年的地主大都死了，枪决的遗属也不敢申诉，他以为这个冤屈就这样永远淹没了，想不到我还写这本书，为枉死者招雪，确是对社会对中华民族的贡献。他的话也是对我的鼓励。陈文因歌颂苏共二十大，反对个人崇拜等，文化大革命中判刑十八年，十一届三中全会后获平反，无罪释放，但已服刑十一年。

赵尚理先生是临海市教委语文教研员，我书疑难词语、涩字都请教他解决的，还给该书纠正了不少错别字。

还有戴向尚、方斌泽等好友，也为我书审校，纠正了某些文句和错别字。

顺便提一下，我有位较要好的高中同学，在校是高材生，在大学任教时曾是该大学学报主编，退休后常居住临海，我们也经常接触、聚会。我书成稿后，请他给我审查一下，内容、编排是否合理，有没有句子不通、错别字等。他接去后看了前言，就退还给我。说写这个内容太危险，怕连累了他，我若坐牢也会追究到他，不愿为我修改。

经过5-6年断断续续、反反复复的书写、补充、修改，数据大大增加，到2014年年底书稿基本上告成，经多次改动，数据远不限于我母亲，最后定名为《地主》，约 67 万字。

现附上该书目录。

目 录

（小 16 开版面）

三、出版

　　我早知该书在大陆出版有困难，可能性较大的是在香港出版，也有这一方面的思想准备与实际行动。在该书未完稿时我去黄岩回浦中学退休教师许从平家，了解他在香港出版了《我和三叔许良英》一书经过，他向我提供了香港明镜出版社联系方式。我还与香港天马出版社社长蓝海文先生去信，他给我回了信，寄来名片；另外还在网上搜索了香港几家出版社联系方式。

　　在出版物上引起纠纷的事件屡见不鲜，我属弱势群体，有理也难以讲清，常受人欺，这几年多个为侵占我房屋官司缠身，有的法官对我"恨之入骨"，我更应小心，尽量不让人家抓住辫子。

　　当时我要出的书有三本，除《地主》一书外，还有《成功的背后》《土崩》。其中《成功的背后》中有一节介绍中国民主促进会临海市市委几个会员创办的"民进职业高中"，因有两个人退出，再邀请我参加创办，我尽了很大努力，办起来后又要排挤我的事。我书中对这些以党派为名实为私利的卑鄙恶劣的行径作了揭露，此事当时闹得很凶，几乎到了拍桌打凳的地步，几次驳得他们哑口无言，当然他们对我也恨之入骨。现我要出的书中，若对他们的指责有不真实之处，必要对我报复，甚至诉到法院。而我只能纸上谈兵，毫无实力同他们抗衡，万一出事我必招架不住，我也是临海市法院的眼中钉。因此，还是作些防备为好。其他的当事人已无沟通管道，只有校长叶泽诚对我还有所同情，他又是校长，我就把书稿给他看，如有不实请给予指出，否则，以示该书他已过目、认可，符合事实，我就会免于诽谤、侵权之嫌。

　　我把书稿交给叶泽诚后，他关心的并不是我书稿内容，而是在何处出版。他问我准备放哪家出版社出版，我说还未联系。他主动说代我联系，那我是求之不得的事，我说可以。他再问我是书写版，还是电子版？我说是电子版。他说那方便得多，并向我提供了他的电子邮箱，要我把书稿发给他。我回家后就发了这三本书稿给他。

　　他当时还对我说，他已出版了16本书，与多个出版社打交道，有上海的、南京的、成都的，都给我联系一下。他还说，临海人写的书，有一半是通过他联系出版的。可见他对出版社的熟悉与出版流程的通晓。

　　不多久，他告诉我成都有一家出版公司同意出版我这三本书，并告诉我联系方式，我也对他们进行了联系，稍后寄来出版合同稿。但他不是出版社，是出版公司，代为出版社出书，有自己编辑校核人员，有印刷厂，其书号也是国家正式书号，签订合同时，指定我书由黄河出版社出版，但手续由他们办，出版费用汇寄到他们公司，书也由他们审稿和印刷，印刷好后发来我处。出版费三本书要86000元，我认为贵了些，要求降一些，才降了1000元，最后定下85000元，先付一半。只要书能出来，我也不同他们再讨价。

　　以后就按出版流程作业，三次寄来修改样稿，他们对我书稿除错别字和个别句子技术性修改外，内容没有改动，该校核人员业务水平较高，如我用作附文的广州《南方周末》刊登叶匡政写的《土改学：划阶级成份》一文，没有标明刊出日期，他就给我补上"2007年9月13日"。我三校后进厂印刷前又汇寄了另一半未寄的出版费。至此我就等待把书发来，进展很顺利，真有些出于所料。

但意外事发生了。其主编，也是本书出版联系人来电话，说在该书印了一半后，印刷厂工人在印张中发现该书内容有问题，这三本书都有问题，不能出。同时他也打电话给叶泽诚。叶泽诚要我去他办公室商讨处理办法。

叶泽诚意见，如那边实在不能印，台州椒江印刷厂厂长他熟悉，发回来放椒江印。我不同意。一般来讲，印刷厂印刷都要经过省级政府有关部门开出准印证才可开印，成都退回来，准印证手续不一定办来。即使办来，椒江厂再不印或中途变卦怎么办？我认为，要么成都方继续印，要么根据合同，退回 85000 元出版费。我和叶泽诚均把这一态度，告诉对方。他们与印刷厂沟通后，同意继续印，过了个把月书也发来，其中 85000 元也许起了作用。

但是在发来的书中，在版权页的原校样中有审校和总编辑名字，出版时都去了。

总的来讲，《地主》一书的出版还算顺利，"有意栽花花不活，无意插柳柳成行"，我原来找叶泽诚是请他过目稿子，以免书稿中有指责民进临海市委内容而被他们抓辫子可能遭报复，现反而"一炮打响"，顺利出版。这是我过去始料不及的，也许是我母亲在天有灵的的结果。

第十节 《地主》出版反响热烈

　　《地主》出版后，我在 2015 年 12 月收到出版公司发来 1000 本，随之赠送或放书店代销。1-2 个月后，热烈赞美的信息不断传来。其中有山东平度青岛华港石材公司总工程师姜华九，他是在南京大学比我低一级的同学，真正熟悉起来是我编写发行《石材大全》时我引用他一些论文而接触多次，他看了我书后于 2016 年 1 月 19 日即发来短信，称"蔡总您好，看了你的大作甚敬佩，你的大作可与杨继绳的大作相媲美。你记录了一段历史。如果能在香港印一下出它几十万册，则对中华民族的贡献更大一些。

　　我在该书的前言中引用了江苏社会科学院哲学所应克复先生在《炎黄春秋》杂志 2015 年第 2 期上发表了《无产阶级专政理论再思考》一文某些内容，寄了一本给他。他在 2016 年 5 月 23 日给我回信，摘要如下：

蔡行来先生：

　　大书于 5 月 17 日收到，打了几次电话，通的，没人接，只好写信，并顺寄上一点数据。

　　你的专业是地质学，现在跨到人文社科，写出一本厚重的著作，向你致意。

　　这是一本家史、村史，并辐射到全国，对地主，对土改的叙述有丰富的内容，又有理论认识上的提升，对否定中共在土改问题上的政策提供了有说服力的历史依据。

　　……

你的书若再版，建议作些调整。1. 书名取"地主与土改"，作者的署名位置要挪动一下，不要与书名拼在一起。2. 扉页应有母亲的照像，并有文字：谨以此书献给母亲王梅花，以资纪念。3. 将全书内容分为两大部分，第一部分是母亲与土改的那些事；第二部分是对土改和地主问题的思考。若不再版，不妨自己印1--200册，作为存念。有些材料可删，字数在40万左右就可。

顺向夫人问候

致

应克复

2016年5月23日

2016年7月1日，姜华九同学又发来短信称："老校友您好：读了你的书很感动。你不但是个地质学家，更是一个伟大的历史学家，因为你还原了历史的本来面目，你的名字和司马迁、杨继绳一样被人民传颂。"

姜华九同学还建议我争取翻译成多国文字，为此，他寄来一篇《圣经》P.363 一篇英文文章(Naboth's Vineyard 乃巴司的葡萄园)，要我加在书的前言中。还写来一封信。抄录如下：

蔡先生您好

读你的书，使我想起了《圣经》。

《圣经》的主题是鞭挞人性的罪恶，呼唤社会的文明。我个人认为，你的书也是在鞭挞人性的罪恶，呼唤社会的文明。所以我把《圣经》中的一节《乃巴司的葡萄园》（注）抄录如上，请你欣赏。

把《乃巴司的葡萄园》中所录的"禁食仪式"上出场的人物:王妃杰泽贝尔、官员、乡绅以及两个无赖,与你的书"诉苦斗争""审判斗争"两节中出场的人物相对照。发现二者是这样的雷同,以至于使人们看到,公元前1900年的人物还魂了,借公元后1900年的人物之尸还魂了!

你的书是如此的精彩,如果有一天能捧回诺贝尔奖,那一定是名副其实的!当然,申报此奖有一个过程,首先要欧洲人了解,然后引起评委关注。说到这儿,我想起,在上世纪五十年代,浙江的一个越剧团,到欧洲某城去演出《梁山伯与祝英台》。贴出戏报"欢迎诸位观看《梁山伯与祝英台》"。开始几天,卖不出几张票。后来有人出了个主意,戏报改成"欢迎诸位观看《梁山伯与祝英台》—中国版的《罗密欧与朱莉叶》,结果,一炮打响。

我说这话的意思是:在出版你的大作之时,是否可以在"前言"中把《乃巴司的葡萄园》引入其中,以便尽快引起欧洲人的共鸣。

以上拙见,仅供参考,另外译文中如有错讹之处,请指正。

姜华九 2016-12-10

敬上。

注:原文附上英语《乃巴司的葡萄园》,从略

宁波市图书馆

该馆除收到我赠书例行的感谢外，还加了一句："出版社能出版这本书不容易。"

以上是有文字记录的反映，下面介绍些无文字记录的反映。

因自费出版，出版社不负责发行，但我可联系书店销售，因不像《石材大全》那样是一本工具书，定价也高，去远处销售只要节约，经济上不会亏，且有关书店大都会接受代销。而《地主》一书，定价低，年青人没有这一经历，有些不感兴趣；因涉及政治性问题，有些书店不敢接受。如宁波市新华书店，2017 年我去那边结算《石材大全》代销账目时，顺便带了一本《地主》，问

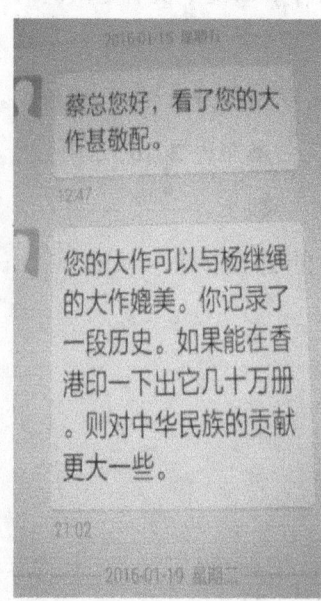

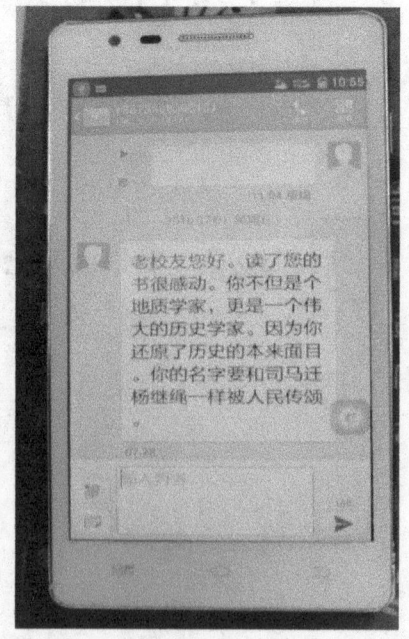

他们可不可放你店代销？先说研究一下，后说不要。所以《地主》这书去远地销售有困难。不过这点我早有思想准备，也可说本来就打算花钱为社会作贡献，不图经济回报，能把书出来，能使人家能看到这本书，花这么多钱也值得，故主要是赠送。因是赠送，赠送的涉及面也有限，因此仅印 1000 册。但在近地的书店也卖了一些，还有书摊，友人推荐及我个人（主要是有人获悉我有此书后前来向我购买）也卖了一些。因有这些销售，常有过去不相识的人，看了我书后通过各种途经来找我谈心。现择其印象较深的略述于下。

陈正阳

白水洋镇龙泉村人，我以前不认识。2016 年，有次他打电话来说要来见我，并作了简单自我介绍。我说可以，约定在我家旁边的市府广场见面。我们见面后，他说因为看了《地主》一书后特地来找我谈心，你写的情况确是如此，你的书也为我写，为我出气。我问他怎么知道我的电话号码？他说从小菲处拿来的。蔡小菲是我堂兄蔡金志女儿，现在白水洋镇医院工作，她母亲陈蕉芳是龙泉村人，是陈正阳堂姐。我

陈正陽

又问他，我的书你从哪儿得到的，他说从书店中买的。

他以后还把《地主》一书给多人看，如官溪村的朱崇治，白水洋镇的罗雄飞律师，都是陈正阳看了我书后

推荐给他们看，他们也希望同我见见面，我都如愿。我们以后都曾相会过。2021年2月19日（农历正月初八，白水洋镇集市日）还来电话给我，说仙居县有个朋友看了我书后要来看看我，我说可以。

可能他们工作较忙，未见前来。我于3月10日去电话给陈正阳，说他们有工作来临海不便，还是我去白水洋镇碰面好了。陈正阳与他们联系后，都说可以，定于3月11日（农历一月28日，白水洋镇集市的）在白水洋车站碰面。

见面时陈正阳说他村上有个陈方土，看了我书后，又给别人看，说我书写得真实，现他住临海市区花街村，今天也想见见我，他有个邻居还想买一本。另有一个住在台州医院骨科分院附近，也想买一本，也还想看看我。陈正阳还告诉我他们的电话号。我说住临海市区的不必来白水洋镇（要一个小时车程），我到临海见他们好了。我们在白水洋车站半个多小时后，我就回临海。

我未到临海市区，陈方土就来电话给我，说在临海老车站公交站等我。我到老车站下车，他和一个60来岁的人来车站接了。一见面就接二连三地说我书写得真实，并要我到他开的且在附近的旅馆坐一下。我们坐定后稍谈一会。这

陈方土（左）、作者、程建平（右）合影 2021 年

位 60 岁左右的人给我一张开店用的名片，名叫程建平，说我的书 200 年后是银，500 年后是金，即使他已经看过了，还想买一本。我把随身带的一本送给他，他要给钱，我一定不收。随后我们三人拍了张照片。因我手头工作还较忙，坐了 20 来分钟即离开。离开时陈方土说，你 89 岁的人身体还这么好，是"奇迹"。

陈正阳说住台州医院骨科分院附近的那位要想买我书的人先给我作了介绍。女

陈爱贞夫妇 2021 年摄

方名陈爱贞，与陈正阳同村——尤泉人，他与地主出身的一位外地来在他村上养蜂的男人陈士俊淡恋爱已有一段时间。但陈爱贞家人都反对，说同地主子女结婚，就是往火坑里钻，非但害了自己也害了下代。她兄弟姐妹反对的理由还有，说与地主出身的人结婚也害了他们。陈爱贞在全家反对下也有动摇，去向对方说明，准备解除关系。对方也无奈，只好作罢。陈爱贞把对方给她用了的钱还给对方。对方接过陈爱贞的钱，立即用打火机准备把它烧了。刚点着，陈爱贞见此状，一把抢回，说不分开不分开。以后终结良缘。

我听了也有些感动，于 3 月 13 日上午打电话约定下午去他们家。陈爱贞爱人来到台医骨科分院大门口接我，彼此交谈一会后，陈爱贞知我对她的婚姻经过较关

注。她抢在我前说："他兄弟那时（1964年）在浙江大学化工系读书，即要毕业，毕业后要分配工作，若姐妹家成分不好，对他分配工作会带来不好影响，既害了自己又害了他，劝我不要与地主出身的人结婚。两个姐姐也这样劝我。我左右为难，但想想陈士俊为人诚实厚道，地主成分又没有瞒我，地主家出身的人也要做人，也要生活，经再三考虑，我就不顾家人反对，就和他结婚了。现两个小孩，一男一女，工作家庭都好，女儿还是中层干部。"

我与陈正阳虽有多次碰面，但不好意思问他个人情况，陈爱贞告诉我，因他家庭成分地主，现近80岁了，还未结婚，单身生活。

陈孝运

他原是临海市黄坦乡人，后来迁到宁波务农。我们不认识，他在老乡倪明笋处买了我《地主》一书，看了后打电话给我，要找我见面，并约定在倪明笋家。我按时赴约后，他还说是我在建成中学读书时的同学，虽年纪与我同龄，但年级比我低，我记不起来。他说看了我书后，心花怒放，想不到会有人为我们说话，我们下等人一世以为就这样完了，那能会想到有今天这样日子。他口口声声说我为国家为中华民族作了重大贡献，是有功之人。他还告诉我怎么知道我的电话号，因在我书中提到我有个侄子蔡显力也在宁波务农，住在高桥镇下林村，他特地去那边向蔡显力要来我的电话号。

我《地主》一书为什么会提到蔡显力？蔡显力去宁波务农后于 1995 年向该村买了下林村原小学校舍一间，当时约定可迁户口一人。但房产证一直到 2009 年还未做来，户口迁不了。他曾多次问村书记，村书记都说没做来，我住宁波时也同他一起去有关部门了解，均无结果。以后村书记托人告诉蔡显力，说要花 15000 元可向上级通融做出。蔡显力没钱，仍未做，但有人已花这么多钱做出来。蔡显力感到有疑

陈孝運　2021 年 5 月攝

问。2009 年，他和在大学读书的女儿到高桥镇土管所再次问询，他女儿在其计算机上查出该房产证 2003 年即做出来，由村书记领出。村书记为捞外快，谎说要他花 15000 元私下通融可做出。蔡显力和女儿去村书记家说此情况，村书记只好把 2003 年领来的他家房产证一文不收交给蔡显力。

蔡显力有了房产证，可迁户口，为怕村书记以后报复，不张扬出去，特地来临海要我为他写个迁户口的报告。我把此事作为土改副作用之———土改后基层干部劣质化，写入《地主》一书中。写书要真实，我把蔡显力的地址也写在其下。陈孝运凭书中提到的蔡显力地址，找到蔡显力，向他要到我的电话号码。

陈孝运至今还常打电话来向我问候，一再说我是有功之人。2017 年要我去他老家黄坦乡中央下阵村玩，

2018 年他的几个女儿在宁波为他做 90 岁大寿，要我参加赴宴，我也都前往。他说我的书有人买，还为我在宁波卖了不少。2021 年月 16 日来临海看望我，在他一再邀请下我于 22 日去了他黄坦中央屋村老家。

阮云山老师

他是杜桥镇人，在我村小学任教二十多年。其爱人又是我本村人，后来调到临海城关第四中学教书，右派分子，我们早就认识，我赠他一本《地主》。不久，他在临海大众饭店斜对面常有一些退休人员会聚聊天的自行车修理店门口见到我，他说："我现在对你'刮目相看'，看看你平时与我们差不多，你怎会写出这本书来？了不起了不起，你母亲我认识，她确是这样的人。"

张师傅

就是阮云山同我谈话的自行车修理店的师傅，听阮云山这么一说，他也向我要了一本。以后同我说："你书确是好，真实，有看劲，我从来没看过这样的书。"以后常在该修理店闲谈的人，也先后从小张处拿去看了我的书，这些人大都认识我，也常夸张，资料丰富，说理有力。

杨新安老师

他是临海古城小学教师，我以前不认识。临海台州印刷厂是原台州地区最大的印刷厂，台州专署搬到椒江后，是临海最大的印刷厂，在我 20 多年前要出版《石材大全》时想放该厂印刷，与其业务科洪日能等有多次接触，也认识该科刘科长，他们常送些边角纸利用起来的小记事本等给我。我《地主》一书出版后，各送他俩一本。送给刘科长的一本，她看后推荐给原邻居杨新安老师看，杨新安老师看了很有感触，评价很高。他看到书中有张我的名片（为写《石材大全》印，我赠《地主》一书时一般不放名片），其上有我电子邮箱，他按我邮箱发来邮件，称赞我书。我回复，问他是那一位？为何看到我书，他才告诉我这一经过。

我与高中同学赵尚理常在一起，赵尚理原是教育局小学语文教研组教研员，小学界的老师他大都认识，我问他认识不认识杨新安，他说认识。过些时候我与赵老师一起去古城小学看了杨新安老师。会面后他说我《地主》一书数据丰富，逻辑严密，没有人会驳倒我，如果去香港卖，卖几万册没问题。杨老师对汉字很有造诣，指出《辞海》一书中四角号码有 2800 多个错误和可商榷之外，著有《〈现代汉语词典〉勘误与商榷》一书。还说临海市社科联编的《临海社会科学》杂志，每期都是他校对的。以后我们常接触，我新书《中共的土改》及本书也请他校核。由于我《地主》一书，结识了这位有学识有修养的老师，也是我的"财富"。

陈大年　何邦爵

以前我都不认识他们，是杨新安老师把《地主》一书在他看后推荐给他们看的，他们看了想要同我会面，由杨新安转告。赵尚理老师说认识陈大年，经约定在巾山广场见面。我与赵尚理前往，陈大年与何邦爵已在等候。见面一翻寒暄后，说起我的书来。陈大年说，我看了不少书，大都是看了一半就不看了，唯有你《地主》一书，即使厚，我从头至尾都看完。

陈大年以后还给我书介绍给台州学院后勤部一朋友看。这位朋友看了后要想买这本书。陈大年转告我，我说看了后还要买？说明该朋友对我书印象很好，我就送他一本好了。陈大年说不行，这样他不会要的，一定要买，卖给别人多少钱一本，给他也多少一本。最后，约定在崇和门广场见面、交书。我们三人碰面，我给他书，他给我 50 元（定价 69 元）。

何邦爵说，你的书若在香港、在国外出版一定是畅销书，他还为我能在国外出版该书作过努力，但未成。

赵尚理

上已提到，他是我高中同学，在临海教育局小学语文教研工作到退休，对汉字有较高造指。我在书写《地主》一书过程中常请问他一些难字、涩字的书写，成稿后还请他过目修改，出版后送他一本。送他的这本，他友人来他家有事，顺便也看了一下，觉得这本书数据丰富，内容真实，观点新颖，要赵尚理送给他。赵尚理家就没有我的书了，要我再送他一本，他还向别人推荐我书，我也照送。

朱启亚

她现在定居在加拿大多伦多女儿处，2016 年回来探亲。她是我在参军前的高中同学，老家住在离我老家大园村仅 2 里远的店前村。店前村旁琳山学校是我初中前三学期读书的地方，店前村有许多我的同学和旁亲，因此,《地主》一书中对店前村一些人写得较多,如朱子英、朱启秀、朱洗、朱玉成、杨旭东等,这些人又都是朱启亚的近亲属,因此在欢迎朱启亚的同学聚会上,我说送她一本书。过几天后我就交给她。

她住在临海妹妹处,看了我书后深感写得真实,带回老家店前村给旁人看,特别书中提到的人及其下代看,他们满口称赞,说我写得真实外,还说我大胆。她说,有一个被杀的地主后代问她:"我家有没写到。"看了几页后即看到了。这个被杀的地主是王梦龄,提问人是王梦龄儿子,他是朱启亚亲戚,是来看望朱启亚的。朱启亚说王梦龄儿子要把这本书拿去,他看后对你书大加称赞。他现在白水洋镇开中医诊所。王梦龄又是我好友杜彦友的亲戚,常同我说王梦龄人缘好。许绍芬老师爱人和我外甥媳妇都是他同村人,我也常听她们称赞王梦龄的话,说他是村上讨好的人,这些在我书中也有记载。我有次去白水洋镇到了王梦龄儿子的诊所,还与他交谈一会儿。

周庭秋

他是黄岩人,原是苏联顾问翻译,比我大一岁,是陈文的朋友,有次偕阮积忠、张士雄三人来临海看望陈文,无意中在陈文书架上拿本书看看,拿的恰是我《地主》这本书。初看一下,怎么有这本书?人家说地主不劳而食,你说地主勤劳节俭,与其他书不一样,你真胆大,出版社也胆大。带去黄岩再看。他再次来临海陈文家时,说这本书写得好,自1949年建国后他第一次看到这样的书，想见我。陈文打电话给我，我即赴聚，第一次见到周庭秋等三位黄岩友人。以后又在陈文家时，要我把《地主》一书前言中提到的《石材大全》给他看一下。我带上《石材大全》，说能写出这样几百万字厚重的书确是了不起。并要我去黄岩玩。

我有次去路桥经过黄岩想见见周庭秋，他说约其余几位一起会聚，我说现在时间来不及，下次上午来。过了几天我应约去黄岩，与他们及多位友人在饭店会聚，并进餐，周庭秋一再说 1949 年建国后第一次看到我这样真实的书。阮积忠说还有其他几位友人也想看我的书，一定要卖给他们，否则他们不要。稍后我邮寄了五本。

2020 年 10 月 29 日陈文逝世一周年，他们也来临海陈文家参加追思会（陈后来为耶稣教徒），周庭秋还一再说建国后第一次看到我这样真实的书。古人说"以文会友"，这些友人都是我有了这本书会上的。

临海浙大同学会

临海人在浙江大学读书毕业的较多，其中不少回临海或调回临海工作，他们常聚会，地点是原临海市科委大楼一个办公室，科委迁到新大楼后这座房子大都出租给外单位，浙大毕业的陈屑是科委领导人之一，他凭着这一关系在他未退休前的办公室中，每逢星期六上午凡浙大毕业的欢迎来这里会聚、聊天，也有外校毕业的。我在浙大工作过，又认识其中几个浙大人，包括陈屑，有时星期六上午也去凑热闹，《地主》一书出版后也送了一本给他们。他们初见此书也没什么惊奇，但有人看了后觉得此书与其他书不一样，摆事实，列数据，资料丰富，观点新颖，到后来争着要看。我有时赴会时，几乎都说写得好，特别一位姓金的同学，不论在街上碰到或公交车上碰到，都对我说此书写得好，"把你母亲写活了。"有次我参加聚会时，看到宁波寄来我书的信封，我问怎么回事？陈屑说，一位浙大毕业在宁波工作的临海人，在这办公室看到《地主》这本书，他初看一下觉得写得好，我们也说了一下，他说要拿宁波再继续看，许诺看后寄回，这就是他寄回来的。

朱启舟

他是我老乡，我在家乡琳山读初中时的同学，但他年纪比我少，当时他还在小学高年级，升入初中后同我本村与我很要好的蔡显敬同班，我们也认识起来。他曾任临海市政协主席，我在 1996 年与民进临海市委主委花开泰就办"民进职高"闹纠纷时，因那时他是政协主席，我曾找过他。我《地主》一书出版后没有赠送给他，但有次他路上碰到我，说看了我的书，写得很好，解放前农村确实这样，地主是勤劳节约的。

吴金水

他是我在浙大的学生，因我在《地主》一书附上他给我一封信，我寄了一本给他，他看后来电说，很感动，流了多次眼泪，文笔也好。

倪明笋

他是我老乡、同学，前文曾提到我写《地主》一书时，他给我提供了内有很多土改文件的《土地改革手册》，这比我过去到图书馆翻旧报纸抄录方便很多。他现在住我家旁边，妻亡单身，我常去看望他，他也常来电要我去他处闲谈。我每次去他处，他都说我对国家作了大贡献，是位历史学家。他还有句口头语："小人物怕政府，大人物怕历史。"他还为我代销不少该书，也送给一些要好的领导干部或政府工作人员或朋友，今天上午（2020年 11 月 7 日）他还来电话，说他有个朋友要我的书，说我的书写得好。

他曾有一本送给临海市市政府机关党支部书记，这位书记曾在他老家黄坦乡当过领导，有次我经过市政府旁，碰到倪明荀，他要我与

他一道去看望这位书记。我去了，拜会了该书记，这位书记说，该书数据丰富，我们这一代大都不知道，是本好书，你真花了好多精力。

倪明笋曾在小学教书，后离开，现拿 2600 元的生活补贴。他几次说要我去台湾卖该书，肯定会畅销，他可给我 1000 元路费。

倪明笋

蔡泽多

他是我本村人，也是我堂兄弟，与我前妻在农业学校读书时同班，平时都较接近，他敢讲真话，虽家庭成分是中农，1958 年宁波农校毕业时因他常直话直说，说

他思想落后，也不给他分配工作。他凭自己的小聪明在农村搞机械修理或制造小机械（如补鞋机等）为生，甚至还造出织绸被面的织机。1985 年才落实政策，分配到临海种子公司工作。

蔡澤多

我的书也有他提供的数据。他对我的书评价很高，到处宣传，还向村人介绍。村长听他介绍后向我要去一本。也有其他村民听他介绍后去书店买来。因我写的都是事实，他们看后我也没有顾虑。　　。

陈孝学

他是我初中同学，比我低一年，也是半个老乡，黄坦乡中央下陈村人，是我前妻亲戚，现在在我老家附近双港镇开诊所（退休后由其儿接任）。兄陈考品土改中镇压，我书中也有叙述。他看了我书后说："你写的东西完全是事实，过去讲都不能讲，现还写在书上！"他还说："我看后我儿子也看，还有多人也看过，都对你很敬佩。"

孙茂荣

他父母是我初中同班同学，我住临海老城区三抚基巷时的邻居，早就认识。他是书法家，写的字敦厚浓重，临海有家美宝药店的店名"美宝医药连锁"是他写的。该店临海城关和乡下有许多分店，都用他写的店名，其署名为孙逸之，故临海到处都有"美宝医药连锁"，到处都有"孙逸之"。他在市信用社工作，离我现在住处不远，常在路上碰到，有次我有事去他办公室，他也是文化人，闲谈中提到他的父母亲。因我书中写到我与他父母解放前在建成中学读初中情况，我说送本书给他看看，稍后交给他。

前天（2020年10月3日）我们初中老同学聚会，我是召集人，其父孙学文过世，其母梁玉燕还在，聚会前一天我电话告之他母亲。他母亲说，行动不便，我叫她尽量来，金丽华同学今年1月去世，我们再过几年可能也见不到了。次日孙茂荣及夫人护送其母亲来白塔桥餐馆，我早在那里等候，孙茂荣一见到我，满口说我书写得好，使他知道了那时的社会情况，父母是怎么走过来的，还说我为此书花了好多精力，好多时间，他看其他书往往看一半就不看了，看你的《地主》这本书从头看完。

陈柏楠

他曾是临海市副市长。是我1955年回到回浦中学再读书的同班同学中的初中同学，他高中在台州中学就读，因老同学多次接触中与他也认识起来，住在靠近我同学陈允禄在广文路开的古董店旁，退休后常来该店闲谈。我有《地主》一书送给陈允禄，他就拣来看。我有时也去陈允禄处，凡去一次，他几乎都称赞我书写得好，博学多才。有次他说，刘少奇是文化大革命中打倒的，你在他被打倒前15年就打倒他了，（土改时）刘少奇怎么怎么说的，他说后你驳斥。有次在紧邻他家旁的哲商小学前路上碰到他，他对我竖起大姆指，说，你了不得了不得！

蔡行志

他是我堂弟，但他祖辈早已迁离我村，后来在城关开纸店，我家开小店时父亲常来他店批发纸张，他店位在白塔桥边的闹市区，我早听过我父说起他们，也早认识他的父母，也认识他的长兄蔡行鉴和蔡行兴，但对他认识较晚。他获悉我《地主》一书出版后，有次在路上碰到，问我是否有此事。我说有此事，并引他到我当时住新江路的家里，送了一本给他。因他家住在不远的后塘路，常来我家谈谈有关该书内容，说我写得真实、动人。我以后想在香港再版，增加、删改一些内容，把增加部分汇编成册，增加部分的小册子（计有80页），也送了一本给他。他看后，认为写得比前书紧凑、有力。

蔡行鉴

他是蔡行志哥哥，我在南京大学读书时他在南京工学院读书，早就认识。他以后在临海水泵厂当厂长，其爱人在台州医院工作，住在台州医院宿舍，偶有碰面。我书出版后，有次他与夫人一道经过我有书放那里的陈允录古董店门口。他看到我问道，听说你的《地主》一书写得很好，拿本看看。我就把放在该店中的《地主》送给陈允录的一本给他。临海浙大同学会中的金康年同学。认识台州医院的杨开福专家，向他推荐我书，杨开福也认识我，他对我说他是从在台州医院蔡行鉴老婆处拿来看的。

杨开福 姚学祥

上文提到杨开福已看过我的书，但他以后还直接向我再要去再看，我就给他一本。我们十多个老同学老朋友老熟人在大众饭店每月聚餐一次，有我、杨开福、陈允录、姚学祥等。杨开福不是我直接的同学，是我部队复员后同班同学中的初中同学，但他的大姐杨开彩是我在建成中学读初中时的同学，他的妹杨开芳是我同学郭有宇的夫人，也早已认识。因此，对我能写出这本书，也有些新奇感，看了又看，曾对我说写得有力，有资料有事实。我们饭桌上另一位姚学祥医师，他曾是临海市第一医院副院长，他也说我书写得真实。我问他如何见得？他说：你书中有一段讲到土改后蒋晓珠因家无房死在邻居堂前间众光(住该座房的人共有)的房中是事实，其他有关蒋晓珠的描写也是事实。他解释说：因他与蒋晓珠大儿子蔡临西是小学同学，蔡临西以后在香港工作，现又亡故。蒋晓珠出狱后住临海时不免孤单，他常去看望她，病危时送她去乡下老家，故知道这一过程。

吴中杰

他是我参军前在回浦中学读书时同学，他比我低一册。1953年与我当时的同班同学张金鉴一同考入复旦大学，张金鉴是新闻系，他是中文系。我那时在上海海军舰上服役，曾去复旦看望他们。吴中杰毕业后留校任教，任教授、博士生导师。研究鲁迅的知名学者，著作甚多。退休后旅居在澳大利亚女儿家，2016年5月来中国探亲，其间走访许多友人。在与临海最大地主董丕芬儿子椒江中学特级教师董承理交谈时，董承理说我写的《地主》一书不错，有史学价值。他回临海后找我要这本书。但他不知我家址，也无联系管道，最后找到也是我们同学的郭有宇，郭有宇来我家拿取。以后我们曾在崇和门广场见面，他回赠我一本他写的《复旦往事》。

许中苏

他曾在临海市建材公司工作，该公司在上世纪80年代也曾办了花岗石厂，我也去过那边，彼此交谈过，我忘了该事，但他还记起。前几年他曾看到《地主》增删的小册子，认为写得好，有说服力。因以前认识我，在街上、在公交车上主动同我打招呼，说我这小册子写得好，要来我家看看我。稍后偕夫人来到我家，我送给他一本《地主》。他一定要我去他家玩，过些时候我也去了，并在他楼下快餐店一起吃了一顿中饭。

戴向尚

他是我在陈文家认识，在文化局下属的"非物质遗产办公室"从事民间文艺工作，是个报酬很低的临时工，但他很专一，乐于做这一工作，业余还从事村族编制族谱、文化礼堂等事，也有文字功底，写了多本书。我《地主》初稿形成后曾请他审校，为此几次去他住处——新哲商小学对面的"格兰小镇"。他很认真，给我改了不少错别字。我问他看后印象如何？他说还好的，你母亲确实是个农村经济学家。出版后送他一本。他又给人家看，那人看后又给人家看。他以后多次对我说，你写的书人家反映写得好。过些时候他说有几个朋友要我的书，他来我家拿了两本。前几天（2020 年 10 月 28 日）我电话请他参加陈文校长逝世一周年追思会，他说半月前背摔伤在家休息，来不了。又说，"还有几人想要看我《地主》的书，要我再给他两本，不知还有否？"我说还有，不多了，你要我给你两本。过些时候他来拿去。

叶泽诚

上文多次提到他，他是我书出版的联系人，功不可没，出版后也赠他一本。他早先曾说该书 200 年后才显得其历史价值，现在说当今就有价值，人家评价很高，这就是价值。我说这是民间野史，他说这是正史，是正式出版物。

张英俊

他是我第二任妻子的堂表弟。我妻子姑姑在我家生活五年，姑姑的儿子张仁又在我妻子杂货店同一门出入的旁侧开了一家广告公司。张英俊是张仁亲堂弟，常来张仁店中。我常有事去妻子杂货店，这样也与张英俊认识了。从他的谈话中知他因家庭出身地主，经常被整，道路坎坷。多年前他另一表哥、张仁哥哥张洪去世，近年张仁迁住外地，我与张英俊在街上相遇时常谈些往事。我想他对我《地主》一书也会感兴趣的，有次碰到他，我说给你一本书看看，是我写的。彼此记下电话号码，并约定地点，送了给他，还说此书不多了，看后还我。

约过了三个月，又在街上碰到，他说书看完了，在看此书时与老婆吵了一次架。因这书有 500 来页，又有家事，不可能一下看完，我看后放下，我老婆拿来看，她看了一会儿因有其他事又放下，我又拿来看，彼此交叉。有一晚上两人准备睡觉，都想睡前再看一下，她要看我也要看，彼此争吵起来。我争不过她，只好让给她。最后，他感慨说，日子就是这么过来的！我见他对此书这么着迷，让他留着吧。也许他会给人家看，没有催他还我。

刘廉清

她就是在本书第七章（为抵制中国民主促进会临海市委对我的排挤及诽谤而抗争及其失败）中参于极力排剂丑化我的刘廉清，她是我高中不同班的同学，二十多年来彼此都参加同学聚会，她还是同学会头头。她听说我写了一本好书，也要我给她看看。我给她了，并要求看后还我。约在 2017 年春节后初三日，我们去双桥临海市民政局办的养老院看望翁一仁先生时，她把书带来还我。交还我时，她说，如果毛泽东还在世，你笃定是个大右派。我说可能右派还不够，也许要坐牢几年，北京工人遇罗克写了《血统论》一文，不是枪决了吗？

塘头路个体书店

我有几本书放在该书店（该店主要卖旧书）出售，其中有一本为临海籍的椒江台州图书馆工作人员所买。他看该书目录和大致内容后，说台州图书馆没有这样的书，按定价买下了，要店老板开发票，老板开了。这是老板告诉我的。

黄明媚微信群

在介绍正题前，先把背景谈一下。

　　我有一好友张允信，论关系可说是同学，也可说是学生。但既没有同过学，也没有教过他书，可来往很密切，也可说形影不离。他是我军队复员后回到临海回浦中学读书时同班同学中的同学，因此可说是同学。因有病在家休学多年，迟几年考入浙江大学。我在浙大任教时，他是土木系学生，因此也可说师生关系。1963 年寒假我回临海时高中同级不同班的高伯寅同学向我介绍了他在浙大读书等情况，高伯寅还带我去他家见面，当时他外出没有见到，我回浙大后找到他。他性格温和，待人宽厚，办事热情，我们很谈得来，回临海后我也常去他住在江厦街的家里，与他的两个弟弟关系也很密切、亲热。黄正兴住他家对门，也常到他们家串门，从而我也认识了黄正兴。

　　1955 年在匈牙利布达佩斯召开了世界青年联欢节，青年团中央书记胡耀邦率团参加，回来后号召我国青年同其他国家青年加强往来，黄正兴当年二十岁，血气方刚，虽待业在家，也想做个当代青年，从《中国青年报》上摘下该报刊出的一位日本青年地

85 岁时黄正兴

址，彼此就建立了通信关系，这位青年在日本群马县日共支部工作，信中写的是问候及日常生活上的事。黄正兴的信为省些邮费，寄给《中国青年报》社，请他们转寄。但那位日本人的回信则直接寄给黄正兴本人。黄正兴不在家时因其父亲不懂日文，请住对门曾任小学校长

的张允信父亲张舜耕看阅，张舜耕也不懂日文，又请另一位懂日文的人看，这样多人转手，邻居及居委会也知黄正兴与外国人在通信，有里通外国嫌疑，向公安局反映。黄正兴家庭成份为工商业（资本家），属剥削阶级，专政对象。但没确实罪状，1958年公安局抄了黄正兴家。抄去日记本和那位通信的日本人照片及他一并寄来时任日本共产党书记的德田求的照片，德田球一在其照片反面还有他的签字。接信后黄正兴也在市上买了一张毛泽东的照片回赠。这些都是正常的社交活动，没触及法律。但公安局要打击黄正兴的目标定了后，就从他被抄的日记本中断章取义摘些文句，说黄正兴思想反动，仇恨新社会，不满共产党，报到检察院，检察院向法院提起公诉。。

不久的1958年7月7日下午，临海县法院不到一小时的草率审判，判黄正兴八年徒刑，1966年刑满留场三年，1969年12月31日回家，在他青春年华时牢役11年。黄正兴出狱回家后仍戴上反革命分子帽子，找工作困难，生活靠那位通信的日本人接济。

毛泽东逝世后他不断申诉，胡耀邦任总书记时，他直接写信给胡耀邦，胡耀邦转给时任中办主任的冯文彬。冯文彬再指示有关部门查办。临海县法院于1983年8月17日给予平反，宣告无罪。

上世纪70年代我调回临海工作，1984年在靠近黄正兴家的三抚基巷建了新房，与黄正兴、张允信家人来往更密切。黄正兴哥哥及其五个子女也都熟悉起来。后来黄正兴房屋拆迁，在白塔小区分来一所中套房屋。黄正兴仍单身，为日后生活计，他哥哥小女儿黄明媚及爱人跟随黄正兴，照顾他晚年生活，并继承黄正兴遗产。因此，我看望黄正兴时，常可见到黄明媚，也与她交谈。我写《地主》一书常与黄正兴磋商，参考书《临海县志》是他借给我的。《地主》出版后我也赠他一本，黄明媚也看到此书。

黄明媚在中国人民银行工作，她年轻人也有自己的微信群。突然在她的微信群中人家向她推荐我《地主》一书，把该书的照片发给她，与我给她叔叔黄正兴的《地主》的书完全一样。她把此事告诉黄正兴，黄正兴告诉我。我从来没有把自己的书发到微信上，看来那位读者看了我书后评价较高，再发放在微信上，向群友推荐。。

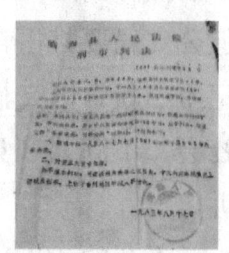

黄正兴无罪
判决书

黄正兴坎坷的一生我也很同情，对那位救济他的日本友人也很敬佩。我多次建议黄正兴为此写本传记，他虽口头同意，但未见他开笔，他今年85岁，身体又不好，住四楼下楼也困难，看来出书无望，我在此也为他多说几句。

李伯信

他是山东莱阳市百信石材机械厂厂长，高中毕业。在我第一版《石材大全》编写时为收集资料和招揽广告，与该厂通过信，李伯信给我回了信，并寄来资料，预订一本书，但未做广告。我书出版后寄给他一本。以后在我参加各地石材展览会卖书时，他们也常有石材机械产品展出，他厂人员跟随参展，李伯信也常来，彼此认识起来。我也有书托他厂代销，并去他厂多次，关系较密切。2004年我《石材大全》再版时，他在我书上做了广告，彼此来往更多。

2016年，我《地主》等书出版后也寄了给他。他收书后过了几天就给我来电话，说自己日以继夜地一下子看完了我的新书，真感动，真敬佩我的才华。还说你们浙江尽出人才！

蒋老师　方雪燕

他们都是我较亲近的邻居，蒋老师在小学任教退休，我给他《地主》一书。他说："写得真实、动人，文笔也好，错别字也少，有的人也送给我他写的书，常有错字。你碰到问题，遇到困难，就动脑筋、想办法，确不简单。"方雪燕任临海文艺馆领导退休，我也给他一本，她说她老公经常把你的书拿来看。

蔡统兰

他是我本村人，年纪比我小5岁，住处与我家相距较远的三角园，但其兄蔡统照与我同龄、是在我家旁边的大园小学读书的同班同学，我还到过他家。因他家成分较好，建国后蔡统照曾任乡干部，但不幸早逝。其父蔡显坤和大哥蔡国民我也认识。蔡统兰小时也在大园小学读书，因此也早就认识，他还与我前妻同在琳山农业学校同学，因身体不好休学回家。由于我长期在外，碰面机会少，近年我村 80 岁以上老人每月农历 15 日聚餐一次，与他碰面就多起来。最近（2021 年 3 月 27 日）一次在餐后漫谈时，他对我说："村上好多人同他说过，你《地主》一书写得很真实，很好，给本我看看，下次聚餐时带来好否？"。我说好的。他这句话引起我好多联想。

我的书出版后，因涉及到本村不少人，虽我的书中内容尽力实事求是，尽力客观，尽力避免个人观点，但对涉及到的人及其后代，倒不会完全这么看，势必是讲他或其家人好的则称赞，讲他不好的则反感。因此我不对本村人张扬，低调处理。但还是守不住。蔡统兰的话可能来自于下列几位村人。

最早的缺口是蔡泽多给我打开。他宁波农校毕业后也没分配工作，长期在家，后来落实政策分配到县种子公司，住在临海市区，与我住处很近，因从小就认识，又是同我前妻在农校同学，彼此谈话较随便、真实，我书中有些数据来自与他对我的谈话，因此《地主》一书出版后送他一本。他看后说此书写得好，写得真实。有次他与村长蔡庄也这样说，蔡庄就通过蔡泽多向我要了一本。我交给蔡泽多时，明确说，希望蔡庄二个月后还我。但至今四年多，还未还。

去年我有次在大园 80 岁以上的人聚餐前，一中年人对我说：在临海新华书店买了我写的（《地主》）一书，后知他名叫蔡小龙，副村长。

我的堂侄、土改时被镇压的族长蔡明河的孙子（参加赴缅远征军蔡继镐的儿子）蔡敏灿，因我们是近亲，蔡敏灿大女儿在临海两次参加高考都住我家，他住在临海带孙女时我送他一本。他以后对我说连看了两遍，写得好，写得真实，现他两夫妻回大园村居住。

蔡继糯女儿　她父亲蔡继糯住本村后宅，开中药店，因与我家相距较远，知该店并认识他，但对其子女不认识。我书出版后一二年（约在 2017 年），她打电话给我，说看了我书，她也是大园村人，现住大田，想同我见面。我回电说可以，因我住处到大田很方便，我常坐的 205 路公交车起点站就是大田，我询问了具体地址后，便去了她处一躺。她说看了我书后很感动，很真实，还有在白水洋镇开中药店的她弟蔡显宋也看了我书。她怎么得到我书，怎么知道我电话号码，她告诉了我，但我忘了，因这种情况较多。也没存心记它。蔡显宋在白水洋镇开的中药店在公交站旁，此后我还去过他店一次，对我很热情。现在仍住在大园村的他哥哥蔡显度听说我书写得好，要我给本他看看，前个月我给了他。

蔡泽多与蔡彩娟是邻居又是农校同学，蔡彩娟自黄岩农校毕业后在黄岩工作，蔡泽多爱人是黄岩人，蔡泽多去爱人家常经过蔡彩娟处，两人常通电话，蔡泽多也常向她讲起我的书，蔡彩娟父母及兄弟蔡行照蔡行光及夫家父母及子女我都有较好的往来，我也送她一本。她夏天回大园村旁的店前村与其爱人朱启良共建的房中居住，也常来大园。

蔡统兰说好几个人同他说我书写得好，写得真实，我想就是通过上述这些人中的某某人说的。既然本村不少人知道我写了这本书，蔡统兰要我给他一本，我也爽快地答应了。我书写的是真人真事，没有什么顾虑，且现在已不是阶级斗争的时代了。

我母亲多次向我讲起调解委员蔡莲芳（叔）办事公正。他在我母亲与土改后住进我家没收房的贫农新邻居为房屋使用纷争我母亲请他调解时，他面对这位欲占我家房的强势户说："地主也有管理权的！"这对常被人欺的我母亲来讲是久旱的雨露，非常可贵，非常难得。虽蔡莲芳（叔）已过世，其儿蔡金田我也认识，也是厚道人，还是乡干部。既然不少本村人已看了我书，有关传闻也不少，我想送一本给他，以表示对他父亲的敬意与感谢！公正是人心向往，调解也属司法工作，公正是司法生命，包文拯为什么至今还被人传颂，原因也在此。

引起村人注意的还有一个原因是我家住在本村东部的大园小学附近，住在村中部、西部、南部的小学生经过我家老房（进）、新房沿廊（出）再去学校，比绕道房外路上到学校近了许多，特别是下雨天过往的小学生更多。我母亲也给他们方便。因此大园村现在的中老年人多数都认识我母亲，认识这个每天忙个不停的女人，也有想从文字上再了解她一下。

通过蔡统兰的几句话，我真感到真实的力量，真实的无畏，真实是生命，只有真实才能经得起考验。

第九章　成功出版《中共的土改》

第一节　读者鼓励使我再版

《地主》一书出版后获得读者好评。但该书发行上有着很大局限，因是自费出版，不能办理由国家图书发行主管机关来发行的手续。因此。主要是赠送，赠送对象除友人、同事外，还有各地各级图书馆和学校，不能进到广大的民间中，影响有限。且各地图书馆（包括学校的）常要清理，像我这些"垃圾"图书可能寿命也不长。读者纷纷建议我到香港和国外出版。我本来就有此打算，现碰到意想不到的机遇先在国内出版，再放香港出版更好。因此，国内出版后不久，我就准备再在香港出版，并相应作了有关准备。

一. 准备书稿

修改原书稿。修改的幅度较大，章节亦有删增，去了原书第七章（土改后的农业生产）和第十章（民国时期的农村复兴运动），增加了第五章（暴力土改中乱划、乱斗、乱杀现象及其原因）；节也有删增。有的内容增删后章名和节名也作了改动，次序也有调整，字数有较大减少，从《地主》一书的约 67 万字减少到本书约 45 万字。修改后的目录为：

目　录

二、联系出版社

我想在香港出版《地主》一书，目的是把中共的土地改革运动真实地向世人展示，以史为鉴，希望在社会、在人类发展路上尽量少走弯路，尽量避免流血。因此，我选择的香港出版社，非但要在香港出书，并能在香港书店出售的出版社。我知我处有些人在香港出书，大都是买个书号，再放大陆印刷，挂上香港出版社名称，出版后赠送友人。其出版社大都是天马、银河出版社，书号费不贵，几百元即可。如陈文写的曾送给我一本的《大溪情怀》，戴向尚告诉我是陈文托他去邮局办理出版手续的，写了封信，寄了 600 元钱即可，钱还是夹在信中寄的，不久寄来书号。自己联系印刷。但我不能这样。非但不合我要求，且有风险，一般国内出版社是不能印香港出版社出版的书的。即使他们通过各种管道、各种方法印了，但我这本政治上敏感的书不可以，我也不想冒此风险。

我初始按网上资料联系了几家香港出版社，都未成功。

我在网上多次看到大陆去港的武宜三先生发表一些

文章，我在《地主》一书中曾收集他发表在《阿婆罗新闻网》上，就杨继绳先生对饿死三千多万人的大饥荒而写的《墓碑》一书，武宜三先生写了《读<墓碑中国六十年代大饥荒纪实>有感》一文，很想送一本《地主》给他，但苦于不知他地址，此次又碰到想在港出书的难题，我想找到他或许有办法。发信询问了好多朋友、学者、媒体出版机关负责人等，终有一位先生告诉了武宜三先生的电子邮箱号，这位先生似乎是应克复先生，但不很把握，我的计算机已排整多次，老计算机也更换了，也查不到。

这样，我立即同武宜三先生联系。他也及时地回复我，我们彼此开始了密切的往来。

第二节　一再受挫　信心不减

我首先按武宜三先生地址寄了一本《地主》给他，并发了修改后的书稿。不久他也回复我，说自己目前不在香港，并告知我台湾一家出版社可能会出版我的书，还告诉我其联系方式：秀威信息科技股份有限公司，社长：朱政坤先生，编辑：辛秉学先生，地址：台北市内湘区瑞光路 76 巷 65 号一楼 Matt@show we.com.tw

我接信后觉得现在两岸关系还较紧张，我是纯粹想出本书，不想卷入到当前政治旋涡中去，稍有不慎就会影响我书出版，为避免人为制造借口，犹豫了一下，没有及时回复。

　　后来武宜三先生又来信，知道我没及时回复总有原因，他又介绍了香港一家出版社：香港开放出版社，邮箱　704434055@qq.com 社长叶子女士。

　　随后我与叶子女士联系，并发去书稿。她看了书稿后回复说，书稿内容好，文笔通顺，表达清楚，可在本社出版。接着我们讨论了费用、字号、发行等细节问题，费用上尽量给我优惠。她还说出版社管出版（审校、排版、印刷），发行由另一单位办理。她说话诚恳、负责，语言斯文达理。

　　她还告诉我，出版后书店上架出售，一般一年为限。若一年内还未卖完，不能存放在书店内，要自己拿回，因香港的房租太贵。这就成了问题，香港的书不能带回内地的，否则海关要查扣。李锐女儿带了 10 多本李锐在香港出版的书回内地时被扣，至今还在纠葛。我想尽力避免此种事的发生。我把这情况与武宜三先生商量，他说卖不了的可放他家三个月，三个月后另作处理。

　　武宜山先生的确对我出书很关怀，对出版该书的重视。我的顾虑也少了一些。但三个月后怎么处理？我又想了很多。

　　（1）发往我在美国的女儿家里，叫她暂时保管，我在国内收集好外国图书馆地址，去那边探亲或请女儿代我邮寄赠送；我孙子也在美国工作，这都是处理我书的有利条件。

　　（2）到时我去香港住几天旅馆，在旅馆内邮寄赠送，我还问去过香港的人：香港一般旅馆价格多少？说 1500

元/天左右。

（3）我在浙大任教时同教研组的张飞鹏教授与我很要好，我去杭州时常去看望他。刚好有次去看望他时，他居住在香港的小姨子在他家探亲，我说下次可能托她为我办点事。张飞鹏问我什么事，我说等下次再说。我的事就是我书在香港上架一年后，未卖的书处理问题。

我是准备在香港开放出版社再版的。

但没过几天临海市公安局打电话找我，要约见我。我告诉他地址后两民警找上门，转弯抹角地问我是否写了一本书。我说是的。又问我是否可给他们看看。我说身边没有，新华书店和汽车站书店有卖（其实我身边有的）。还问我是否想在香港再版，我说有这个想法。又问我老家住那儿，退休前在那里工作，等等。我知道我与香港在网上联系再版事已被他们发现订上我了。

过了几天，那位民警又打电话来，说在香港出书要经过批准。我对此话不很相信，认为有意卡我。不过我那时正忙于修订第三版《石材大全》，中断一下也好。于是又给武宣三、开放出版社去信，但不能直说，而说我写的另一本书现在催着要出版，很忙，要在你处出版的书书稿还要加工，只好过些时候再联系，实际也是这样。内心上似有对他们不起，但也只能这样。这是2017年初夏之事。

过了几个月后，我老家蔡显强找我给他写起诉状，状告临海市天主教教堂只管收大园天主堂出租房租金，不补偿他以前扶养大园村天主教堂周神父 16 年的生活费问题。他说这问题临海市宗教局、临海市公安局以前曾参加调解过，为了了解详细情况，他带我去公安局再向当时参予调解的人了解情况。他还告诉我，公安局参加调解的是我们大园村的本村人蔡宏军。因我长期在外，我村又大，对年轻人大部分不认识，蔡显强说的在公安局工作的大园人我没有引起重视。

我们到公安局后，找到那位我村来的蔡宏军。因我们彼此都第一次碰面，蔡显强向他介绍了我，说这是我们本村人（蔡）行来。他听后一惊。等蔡显强的事谈毕后，他问我你有没有书要在香港出版？我说有此想法。他说上次我们两个民警找你谈话，他们回来后向我汇报，说你也是上乡人，80多岁了脑子还很清爽，说话、回答都恰到好处。我们彼此交谈一番后准备离开时，他最后强调一句："你要在香港出书要经过批准的。"看来他们早已研究过我要在香港出书的事，指示他办理。他对我一再说这句话，也有关照、好心的因素，我不好意思对着他，与他顶撞，只能搁一搁再说。

过几天后，我送了两本《地主》给他们，到了蔡宏军办公室，对他说，一本给你，另一本给两民警。

2018年夏，我第三版《石材大全》进厂印刷，又想起《地主》一书再版事。那时我有时间再恢复这一工作，一方面再修改修饰稿件，另一方面与原来出版社联再版。出版社主编邹海洋先生很快用微信给我作了答复："蔡老师您好，目前政策卡得严，这类书不让出版了。"过了些时候，他又来信："你也最好不要再印，以免惹来麻烦。"

我想，干任何事都会有麻烦，我是在麻烦中过来的，甚至你不麻烦他，他要麻烦你。邹主编同我讲这话是关照我，是好心，我们有微信，平时也有来往，但我不会完全听他的。

我对再版该书继续进展下去，除修改书稿外，对临海公安局要我报批这句话，我认为是有意卡我，目的是不给我去香港出版，以免对中共带来不好影响，实则不一定有此规定。杨继绳等学者在香港出版了不少有影响的书，我想不是经过政府审批后在港出版的。为验证我的看法，我向有关在香港出过书的人了解情况。

上述提到陈文在香港天马出版社出版了他写的《大溪情坏》（陈文老家在温岭大溪，1947 年在当地参加"地下"共产党，中共建政后任大溪区区委书记）一书，因当时陈文已中风失语，我去找常来陈文家的戴向尚，问他陈文这本书怎么出版的，戴向尚才向我说该书出版手续是他替陈文办的，写封信，寄去 600 元书号费就是了，没有另外手续，更没有审批这一关。我这次特地去戴向尚办公室找他，目的是验证公安局对我的交代，如果我书果真在香港出版，公安局要处理我时，我可用此对付。还有：

黄岩区张士雄曾送我他写的《颠倒了的审判》（他坐了七年牢房而写这本书），我知也是在香港天马出版社出版，我看后不知丢在什么地方找不到了，特地向他再要来一本，张士雄也说没有要报送当地政府审批的，并把天马出版社办理的有关手续全部复印来寄给我，包括向天马出版公司付 600 元出版费的正式收据(No 53086)日期 25/01/2010, 委托印刷单, 社长蓝海文签名盖章及跨省印刷证明书和版权页内容等,没有内地的公安局、文化局、新闻出版局等任何审批手续。

我还托周庭秋再为我了解有关去香港出书的情况。

临海章一菲在香港天马出版社也出了她写的《偷闲集》一书,是多年前送给我。但我与她平时没有联系,不知她在何处。有次在图书馆看到 2020 年专题演讲会安排上有她主讲的场次,我得这一信息后找到她,问她在香港出书办什么手续,他说,发信寄钱即可,不需什么另外手续。

临海台州学院是写书人较集中的地方,我还托台州学院胡正武老师代我了解这方面情况。

不过这些资料不足以完全证明政府没有这一规定,可能他们没按规定办,因不涉及政治问题,政府有关部门也没追究而已。现公安部门已明白告诉我,我还公然抗拒,性质严重。因此,我还要进一步了解情况。

我在宁波市退休,户口还在宁波市,在宁波市还有住所,要办理什么审批手续还得向宁波市有关部门办。我编写的《石材大全》部分存放在我宁波家里,要从火车上外运销售时,须在单位打证明再到宁波市新闻出版局审批盖章,才可到火车站行李房根据审批条子能办理托运。这一举措听说是上一世纪 90 年代为遏制法轮功运寄宣传资料而设。我在 90 年代末和 21 世纪初推销《石材大全》也遇到这一情况,在单位打来该书要求去火车站托运证明，再到新闻出版局审批。除宁波外，在杭州、上海、武汉等地也需要这一手续。但以后外地的城市大都取消了，唯有宁波还坚持下来，可见宁波执行上级指示是较严的城市。新闻出版局是直接管理出版工作的行政机构，去香港出书，如要审批也应由他们批。我为了解（验证）出版部门就去香港出书有没有需要审批的规定，在我单位打了有两箱《石材大全》要从火车外运的证明，去宁波市新闻出版局审批。全文如下。

宁波市文广新闻出版局：

　　我单位退休职工蔡行来等编写的《石材大全》一书，现要经火车站托运到外地，请予批准办理。

浙江省水文地质工程地质大队

2019年1月24日（单位章印）

　　我当日下午去了宁波市文广新闻出版局，与其工作人员交谈后，在该申请报告反面我写了以下文字留存，以备以后法院就此事审判我或公安局处理我时，我可拿出来作辩护用。全文如下：

　　2019年1月24日下午1点25分，宁波市文广新闻出版局新闻出版处留守处张同志（40多岁、男、戴眼镜）接待我。他说，宁波市文广新闻局搬到东部新城去办公，公章在那边，这里没有章，你要去那边盖章。电话号是89181304。

　　我附带再问：放香港出版社出书，要在你们这里办什么手续？

他说，我们这里没有什么手续要办，你去那边（香港）办即可。

（2019 年 1 月 24 日下午记）

这样我更放心些，更加有信心出这本书，我打算还是在香港出版，即使有风险也不在乎。

此前这一期间，我对文稿还作些修饰、补充，主要是第七章（地主是农村中的精英还是应该被打倒阶级敌人）增加了第九节：《蔡荷芳蔡行俊父子命运的思考》。

蔡荷芳在土改时是我村土地最多的地主，但他辛勤耕作，并酿酒出售，家雇有长工，还任过保长。土改时没收房屋和土地外，还受到残酷的批斗，土改后处以劳动改造，吃尽苦头。

蔡行俊是其长子，生于 1941 年，土改后家里人多生活困难，他做小生意度日。先是从路桥镇批发来草席，肩挑零卖。卖草席毕竟有季节性，后改为卖布，布也是从路桥镇批发来，穿村落市。1968 年自己从事木制织布机织布，直接零卖，减少中间环节，利润更高些。但政府说他办地下工厂，走资本主义道路，没收设备，生活又陷入困境。后来，他朋友做贩卖生活卖票证生意，他给朋友提供票源（布票、粮票），对方事发，他也被抓，说他投机倒把，破坏计划经济秩序，判刑十年，经他多次申诉减刑一年。1981 年出狱。

蔡行俊出狱后，刚好赶上改革开放。他重操旧业，办工厂。先办酒厂，后来办医疗器材厂（一次输液器），1995 年后办主要供出口用的工艺品厂，雇用本村近百个工人。村人说他财产有占全村 700 户人家的一半，这当然无处可查，也难以相信。但从他有占地 10 亩的多座厂房，本村还有住房，临海城关又有多座住房出租（他对我说年租金有 10 多万元），还有一辆宝马车，属全村首富是肯定的。他非但首富，且还任过两届民选村长，是中共党员，临海市人大代表，是位红色资本家。

这父子俩走过的新旧社会历程，是马克思主义在中国的成功，还是在中国的失败？但都是在共产党领下，且是千百万人头落地、几千万人饿死后的结果，应好好总结，目的为汲取教训，以史为鉴，少走弯路，使社会更加顺利发展。因此，我补充了这一节。

这一节内容，主要是从他父子俩的历程来说明以下五个问题，用小标题分述：

1. 关于地主子女现今生活大都较好问题。

富裕的家庭一般家庭教育都较好，有文化，多数会刻苦、自觉、进取。

2. 关于蔡行俊在改革开放前受到打击问题。

如果改革开放提早 10 年，他不会坐牢，引起贩卖生活票证，起因是国家没有做到满足人需要，改革开放后，土地返还农民自耕，副食品供应充足，就没有卖票证的现象，如有，至多没收了事，不会判刑。如果改革开放提早 20 年，他办的织布厂设备不会被没收，因国家鼓励发展私营企业。如果改革开放提早 30 年，工商业不必社会主义改造，不会"公私合营"，因"私营经济是社会主义市场经济的重要组成部分"。其意义在于：假如改革开放提早 40 年（即国共内战时中共就预料到 40 年后要走这条道路），三年多中双方死伤几百万的内战也没有必要打了。走民主、议会道路解决领导权问题不是对国家、对人民更有好处吗？如果这样，也许几十万或几百万地主的人头不会落地，几千万农民不会饿死。确是历史教训。

3. 关于资本家成了共产党员问题。

资本家是社会化大生产的组织者，投资风险的承担者，生产经营的管理者，国内外市场的开拓者。蔡行俊带领村民富裕，是社会精英，蔡行俊"是中国人民和中华民族先锋队"一员。按此，蔡荷芳、王梅花也是社会精英，也可能是共产党员。

4. 关于阶级、阶级斗争问题。

无数事实说明，阶级是政治家为了打倒政敌，争天下，争利益，人为制造出来加罪于对方的借口。阶级斗争是实现和巩固他争天下、争利益的手段。

5. 关于现今我国是什么主义问题。

马克思主义按生产资料的占有界定其社会形态。现在我国回到土改前的个体耕种，私人可办厂、办交通。2018 年的宪法规定生产数据所有为：全民所有制、劳动群众集体所有制、个体经济、私营经济。且私营经济早已超出"半壁江山"。因此其经济结构与建国初的新民主主义时的结构一样。按我国 1954 年制定的第一部宪法，建国初期的新民主主义要向社会主义过渡，当时还不是社会主义，而属于资本主义社会。因此，我国现在是资本主义社会。由于一党专政，不是资本主义国家的多党竞争制，因此，也可说有特色的资本主义。

第三节　学者应克复写《序言》

我写的《地主》一书是记事体，回忆录，主要是叙事，故在我母亲这一章里，讲了很多她从事多种副业的操作经过和开店、酿酒流程，一方面是回忆，另一方面从细琐平凡的小事显得其真实。再从这些许多细节中连贯起来，我母亲确是一位勤劳、贤惠、开拓、敢闯敢干的农村妇女，是社会精英，与不劳而获的地主老爷根本沾不上边。但这个结论要在大量事实的基础上才能得出，且最好不要我下结论，让读者下结论，这是我最初的出发点。

土改是一场政治运动，涉及全国千家万户，几十万、几百万个人头落地，要客观评价，我不能仅以我母亲一人的情况以偏盖全，所以搜集、介绍了较多地主情况，以更公正更客观地反映这场运动。在其介绍中也以叙事为主。

要评价这场运动的好坏，正确与错误，还要看其后果，因此又写了"土改后的农业生产"和"实践是检验真理的唯一标准"。这两章本来都是土改后的实践，但土改后的农业生产涉及面大、影响深，后果严重，饿死了几千万人，应重点介绍，专立一章。这两章虽有些分析探讨，但也以叙事为多，分析探讨也很肤浅，且常借人家文章来下结论。

　　虽出版后反映较好，评价较高，但也知其中不足，原来就是一本简单的回忆录，现又准备到香港出版，中共的土改是个大题目，《白毛女》《刘文彩收租院》《半夜鸡叫》《红色娘子军》等名作风靡全球，我要拿这本书去抗衡、去挑战，甚至涉及共产主义运动前途和人类命运，非有一定说服力和后盾不可，也为了增加国际评价的筹码和扩大影响；再者，我花了这么多精力、心血和代价，还背上很大风险，书稿质量也应尽量精益求精，以至完美无缺。但我个人能力、学识有限，社会科学又是门外汉，要出的书能达到一定水平，也需有人提携、指导、提高。因此，想请有高水平的学者给我修改。

　　我写了几本书，除第一本《石材大全》（当时称《装饰石材实用大全》）外，都没有请人家写序言。我认为请人家写序言很麻烦、花时间、耗精力，作用也不一定大。如第一本《石材大全》的序言是请当时的浙江省地质矿产厅厅长汤文权写的，他是我在区域地质调查大队时同一办公室工作，他现在是厅长，请他写序言一方面怀念旧情，另一方面也想扩大些影响。我同他联系时，他说可以，但要我起个草，他过目一下，是否需要修改润色，看情况而定。为此，从征求他意见到稿子过目后我去取回，我去了杭州5-6次，花了不少精力。我向来很忙碌，用时间精打细算，这个序言有多大作用也很难说。因此，我以后出书，包括《地主》就没请人写序言。我现在这本《中共的土改》就不一样了，读者把我推到风口浪尖上，我要力求完美，要找人写序言，找人给我修改、提高。

我要找哪位能帮助我修改、提高的人，翻来覆去考虑，只有找应克复研究员。我对他的文笔、才学、观点都很敬佩，说理中肯、透彻，观点鲜明，且公正、有力，他学识渊博，无畏无惧，看了后赏心悦目，回味无穷。我在书中引用他不少文章有关内容，我书在醒目的前言中也有他语气平和说理有力的文句，我书出版后又寄来热情洋溢的回信，对我书也有好印象，我们的观点也很吻合，有共同点。请他写序言，既然他同意，必会看我书稿，会修改我书稿，其次是写序言。因一般的序言仅1-2 页，说一些套话而已，我不抱多大希望对我书有多大影响。

2019 年 1 月 25 日我宁波回来后，决定还要争取在香港出版后不久，就把书稿寄给应克复研究员，请他为我写个序言，并希望能对书稿提出意见和给予修改。且他早已看了我的书，不会化他很多时间。

5 月，应先生告之我序言已写好，稿件己修改，字数最好不超过 40 万字，否则会把读者"赶跑"，我原稿有67 万字，所以作了较多删改。才知他足足化了他 4 个月时间。

我与应先生从未谋面，趁此机会去南京拜见他，当面表示感谢！稿件亲自去取也较安全，我于 6 月 4 日去南京，5 日拜见应先生，交谈一会后取来序言和修改稿。我回临海后看了序言和修改稿。非但稿子作了修改、补充、删除，序言写得很有说服力，我很满意。兴奋之余我还给有关同学友人看，他们对这个《序言》评价也很高，大加称赞，连连说不错不错！

接着我给香港武宜三先生从电子邮箱发了一信，说"我承担的第三版《石材大全》已出版，现稍空，不知你近况如何？有便请复！"如有回复，为避免信箱中往来发生意外，我准备去香港一走，当面商定出版事谊。但未回复，更不知武宜三先生近况。

接着香港发生动乱，我想在香港出版的联系工作也只好中止。只好等待时机再说。出版该书工作也停下来。

附：应克复先生为本书写的序言

序

一

中共的暴力土改，以 1926-1927 年开端。在中共历史上，1927-1937 年的十年称"土地革命战争时期"。抗日战争时期的 1937-1945 年因国共第二次合作，共产党管辖地区由没收地主土地的革命路线改变为减租减息政策。1947-1949 三年内战时期，共产党管辖的东北、西北、华北地区又恢复暴力土改。1949 年 10 月中共在大陆建政，1950-1952 年中共政权所到之处再次开展了轰轰烈烈的暴力土地改革运动。

从 1926 至 1952 年的 27 年中，除抗日战争时期由于实行国共合作，中共暂时放弃暴力土地革命，其他时期均实行暴力土革和暴力土改。由此可见，中共在夺取政权的过程中始终与暴力土革和暴力土改相伴。暴力土革和暴力土改中，中共不仅用暴力剥夺地主的土地和其他财产，还用暴力打击和消灭地主阶级。这里所说的"消灭"，一是枪决，二是虐杀，即在斗争会上活活斗死或逼死地主分子，其状极为惨烈！学者的估算，1947 至 1952 年的暴力土改中被划为地、富分子的共三千余万，被处死、斗死、逼死的计 200 余万。可见，暴力土改堪称是以后历次政治运动浩劫的血腥开场。

　　1949 年前后六年间在中国大陆进行的暴风骤雨般的暴力土改运动距今已有 70 余年的历史了，这段血腥的历史不但为今天的中年、青年人所不知，就是在学者的视野中也成了一个被遗忘的角落。在全国范围内，恐怕至今没有召开过一次有关土改的学术会议，来客观地讨论土改的是是非非。历史的尘埃难道真的覆盖了这一页难以启齿的事实？

　　虽然自上世纪 90 年代以来，涉及暴力土改这一主题的一些文字数据开始以不同侧面展现在国人面前，但远不如"反右""文革"那样早已成为一门显学，其文字的积累，汗牛充栋。在这种背景下，蔡行来先生的专著《中共的土改》就显得尤为珍贵。该书以翔实的数据，全方位的视角，不但追忆了自己的家庭、自己的家乡在土改中的经历，描述了全国土改的概况，初步分析了地主是阶级敌人还是农村中的精

英的重大问题，还揭示了暴力土改中所普遍出现的"三乱现象——是"乱划"，二是"乱斗"，三是"乱杀"，集中说明暴力土改的无道和无法，是对中华文明一次严重的破坏。这个问题涉及中共的暴力土改是应当加以肯定还是应当予以否定的大问题，深层次的问题还涉及对中共的政权的评价。如此看来，对土改的研究是一门大学问。

问题既然提了出来，那么，由此引起的讨论与争鸣恐怕会由此逐渐兴起，这个沉睡了一个多甲子年的大冤案是应当见见天日了！虽然在 1980 年，贤德和充满仁爱情怀的胡耀邦以大智大勇的历史担当，为地、富、资分子平了反，摘了帽；但在法理上说明暴力土改是一场绞杀文明与进步的罪恶，至今无人深入地加以梳理。

还要告诉读者，本书作者蔡行来先生并不是一位理论研究的学者。他 1961 年毕业于南京大学，专业是地质学。毕业后在浙江大学执教。1965 年调至浙江省地质矿产厅，一直从事地矿专业工作。1993 年退休后从事《石材大全》的编写、出版工作，长达二十年之久。直到 80 高龄的耄耋之年才撰写了这本《中共的土改》。该书的前身是《地主》，2015 年由黄河出版社出版，经几年修订，方成此书，再向社会推出。这样，蔡先生写出了两本"全书"，一本是《石材大全》，一本是土改全书——《中共的土改》，先后贡献给社会。一位高龄老者，能有此担当，实属不易。

<h2 style="text-align:center">二</h2>

关于暴力土改，在学术上值得探讨的是否有以下两个问题。

第一个问题，就是前面提出的，中共革命的过程为什么总是与暴力土改相伴？

1920 年中共成立到 1927 年国共合作破裂，此时期中共史书称"第一次国内革命战争时期"。中共承认，第一次国内革命战争失败了。那么，此时期中共的革命做了些什么？做了两件事：一是搞农民运动，"打土豪，分田地"；二是城市暴动，在上海举行三次武装起义（1926 年 10 月，1927 年 2 月，1927 年 3 月），成立了中国共产党领导的上海临时市政府（仅存在 24 天）。可此时正是蒋介石举军北伐之际。北伐是孙中山的遗愿，目的是结束军阀割据的乱局，实现中国的统一，重建民国，此乃人心所向，包括中共也是举双手赞成的。可中共此时另搞一套——搞农民运动和在上海搞武装起义，都严重地干扰了北伐战争，甚至可以说与北伐的目的是背道而驰的。请问：你中共在上海这个中国最大的工商业城市成立临时市政府，不是与国民党争夺"领导权"、分庭对抗吗？难道能让旧军阀尚未平定、又产生新的割据局面吗？这就是 1927 年 4 月 12 日蒋介石断然发动"清党"和汪精卫"分共"的背景。如果不清除革命队伍中的分裂势力，北伐就可能受挫，中国将继续陷入乱局之灾。

值得注意的是，这时期正是国共合作时期。在国共合作中，中共提出了"领导权"问题。中共的意思就是共产党应当领导国民党，领导革命全局；推而言之，革命成功之后，共产党应当"坐天下"，掌握国家政权。正如邓中夏说："我们对于国民革命，即为了取得政权而参加的"。到了第二次国共合作时期，毛泽东再次强调"领导权"的问题。可见，所谓"国共合作"实际上是两党斗争的另一种形式。

我们应当承认，国共两党的斗争贯穿于中共革命的全过程，即从 1921 年直到 1949 年。那么，中共的革命对像是什么呢？中共的宣传说辞是帝国主义和封建主义，可实际上是国民党。为什么？因为国民党掌握着国家政权。须知，共产革命的全部目的，就是为了夺取这个国家的政权，为中共一党所有所享。这个目的直到 1949 年终于实现了。

可是，20 年代共产党要取代国民党，条件不具备。倒不仅仅是因为共产党那时还很弱小，主要是尚不存在推翻国民党的革命时机。什么是革命时机？就是统治者与被统治者矛盾的尖锐化，以致统治者的统治已四面楚歌、摇摇欲坠。借用列宁的话，就是统治者不能照旧统治下去了，被统治者不能照旧生活下去了。中国历史上的农民起义就是在这种情况下爆发的。辛亥革命也是在这种历史背景下发生的。

那么，北伐之后重建民国的国民党的情况怎么样呢？总的来说，这个政权大体实现了国家的统一。如冯玉祥、阎锡山、李宗仁、白崇禧几个大派系都与蒋达成了妥协，张学良在1928年底亦宣布"服从国民政府，改易旗帜"。可见，民国政府重建此乃众望所归。此后十年（1927-1937）经济发展喜人，史称"黄金十年"。言论比较自由，民间报刊与社团如雨后春笋，文化与教育事业的发展出现了一个繁荣期；近十几年人们都在怀念那个时期的成就，可以说出现了一个"民国热"。在这种情况下，共产党企图通过城市暴动来动摇国民党政权，显然是不现实的。

共产党在城市暴动的失败，只能转移到农村，以求生存和发展。1927年中共的"八七"会议确立了土地革命和武装斗争的方针，这次会议虽只开了一天，却实现了革命战略的转移。此后中共便在农村安营扎寨，开始了新的革命生涯。

此时期毛泽东提出了工农武装割据的思想，阐明了红色政权为什么能长期存在。这个思想把武装斗争、土地革命和建立红色政权三者结合起来，完善了"八七"会议所确定的道路。这条道路就是中共一直宣扬的"从农村包围城市、最后夺取全国政权"的道路。

中共在农村要站住脚、搞武装斗争，必要条件是要保障物资供给，要有充裕的兵源；要解决这两大问题，只能有赖于土地革命。这是武装斗争和土地革命的内在逻辑。土地革命就是革地主的命。它没收地主土地，分予农民。它激化地主与农民的矛盾，迫使大批农民以共产党为靠山，加入红军，与共产党共沉浮。土地革命确是中共的一个创造。没听说中国历次农民起义搞过土地革命的。辛亥革命也没有进行土地革命（虽然"平均地权"是孙中山的一个重要思想）。这是什么原因？原因是这些起义和革命，都是在社会矛盾尖锐化、革命能量已有相当积累的情况下发生的。中共的革命则不然。它要推翻的政权建立不久，有着良好的社会基础，合法性和正当性为社会上下所公认，你凭什么要推翻它、取代它？所以中共企图通过城市暴动建立政权的尝试失败后只能退据农村，此后实际上进入了一个革命准备时期，或者说，是夺取政权的准备时期。

可是，这个准备时期要多久？即红旗要打多久？十年土地革命时期中共的处境是，外部有蒋介石屡次武装清剿，内部根据地物质资源有限，最后枯竭，经济难以长期支撑。到 1933 年已陷于"山穷水尽"（舒同语）之困境；是故，1934 年红军不得不撤离江西，长征北上。由此看来，土地革命不是万全之策、久远之计。经过两年艰苦跋涉，红军到达陕北时由 30 万锐减为 3 万，大受损失。这也可认为是"土地革命"的失败。此时蒋介石督张学良剿共灭共。如果没有日军大举侵华的背景，如果没有张学良、杨虎城发动"西安事变"，中共及其少量红军真是危在旦夕！西安事变促使国共联合抗日，中共又获生机。可以说，这一事变挽救了革命，挽救了党。张学良对中共大大地有功。

凭借抗战八年，中共军事力量和共管区（解放区）都获得重大发展，储备了与国民党武力抗衡的底气了。抗战胜利后国共谈判破裂，1947 年内战全面爆发，其根本原因,是此时的共产党有了与国民党武力抗衡的底气。此时不夺权,更待何时?!与此同时,中共重操旧业,暴力土改再次出台,并大显威力,为中共在内战中取胜写上浓彩重墨的一笔。

第二个问题,如何评价暴力土改?该不该消灭地主经济?

"耕者有其田"是中国农民的千年期盼。孙中山领导的民主革命一开始就把这一目标立为革命的一个纲领——"驱除鞑虏,恢复中华,建立民国,平均地权。"

关于"平均地权",根据孙中山的思想,在《国民党第一次全国代表大会宣言》(1924年2月)中的解释是:"私人所有土地,由地主估价呈报政府,国家就价征税,并于必要时依价收买之";"农民之缺乏田地沦为佃户者,国家当给以土地,资其耕作"。可见,国民党是以和平、非暴力的方式来解决土地问题的。以这种方式解决土地问题的重要前提是,承认并尊重地主对于土地的合法所有权,故政府根据地主对土地的报价征税或收买之,给予缺乏田地的农民耕种。以这种方式解决土地问题的重要原因是,国民党不图谋以土地问题作为造反起家的资本,从中获得政党自身的私利,如驱使无地农民对革命的拥护和支持,而纯粹为了帮助农民解决"耕者有其田"的问题。

遗憾的是,孙中山和蒋介石所处时期,内忧外患不断,战火彼伏此起,都没有机会实施其土地纲领。

中共的土地改革和土地革命,与国民党的"平均地权"的方针完全相反。

基本问题，一是根本不承认地主对于土地的合法所有权，因此无偿地加以剥夺之；二是除了剥夺其土地和财产之外，还以十分野蛮的方式消灭这个农村的精英群体：肉体上的戕害，精神上的打击，人格上的凌辱；土改后这个族群还长期沦为专政对象，包括其子女们成为社会的异类，受到歧视和各种排斥。

无法理解的是，你中共为了解决土地问题，无偿地剥夺地主的土地不就可以了，为什么还要以十分血腥的手段，在肉体、精神和人格上恣意地迫害这个阶级呢？反剥削、反压迫不是你这个政党的旗帜吗？

这应当从中共的文化基因作出解释。

中共的文化基因是什么呢？有国产的，有进口的。

国产的是帝王文化，主要是秦始皇创立的以皇权专制为核心的中央集权制。这个文化传统延续统治中国两千余年，直到毛泽东变本加厉。嬴政以暴力统一中国，以暴力统治中国，在文化上搞焚书坑儒。这个暴力为纲深得毛的赞赏，不过，毛还嫌其暴力得不够。1958 年他就搞了反右斗争，迫害了上百万知识分子，并狂言："秦始皇算什么，我们超过秦始皇一百倍。"除了帝王文化，毛泽东还散发着痞子文化，即游民文化。无论是土地革命和土地改革，还是他晚年的文化大革命，都是依靠一批痞子冲锋陷阵的。

进口的是马克思列宁主义。列宁很崇尚暴力，就不说了。马克思的开篇之作《共产党宣言》，对中共对毛泽东之辈的影响很大，通篇散发着火药味：如暴力、剥夺、斗争、推翻、批判、消灭、决裂、专政……难怪毛泽东说："马克思主义的道理千头万绪，归根结蒂一句话：造反有理。"

毛泽东酷爱暴力，在他看来，暴力就是革命，革命就是暴力。他说："革命的中心任务和最高形式，是武装夺取政权，是战争解决问题。" 毛泽东还痴迷斗争。年轻时就说，与天斗其乐无穷，与地斗其乐无穷，与人斗其乐无穷。执政后以政治运动为纲，不断地煽动一部分人整另一部分人，搞得国将不国，天怒人怨。毛夺取政权前夕说："我们不但善于破坏一个旧世界，还将善于建设一个新世界。" 破坏旧世界做到了；建设一个新世界，不但交了白卷，还交了错卷和罪卷。

由此看来，土改中如此残忍地虐杀地主就不奇怪了。

那么，为什么要消灭地主阶级呢？

中共的理由是两条，第一，地主是封建主义的；第二，地主的土地等财产是剥削所获。

先说地主是封建主义的。

"封建主义"是中共的一个革命对象，将地主与封建主义挂钩，所谓"封建地主"，地主就成了革命对象了。这是毛泽东和中共的逻辑。

这里，毛泽东的第一个错误，是将周秦以来的历史误认为封建社会的历史。他说："自周秦以来，中国是一个封建社会。"又说："这个封建制度自周秦以来一直延续了三千多年左右。"这就是周秦以来"三千年封建说"。毛泽东还认为，到了近代，由于西方国家入侵，中国变成了一个半封建半殖民地的国家。

　　毛泽东这个错误的史学观对中国学界知识界乃至普通中国人产生了严重的误导。事实是，中国的封建社会自秦始皇以武力统一中国、"废封建、立郡县"后，已被中央集权制的皇权专制社会所取代了。西周是周天子为共主的封建邦国——周天子将土地分封给各地诸侯，所谓"封土建国"，各诸侯国独立自治，周王室只要求其承担贡赋义务而不干涉其国家政务。而在秦政制下，再不存在独立的邦国，中央集权制下，政令统一，皇帝派遣大员直接统管全国各地，一切要听令于中央。中国从此进入了一个皇权专制社会了。这是国家权力结构和政治制度的重大变化，怎么能与封建主义混为一谈？！

　　毛泽东难道不懂得这个史学常识吗？再说，毛是辛亥革命过来人。辛亥革命推翻的是皇权专制，并奠基民国，伸张民权，根本没有提"反封建"的口号。可毛泽东的"新民主主义革命"却反封建主义而不反皇权专制，掩盖了民主主义革命真正目标。毛泽东为什么要这样做？原来他有深深的帝王情结和梦想。不反皇权专制为以后成为秦皇汉武那样的一代霸主埋下了伏笔。1949年毛氏政权名为"共和"实是现代版的"皇权"再现，确证了毛泽东的初心。以后毛泽东多次自供："我也是秦始皇，""我就是马克思加秦始皇"。

　　那么，现实的中国社会"封建主义"在哪里？封地或土地世袭的封建制度，两千多年前就结束了。毛泽东硬将封建主义的标签贴到地主阶级头上，这是更大的错误了。地主拥有的土地是自家的私产，根本不是皇家赐封的。再说，封建是一种国家制度，地主仅是代表一种生产关系。无论如何封建的帽子扣不到地主的头上。

我们再来看看，地主的财产是剥削来的吗？

本书作者的母亲王梅花在土改中被划为地主。1944年1月其夫去世。她是一个小脚女人，文盲，普通的农村妇女。她每天起早摸黑，绣花、纺纱、做鞋、养母猪、养蚕、做挂面，还酿酒、开店做小生意。农、副、商，全部经营。十分能干，十分勤快，十分节俭。积累起来的财富就买地、建房。至1949年家有土地22亩（其中由她经手买了18亩），又有楼房六间半。按照共产党的标准，是够格的地主分子了。但王梅花绝不承认这些财产是剥削所获，她一再为自己辩护，说这些财产是自己多年辛勤劳动一点一滴积攒起来的。她晚年常说："自己一世做了三世活。" 村里人对她的评价是：她"一个人能抵十个长工"。土改时土地、房屋被没收，邻居们常议论：如此辛苦挣来的财产被没收，是罪过。

土改批判会上说她做生意是剥削，放债是剥削，她反驳说："你不开店他不开店，哪里去买东西？你不买我店东西我不强迫你买，你不借我的钱、谷，我不强迫你借，剥你什么削？"

在思想改造的"学习"中，王梅花也总是唱反调、顶嘴，以示不服，因此常被罚站。全村10多个地主中，她是最硬的。

　　王梅花是农村妇女中的佼佼者，是勤劳发家致富的典型。如果要在临海县评出一个劳模，非王梅花莫属。本书作者蔡行来在他的眼中，王梅花是一位平凡而伟大的母亲，故撰写此书以资纪念自己的生母。在共产党统治下，王梅花却成了被打倒、被侮辱、被专政的对象，30年无出头之日。这个社会公理何在？

　　什么叫出身好？什么叫出身不好？1949年以来，七十年了，一直是颠倒的。地主、富农、资本家的富有家庭出身的人，就是好出身，可却说出身不好。现在难道还不该拨乱反正？那种出身既无财产、又无文化的家庭才是出身不好呢！共产党专政硬是把社会精英打下去，以民粹分子取代之。这就是野蛮战胜文明。社会能不倒退吗？

<h2 style="text-align:center">三</h2>

　　对于中共的土改，有一位重要人物亟待一提。此人自中共执政以来一直被淹没的。今天的中国人知道他的太难得了。

　　他叫董时进，1900年生于重庆垫江县。1924年赴美留学，获康奈尔大学农业经济学博士学位。回国后任国立北京大学农学院教授、主任、院长等职。1945年中国民主同盟召开第一次全国代表大会被选为中央委员。会议提出"废除封建土地所有制，实行土地国有"为民盟政纲之一。董不同意该主张，遂退出民盟。1947年5月成立中国农民党，主张培养农民的政治能力，成为国家主人，反对土改。1949年6月接受中共意见停止党务活动。

1949年12月，董时进上书毛泽东等中共要人，劝阻土改。

信中主要意见我对其归纳如下：

第一，中国的地主不具有封建性。中国不像欧洲中世纪一些国家的贵族，几乎垄断了土地，像一个一个的小国家，这些土地是世袭的，不能自由分割买卖，一代一代地传袭下去，土地上的农民也没有迁徙的自由，必须世世代代在同一地主采邑之下受奴役。中国的情形迥乎不同。土地是可以自由买卖的，租田是自由契约行为，地主也不是世袭的贵族，任何贫民阶级和贫苦出身的人都可以成为地主。真找不出中国的土地制度和中国一般的地主富农的封建性在什么地方。

第二，乡下土生土长的富农，即一些土财主，他们的财产多半是由辛苦经营和节省积蓄下来的。说他们靠剥削起家，则不足信。就此，他举了几例。

一个原是贫农出身，三十年来用他的血汗钱陆续买了共120多亩地，现在要分给当地的游堕分子了，自己分到不满十亩。他愤愤地说："我们年年日日冒风雨暑热在地里做活的时候，这些人出入茶馆酒店，游手好闲，吃穷用穷了，还说被我们剥削，要分我们的地。"一气之下，他到城里来踏三轮车了。

有一个老奶妈，二十多年的积蓄，零零星星地买了二十多亩地，连原先共有三十余亩。原以为辛苦半生，可以回家养老，结果大部分分给别人了，自己仅得三亩。二十多年的苦工积蓄，全化为乌有。

董有一家亲戚，弟兄三人，二十多年前分了家，各分得田地七八十亩。老大务农兼做小买卖，生活极其俭朴，将积蓄又添买了五六十亩地。老二嗜赌兼吃鸦片，分家后没几年就将土地卖光。老三将全部土地卖掉，在城里做买卖，发了财，有房产，有不少现款和货物。现在老大的田地要分出去。老二可以分田进来。老三最有钱，但他的财产在城里，不致遭受损失。老二笑了，老大哭了。

所以，董时进说："地主富农之所以成为地主富农，除少数特殊情况外，大多数是因为他们能力较强，工作较勤，花费较省。这即是说，地主富农多半是社会上的优秀分子，是促进社会进步的动力，是国家所应当保护和奖励的。"

第三，新民主主义规定要联合小资产阶级。中国的小资产阶级无疑是以乡间的中小地主及富农为主要成分，除去他们之外，殆无所谓的小资产阶级。现在对于城市的大资产阶级尚不没收其土地及财产，却把地主富农当作敌人，与新民主主义宗旨完全背离。

第四，新民主主义不是还要更进一步转变为社会主义吗？耕者有其田的制度不是还要转进到土地社会化和农业集体化吗？那么，何必多此分地一举呢？现在像割肉似地将土地从地主和富农身上割下来，已经使他们很疼了，割下来分给农民之后，不久又要从他们和大家身上再割下来，那困难恐怕更多了。假如现在不分，待将来真要实行社会主义时，直接把土地连同他种地的生产工具一齐社会化，岂不更省事？

第五，董对于中共社会主义的计划，在别的著作中有以下惊人预言：这个政权巩固之后，这个党就会将农民的土地收回，建立集体农庄，将粮食大量交给政府，农民被整体奴役，然后会出现很多问题，会饿死人，最后，"他们还是放弃，回到正确的路上来"。所谓"回到正确的路上来"，意指土地私有，可以自由租赁，自由买卖。

董还建议政府用赎买的办法，收购大地主的土地，同时成立"自耕农基金"，扶植自耕农，借给有能力经营土地的农民购买土地，或向政府租赁土地（此建议之价值，超过"耕者有其田"的政策）。

董时进上述关于劝阻土改意见，理性、全面、深刻，历史早已证明条条正确，不失为真知灼见、金玉良言，即使在今天仍弥足珍贵。毛泽东和中共拒绝了董的宝贵建言，给中国社会造成多么大的不幸！

1950 年，董看到土改的横祸不能制止，痛心疾首，对中共的希望破灭，决定远走香港，该年又赴美定居。1984 年在美去世。三十四年流落异国他乡，中国大地上再也没有他的声音。可以预计的是，如若留在大陆，董时进必定是一个大右派。中国不需要他，这是他的悲哀，更是这个国家的悲哀！

中国七十年的共产主义史，如果以三年内战为序幕，以暴力土改血腥开场，可以说是一个野蛮战胜文明、空想驾驭现实、民粹取代精英、外行领导内行的历史。幸乎？悲乎？！

应克复

2019 年 4 月

（序言作者为江苏省社会科学研究院哲学所研究员）

第四节　《序言》使书走出国门

香港一直动乱，我难以重新联系。2019 年 9 月 28 日我收到姜华九同学发来微信，说他刚获悉 9 月 19-20 日在纽约召开"中国土地改革国际研讨会"，我《地主》一书正合该会内容，建议我发书稿给他们。姜华九还发来一份报道该会的信息。我就根据该报导中提到我国参加该会的六名中国学者的单位，除智效民（因我《地主》一书中有引用他的文章知其为山西省社会科学研究员）外，其余五人均在网上查到，其中有北京大学的郑也夫教授、中央党校的王海光教授。除中央党校参会的王海光教授请该校杜光教授转告外，其他我都发信并寄了一本《地主》给他们，请他们告诉我该会的联系方式，以

便我可发书稿给他们。可是没有一位给我回信，也没有
退回。

我又在网上查了主持人宋永毅先生的简介，知他是
浙江慈溪人……想找到他家乡或先前单位可能知道他联
系方式的人，但又未成。

我也给南京应克复先生去信，告知此事。他说："他
也近日得此消息。现在在美国的友人丁杼认识该会发起、
主持人宋永毅先生，我就请他把我书稿发给他，请转宋
永毅先生。"应先生发了，但他说可发可不发，他们注重
的是论文，不是书籍。后来他得到丁杼先生回复并转给
我，说会已开过，论文已编成册。看来我的书稿用不上
了。

从报道来看，该论文集分别在台北和香港两地出版。
台湾民主基金会协助召开此会，但我也不知其联系方式，
而我有"旅台浙江同乡会"地址。于是，我又写信给旅
台浙江同乡会，请他们告诉我台湾民主基金会联系方式，
又未成。

友人何邦爵对我的书很赞赏，他在 2019 年 11 月去
北京儿子处探亲，知我书想要再版，他说北京有朋友从
事国际文化交流工作，愿为我牵线搭桥，争取在外国出
版。临走前他带去我新书稿和一本《地主》。他在京期间
与多位友人交流、商谈我书出版问题。但都认为该书内
容与国语相差太远，书名也太敏感，未成。

今年 2 月 16 日应克复先生先来电话，说我书出版
有了希望，再发来邮件。我打开计算机邮箱，见应先生

邮件称：

> 蔡兄：
>
> 　土改一书的出版，终圆了你的心愿。
>
> 　去年11月《民主中国》（美）主编蔡楚生先生来函，说我的《告别神话》想出版，他可联系。我说我有《告别马克思主义》一书拟在美国出版，内容有重复，不想再出《告别神话》了，并把我《40后人生》一文寄给他，他立即将此文转给了加拿大国际出版社蚕从，蚕先生立即给我来信，说要出版我的全集，并寄来了出版合同。我回答：我没有出版全集的计划，并将《中共的土改》序文寄去，向他推荐此书，结果他立即决定出版该书，他的回信你也看到了。估计此书2020年上半年就能出版。

应克复先生并告诉我蚕先生的电子邮箱。

随后我与加拿大国际出版社蚕从先生联系，发去书稿，彼此商谈出版事宜。我又有多处修改、补充后，于2020年8月份签了出版合同。又因封面设计未定拖下，10月我发了封面初稿，蚕先生基本认可，可望不久即可出版。

自获知可在加拿大出版后，发生了二件波折的小事。

1、为一张照片吃了"闭门羹"。

上文已提及，在《地主》一书出版后受到读者称赞，不少人建议、鼓励我去香港再版，为受害者说句公平话。我也作了准备，增删书稿，在增加的书稿中除上述已提到的"国共两党相争，中共主要靠土地改革取胜"外，还有"中国国民党临海县党部书记长、建成中学校长陈启忠的多面人生"一文，也有较多份量，约有

8000 字。他的家庭也是地主，据台州地区土改时任审批死刑等公安处预审科常务副科长、审判陈启忠公审大会防空总指挥陈文撰文说："审判枪毙陈启忠的大会参加的约有六千人，是台州地区土改中最大的审判大会，"因此把他也列入土改斗争对象之一。他是我读初中时的校长，对他有一定了解。我从各个角度较客观地叙述了陈启忠的人生经历、办事风格、政治理念、为人处世、业余爱好、治学态度等。在收集资料中很想弄到一张陈启忠的照片，询问了好多同学都说没有，只好在临海市档案馆馆藏的临海建成中学同学录陈启忠题写的封面字迹复印下来，作为他的作品放在该文中，似乎也有些走近了他。

陈启忠的大儿子陈佩虎、大女儿陈佩文都是我在建成中学读书时同学，还同陈佩文同一个班。但陈佩虎在外地退休毫无信息，陈佩文多年前在香港病逝，陈启忠后妻也去世。书写该文时仅生于陈启忠被镇压前二年的小女儿陈佩珍还在临海，但我又不知她住处，更不认识她，很难征求她意见。在写好该文并装订成册后，为争取在香港出版，文稿尽量客观完备，我打听到陈佩诊住处，找上门想征求她意见。

我在校时与陈启忠相处一年半，印象还很深，文中也流露出有怀念之意。该文在叙事上力求客观真实，免不了赞扬的多，贬责的少，看完后给人的感觉他确是个人才（杨新安老师看了此文，称陈启忠是个硬汉，是个英雄）。我带着这本小册子找到陈佩珍家，一方面想对该文征求她意见，另一方面也想看看陈校长下一代。

我找到陈佩珍，先打招呼寒暄一下。因她手上还有些家务，我坐下来后未讲正题前，他给我看了他家影集，陈启忠及家人赫赫在目。她家事办好后坐下来我们攀谈。我说我是你父亲学生，是你哥哥陈佩虎姐姐陈佩文的同学。我出版了一本书，要再版，在再版书中想加上有关你父亲的一节，想征求你意见，请你过目修改。

陈佩诊一听到我提到她父亲，她眉头就皱起来，连连说不用写不用写，我没有享到父亲的福，他还害了我，害了我全家。我书读到小学就不给我读了，文化大革命期间，我母亲天天被批斗，今天这个造反派来批斗、要写交代，明天另一个战斗队来批斗、要写交代，你知道我们吃了多少苦！他接过我手中拿着写她父亲身世、想给她看的小册子。她粗看了一下标题和前段，谈了一些情况后，连连说我父亲如何如何是害了我们，死了就死了，他为什么要做临海县国民党书记！是他自己作孽。现在我有退休费，有饭吃了就好了，我们不管这个闲事。你也不要写，我们不希望人家再来议论我们，不要再来批斗我们，你要把写的东西家里还有的全部烧了，否则你害了我们！

我想反驳她，正因为你有这位父亲你们吃了这么多亏，这么多苦水，为了你，更为了其他人不再吃这个亏，不再吃这个苦水，我现在要把他写出来，让后人去评论。如果该杀，与你们无关；如果杀得不对，那就不要再重犯，也与你们无关，更不是你们的事。国民党书记长也好，共产党书记长也好，甚至县长、省长，一个社会总要有管理机构，要有这个长那个长，目的是要维持社会秩序，要发展生产，要改善人民生活，要与各种自然灾害、破坏社会秩序、侵犯百姓利益的作斗争，这个长就起这个作用。你父亲抗战时曾任《宁绍台日报》社社长，宣传抗日；日寇侵犯临海，他组织东塍农民抗日自卫大队，并任大队长；创办学校，曾任杭州民生中学校长，临海建成中学校长；牵头临海县县长庄强华、三青年干事包寿眉成立临东水利委员会，疏浚治理东大河，为大田平原减轻水灾，保障农业丰收。但他反对阶级斗争，反对共产党。到底谁对谁错，言论上最好让人家评论，在报刊上发表文章；组织上让老百姓民主选举。这是人类文明的重要标志，何况 21 世纪的今天，不宜用暴力（武力）解决领导权问题，否则不免有冤假错案，因此我要写这本书。但同她讲，起不了作用，还是不讲好，我又缩回来，没有讲。

她这一态度使我感到尴尬，也是我始料不及的，与我写其他人不一样。写其他有一定影响的地主时，若需要某些数据都尽量提供，如写临海县最大地主（董丕芬娘1202.5亩）儿子董丕芬土改时仅 28 岁、还在台州医院任见习医师时就被枪决一事，董丕芬儿子董承理就很配合，介绍了许多我以前我不知道的情况，并提供有他父亲人像的唯一一张照片；写我双港区最大地主宋仁焕时，宋仁焕小儿子也很配合；写乐于舍施的地主张国燕时，张国燕大儿子张里昌也给予配合；写乐于做社会好事的地主杜小奶时，其小儿子杜彦友也积极配合。我不要他们夸大，更不要他们造假，实事求是谈些情况，只有实事求是才能对得起人们，才能经得起历史考验，才能做到以史为鉴，我的要求不高，有责任我自己负，这是很平常，很正常的事，陈佩珍确是例外。

我与陈佩珍谈不拢，但我也理解她心情，过去受到的打击太大了。不仅是她，只求温饱，不管闲事，也是多数中国人的心态，对她不应强求。她说我写这东西害了她家，要我把家里还有的全部烧了，我如果不烧她心里不安，我下次去也很难进她家门，答应了她。但烧了要影响环保，丢在垃圾筒又怕别人拣去，我说家还有100多本，我给它卖到废纸收购站好否？如你不放心，我们一起去卖，她在征求了住在另地的儿子意见后，说可以。

次日我把家还有100多本的这个小册子留下十多本，全部拿到在她家旁边的收购站，未卖前我打电话叫她来看，她说自己没空，我就卖了，还叫店主打来一张收购这些小册子的证明。我再复印后，原文交给陈佩珍，复印件我留下。该事就这样了结，以后就没上她家门。这是2017年的事，我留下的10多本以后也没有给别人看。

现在我书要在加拿大国际出版社出版，《陈启忠的多面人生》一文也还保留。该书刘文彩、董丕芬等大地主都有他的照片，而陈启忠的文中没有他的照片，确是该文最大的不足，我想尽力补上，再问在临海的我同学、友人都说没有，曾在建成中学教过书的何兆禄先生说原来是有陈启忠照片的，土改时烧了。看来只有再求助于陈佩珍了。我知道若是我亲自上门，肯定会吃"闭门羹"，因此想采取迂回办法。陈佩诊丈夫是大石区伪乡长朱柳光儿子，虽已故，但大石区人在临海市内我认识的不少，其中也可能认识陈佩珍或其儿子，我找了多个大石人；我还托靠近大石区的黄坦人现住宁波的陈孝运（他对我书很支持，还写来其被镇压的父亲的业绩数据供再版用），请他了解一下朱柳光下代有无他熟人。这两条线路如有认识他们的，是否请他们做做陈佩珍工作，把她父亲照片复印或扫描一张给我。陈孝运还为此又找了不少人，但都说不认识或找不到认识他们的。

那我只好硬着头皮上门了，办不到的话也算尽了努力。第一次去，她不在家。因多年未去她家，我询问一下邻居，说她还住上面（五楼）。第二次去找她，她知道近日我来过。她问我什么事？我把这次出书一事谈了一下，问她是否可把你上次我看过的你父亲的照片复印一张放上去，这不会给你带来伤害，有责任我负。她板起脸孔说："不行，不行，绝对不行！"我又说："你是否可同儿子商量一下？"她说："没有什么好商量，此事由我作主。你以后不要再找我。"果然吃了闭门羹！

2、为设计封面而挣扎

书稿发出去后，谢先生说要我提供封面封底。我也曾寄去，觉得这个封面不行。我《石材大全》一、二版的封面虽是我设计，这是科技书，不难。而《地主》一书是社会科学，其封面要尽可能能反映本书内容的图案，且要含蓄，要简洁。我不会设计，找人也不便，我又回复蚕先生，是否请你们出版社设计。蚕先生又回电征求我对封面有什么意向。我提了两点，土改主要内容一是杀人斗人，二是分土地。如果难以设计，就不用专门设计，用某种底色，再加上书名就算了。谢先生看来还要有个设计的封面，说他们设计好后发来给我过目。但到9月份未发来，我10月19日又发信询问。如果你们还没有开笔设计，我请我一位业余爱好美术的同学试试看。谢先生说，好，设计好后发给他们作参考。

于是我请那位同学设计，他说要让他构思三天，还要去书店找些书参考参考。又过了两天，我问他进展如何？他说有点难，昨天已发微信给台州美术学院一位美术老师，请他帮忙，到现在还没有回复，并把他发的微信给我看，果然他已发出去了，还告诉了我该老师姓名和他的杰作（临海紫阳街的设计者）及得奖情况。

我没听说过台州有个美术学院，问他在哪里。他说就在台州学院内，原来是一个系现在改为学院。我又赶到位于临海的台州学院（本部），想找这位老师面谈，抓紧一些。到了台州学院询问后，台州美术学院是设在位于椒江的台州学院分院内，我只好去椒江找。椒江离临海100多里，我又没有去过该校，那时已是星期五中午，要去只能等到下星期一，去后不一定会找到。那位同学又没有他的电话号，我就决定先给他一封信，估计明、后天会收到，请他早日回复我同学发给他的微信，并把我电话号告诉他，约个时间先见个面。但也未回电，我同学多天后也没有告诉我那位老师是否回复了他发的微信。

又过了几天，我同学告诉我，他说他老婆不让他参于（设计我书封面）这种事，以免引起麻烦。现在家里生活已很好了，想安稳过日子。我往日常去该同学家，早就认识他夫人，知她是台湾家属，过去也长期受专政，现在她这种如陈佩珍这样的性情，我完全理解。非但她们，建国前 1948 年我亲耳聆听陈希清学长就浙大学生于子三被害发表慷慨激昂的反蒋演说，1957 年划右派后他也不管闲事，更不涉及有关政治的事；我写《地主》一书常向他请教计算机的建筑师、与我关系相当好的同学、也曾是右派的卢平治现仍不谈政治，甚至不参于业务外的社会事务。因此，我也不强求那位擅长美术的同学帮助。即使美院老师回复了他的微信，他也不一定告诉我。我只好另想方法。

加拿大蚕先生等待我的回复，我必须尽速兑现。我去在临海颇有名气的大军广告公司，想请他们设计。接待我的一位女同志说，最近三天没空。我再去找我早就认识、熟悉计算机、曾向他买计算机的计算机公司老板蔡利敏，是否可代我想想办法。他提醒我，你到网上查查看，差不多的下载一个来，再加工一下便好了。

我回来后在计算机上又找不到合适的图案。过了两天再回到大军广告公司。接待我的那位女同志叫我找对面的设计员。我找她后，把该书的内容讲给她听，还提供了三张照片供她参考，希望按这一精神设计。她说："按你这样要求难度很大，我们做不了，只能做一种底色，如米黄、淡绿等，再把书名写上去。"我想这不是设计，而是拼凑，我就回来了。

我同学冯权有两个女儿在开照相馆，小的一个叫冯海青，她对美术有爱好，今春蚕先生要我提供封面时，我曾找过她，她说承担不了。这次又来，我说要求不高，你给我网上找一个差不多可作我书封面的图片，再下载下来稍加工一下便可。她就在网上找，我也留意看，看到一幅有似陕北黄土地的这张图片。她说这张可以否？我看，结合我书内容这张比前几张好。

在准备采用时，我想我书中有张反映目前农村耕地荒芜的照片，而这丘土地土改前又是我家的良田，土改时没收，现竟变成荒地，内涵远比那张有似陕北黄土地的要好，且现今农村荒着的土地不少。我立即去家里拿来有这样照片的 U 盘，放出来一看，冯海青说这张确比前一张陕北黄土地那张好，有房子，有远景，天空有白云。这样我们就定下来。但这幅照片作封面从美学角度看没有什么价值，从内涵上意义深远，因此必须在内页写个说明。我写的说明如下：

封面照片说明

近处树下左侧有一丘 1.7 亩的土地，土改前为笔者家所有，是笔者家最大的一丘水田，且是一丘良田，冬种小麦夏种水稻。树下该田角落处还有一口人工井，旱天时从井中取水抗旱。该水田土改时被没收。后来水井淤塞，2014 年 10 月 27 日笔者经过此旁时已是种番薯的旱地，正好碰上一位老农在收掘番薯，他说以每年 50 元价格向田主租来的。2020 年 5 月 31 日笔者再经过此地时，已是杂草丛生的荒地。前方低山是我村的后门山，右侧田坎上有我村通往双港镇的石子路。我母亲为改善生活也曾在这些地方流下她的汗水（摄于 2020 年 5 月 31 日）。

我于 10 月 26 日发出封面稿，蚕先生于 10 月 28 日回复，说准备用它，来信全文如下：

蔡老师

这个以家乡田地的照片作为封面的内涵很多，也契合了本书的主要内容，我觉得不错的。封底和封面一样，都是这几十年来风云变幻中的中国家庭财产与普通人的命运表示，与正文具体描写一致，所以基本就用它了。

我会尽快安排上架

蚕从

加拿大国际出版社执行经理

为更充分反映本书主题，现再谈一下我为本书的一张照片不断受挫而挣扎的"历程"。

我在第一章最后一节《母亲的经济头脑和她的多才多艺》末尾讲了本村另一家小店儿子蔡行山来我家买酒，我母亲不收钱的事。因我们从小就认识，听他妹妹说他住市区城隍山养老院，我即于当年（2018）国庆节去看望他，他当时同我讲了到我家买酒的事。去年（2020）元旦时也去看望他时，感到他虽比我小 5 岁，但身体没有我好。

今年（2021）元旦我再去看望他，到了城隍山养老院，院方说："他女儿把他带到另一家可治病的养老院去了，但不知该院名称，也未办理离开我院手续。"现他年事已高，其妹夫林元舟前年我去看望后不久就去世，蔡行山也可能来日不长。他提供我母亲与人搞好关系的情节很珍贵。我们两家都开小店，同行不克妒，而是互相帮助。母亲知自己为亡夫之妇，求人家的多，要争取人家帮助，必须自己先付出，所以蔡行山来我家买酒不收钱，我更感到母亲的贤惠，他能发财是多种因素的综合结果，其中也少不了搞好人际关系。我把这一情况也写进该节文字中。现在在我母亲经营杂货店时与她打过交道的人不多了。如果我能与蔡行山拍张照片附在该段文字旁，将更加强这段文字的真实性和鲜活感。因此想尽可能再去看看蔡行山。

我同他子女都没有来往，也别无其他信息，为得知他在哪家养老院，次日我就去乡下我村询问蔡行山亲属。找到蔡行山家后，家无一人。老伴前几年去世，六个小孩各奔一方，其邻居一妇女用电话联系上他儿子，告知蔡行山在临海市郊两水村养老院。我在1月3日去了两水村，找过两个两水村养老院，都没有。其中一个养老院负责人向我提供可能在两水村骨伤科医院。我又按他们提供的地址去找骨伤科医院。又经多次询问找到位于两水村旁骨伤科医院（即江南医院），该院内外科两层病房中均没有蔡行山这个人。我只好返回。

我村蔡泽多最近他哮喘病发作，住市第一医院，元旦那天我先去看望他。因蔡行山是他邻居，也很熟悉，我与蔡泽多告辞时还说要去城隍山看看蔡行山。元月5日，我再次去市第一医院看望蔡泽多，他问我蔡行山碰到否？我说没找到。此时蔡泽多妻也在旁，说前天碰到蔡行山女儿，是她把其父送到两水村医院去。我问蔡泽多妻蔡行山住哪家医院，她说不知，问她蔡行山女儿电话号有没有，她说没有。

元月6日我再去两水村，询问这里还有什么医院，当地人回答只有江南医院。我又去江南医院找，住院部的二、三楼找遍仍没有。我也几乎放弃了。

元月14日，本书需要补的照片，都已补上，就是缺蔡行山这张，还想再努力一把。可能蔡行山回城隍山养老院，即使未回来，院方肯定留存有蔡行山或其子女的联系方式，还是再去城隍山养老院询问。院方说昨天其女儿来办了离院手续，蔡行山不回来了。在我再次要求下，院方给我两个他子女的电话。我即打电话询问，第一个电话是其儿子回答，说只知在两水村，不知具体在那一家。第二个电话其女儿回答，说住两水村西侧高速公路口的广仁医院五楼5号床。至此，才算知道。

元月15日，我找到广仁医院，看望了蔡行山，是前列腺疾病，夜尿特多，食量下降，行走不便，但思维还清楚，说家有六个小孩，三个在临海市区，常来看望他，并一再感谢我的到来。交谈后我请护士给我们拍了合影照（见第一章第七节附照）。这张照片也可说是那个时代的见证者，也可说是我为写好本书精益求精、力求完美的挣扎吧！

我《中共的土改》一书出版了，与前书《地主》一样，都是在难度极大、前途渺茫下偶然获得新生，我又认为这是母亲在天有灵善恶分明的结果。

2021年2月16日加拿大国际出版社执行经理蚕从先生来信：

加拿大国际出版社出版的
《中共的土改》 2021年

蔡老师，过年好！

祝贺你！好消息！

你的书《中共的土改》(1947-1952)已经在谷歌书店上架了。其他如苹果书店，亚马逊书店等也将陆续上架。

蚕从先生并附发来在谷歌书店陈列该书的照片。

随后，我在美国工作的女儿也发来在苹果、亚马逊书店陈列该书的照片。她还说很多地方都在出售我的书。

3月15日，我女儿再发来她朋友胡立毅先生买来我书看后发给她一封"读后感"的微信。现抄录于下：

读了令尊的书了，非常喜欢，也很敬佩作者。

首先是敬佩他的诚实和勇气。他把自己一家人的遭遇，真实而详尽地和盘托出，给读者一个生动、具体的例子，可以让人们深切地感受那段历史。希望该书能让人们牢记土地改革这中国现代史上特殊而惨烈的事件。

　　我以前没有读过土地改革历史方面的书，你父亲的书是第一本。可能是土地改革在解放初期，离文革结束有20余年，在文革之前和之后，人们不能写这段历史。时间过去了，这段历史快被人们遗忘了，令尊能在80高龄，花费巨大的心血，以自己一生的经历去还原历史，非常可贵，为祖国人民做了一件大好事！

　　其次敬佩作者的钻研精神。书中大量引用的数据和史实，我不可想象，他需要用多少时间去搜集。这使该书成为一本严肃的历史书籍，读来可信。十年磨一剑，书中饱含著作者的多少心血！

　　也敬佩作者的文字能力。作者有很强的描述事物的能力，书中写的乡里、农事、农具都讲得很清楚，有优异的文学功底，文理全才。

　　最后他对历史的观察、质疑和总结，也使我学习了。比如封建一词，我们用的很多，但很少人去思考到底是什么含义。我以前有去查过，但始终没有

女儿從網上攝下該書上架照片 2021年

弄明白，现在蔡先生的书使我明白了。书中为著名的地主平反，还历史以真实，读来令人唏嘘和感叹，意义甚大。

　　我小时候也是在农村长大的，我们家那时的家境和遭遇与你们家有相似之处。以前听过上辈人提起过土改的事情，但不尽清楚，借令尊的书使我弄明白了许多，惨烈的历史，读来令人悲愤。

　　作者是一位很富亲情的人，他对母亲的描写充满敬爱和骄

傲。这使我想起自己的母亲，她与你奶奶有很多相同之处：善良、勤劳、有很强的持家和致富的能力，但同样的异常节俭。所以读来真切，使我非常感动。

几年前有一部电视剧叫温州一家人，讲的是文革及改革开放之后，温州一家人的故事，颇受欢迎。

你父亲书中的素材足以拍一部电视剧，讲土地改革那个时候的故事。如果有影视界的人士能够慧眼识珠，把它拍成一部电视剧，就好了，可以叫临海一家人。

我买了书的谷歌和亚马逊的两个版本。对这两个版本在技术上的优缺点，如果你感兴趣，我可以告知。

胡立毅

我把这篇《读后感》转发给加拿大国际出版社蚕从先生，感谢他顺利出版我书。他于 3 月 17 日回信说：

蔡老师　祝贺祝贺

你的这本书确实在很多地方像学术书籍，冷静的不带感情色彩的叙述了以前的历史，揭开了中国近现代历史上被掩盖的事实。现在能够得到读者的认可，确实可喜可贺。

蚕从

加拿大国际出版社执行经理

至此，我为出版《中共的土改》一书挣扎拼博德年后终于如愿以偿，除了我努力外，应克复先生，蚕从经

理都起了关键作用，在此对他们深表感谢！我能补充
"中国近现代历史上被掩盖的事实，能够得到读者的认
可"，也感到自己不是在荒度时光，正如同我编出 200
多万字且得到同行赞许的《石材大全》后，大学同学承
娟英多次说："你没有白活。"

第十章　拼博促使我长寿健康

　　笔者在青少年时常听说："身体是革命的本钱。"现常听说"身体好第一"，朋友熟人相遇，第一句问候语往往是"你身体好否？"。其理由人人皆知，无须我阐述。我生于 1933 年，我们这里大都按虚龄计算，我今年已 89 岁。常有些人见我身体如此健康、言行如此敏捷，脸上没有明显的皱纹和老年斑，常问我怎样养生的？怎样煅炼的？我既没有专门的养生之道，也未为了身体健康而煅炼，一切顺其自然。因此，对人家的提问我难以回答。

　　不过，我也常琢磨这一问题，是什么导致我现在这样健康？我看了一些养生文章，也不大对上。我认为我今天如此健康的身体和敏捷的头脑主要是我一生的挣扎和拼博的结果，因此，愿在此讲些心得。

　　虽这个结论仅一句话，本章文字的份量也只占本书的 1/20，因有前因，才有后果。本书的前几章都是本章的前因。虽我现在算不上长寿，但现在从事的工作也不是一般同龄人可担负的。不久前临海电视台采访我后播放了《九旬老人编 270 万字石材专著　再版两次成行业指导用书》节目，该书第三版是 2015-2018 年修订的，2018 年我已 86 岁。其后我继续再修改、补充因写《石材大全》中断了的《中共的土改》一书，直至去年

完稿，付之出版。接着书写本书，参照临海电视台等的
节目，我不客气地认为我还勉强称得上"长寿健康"。

第一节　我现今的身体情况

上述笼统地说到我现在还健康、敏捷，现具体一
下。

就是近年忙碌编写几本书，由于白天常有些杂事外
出，夜里尽量给它用上。 在修订第三版《石材大全》
时，因份量大，有时熬夜到深夜 1-2 点钟，早上起来精
神还好，同样办事。在写、修改《中共的土改》和本书
时，一般干到 11 点钟，然后盥洗，就寝时也已近 12
点。多数是次日 6 点左右醒来，白天精神也还可以。由
于有这样的身体，这几年才能出了几本书。

我们没私家车，外出有事、购物大都乘公交车，再
步行。我们这个小县城，公交车上常有熟人相遇，不免问候、交谈。彼此常问起年龄，去年时我说"今年 88 岁"，在座的大都很惊奇，说我看起来像 70 多岁，有的还说只 60 多岁。有次到小商品市场上购物，我用手机微信付款，店主说我这个老头还用得来微信，有些好奇，叫来四邻店主观

作者与蔡继来（右）张增
连（左）合影 2020 年

看，我身边围了不少人。我付了钱后，问我多大年龄，我说 88，大家都不信。我说不信可看我市民卡上目标出生年月，我也没有必要同你们造假。

我常去乡下老家大园村及邻村看看，见见往日的乡亲。现我村老年协会每月招待 80 岁以上会员会餐一次，每年招待 60 岁以上会员会餐一次，经费由村民自愿出资。我们十来个 80 岁以上往日来临海读书现又住在临海城内的同学，也常去凑热闹，他们说年龄算我最大，身体算我最好。附照上我童年少年时的两个好伙伴，一个是比我少一岁的蔡继来，多年前双脚有病，行走困难；另一个是张增连，比我小四岁，耳有些背，来临海市区感到吃力，有事常托我代办。

去年初夏，新冠病毒疫情过后，我与夫人一起去外地旅游四次。报名时旅行社说 80 岁以上老人不能参加，经我夫人说服，保证没问题，有意外我们自己负责，旅行社看了我的体态，也同意了。这四次是旅行的目的地是：一次到玉环市大鸡岛，一次到天台县看大瀑布，一次到东阳市看影视城，最后一次是 2020 年 12 日 24 日到宁海伍山，要爬上 100 来米的山峰。我也跟得上、下得来。

此外，一般的老年症状，如舵背，耳聋、眼花，在我身上还未出现。牙齿也还好。

第三版《石材大全》2018 年 7 月出版后，我留下 100 本，除赠送有关单位和协助人员后，还留下几十本。想把剩下的这些书卖了。

2019 年 3 月 5 日我到厦门参加 3 月 6 日举行的第十九届国际石材展销会，随身带了两箱书去卖，每箱约 58 斤（一箱 8 本，每本 7 斤），在临海上火车时，靠临海伟星集团一位职工去深圳出差帮我拿进车箱。到厦门（新）火车北站下车，厦门北站在长乐县内，离市区有几十里，有公交车与市区相连。我往常去厦门大都住在老火车站附近的小旅馆，宿费便宜，吃饭方便，去展览馆又有直达公交车。此次我也想住那边。

下火车后乘公交车去老厦门火车站。公交车到老火车站站后，因是高架线，下到地面要转几个楼梯，又值大雨不停，我分别提了两箱书下车后，要一箱一箱地经楼梯往地面拿。共有三层楼梯，一二层楼梯彼此有一定距离。除了书箱外还有一辆手拉车和一个挎包，挎包又不能离身。到公交停靠站时已下午 5 时，为了早些找到旅馆，即使下雨我也不能在公交站上久等，就冒雨把两箱书弄到地面，还有寒意的 3 月弄得满身大汗。

书箱弄到地面后，一箱用手拉车拖着去找旅馆，另一箱放在路边与民警打个招呼等一下来拿。旅馆找好后拿来。

我当日的日记写着："临海——厦门。参加十九届石材展销会。厦门下雨，从火车北站乘高速公交到（老）厦门火

作者与夫人摄于东阳影视城　2020 年

车站，下车后仍大雨，行李（书）下高架站后搬出门口，真辛苦。"

同年5月，南京应克复先生来信说，我委托的《中共的土改》一书序言已写好。这个敏感而重要的事，还是自己去拿好；另一面也趁此拜访长期来我很敬佩的应先生。

我于6月4日离开临海去南京，因南京新华书店以前销了我不少的一、二版《石材大全》，与业务科的周健同志关系也较好，这次趁去南京之便也带去一箱又一本的第三版《石材大全》，拟一箱放新华书店代销，另外一本赠给母校南京大学图书馆。南京南站离市区也有几十里路，我下火车后乘公交去市区先处理书的问题。公交车到新街口下车，下车后用手拉车拖了一段较长的路才到中山东路56号的新华书店。进店一询问，业务科已撤销，现在进书由省新华书店统一经办，书店不能自行向个人进货，因此没办成。只好把书放在书店旁边停自行车的街边，与清道夫打了招呼说稍后再来拿。

接着我就去找旅馆，这一带是闹市区，便宜的小旅馆很少，我乘公交车到比较熟悉的下关，没有找到合适

2019年作者在厦门海滨

的旅馆。再乘公交返回到中山门，其旁有我同学在此工作的华东地质研究所，所内曾有个招待所。我下车后找该所，询问后招待所已撤销。我再找所内黄光昭同学，他带我到中山门旁，住进一个100元一天的旅馆。

然后，再返回新华书店旁拿书，再乘公交到旅馆。去中山门的公交站设在中山东路通往中山门的右侧，我住的旅馆在中山东路左侧。这样，去旅馆又要过地道，只得右手提60斤书，身上背个挎包。左手提手推车，上上下下，才到旅馆。

把在眼前的这些书要处理，只好赠送给母校（南京大学），原来准备送一本给校图书馆，现改为送四本，两本赠地科系图书馆，两本赠校图书馆，于次日上午到南大办理了。另五本带回杭州，准备送两本给浙大图书馆，三本放儿子处待处理。

我6月4日的日记记着："下午1：50分到南京南站，带来一箱又一本的第三版《石材大全》去新华书店，说业务科撤销，由省新华书店统一采购，个人出书不能入店，只好作罢。找住宿，乘公交到下关，参观江边。住宿未找到，后乘去中山陵公交车返回到中山门下，经华东地质所黄光照同学介绍住中山门旅馆。6月5日早上去买火车票，丢（偷去）钱夹。后去南大赠书，校、系图书馆各两本，游南大。下午去应克复先生处，交谈，取来"序言"。后回南大广州路出租房餐馆用餐，晚去黄光照（南大同学）、陈怀仁（高中同学）处。"

这些都要体力，要有好身体的支持。也不是一般87岁的人可以胜任的。

但是，我还是个病人，2011年单位例行体检时，我前列腺异性抗原较高，达到22ng/ml，标准是4ng/ml以下。进一步切片检查，确定为患上前列腺癌。不过还是中期。因年纪大，只能保守治疗，打针吃药，不久就恢复正常，一年后停药。2013年又植入放射性粒子，直至现在7-8年来化验都很正常，也未吃药，更无症状，化验资料都在0.00ng/ml以下，如最近三次2020年9月23日、12月29日、2021年3月2日检查均为0.004ng/ml，远低于我患病前的1-2ng/ml之间。医生说像这样稳定和低值的很稀少。这必与我平时体质较好、免疫功能较强和经常多活动有关。

我的血压冬天偏高，收缩压有时达160-170mmHg，春、夏、秋大都在145mmHg以下；舒张压都在90mmHg以下，有时偏低60-70mmHg。冬天吃点药，春、夏、秋不吃药，医生说这样也可以。血糖（葡萄糖）、血脂偏高，但都未到吃药程度。

此外，我几十年来基本上没有感冒和肠胃方面的常见病。

第二节　用脑动身、与人交往

如何能健康向来是人们关心议论的题目，求生存是人的本能，但为了更好的生存，必须有健康的身体，有了健康的身体才能获取生存所需的物质，才能干事，才能过舒适的生活。

但如何使身体健康，保持健康，各有各的措施。有的吃补品，有的煅炼，有的顺其自然。但吃补品也不一定有多大效果，如吃核桃不一定比不吃的聪明多少；吃枸杞的不一定比不吃的健康；煅炼一般对身体有益，但也不甚然，不少运动员寿命并不长；我高中同学孙正贤为了煅炼身体，每天爬在他家旁的临海子巾山；我在浙江大学任教时的同事张飞鹏，经常爬浙大后侧的老和山。结果他们俩后来都导致膝盖骨半月瓣受伤而行走不便。走路煅炼对身体很有好处，但如老了，不一定要走路煅炼。因此有些人主张"顺其自然"，一切要根据本人的实际情况安排，你适应那种生活，那种习惯，那种嗜好，而且没有感到不适，就让它这样生活下去。真是众说纷纭，不知其所以然。

国家一级生物学家，营养学家，医学家参加了访问调查100个100岁以上者，调查长寿规律半年之久，被调查者有爱动的，有不爱动的；有一辈子不干活的，有一辈子干重体力劳动的；有爱喝酒抽烟的，有从来不喝酒抽烟的；有爱吃肉的，有一辈子吃素的；有一辈子爱骂人脾气很坏的，有一辈子不爱吭声的；有家里灾难不断的，有家庭一辈子和谐的；有一辈子没结过婚的，也有结过三四次婚的；有一辈子没生育的，也有生过7、8个孩子的。总之，没有什么共性的长寿规律。只是平均女姓比男姓活得长一些，一百岁以上也多一些。

最后结论：大道无道，顺其自然。我朋友徐俞德母亲活到115岁，是浙江省寿命最长的，刚前年去世，生前我常去看望她，她还是保姆出身的家庭主妇，也不知什么是养生，就是多干活，100多岁时自己还会做饭。

但是，即便有各自的说法，还是有一定的科学规律，既然是科学，当然还有值得讨论之处，也有发展的余地，不是绝对的。

中华医学会会长钟南山院士认为，影响人体健康的五大因素分别是：父母遗传占15%，社会环境占10%，自然环境占7%，医疗条件8%，而生活方式占60%。后者几乎起了决定因素，其次是父母遗传。

钟南山的生活方式"养生经"有以下几点：

1.生活作息　不熬夜，晚11：00之前睡觉。早上7：00起床。中午睡半小时。

2.饮食要做到："皇帝的早餐，大臣的中餐，叫花子的晚餐。

3.全世界最不好的习惯是抽烟。

4.喝醉一次酒，等于得一次急性肝炎。

5.轻伤就要下火线。早防早治。

6.人不是老死的，不是病死的，而是气死的。疾病的一半是心理疾病，要做情绪的主人，保持乐观豁达的心态，

7.家庭不和睦，人就会生病。

8.走路是非常好的煅炼方式。要坚持每天煅炼半个到一个小时。

9.吃植物性的东西一定要占 80%，动物性的东西只能占 20%。

10.男人要做到 12 个"一"：每周吃一次鱼；每天吃一个西红柿；常喝一杯绿条；每天一把核桃；少抽一支烟；每天一瓶白开水；每天一个苹果；白酒不超一两；常喝一杯酸奶；每天一根香蕉；多一些微笑；多一点运动。

11.做好七个方面：一定要吃好三顿饭；一定要睡好 8 小时觉；每天坚持运动半小时；每天要笑，身体健康；每天一定要大便，排出毒素；一定要家庭和睦；不吸烟，不酗酒，每天健走。

钟南山院士的总结全面、实在、有效。他还把父母遗传基因作为决定人体健康的第二大要素，我也有深切体会。

我父亲 49 岁时便因病去世。但我的基因主要来自母亲，不论从长相，待人处事都留有母亲的烙印，母亲的刻苦耐劳、勤俭节约、开拓进取、坚持不懈、思路敏捷，精益求精、迎难而上、爱憎分明，不畏强暴、追求公正，即使我不如她，但在我身上都有或多或少表现；她因 91 岁跌倒骨折卧床三年，这对她寿命减少有很大关系。94 岁去世前弥留之际头脑还很清醒。这些在《中共的土改》和本书中都有述及。她的长寿我认为主要在于她一生的劳碌，即勤劳刻苦、开拓进取，也可说长期动身体、用脑子，加上要做生意，必然同人打交道和有着一心致富目标的结果。她晚年常说自己一世干了三世的活，我自 1993 年退休后至今已 28 年也未歇过，还经常熬夜，也谈不上节假日，与母亲一样做事又有较高的效率，仅三版《石材大全》的编写、修订和发行就能顶得上几个人的多年辛劳。因此，说我一世干了二世的活还是可以的，这也部分可解释我现在健康长寿的原因。

钟南山院士提出的"养生经"我大部分都没做到或做不到。如第一条我经常熬夜，长期以前为写书基本上都在夜 12 点左右上床就寝。第二条饮食上做得也不够，早上大都应付一下。但为什么能长寿健康呢？我深切地感到也是我长期来用脑子、动身体、善交往，有目标的结果。

用脑子

人的脑细胞有 100 多亿个，常人一般仅用 10 多亿个，脑力劳动者也仅用 20 多亿个，还有 80-90 多亿个多未开发，开发出愈多，脑子愈灵。大脑是全身各部器管的总指挥，大脑灵活了、健康了，其他器管也灵活了、健康了。

荷兰一位脑科学家在他写的书中认为人的长寿健康由两个因素决定，一是新陈代谢过快的人寿命一般较短，二是脑子越大越长寿。他用三只苍蝇做实验，关在笼子内的苍蝇比在空中任其飞翔的苍蝇长命。这也可以解释运动员的寿命一般不怎么长，也与哈佛大学对一些运动成续居在前列的运动员的研究也较吻合。也可说明女人一般寿命比男人长。他列举了一些知名科学家，他的脑子都比较大，且寿命也较长。他还认为脑子在刺激、多用、常改变环境情况下会增大，所以科学家脑子大，寿命长；而综合症、忧郁症患者寿命一般较短。

我在退休之前主要从事脑力劳动。退休后即使从事过多种工作，但还是以教书、写书为主，特别是编写200多万字的《石材大全》，资料收集，整理归类，章节安排，内容落实，编写成稿，图表制作，修改补充，复查校对，前后统稿，标题目录，出版印刷等等确实日夜思考、绞尽脑汁。且两次修订再版，前后历时20多年。我的脑细胞大大启动，不是全部，相当部分已动起来了。

其次，自2007年起至2015年我打了多个官司，主要是房产问题，都是我为原告，且经多年调解未成，才对簿公堂。计有杭州三墩中学弄14号房官司、临海柏叶西路293-1号房官司、临海双港我也陷进去的我姐家的房产官司，且这三个官司都历经多年，一、二审法院均有多次判决，浙江省高级法院也有多次裁定，杭州西湖区、杭州市、临海市、台州市、浙江省的有关检察院也有立案（我针对审理法官故意违背事实向相应的检察院举报或刑事起诉）。审判结果，是虽对方赔偿我部分损失，但产权没有了，也可说我都败诉。

这些官司都是因我（或我姐）"良心太好"引起。有的是房改房，按规定要在房改后满五年才能上市，因对方急用钱，未到上市前我就买下，产权未及时转移；

有的是买了后为照顾对方困难未办完产权归我手续。但购房款我都付清，房子也由我出租或使用，后因房价暴

筆者匯總幾件訴訟
寫的《土崩》一書

涨引起纠纷。打这些官司我都自己写诉状，出庭也不请律师，其诉状（包括给法官、院长等信件，向检察院起诉的）共约有200多万字，出庭约有40次，判决书、裁定书有30多份。其中临海柏叶西路房被告庭审时自暴和法院判决反映出的新证据前后共有五次起诉，一审三次判决两次裁定，二审三次判决两次裁定，省高院两次裁定，都以"莫须有"理由结案。

通过这几个官司，我深感到当今社会道德堕落和司法腐败，司法腐败也是（职业）道德缺失引起，总的来讲国家的社会基础坏了。随后我就把买这些房子的经过、买来后矛盾的产生、其间的调解、我的起诉理由、被告的答辩理由、法官判决理由及判决书等进行汇总，整理成了一本取名为《土崩》的书，约25万字，于2015年由黄河出版社出版。我的意思是让读者对这些诉讼人进行评判，让历史对这些判决作出鉴定（注）。当然也要用脑子，也要绞尽脑汁。

（注）仅过几年，历史的鉴定就有了初貌：杭州房屋官司被告向我承认在法庭上说的被法官采信的是谎话，向我道歉，

承认错误。临海柏叶西路房屋官司被告以后生意亏空，儿子由于赌博卖了房屋，现四人住在仅10来平方的车房中。

第三，我的《石材大全》要自己销售，怎么能销得出去，就要动脑子。在本书第六章介绍的多种销售办法，无一不在动脑子下完成的。就拿到石材展销会上销售，因没有订展位，怎么搞到参展证；怎么能把书运进去，寄放在哪个摊位卖，都想尽办法绞尽脑汁后才能达到。

第四、书写《地主》《中共的土改》两书，动的脑筋更大更深入。因前述的《石材大全》是科技资料编整，掺杂些个人知识、见解、观点，或对某一专题进行归纳综述，句子、内容表达直观、简洁，修饰、形容、评价等词很少。而后两本书是社科类，涉及不少人，政治性较强，风险度也大，用词要恰当，说理要有据，数据要真实。这又是一个很敏感的问题，坐牢不坐牢的问题。为防止抓辫子，扣帽子，加罪于我，我的书写原则是做到三个要：（1）要实事求是，让事实说话；（2）要谨慎小心，涉及具体人具体事时，更应郑重，要恰如其分;(3)要有说服力，说理要透彻，证据要确凿。这样就必须要动脑筋。

动身体

平时讲的体育活动，体育煅炼，当然是动身体，目的为身体健康。但工作中的动身体，虽与体育煅炼不完全一样，同样可达到健身目的。多运动，人体各部位功能得到加强，有人说人好像一台机器，但人体不是机器，机器常用会磨损，人体却刚好相反，人体各部位常用会更灵活、更强壮。

我还是个好动的人，有外事不论自己的或社会上的或人家委托的，也不论大事还是小事，都想立即办了，起脚就走，似乎早办早放心。因此，我也是急性子的人，想做的事就要想早日把它做了、做好。这样也养成了我常外出、常多走路的习惯。

对我身体带来极大好处的是在全国各地花了十多年的推销去自己编写的《石材大全》一书。该书初版有5斤重，一箱10本，连纸箱约有52斤。再版每本有7斤重，一箱8本，每箱约58斤重。除了赠送、邮购（邮政寄发）外，其余约6000多本都是我自己去各地推销，去托运站托运、取货。推销出去才能发挥其作用，必然要花体力。有时为了省几个钱，本可请搬运工的，但还是自己动手，这样更吃力了。

因该书份量重，托运、取货、转车、住宿、送到书店、去石材市场，都靠随身带的手推车和挎包协助。在这十年多中，淘汰了十多辆手推车，更换了十多个挎包。这些都是我"动身体"的见证。该书的外出销售在第六章已有详述，不在此细说。我现在的硬腰杆，主要就是这样造就的。

我的几个官司也迫使我"动身体"。

　　我杭州三墩的房产官司是我住在宁波或外出卖书时打的。开庭时我必须去杭州，有文书上递也要去杭州。初审的西湖区法院为立案是否受理，僵持了七个月，其间我去杭州十多次。西湖区法院、杭州市法院有六次开庭，其间还有补交材料，还有向区、市检察院举报。最后向省法院、省检察院申诉、举报，都要我本人前往。当然要动身体。

　　临海柏叶西路 293-1 号房屋官司，临海法院虽在临海，因就近走的次数更多。但中级法院在椒江，要乘长途汽车，且要经多次转车才能到达。两个官司都还要在台州法院交锋，其中一个官司五次起诉，也有五次上诉，共有开庭 14 次，还有平时递交数据、上访等。故常去椒江。还多次去杭州向省高院申诉。不免也要动身体。

喜交往

　　人生活在社会中必然与别人要发生往来，但其往来程度各有不同，即平时我们讲的性格有外向型和内向型之分。外向型的善于同别人往来，心情较乐观豁达，内向型的不喜同别人接触，甚至郁郁不振。我《石材大全》一书的出版确是个大工程，面对各种困难，如资料问题、资金问题都要与人打交道，特别是销售更是离不开彼此往来，也可说要有交际手段。我在石材界结识了这么多朋友，不论是行政管理部门、事业研究单位、厂矿企业生产经营，都曾帮我解决问题，也可说是多次交往的结果。《地主》一书的写成也是不断要与别人打交道的结果。从数据收集、内容书写、章节安排、文字推敲也不断征求同学、朋友、老师、学者意见。以上两书的成功，说明不断与人交往的重要。这些都在本书有关章节中有叙述，不再在此重复。

就在日常生活，学校读书、教书，单位工作，我也喜欢同人交流。就是在公交车上，在街头巷尾诸如遇到清洁工，有时也不免闲谈几句，以轻松性情。

多一次与人交往，多结交一个朋友，就会多得到一份知识，多开阔一点视野，多增加一些乐观，当然必有益身体。

有目标

有目标，就有抱负，就有希望，就有信心。要达到目标就要动脑筋，就激发了大脑细胞，必引起兴奋，活络筋骨，促进新陈代谢，必有益健康。

在实现目标的具体操作过程中，必要见机行事，全力以赴，统筹安排、扬长避短、持之以恒。这样既动脑筋又活动身体，当然有益于健康。

本书第二章提到的我想上大学和第六章的想编好《石材大全》一书就是实例。为了要实现这两个目标，我动了很多脑筋，花了很多时间，下了很大力气，但终于实现了。现综合归纳一下，并说明其对身体健康带来的好处。

1、争取上大学

我的大学梦远非高中毕业考入大学这么容易，难度极大。

（1）我当时人在军队，第一关就是要离开军队。但复员是领导决定的事，不是由你说了算。也不能做逃兵。因我家成分地主，迟早要离开。过几年复员升学更困难，很可能便是死路一条。当然从我的角度来讲愈早愈好，但又急不得，就要见机行事。

（2）我离开学校参军时，还是高中第一册，且还未读完。在文化程度上离考上大学还有很大距离，如何补上？必要全力以赴。

（3）读书要钱，家里母亲要给生活费，爱人还在上学也要费用，经济上，生活上，学习上必要统筹安排。

（4）1954年、1955年国家抓阶级斗争，家庭出身成分对升学影响很大，但我是复员军人，是青年团员，有一定活动能力，学习成绩还好。因此，在努力学习的同时，做好班干部工作，不时受到班主任和团组织的表扬，以此扬长避短。

（5）我自1953年在徂徕山兵舰上看到与我们同时参加军事干部学校的战友因家庭成分不好等原因一批批相继复员回家，我就担心自己在部队中时间不长的，怕回家被专政。同时又去复旦大学看望了考入该校的高中同班同学张金鉴等同学，相当羡慕，就下了争取上大学的决心。一直到1956年高中毕业，想上大学的目标及其努力毫不动摇。这就是持之以恒。

这些问题、这些困难都被我一一解决了，解决它的动力那里来？就是因为有目标，有目标就有动力。

2、编写《石材大全》

写这本书开始时只是想写 10 多张打印稿给熟悉的同行看看，提高一下他们的石材知识，以后整理出提纲、目录，在地质出版社和一些同事的鼓励下，才重视起来（多年后时任中国装饰协会副秘书长的姜大新，在地质出版社看了我该书目录，专程从北京来到宁波找我共同编写，可见我拟定的目录是不错的）。我知当时国家也急需要有这本书，但自己解决不了出版资金问题，在收集资料，着手编写的同时，寻求合作，又几度流产，还想坚持；1994 年《石材》杂志两次刊登四川省石材协会已在写此书，并即将出版发行，这对我也是个威胁，也是挑战，经再三考虑要继续写，要把它写好。这都是因确立了要写好这本书的目标后才有这个动力。

要编写好这本大型工具书有很多困难，主要有：

（1）资料收集；

（2）业务素质；

（3）出版资金；

（4）出版社印刷厂的确定；

（5）发行销售，资金回笼。

这些问题也被我一一解决了。在解决的过程中也充满着见机行事，全力以赴，统筹安排、扬长避短、持之以恒的应对办法。

在日常生活上与我身体健康有关的还有：我不抽烟，基本上不喝酒，早上一次大便，然后喝杯温开水，夜晚入睡前也喝些温开水，白天也喝几次开水，写字看书一个小时后要活动一下身体，饭不吃太饱，饭后要散步，等等。

第三节　好养宠物，抒发爱心

我养的宠物主要是犬，还有金鱼。

我在本书第八章第五节"我家毫无封建性"中提到

我读初中第二册时曾养过一只黑犬，被别人打吃了，异常心痛。以后我在外读书、工作，当然没条件养犬。退休后较忙，也没时间没精力养犬。但2002年又养起来了，至今都在养，且愈养愈爱，准备养到它寿终，以后下决心不养了。

我为何对犬的感情如此深厚？

自 2002 年 9 月间我妻抱来人家送的一只仅一个多月的小黄狗，活泼可爱，于 2017 年 7 月 15 日亡故，养了 16 年，按狗龄 1 岁，相当于人 6-7 岁，有 100 来岁，算长命

爱犬毛毛與其子小毛毛

了，但我们还深感痛惜。当夜我写了一篇悼念她的日记，对她的身世略有叙述，标题也是原来写的。现抄录于下。

伴我 16 年的毛毛今晚离世　（2017 年）7 月 15 日

毛毛腋下脓皮症多时，打针、吃药，未见好转。近日走路困难，外出回来走不动，走走坐坐，坐坐走走。近几天在家站立也困难，三天来吃不下，真痛心！今晚 7：40 我照例去原住房临海宾馆宿舍编写第三版《石材大全》，去时她勉强站起来走到沙发前。9：00 回来不见，找了一下，发现颈部卡伏在悬空电风扇电线上，喊喊不应，摸摸不动，死了！我真心痛，哭了起来。

但她死得恰时，过几天我们就要离开新江路 196 号，对病危的毛毛如何处理很难办，这样我们就无欠挂，安心了。

2002年美云抱来人家送的小黄狗，活泼可爱，养了1-2年后，因又养了一只狮子狗，我经常出差在外，美云也要应付生意，无精力养两只，把毛毛送给人家。在她离开时，为痛念她，我站在住的四楼阳台上目送，看他们抱着毛毛，走出临海宾馆（我们住的宿舍下）后广场离开。

送给人家后，因主人在山上开岩，毛毛连水也没有吃，要我们带回。我出差回来后，在一个晚上我们去领回。当我们未进他家门在外喊话时，毛毛听到我们声音，她就狂叫急要出来见我们。当晚我们带她回家。

后来又送给了另一人家。但主人常在外忙碌，毛毛饭都没有吃，饿得皮包骨，身也立不起。美云又把她领回，用打针筒装上牛奶，一口一口喂她，终于救回。

约在2008年，她在巾山小区美云店中喂养，可能美云骑电瓶车外出，不知毛毛跟在后面，经转弯或加速，毛毛迷路了。回来后不知毛毛去向。毛毛丢了，到傍晚还未见，要我去寻找。找了好久也未找着。次日、第三、第四日，我们都去找，仍找不着。

第五天，那天我住在临海宾馆宿舍四楼，早上起来刷牙时。她听室内有响动就呼呼叫起来。起初我以为邻居狗，没理它。但仔细一听，是在我家门口，一开门，是毛毛，她就进来。在我失望痛心悬念她时，她又出现在我身边。且从巾山小区不知凭什么标记历经四天走到10多里远、房舍林立、道路纵横、仅在电瓶车上偶尔去过几次的临海宾馆宿舍我住的地方。

我太高兴了，即去巾山小区告诉美云，美云稍后买来牛肉，送到临海宾馆宿舍来给她吃。

从此，我们更爱毛毛。

2012年我们住到新买来的新江路196号，我们都住那边，毛毛也跟着，美云的店也移到鹿城路，相距不远。2014年产下两仔。一仔早已定下给离我家50多米远的邻居，过40天后未断奶时，养主即来家抱走。过后我出去溜毛毛时也去看望被养主抱去的小毛毛，她就知道这只亲生小宝宝（取名哈利）住处，她每天都去养主家给她的小宝宝（哈利）喂奶。在她没有奶水后，还把我们给她吃的火腿肠，她吃后不吞到肚里，留在喉头处，送到小宝宝家，吐给小宝宝（哈利）吃。犬物关爱的真情，我难以理解。

有毛毛在，我生活紧凑、热闹。我伏案写书时她伏在我身旁或围绕我的脚转来转去。有烦闷时或写书头脑发胀时，带她出去遛遛，什么心事都没了，头脑也不胀了。如今毛毛走了，很感孤单！

聪明可爱的毛毛，你安息吧！

生物免不了生、老、病、死，这是自然规律。毛毛的离世虽给我带来痛苦，很难忘却，我还多次去我们长期住处临海宾馆宿舍旁侧洋姆坦村后山她安葬地吊唁。在相处16个年头中，她给我带来乐趣，带来温暖，我永远不忘。每当我劳累时带她出去溜溜，轻松轻松性情，活动活动筋骨；每当春暖花开或秋高气爽时伴我欣赏大自然的美景。多少个日日夜夜与她相随相伴；或当我外出返回，最先迎接我的是她。"儿不嫌娘丑。狗不嫌家穷"，我佩服她的忠诚、坚持，走失了 4 天后还千方百计来找到我家。也佩服她的聪明、爱心，她不知"羊尚懂跪乳之恩，鸦还有反哺之义"，把自己的奶汁、吃下的美食远送给自己的亲生小孩，但人却不一定做到这点，这也是我疼爱她的原因之一。这些也是我生活的乐趣、温暖的组成部分。无形之中也有益我的身体。

爱犬也要生存，要吃、要喝、要医，还要排泄，必要为她搞卫生。这些都要我们付出劳动，从中也活动了身体，有益了健康。

第四节　回忆往事，海阔天空

我向来乐于与旧友、同事、老师相聚相谈，回忆往事，了解同伴，高谈阔论，海阔天空，无所拘束。此也是人生乐趣之一。

我 1952 年在上海华东海军第五舰工作时，设法联系上回浦中学时的老同学周秋生，常去他当时就读的上海水产学院相聚，也曾去在复旦大学读书曾是回浦中学同学的张金鉴、吴中杰同学处相会。除张金鉴车祸早逝外，周秋生至今还在往来，2019 年他从上海回老家温岭市探亲，我特地前往会见。吴中杰是复旦大学教授，研究鲁迅专家，现定居在澳大利亚，前几年也会面过。

在南京大学读书时，曾联系上民国时期重庆号水兵、后在上海华东海军第五舰队与我一起工作过、复员回南京老家的张志鹏同事，并多次去他处相聚。我还联系上初中第二册语文老师、那时在南京铁路中学教书的夏岩秀老师，并去拜访。这些同事老师如何联系上，现回忆不起来，想必花了很大精力。

在浙江大学工作时，会聚的同学同乡同事更多，浙江日报编辑部的张金鉴，浙江农业大学教书的王均捷均是我常去相会的好友。

第一次回浦中學高中 1956 屆同學會作者致開幕詞，近側者是南京農業大學農經系系主任、教授楊德祥同學　　1992 年于临海

我在宁波浙江省第五地质大队工作时，几乎都找到 1951 年参加军事干部学校录取编入海军联校第一分校第四中队宁波藉现复员回宁波的同学，如李英保、胡荣登等在退休回临海后，相会的同学、同乡、同事更多，如在温岭泽国的幼年玩伴蔡继暖，退休后回老家永丰镇大山郭村幼儿玩伴的王家治，白水洋蔡家园村的高中同学朱同昌，白水洋后禄村初中同学叶良才，仙居县土产公司职工曾在南京海军学校同学的王道君等，都是我主动设法联系上后前去相会的。

在我外出销售《石材大全》时，会见的同学、同乡、同事更不少，这在第六章附文八中已有述及。

上世纪 80 年代后，社会控制稍有宽松，民间活动也逐渐放开，同学会应运而生，我也乐于参加，有的同学会我还是发起人和组织者之一，如我从部队复员后回中学再读书的回浦中学 1956 年高中毕业的同学会，我高三(1)班主

作者（左 2）與高中 1953 届四位常結伴的同學去永豐鎮郊遊 2020 年攝

要由我发起和组织，后因我编写销售《石材大全》长期在外，委托陈允录同学经办，但我若回临海也尽力协助。1949 年建国前的建成中学同学会也由我发起和组织，即使这些同学现年纪都比较大，不少已亡故，健在的同学还在坚持，不久前还相聚会餐，当然也由我通知。

往年活动较多的回浦中学高中 1953、1954 级同学会，由另两位同学发起和组织，我若不参军应是与他们一样 1953 年毕业，但我在读第一册时的 1951 年初即离校，不过离校时班上同学几乎都认识，不少还有交往，有的在外地，有的在临海，因此，他们也邀我参加，我也乐意跟随。现在年事都较高，有的故世有的有病，近年活动较少，而其中我们四人——赵尚理、王位熏、叶达文和我，还常有会聚，且常外出郊游，我还是联络人。

　　南京大学我们地质系1961级同学自上世纪90年代起举行了多次同学会，除第一次在南京举行我作了参加

南京大学地质系 61 级 2012 年同学会地化班摄于南大东南大楼前

准备因突然有事未能参加外，其余几次都按时前往，计有在南京、在青岛、在宜昌、在宁波、在北京等几次。2012 年在南京举行的一次后，至今没有举办过。我2019 年去南京获悉组织者之一的王赐银、杨锡荣相继去世，且同学进入年迈，可能以后不再举行有全国各地同学参加的这个同学会了。

　　还有一个"准"同学会，我有时也参加"旁听"，主要是浙江大学毕业在临海工作的同学。因我在浙大任教过，认识其中几个上世纪60 年代在浙大读书的同学，他们也请我参加，我也乐意去旁听。我去过几次，发现还有南京大学、杭州大学毕业的同学，故称"准同学会"，共有十多人。该同学会聚会较频繁，每星期六，甚至星期天都相聚；地点也固定，放在临海科委外迁后留下的房中，该房有间曾是浙大毕业在该单位任领导的陈屑同学办公室，供我们使用。活动也较多彩，除海阔天空漫无边际的交谈外，还组织旅游、会餐。有

次，我送给他们我写的《地主》一书，他们争相看阅，议论纷纷，大加称赞。

再有一个"杂牌"同学会。一位俗名叫"小张"的修车工。在赤城路和巾山路交汇处大众饭店的斜对面，老城区的市中心区，他把了个修自行车为主的小摊。据说小张家庭出身不好，年轻时读了多年书，下放支农，文革中被整，无正式工作，以修车为生。但他有些文化，看问题、说话有水平，故常有退休后无事干的人

"雜牌"同學會會餐留念
自左至右：羅士望、李偉元、王克祥、鄭宏志、陳允錄、陳倫傑（右後為其外甥）、楊開福、姚學祥、作者、王章樹、許尚福 2020 年攝

（主要是有较高文化彼此直接或间接同学过的知识人），坐在他狭窄的小房内外闲谈。因有几个我熟悉的

同学也常来此,他们与小张也有同学或同学的同学关系,都很亲近随便。我曾住过在三府基巷的老房,即使现在未住那边,有事还要去。去老房常经过此处,也插几句,与他们熟悉起来。

小张以后患脾癌去世。这批小张的常客就要面临散伙。但为了不散伙,每月在对面大众饭店会餐一次,我也加入其中。内有我高中同学台州中学教师陈伦杰、台州学院教授郑宏志、台州公路工程公司总工程师王克祥,其余都是他们初中或小学同学或同学的同学。其中有台州医院杨开福主任医师、临海市第一医院副院长姚学祥主任医师,伟星股份有限公司李伟元副总经理和罗士望供销科长,新疆交通局王樟树工程师,华仁医院许尚福主任医师,还有后来的我高中同班同学临海化学厂厂长陈允禄等十来个人。这些人当中,我年纪最大,经历最曲折,生活最忙录(常迟到),身体也最好。且还有多个第一,如到过的地方我最多,读过书的学校我最多,工作过的单位我最多,到法院打过官司的也是我最多,他们当中未听说有人写过书,出版的书当然也是我"最多"。因我在他们中拥有这么多个第一,经常是他们的谈话对象。这些人都长在旧社会,家庭有一定的社会背景(如罗士望爷爷是临海电厂创办人),阅历丰富,道路坎坷,有的曾是右派分子,有的曾被清除再获平反,共同语言无处不在,话盒打开互相争先。

他们又是近现代史的见证者。我在《地主》《中共的土改》和本书中不同场合引用了他们中多人的谈话。因读者不一定看过前两本书，现再重复如下：

程伦杰　我在《中共的土改》一书有关陈启忠一节中写着："1951 年土改时枪决国民党临海县党部书记长、建成中学校长的公审大会上，程伦杰那时在振华中学读书，也参加大会，坐在主席台前。当公审大会末了，主持人允许陈启忠发言，程伦杰亲耳听陈启忠说'我读过《资本论》《共产党宣言》，你们主张阶级斗争，我知自己要死，是对是错，只好盖棺论定。'程伦杰此话在多个场合多次同我讲过。"

在《地主》一书中，提到枪决临海著名的体育明星，解放前多次获浙江省中长跑冠军和远东国际体育大会 400 米跨栏冠军、振华中学体育教师洪用棠时，书中写着"我同学（也是他学生）程伦杰还曾对我说：不久前见他在人民广场劳动，忽听说他被枪决了，似不信。"

郑宏志　我在《地主》和《中共的土改》一书中都介绍了土改时仅 28 岁就被枪决的临海最大地主的儿子董丕芬。郑宏志说，"1950 年董丕芬在台州医院任见习医生时，有一天早晨他在临海巾山下路上亲眼看到董丕芬被民兵抓走。"

王章树　在王怡德等人撰写的《临海东乡四大家》一文介绍土改时被镇压的颜可大时，称颜可大解放后混入"皖北土改工作队"。在《中共的土改》一书中，王章树对我说："颜直臣是他姑丈，颜可大是他表兄。颜直臣长期从事农耕，勤俭节约，精明能干。颜可大1949年解放后在武汉革命大学学习，结业后分配到鄂北土改工作队，在1951年土改时给家来信。因他家成分地主，又有人外出、外逃，政府令他家迁住10里外的大洋村，颜可大按老家旧地址的来信被土改工作队收查，发现后去鄂北押他回临海。不是《临海东乡四大家》一文中称他潜逃上海，混入皖北土改工作队。"

李伟元　我在《中共的土改》一书"临海东乡四大家"一节中，提到在与颜可大家下洋颜村近邻的丁家洋村小学教过多年书的李伟元说："附近几个村庄个个都说颜可大是好人。当然，这些都是民间一种议论而已，且仅在人缘交往方面。"

杨开福　他的大姐是我在建成中学读初中时的同班同学，家里开酒坊，成分为工商业兼地主。在本书第八章第十节"《地主》一书出版后热烈反响"一节中介绍他连看了两遍，说该说服力强。

姚学祥　也在本书第八章第十节中提到他看了我写的《地主》一书后，说从他参与护送蒋晓珠回老家寿终一事来看，该书写得很真实。

陈允录　他是我部队复员后回校读书的高中同学，爱好美术与古董，在广文路开了一家古董店。因位在街面，同学、厂友常去坐坐聊天，我也常去他处，本书中我多处提到他。较醒目的一次是第九章第四节两个波折小事中的"2、为设计封面而挣扎"中的那位业余擅长美术的同学．我碰了多次挫折后想请他设计，他原先也同意。后来因其爱人是台湾家属，曾受过冲击，叫陈允录不要参于这种事，以免带来麻烦，我也理解，只好作罢！

与旧友交谈，与同学聚会，有几个特点，也可说有几点受益：

1.回忆往事，有共同语言，往往谈开后，关不住，活跃情绪，心态乐观，有益身体。

2.能畅开思想谈，谈心里话，一般任你发挥，东拉西扯，海阔天空，远比在家里在单位在社会的话题广、范围大，尤其在我们国家，"阶级斗争还将在一定范围内长期存在"的情况下，政府语言与民间语言有一定差别，这种场合更显得珍贵，能谈心里话，忧闷能解开，这样必心情舒畅，思想活跃，甚至兴奋，促进脑细胞新陈代谢，必有益身体。至于像毕福剑那样的事，纯属个别，且他是公众人物，我们是小百姓，政府不一定管得过来。何况老毕的话是事实，博得广大群众同情、认同，他的名气更大，威望更高。

3.能与往日朋友、同学相聚、相会、相游，必要去赴会，从而也活动身体，当然也有益健康。

第五节　综合养生，贵在坚持

以上几点，特别是第一点，我认为是我今日身体仍还健壮的主要原因，但一个人的身体好坏是多方面综合结果。就我个人的体会，与我下列的生活习惯和安排也有关。

1. **不吸烟，基本上不喝酒**。吸烟对身体的危害，大家都知道，几乎百害而无一利，但有些人就要吸，其理由是：有的为工作需要提神，特别深夜工作的脑力劳动者；学吸烟时当着玩，解无聊，学了后难戒，宁愿吸死不愿熬死。少量喝酒，会增加血液循环，特别患高血压的人，喝口白酒可疏通血管。但过量饮酒会伤及肝脏、胃部。我一邻居林树基，每天二餐都要喝白酒，引起肝硬化；我另一亲戚每晚都喝黄酒，以至胃出血住院。

2. **每天早上一杯温开水，一次大便**。早上喝杯温开水，能降低血液浓度。人的血液浓度、血压在早上 6 点至 9 点最高，浓度高易引起中风、脑溢血等症状，喝杯温开水，大大可减少这些风险，且可清除血液中污物。健康人一日需大便一次，排除消化物和毒素，早上大便习惯养成后，到时就很畅顺。

3. **不挑食**。除辣、酸外我什么都会吃，素荤搭配，以素为主，且吃得较杂，胃口也好。在外出差大都吃快餐。在家里干、稀都可，米、粉都行，杂粮更好。近年来早上一杯牛奶，一只鸡蛋，中午面条，晚上米饭，菜肴以素菜为主，有肉或鱼相配。有时若自做饭，非但简单，且有些简陋，但也吃得下。我认为在做饭上花太多时间不值得。

4. 不饱食。我从小在家时，母亲常对我说："吃饭八分饱，走路像跳蚤。"我也这样要求自己，好处明显。从生理角度，饭吃后过了 20 分钟才能反映到大脑感到是否已饱。如果吃饭时就感觉到已饱，那再过 20 分钟后必感到太饱了。吃得太饱肠胃负担太重，有损健康。我几十年来肠胃都很好，大便都很正常，从未发生过便秘、复泻等现象。这显然与我不饱食有关。近年来学者研究，痴呆症可能与长期饱食有关。

5. 分担家务。我少年时，因母亲从事多种副业，一天忙到晚，我姐姐都出嫁，父早逝，家只有我和母亲两人，母亲对我要求很严，要协助搞家务。喂诸、烧火、小店售货、记账、到水井提水、洗菜、扫地等都要干，有时还协助母亲搞副业，如做挂面时，我帮助盘面、驱鸡等。平时家有什么活就干什么活。我 11 岁时父亲患病半年多，都是我去本村上角请医生，去集镇上买药。父亲亡故后我去附近集镇为家小店进货。《红灯记》京剧中有句"穷人的孩子早当家"的唱词，富人的孩子也有早当家的。现在也一样，家里清洁卫生、做饭、洗碗、洗衣等我都会来，这样，身体也增加了活动量，又增进家庭和睦，改善了室内环境，必有益健康。

6、热爱自然。

我长在农村，饱尝田园风光。工作后也留恋这种环境，我大学毕业后在浙江大学任教时，不论我工作过的文一街一分部还是西湖边老和山下的本部，当时都处于郊区，学校出去不远就是田野。我在本书第三章第四节提到通知我调到化工系的这天，书中写着："下午3时人事干事告诉我后，我即奔向校外的田野里，穿梭在田埂中欣赏夕阳西下的秋景，喜悦之情难以言表，似乎大地也是我的。"

在浙大本部工作时常去其旁的西溪农村穿梭，那里水塘、果林、农田、村舍相间，别有一番与城市不同的景观，只不过当地木材紧缺，村舍大都稻草房，又因当时水泥难买，下雨天道路泥泞，室内也要穿雨鞋。现已成为名扬四方的西溪湿地公园。

以后我在地质队工作，大都置身于野外，春天的映山红，秋天的山茶花，等等，尽你饱赏。退休后销售《石材大全》，走南闯北，东奔西跑，阅尽各地风光。晚年主要生活在临海，我的住处接近山麓，常带爱犬在这带青绿、红黄相间的林地旁散步。也常去乡下老家，每年春秋季节还要去边远山村巡游一次。

我想这些都有益于我身体，也调节了我的心态。

7. 适当旅游。

旅游能活动筋骨，兴奋神经，了解大千世界，饱赏名胜古迹，兑现"千闻不一见"，几乎人人向往，我和我夫人也不例外。我夫人还常说："现在不出去游，将来想游就走不动了。"因此乘现在身体还好，要抓紧游。不过我由于多种原因，没有她游得多。主要原因是：国内，我几乎走遍，也可说游遍，台湾、香港、澳门也都去过；国外，我去了美国三次，美国十六大名胜风景区我到过十个，也说可以了。第二原因，我的几本书要写成，时间不宽裕。第三，我的爱犬托人管养不便。所以去得没有我夫人多，她去新、马、泰，我就没有去。其实，除台湾与她同道是我没有去过的地方外，其余如深圳、广州、厦门、上海、南京、青岛、黄山等几处都是我已多次去过再陪她去的。

旅游对身体带来的好处显而易见，不必由我在此叙述。

8．心态乐观。

即使在我人生中碰到不少挫折，但总的还是乐观豁达的。遇到困难不是萎靡不振，而是想出办法，积极面

2003 年与夫人摄于厦门海滨

对，从容处置。本书很多章节也说明这一点。我也善于发表个人看法，上世纪 50-70 年代常有政治学习，参会的大都迎合主流。我不讲亦吧，要讲就讲真活，这个人质量修养、道德情操问题。讲真话心里踏实，毫无内疚，生活从容，日子舒畅。退休后写书也力求真实，也体现出我个人的品德修养，因此，博得读者肯定、称赞，我

也得到安慰，心情舒畅。这也必有益健康。

9. 喜欢园艺。

我少年时就跟父母去菜地，有时也协助干些农活，我儿子退休后也住我旁边。

作者大兒子在栽菜

他长在农村，干农活长大，退休后身体还健壮，闲着心烦。我家住在原是郊区洋姆坦村旁边，离山麓不远。这里有一些杂木杂草生长的荒地，我们就把它开垦出来，种菜和种瓜果，还种番薯、马铃薯。播种、管理以我儿子为主，我也协助。劳动或采摘或收掘时我常带着爱犬，享受劳动果实。又因地处一片森林旁，环境优雅，赏心悦目，悠然自得，陶冶性情。我们两家的蔬菜自给有余，还常送给亲友。

我也爱种花，不论住在三府基巷、新江路或临海宾馆宿舍都在阳台或地道上种花，既活动身体，欣赏花色，又改善环境、充实生活。

10. 有颗好"良心"。

多做好事，与人为善，爱惜生命，爱护公物。在与别人打交道，当遇到有利益冲突时，要考虑对方处境、困难，尽量取得谅解。这样处事必问心无愧，精神坦荡，特别在给人家给社

作者陽臺上的
小花園

会做了好事后，心情舒畅，古语云："日中没有愧心事，夜半敲门也不惊"。必有益健康。

以上这些仅是我个人的体会，各人具体情况不同，想必都有适合自己的养生之道。不过，你要身体好，多动动这条少不了，贵在坚持也重要。

今后我不再写书了，但也不想歇下来，生活还要过下去，真正为了"健康第一"，必作妥善安排。我的打算是：1、多访友，有些好朋友、好同学、好同事很想念他们，因忙于几本书未与如愿，要补上。2、自家游，毕竟我年迈，旅行社不愿接纳，但我身体还好，还想出去看看，特别是过去工作、奋斗过的地方，因此只有自家游。3、多去老家走走，多会会从小一起长大的乡亲。4、多做园艺，养好爱犬。以愉快的心情迎接我末日的到来。